LOUIS-PHILIPPE

Le dernier roi possible

LOUIS-PHILIPPE

Le dernier roi possible

par Jean-Yves Frétigné
(Maître de conférences d'histoire contemporaine
à l'université de Rouen)

ILS ONT FAIT LA FRANCE

Une collection dirigée par

Max Gallo

de l'Académie française

L'ambition de la collection « Ils ont fait la France », dirigée par Max Gallo, est de présenter les grandes figures de notre histoire.
Personnages d'exception, à la fois légendaires et terriblement humains, ils ont inspiré historiens, écrivains, penseurs et journalistes… Bâtisseurs, législateurs, héros mythiques ou chefs de guerre, leur empreinte reste vive dans la France d'aujourd'hui.

Directeur scientifique :
Martin Aurell.

Crédit couverture : © Michael Nicholson/ Corbis.
Crédits illustrations intérieures : p. 13 : © Getty images/ Photos.com ; p. 19, p. 24, p. 30, p. 34, p. 36, p. 39, p. 42, p. 46, p. 49, p. 58, p. 63 : DR ; p. 51, p. 53, p. 71 : © Rue des Archives/ Tal.

Les textes présentés ici sont retranscrits d'éditions originales, pouvant comporter d'anciennes graphies.

Projet développé par :
Le Figaro et *L'Express*

ISBN : 978-2-8105-0410-7 (collection)
ISBN : 978-2-8105-0435-0 (volume XXV)

Préface
de
Max Gallo

« Ceux qui pieusement sont morts pour la patrie/Ont droit qu'à leur cercueil la foule vienne et prie », écrit Victor Hugo.
Le poète salue ainsi les insurgés qui, les 27, 28 et 29 juillet 1830 ont dressé, à Paris, durant ces « Trois Glorieuses » journées, six mille barricades. Ils ont chassé le roi Charles X, et ainsi mis fin à la Restauration des Bourbons.
On replie le drapeau à fleurs de lys, on déploie les trois couleurs et Louis-Philippe d'Orléans est proclamé roi des Français, roi citoyen. La France renoue ainsi avec la Révolution de 1789.

Le père de Louis-Philippe a été député de Paris à la Convention. Il a changé son nom en Philippe-Égalité, voté la mort de Louis XVI, puis, devenu suspect, il a été décapité.
Son fils a été membre du club des Jacobins, et a participé aux batailles de Valmy et de Jemmappes, sous les ordres des généraux Kellerman et Dumouriez. Lorsque ce dernier passe à l'ennemi, Louis-Philippe s'exile. Il vit modestement en Suisse, en Sicile, aux États-Unis. Rentré en France avec les Bourbons, il devient l'espoir des libéraux, adeptes d'une monarchie constitutionnelle, meilleur obstacle à une république jacobine.
Ainsi les révolutionnaires de juillet 1830 se font voler leur victoire. Le « roi des Français », « le roi patriote », « le roi citoyen », « le roi bourgeois » se fait acclamer. Stendhal, témoin des événements écrit : « La Banque est à la tête de l'État, la bourgeoisie a remplacé le faubourg Saint-Germain, et la banque est la noblesse de la bourgeoisie. »
Le banquier Laffitte conclut : « Le rideau est tombé, la farce est jouée. »

Laffitte se trompe.
Les républicains ne renoncent pas. Ils refusent ce monarque qu'ils n'ont pas choisi. Ils contestent ces Chambres – des députés, des pairs – élues au suffrage censitaire. Ils critiquent ces idéologues – les historiens Guizot, Thiers, Mignet –, ces banquiers – Laffitte, Perier – qui gouvernent et s'opposent déjà au roi qui veut exercer le pouvoir.
Et surtout ces républicains se tournent vers les « misérables » – ceux que Hugo peindra dans son roman. Ils créent et utilisent des mots nouveaux : *socialisme, socialiste, communisme, prolétaire.*
Ils sont révoltés par la condition ouvrière, indigne, accablante. Ils partagent avec le « catholicisme social » de Lammennais et Lacordaire la volonté d'améliorer le sort des « ouvriers ».
Ils condamnent le travail des enfants de 5 ans, dans les mines, les manufactures. Ils clament, reprenant les propos de Chateaubriand, que « le salaire n'est que le prolongement de l'esclavage ». Ils répètent après Hugo : « Caves de Lille, on meurt sous vos voûtes de pierre. »

Dès lors les journées révolutionnaires se multiplient.
En 1831, les canuts lyonnais se révoltent. À Paris en 1831, 1832, 1834, 1839, des groupes d'insurgés dressent des barricades, tentent en 1839 de s'emparer de l'Hôtel de Ville de Paris. À leur tête, des « républicains déterminés », Blanqui et Barrès.
On crie avec Proudhon : « La propriété, c'est le vol ! »

Or le pouvoir est divisé donc affaibli. Louis-Philippe s'oppose aux libéraux (Thiers). Et voici qu'apparaît Louis Napoléon Bonaparte, neveu de l'Empereur. Il veut s'appuyer sur le « peuple », la nostalgie de l'Empire, les paysans restés fidèles à Napoléon. Il tente un coup de force à Strasbourg – 1836 – puis à Boulogne – 1840. Il s'évade du fort de Ham (1846), où on l'a emprisonné.
En 1844, il a publié un livre : *De l'extinction du paupérisme.*

Titre révélateur : c'est bien la question de la pauvreté, du sort du quatrième état – celui des ouvriers, des pauvres – qui est posée. Et les réussites du règne de Louis-Philippe (4000 kilomètres de voies ferrées, Entente cordiale avec l'Angleterre, politique coloniale, loi Guizot sur

l'instruction publique) ne peuvent compenser les souffrances des humbles, leur colère et les impatiences des républicains.
Les plus radicaux d'entre eux veulent une république « où l'on ne connaîtra point la distinction de bourgeoisie et de peuple, de privilégiés et de prolétaires, où la liberté et l'égalité seront la propriété de tous et non le monopole exclusif d'une caste » (1832, Laponneray).

Ce désir d'une « république sociale » inquiète les notables, les modérés, les propriétaires et à leur suite la paysannerie.
Évoquant la révolte des canuts de 1831, Saint-Marc de Girardin écrit dans le *Journal des Débats* :
« La sédition de Lyon a révélé un grave secret, celui de la lutte intestine qui a lieu dans la société entre la classe qui possède et celle qui ne possède pas. Notre société commerciale et industrielle a sa plaie, comme toutes les autres sociétés ; cette plaie, ce sont ses ouvriers. Les barbares qui menacent la société sont dans les faubourgs de nos villes manufacturières ; c'est là qu'est le danger de la société moderne. Il ne s'agit ici ni de république, ni de monarchie, il s'agit du salut de la société. »
Et Girardin lance un appel à l'union : « Républicains, monarchistes de la classe moyenne, quelle que soit la diversité d'opinion sur la meilleure forme de gouvernement, il n'y a qu'une voie portant sur le maintien de la société ! »

Mais ce discours d'ordre, de raison, d'intérêt, prônant l'unité de tous ceux dont les intérêts convergent, même si leurs préférences politiques divergent, se heurte à la passion républicaine, à la nostalgie révolutionnaire ravivée par la misère, la répression, l'autoritarisme d'un pouvoir qui ne réussit pas à s'ouvrir, à concéder des avantages aux classes les plus démunies, mais qui, au contraire, avec Guizot en 1836, s'insurge contre les revendications des « prolétaires » : « Nous sommes frappés, dit-il, de cette soif effrénée de bien-être matériel et de jouissances égoïstes qui se manifestent surtout dans les classes peu éclairées. »
Comment dans ces conditions éviter un affrontement violent ?

Ainsi, dans ce deuxième tiers du XIXe siècle, l'histoire de France semble bégayer.

Paris a pris les armes en juillet 1830 pour chasser Charles X et les légitimistes. Mais, en février 1848, les émeutiers parisiens au terme d'une longue campagne en faveur des réformes contraignent les orléanistes et Louis-Philippe, vainqueurs en 1830, à l'exil.
Par leur éclat symbolique (Paris se couvre de barricades, Paris s'insurge, Paris compte ses morts et les charge sur des tombereaux, allumant partout dans la capitale l'incendie de la révolte, et le 24 février 1848 l'Hôtel de Ville est envahi), ces journées révolutionnaires qui voient surgir puis disparaître la monarchie bourgeoise de Louis-Philippe, marquent l'importance, pour le destin français, de ces dix-huit années.
Car ce qui s'est scellé entre 1830 et 1848, c'est le sort final de la monarchie française vivante depuis le Xe siècle.
Elle est morte avec Louis-Philippe.

Max Gallo

Sommaire

Choix de textes (extraits)

Louis-Philippe, faits et dates

Prince du sang et fils de régicide

Naître le premier enfant mâle dans la famille des Orléans vous marque du sceau de la grandeur, puisque cette naissance fait de vous un prince du sang. Les Bourbons et les Orléans appartiennent en effet à un même rameau qui ne se divise que sous le règne de Louis XIV, dont le frère cadet, Philippe, prend, à la mort de son oncle, le titre de duc d'Orléans. Un membre de la lignée des Orléans est donc beaucoup plus proche du roi Bourbon que ne peut l'être un Condé ou un Conti. Si cette proximité avec le souverain de droit divin vaut honneurs et richesses, elle fait aussi naître le soupçon de l'usurpation, qui se révèle parfois fondé. Si les espoirs de Gaston d'Orléans d'accéder au trône se brisent sur la politique de Richelieu et sont définitivement anéantis par la naissance du dauphin en 1638, les menées de Philippe de France (1640-1701), frère cadet du Roi-Soleil, confortent la réputation de comploteurs des Orléans, qui atteint son apogée avec son fils qui devient le régent du royaume de 1715 à 1723 et dont le film de Bertrand Tavernier, *Que la fête commence* (1975), dresse un portrait à la fois dramatique et égrillard. Pour étayer ce désir de pouvoir, les Orléans doivent composer avec les idées nouvelles hostiles à l'absolutisme et favorables à une monarchie tempérée, c'est-à-dire en réalité limitée par le pouvoir de la noblesse et par l'autorité des parlements. Avant d'être rajeunie et portée à leur perfection par l'auteur de l'*Esprit des lois*, cette doctrine est défendue par le toujours célèbre duc de Saint-Simon et le désormais oublié Henri de Boulainvilliers, têtes pensantes du parti dit « des germanistes », qui affirme la fable d'un roi élu des nobles, pair parmi ses pairs, comme il l'aurait été à l'origine dans les forêts de Germanie, pour mieux l'opposer à la réalité de plus en plus affirmée d'une monarchie absolue rabaissant sa noblesse pour prendre ses grands commis dans la roture.

Si ces idées sont partagées par Louis-Philippe d'Orléans (1747-1793), que l'histoire retient sous le nom de Philippe-Égalité, elles marquent beaucoup moins les existences du fils et du petit-fils du régent, le premier finissant son existence dévote reclus dans l'abbaye de Sainte-Geneviève, le second choisissant la carrière des armes et se tenant sagement à l'écart de la fronde contre la réforme du chancelier et garde des Sceaux Maupeou, à la fin du règne de Louis XV.
Si toutes ces vicissitudes peuvent marquer une destinée, elles gardent cependant une saveur antique et fleurent encore les intrigues, grandes et petites, de l'Ancien Régime et ne sont en rien comparables aux deux grands événements qui ont véritablement façonné la mentalité du dernier roi des Français : la Révolution de 1789 et le choix de son père Philippe-Égalité de voter la mort de Louis XVI. Il n'est donc pas surprenant que, dans ses *Mémoires*, Louis-Philippe analyse trois thèmes principaux et presque uniques : le destin de la Révolution française, le rôle de l'opinion comme moteur de l'histoire et la conduite de son père.
En épousant, en 1769, Louise Marie Adélaïde de Bourbon, fille du duc de Penthièvre, le père de Louis-Philippe consolide une fortune déjà considérable. Celui qui n'est encore que duc de Chartres, puisque le titre de duc d'Orléans est encore porté par son père, refuse de siéger en 1771 au parlement. Cette décision lui vaut d'être exilé par Louis XV à Villers-Cotterêts. Grand maître du Grand Orient, qui vient tout juste de naître, anglophile affiché, ami intime de Choderlos de Laclos, le futur Philippe-Égalité est un aristocrate éclairé qui n'en oublie pas moins d'attacher une attention toute particulière à gérer du mieux qu'il peut son impressionnant patrimoine. Il n'a de cesse d'aménager intérieurement et extérieurement le Palais-Royal, sa résidence principale, qui, ironie de l'Histoire, avait été édifiée par Richelieu, l'adversaire le plus déterminé de son ancêtre Gaston d'Orléans, avant d'être cédée par Louis XIV à la famille des Orléans en 1692. Avec l'avènement de son cousin Louis XVI sur le trône de France, le duc de Chartres est autorisé à revenir à Paris. Il n'en reste pas moins un adversaire de l'absolutisme. Si ce type d'opposition est dans l'air du temps, tous les partisans de cette doctrine bancale, conjuguant les principes nouveaux venus de la philosophie des Lumières et la défense des privilèges de la noblesse,

n'ont pas le prestige de celui qui devient le duc d'Orléans à la mort de son père en 1785. Bien que sa maîtresse anglaise, Mme Elliott, le décrive comme « l'homme le moins fait au monde pour devenir le chef d'un grand parti », le père de Louis-Philippe est soupçonné, à tort aux yeux de son fils, mais avec raison aux yeux de l'opinion publique, d'être au centre des principaux complots, tous avortés, qui caractérisent les dernières années de l'Ancien Régime. Son adhésion sincère aux idéaux révolutionnaires fait véritablement basculer son destin. Mais ses votes de janvier 1793 sont la tache indélébile qui scelle sa destinée. Comme Maximilien Robespierre, Philippe-Égalité reconnaît Louis Capet « coupable de conspiration contre la liberté publique, d'attentat contre la sûreté nationale de l'État », refuse que le jugement de la Convention nationale soit soumis à la ratification du peuple, se prononce pour la peine de mort et enfin répond « non » à tout possible sursis de l'exécution du jugement. On rapporte qu'il prononça les mots « peine de mort » d'une voix si faible qu'on dut lui demander de répéter sa décision.

Louis Philippe Joseph, duc de Chartres, puis duc d'Orléans (1785-1793), surnommé Philippe-Égalité (gravure de Charles Michel Geoffroy).

Louis-Philippe est bouleversé par cet événement. Afin de justifier et non de légitimer la conduite de son père pour qu'il ne passe pas à la postérité comme « le vase dans lequel on a jeté toutes les ordures de la Révolution », selon le mot terrible de Talleyrand, Louis-Philippe, dans son dernier exil anglais dans le château de Claremont, reprend l'écriture de ses *Mémoires*, qu'il a débutée quarante ans plutôt durant son premier exil sur cette même terre anglaise et sur lesquels, Pénélope littéraire, il ne cesse de revenir pour leur donner une tournure définitive. En recourant à des documents et à des raisonnements logiques, il récuse avec fermeté toute possible existence d'une faction des Orléans visant à renverser les Bourbons pour leur succéder. Si son père a mal agi, ce n'est pas sous l'aiguillon de calculs sordides. Sur ce point, Louis-Philippe ne changera jamais sa ligne de défense. Cela signifierait prêter le flanc à l'idée de conspiration contre les Bourbons, qui est au cœur de la culture politique des légitimistes, acceptant sans doute plus difficilement la révolution avortée de 1830 – qui tourne au profit du fils aîné de Philippe-Égalité – que celle de 1789 permettant à Piéton, Danton et Robespierre d'accéder au pouvoir. Sans que l'historien en détienne la preuve formelle, car la lettre a été brûlée par Mme Elliott, le jeune Louis-Philippe aurait écrit à son père, qu'il embrasse une dernière fois le 4 décembre 1792, pour lui déconseiller formellement de siéger à la Convention nationale. Conscient de l'enchaînement funeste se mettant en branle, il l'aurait invité à prendre en sa compagnie le chemin de l'exil. Dans des pages où l'émotion est contenue par la sobriété du style, Louis-Philippe dresse l'image d'un père ennemi de l'intrigue et patriote sincère, victime de son entourage et de l'opinion : « Ce qui est certain, c'est que mon père a dit à mon frère qu'en partant pour se rendre à la Convention son intention était de ne pas voter la mort, mais qu'une fois assis sur son banc il avait tellement été entouré, obsédé, assailli, menacé qu'il n'avait plus su ce qu'il faisait. Mon frère, qui en était resté sur la conversation de la veille avec mon père, se rendit chez lui, comme il avait coutume de le faire, à l'heure où mon père achevait ordinairement sa toilette, et ce fut là qu'on lui apprit qu'il venait de sortir avec Messieurs Treilhard et Merlin [députés à l'Assemblée nationale]. Mon frère comprit à l'instant toute la portée de cet enlèvement, et il retourna, consterné, s'enfermer dans son appartement. Il y resta jusqu'à ce que mon père, de retour de la Convention, l'envoyât chercher. Il le trouva fondant en larmes, assis dans son bureau, et les deux mains sur ses yeux : "Montpensier, lui dit-il en sanglotant, je n'ai pas le courage de te regarder." Mon frère m'a dit qu'ayant lui-même perdu la parole, il avait voulu l'embrasser, et que mon père s'y était refusé en lui disant : "Non ! Je suis trop malheureux. Je ne conçois plus comment j'ai pu être entraîné à ce que j'ai fait !" Et ils restèrent longtemps dans cette position sans proférer une parole de plus[1]. »

Fort d'un héritage d'expériences douloureuses, Louis-Philippe, à peine sorti de l'adolescence, sait qu'il lui faudra toujours prouver sa légitimité devant le tribunal de l'opinion. Son éducation l'a-t-elle préparé à une tâche aussi titanesque ?

Deux précepteurs extraordinaires : Mme de Genlis et la Révolution française (1773-1791)

Du mariage de Philippe-Égalité et de Marie-Adélaïde de Bourbon naissent six enfants, dont l'un est mort-né. Louis-Philippe est l'aîné. Il voit le jour le 6 octobre 1773. Le duc de Montpensier est son cadet de deux ans. Suivent, en 1777, une sœur, Marie-Adélaïde, puis une autre sœur Mlle d'Orléans, qui meurt de rougeole dans sa sixième année, enfin un autre frère, le comte de Beaujolais, le benjamin de la famille, né en 1779.

Suivant la tradition, l'enfant est confié aux femmes – la marquise de Rochambeau et Mme Desrois – jusqu'à ses 5 ans révolus, puis son éducation, qui passe aux hommes, débute sous la conduite du chevalier de Bonnard, chaudement recommandé au duc d'Orléans par le grand Buffon, mais qui se révèle pourtant rapidement un précepteur médiocre. En 1782, le futur Philippe-Égalité, qui fut peut-être un féministe avant l'heure – n'avait-t-il pas voulu faire de son épouse une sœur en franc-maçonnerie ! –, met fin à cet apprentissage classique, en confiant l'éducation de ses enfants à Mme de Genlis. Née en 1746, cette femme, avide de savoir et de pouvoir, entre au

1. Louis-Philippe, *Mémoires*, tome 2, Paris, Plon, 1974 (1re éd. 1849), p. 320-321.

Palais-Royal en qualité de femme d'honneur de la duchesse d'Orléans. Elle transforme cette cour austère et guindée en une cour joyeuse, où son érudition séduit petits et grands. Le duc en tombe éperdument amoureux. Un jour que les deux amants passent en revue, pour mieux les écarter, tous les candidats en mesure de remplacer le sieur de Bonnard, dont le duc s'est vite rendu compte de l'incompétence, Mme de Genlis se propose, sur le ton de la plaisanterie, d'assumer elle-même ce rôle d'éducatrice. Qu'il en soit ainsi ! Le duc accepte. Ce sera la première fois qu'une femme est élevée au rang de gouverneur d'un prince du sang. L'innovation fait scandale.

C'est dans le pavillon de Belle-Chasse, aujourd'hui disparu et sur les restes duquel s'élève l'église Sainte-Clotilde dans le VIIe arrondissement de Paris, que règne sans partage Mme de Genlis. « Belle-Chasse était un couvent de religieuses de l'ordre du Saint-Sépulcre dans l'enceinte duquel mon père avait fait bâtir une maison pour l'éducation de ses filles (et non pas assurément pour celle de ses fils, car elle était beaucoup trop petite pour cet office). Cette maison était par conséquent sous la clôture ; cependant, par suite du privilège des princes, les hommes y entraient pendant le jour ; mais ils s'abstenaient d'aller dans le jardin et dans le couvent et ils se retiraient tous les soirs ; en sorte que, la nuit, il n'y avait plus que des femmes dans l'intérieur[2]. » Ce lieu étonnant pour l'éducation d'un prince n'est pas une abbaye de Thélème, car le mot d'ordre n'est pas « Fais ce que voudras », mais plutôt « Obéis à ce que la maîtresse des lieux ordonne ». Si Mme de Genlis est secondée dans sa mission d'éducatrice par différents instituteurs, au premier rang desquels l'abbé Guyot, elle garde la haute main sur la pédagogie. Les précepteurs ne dispensent d'ailleurs leurs cours qu'au Palais-Royal et, au fur et à mesure que les années passent, ils ont moins que la portion congrue, puisqu'ils ne délivrent leur enseignement que le matin, de huit heures à midi, tout l'après-midi se passant à Belle-Chasse dans la chambre de Mme de Genlis. Celle-ci dispense des leçons de tout genre : géographie, histoire, chimie, théologie, danse, musique – un art pour lequel Louis-Philippe ne manifestera jamais beaucoup d'intérêt.

2. Louis-Philippe, *Mémoires*, tome 1, *op. cit.*, p. 13.

Comment caractériser cette éducatrice ? C'est un méchant procès de la considérer comme une Philaminte, ne serait-ce que parce que le savant dont elle s'efforce de suivre le système n'est pas un Trissotin quelconque, mais le grand Jean-Jacques Rousseau.

Avers de la médaille : la volonté de dispenser au prince une éducation complète, intellectuelle, artistique et manuelle : « Il fallait donc que, comme Émile, je devienne menuisier et tourneur, point serrurier parce que, disait-elle, ce métier était sale[3]. » On relèvera l'ironie mordante à l'égard de Louis XVI ! Le sport est à l'honneur : « Mme de Genlis découvrit, dans je ne sais quel livre, un exercice appelé les haltères et recommandé par Hippocrate aux convalescents pour délier leurs muscles. Dès qu'elle eut fait cette précieuse découverte, il nous fut ordonné de faire des haltères, tous les matins, douze fois, et de nous servir de poids aussi lourds que nos forces nous le permettraient. Un autre exercice consistait à monter et descendre l'escalier en portant sur le dos une hotte remplie de poids de fer. J'ai porté jusqu'à trois cents livres[4]. »

Ce souci précoce de la santé corporelle et de l'hygiène alimentaire explique peut-être la bonne santé du roi, qui mourra âgé de 77 ans, ne souffrant d'un déclin physique que dans les derniers mois de son existence. Si le roi est un danseur passable, un cavalier convenable, il se révèle un excellent nageur. Durant l'été 1791, il sauve la vie à un homme en train de se noyer dans le Loir.

Toujours concernant le côté positif de cette éducation, retenons que sa préceptrice accorde une place primordiale à l'étude des langues étrangères. Sa méthode est celle que nous qualifierions aujourd'hui de bain linguistique. Suivant le moment de la journée, on ne converse que dans une seule et même langue : l'allemand avec le jardinier allemand, puis l'anglais avec le majordome, l'apprentissage de l'italien et de l'espagnol étant dispensé par Mme de Genlis elle-même. Louis-Philippe parlera couramment ces quatre langues. S'il reconnaît que Mme de Genlis est particulièrement attentive à son éducation, négligeant un peu trop celle de ses frères et en particulier celle du comte de Beaujolais, il doit aussi admettre que les leçons des autres

3. *Ibid*, p. 18.
4. *Ibid.*, p. 29.

précepteurs, et, en particulier, celles d'histoire délivrées par l'abbé Guyot, ont joué un rôle essentiel dans sa formation intellectuelle.

Revers de la médaille : la méthode d'enseignement de Mme de Genlis est plus le résultat de ses lectures que de ses réflexions. Mais le principal défaut de cette pédagogie est qu'elle se heurte à une aporie : comment faire du fils du duc d'Orléans un républicain vertueux tout en faisant en sorte qu'il continuât à être un prince ? Camille Desmoulins a dit de sa génération : « Nous étions tous des républicains de collège » ; le futur roi des Français, son cadet de treize ans, aurait pu affirmer la même chose de sa propre éducation. Mais il faut peu de temps à Louis-Philippe pour se guérir de « ce républicanisme puritain », comme il le désigne dans ses *Mémoires*, non pour se rappeler qu'il est un prince – il ne l'oublie jamais – mais pour accepter l'imperfection irréfragable qui caractérise la condition humaine.

Cette sagesse, Louis-Philippe l'atteint rapidement au contact direct de l'histoire. Son autre grande préceptrice est en effet la Révolution française. Mme de Genlis, arborant fièrement une robe tricolore ornée d'un bijou fait à partir d'une pierre de la défunte Bastille, est prise d'engouement pour les événements révolutionnaires qu'elle vit intensément aux côtés de son nouvel amant, le comte de Mirabeau. Son influence sur le jeune Louis-Philippe connaît alors son apogée, puisqu'elle va jusqu'à l'initier aux joies charnelles !

Le jeune prince n'a toutefois pas besoin de Mme de Genlis pour apprécier les temps nouveaux. Il prend rapidement conscience des incohérences de la cour, dont la conduite est bâtie sur le schéma répétitif du refus de toute concession aux idées nouvelles, assortie de terribles menaces à l'encontre de ceux qui s'en font les hérauts, pour aboutir à l'abdication totale devant les désirs des états généraux, puis de l'Assemblée nationale, en passant par une phase intermédiaire proposant des concessions partielles, ne satisfaisant ni les partisans ni les adversaires de la Révolution. A-t-il déjà l'intuition qu'une entente de bonne foi entre le roi et l'Assemblée aurait pu éviter tout emballement du char de la Révolution, dont l'aurige est l'opinion ? Angoissé par la rumeur, accusant la faction des Orléans de comploter, et attentif à comprendre le cours des choses là où il se fabrique, le jeune duc de Chartres adhère au club des Jacobins, qui regroupe alors

Mme de Genlis par Adélaïde Labille-Guiard (1790).

les esprits modérés, attachés aux principes qui ont été progressivement élaborés depuis l'été 1789 et qui trouveront leur sanction écrite dans la Constitution de 1791. Mais Louis-Philippe est toujours soucieux de se tenir dans un léger retrait, car il n'entend pas prêter le flanc aux médisances d'un complot ourdi par le clan des Orléans. Avant tout, il cherche à servir son pays en prince patriote tout en s'émancipant de la tutelle devenue encombrante de la comtesse de Genlis, dont la duchesse d'Orléans exige désormais le départ immédiat. Avec lucidité, il fait alors le seul choix resté possible : défendre sa patrie en qualité d'officier. Le 11 juin 1791, il quitte Paris pour Vendôme, où il prend le commandement du quatorzième régiment des Dragons. Pour la première fois de sa vie, il est seul, indépendant, sans tutelle, en un mot, libre. Avec cet engagement, il découvre aussi la vie militaire, qui convient bien à son besoin d'ordre et de discipline.

De Valmy à l'exil (1792-1793)

Alors qu'il vient de prendre ses quartiers à Vendôme, le duc de Chartres – c'est le titre que Louis-Philippe porte jusqu'à la mort tragique de son père – est confronté à un de ces épisodes qui vous forgent un caractère. Le jeudi 23 juin 1791, jour de l'arrestation du roi à Varennes après sa fuite, alors que se déroule la procession de la Fête-Dieu, un vieux prêtre non assermenté et son père se trouvent insultés et menacés physiquement par la foule, qui les accuse de s'être moqués du curé constitutionnel. Sans perdre son sang-froid, le prince monte sur un petit banc de pierre et harangue le peuple pour lui faire sentir l'horreur du crime qu'il s'apprête à commettre. Il obtient que les deux hommes puissent partir à pied, sous sa seule escorte et celle du maire de Vendôme, sous les huées de la foule. Mais, sitôt les limites de la ville franchies, la fureur reprend de plus belle et les deux hommes se retrouvent à deux doigts d'être pendus. Louis-Philippe exige alors qu'ils soient jugés et que, dans l'attente de leur procès, ils soient emprisonnés. Mais l'arrivée inopinée des dragons menace d'annihiler les efforts diplomatiques du jeune duc. Cependant sa détermination à renvoyer les soldats dans leur caserne calme d'un coup la tempête : « Le lendemain de l'émeute, j'eus la visite de deux ou trois de ceux qui avaient montré le plus d'animosité, entre autres le sonneur de la paroisse. Il vint en pleurant me présenter des fruits et me remercier de les avoir empêchés de commettre un grand crime[5]. » En août 1791, son régiment prend la route de Valenciennes pour rejoindre l'armée du Nord, commandée par le maréchal de Rochambeau. Durant cette marche, le duc de Chartres en profite pour retirer de Belle-Chasse son jeune frère Montpensier, las de l'enseignement d'une Mme de Genlis de plus en plus perturbée par l'enchaînement des événements et de plus en plus décidée à s'exiler en Angleterre. Ce sera chose faite en octobre 1791, mais Louis-Philippe veillera à ce que ce départ n'ait absolument rien d'une fuite à Coblence. Aide de camp du grand-père de Louis-Philippe durant la guerre de Sept Ans (1756-1763), Rochambeau, son nouveau chef, ne veut absolument pas paraître comme étant de la faction des Orléans. Aussi, ses rapports avec

5. *Ibid*, p. 152.

le jeune duc sont-ils pleins de froideur. Sur Louis-Philippe continue de peser, encore et toujours, cette malédiction familiale.

En attendant de servir la France par les armes, le jeune duc juge avec sévérité l'attitude de Louis XVI incapable de prendre un parti clair : soit celui de refuser franchement la Constitution, soit celui de l'assumer pleinement. En acceptant en apparence la nouvelle Constitution, tout en s'accordant avec les émigrés pour la déchirer, le roi prépare sa propre chute que les *Mémoires* de Louis-Philippe analysent avec beaucoup de lucidité, tout comme ils mettent au jour l'engrenage conduisant à la guerre. Plus que jamais, en ces mois dramatiques, il comprend que la Révolution française n'a rien d'une émeute ou d'un complot, et encore moins d'une fronde, mais qu'elle est le résultat du travail de l'opinion : « La Révolution française a été opérée par l'opinion ; et par conséquent il n'y avait que l'opinion qui pût en arrêter la marche. Il fallait donc d'abord s'attacher à bien connaître l'opinion nationale ; il fallait ensuite s'efforcer de la rendre favorable par des concessions, des capitulations, ou par ce qui est encore bien meilleur, par de la bonne foi dans ses paroles et de la fidélité à remplir ses engagements. Il fallait enfin, d'une manière quelconque, se mettre à l'unisson de son siècle et surtout de la nation[6]. »

Deux mois après que la France eut été contrainte de déclarer la guerre au roi de Hongrie et de Bohême, Louis-Philippe, du haut de ses 18 ans et demi, est déjà un des plus vieux officiers de l'armée, car la plupart de ses confrères ont pris le chemin de l'exil. Le 20 juin 1792, alors que les sans-culottes des faubourgs Saint-Antoine et Saint-Marcel envahissent les Tuileries et couronnent Louis XVI du bonnet phrygien, il connaît sa première épreuve du feu. Triste expérience qui se solde par une défaite de l'armée du Nord et surtout par le sentiment que le pays vit désormais sans boussole ni timonier, puisque l'armée elle-même manque d'une ligne stratégique clairement définie. Deux mois plus tard, il est à Valmy, dont l'effet moral, immortalisé par la célèbre apostrophe de Goethe – « D'ici et de ce jour commence une ère nouvelle dans l'histoire du monde » – surpasse assurément l'effet proprement militaire. N'est-ce pas le propre de toutes les grandes batailles, que l'on pense à Lépante ou à Stalingrad ?

6. *Ibid.*, p. 333.

Sous les ordres de Kellermann, Louis-Philippe fait vaillamment son devoir. Sa bravoure au feu lui vaut l'honneur d'aller à Paris pour annoncer la victoire à Joseph Servan de Gerbey alors ministre de la Guerre. Physiquement mal en point, Servan ne reçoit le jeune officier qu'à contrecœur et lui refuse de rester dans l'armée active, comme le duc le souhaite ardemment, au prétexte qu'il vient d'être nommé gouverneur de Strasbourg. Mais son exposé précis, argumenté et enthousiaste de l'exploit de Valmy ne laisse pas indifférent un homme. Cet homme, c'est Danton, le ministre de la Justice. Ce dernier s'emploie à satisfaire le désir du duc de Chartres de rester dans l'armée active, mais surtout il lui donne une leçon de politique qui restera à jamais gravée dans sa mémoire. Danton apprécie le jeune prince car il le sait patriote et aussi ami sincère de la liberté. Suivant les *Mémoires* de Louis-Philippe, Danton lui aurait dit : « Quoique né prince, vous avez eu la rare sagesse de perdre sans regrets les maints avantages du rang où le hasard de la naissance vous avait placé[7]. » Répondant au Montagnard, Louis-Philippe déplore que la cause qu'il sert soit entachée de massacres inutiles. Danton ne se montre pas surpris par l'attitude du jeune prince et lui sait même gré de lui avoir si franchement et si spontanément ouvert son cœur. Mais il lui rétorque que c'est le sang des ennemis de la Révolution qui a coulé. Lorsque le ministre de la Justice assume la responsabilité des meurtres de septembre, la tension dramatique est à son comble : « Pour juger de tels actes [Danton parle des massacres de septembre], il faut envisager dans son ensemble la position où nous nous trouvions. Il faut se rappeler qu'au moment où toute la partie virile de la population se précipitait aux armées et nous laissait sans forces dans Paris les prisons regorgeaient d'un tas de conspirateurs et de misérables qui n'attendaient que l'approche de l'étranger pour se soulever et nous massacrer nous-mêmes. Je n'ai fait que les prévenir et rejeter sur eux leurs projets de vengeance, leur faisant subir le sort qu'ils nous destinaient. Mais j'avais encore d'autres raisons. Ne croyez pas que je sois l'adepte de ces élans d'enthousiasme patriotique qui transportent votre jeune vertu. Non, non, je savais à quoi m'en tenir sur cette mobilité, sur ces transitions rapides qui nous exposent si souvent à des

7. *Mémoires*, tome 2, p. 221.

terreurs paniques, à des *sauve-qui-peut*, et même à des trahisons. Aussi ai-je voulu que toute cette jeunesse parisienne n'arrivât en Champagne que couverte d'un sang qui fût pour nous le gage de sa fidélité. J'ai voulu mettre une rivière de sang entre eux et les émigrés[8]. »

Puis le révolutionnaire se fait prophète de l'avenir de Louis-Philippe : « "Ce sera toujours sur vous plutôt que sur lui [Philippe-Egalité] que se fixeront tous les yeux, et que se dirigera l'attention publique, ainsi, tâchez seulement de contenir vos indignations... Renfermez-vous dans votre métier de soldat sans vous occuper de vos actes et sans faire de la politique. C'est essentiel pour vous, pour les vôtres, cela l'est même pour nous, et surtout pour votre père [...]. Emportez ces conseils à l'armée ; ils sont dictés par un intérêt sincère. Gravez-les dans votre mémoire, et réservez votre avenir." Je sortis de chez Danton sous l'empire d'une impression qui ne s'est jamais effacée et ceux qui auront lu le récit que je viens de tracer de ce terrible entretien ne seront sans doute pas surpris que les cinquante-six ans qui se sont depuis écoulés pour moi, au milieu de tant de vicissitudes, n'en aient pas affaibli le souvenir[9]. »

Les conseils de Danton seront suivis. Alors que les prières qu'il adresse à son père de ne pas prendre part aux travaux de la Convention nationale restent sans effet, Louis-Philippe décide de jouer sa propre carte de prince patriote. Il participe à la bataille de Jemmapes, où il commande la troupe du centre. Dumouriez lui aurait dit : « Fils d'Henri IV, montrez-vous digne de lui ! » Et Louis-Philippe s'en serait montré digne. Mais le moment de joie passé après la victoire, c'est toute l'horreur de la guerre qui saute aux yeux du jeune homme. Selon ses propres mots, il se jure en ce soir du 6 novembre 1792 « de donner au monde, si jamais tel était mon pouvoir, l'horreur de ces jeux cruels ». La politique extérieure du futur roi des Français, dont la ligne directrice est la défense de la paix à tout prix, s'est en partie décidée au soir de cette bataille victorieuse.

À la fin du tragique hiver de l'année 1793, le 18 mars précisément, Louis-Philippe connaît sa dernière exposition au feu sous la bannière tricolore, à Neerwinden. Blessé à mort, son cheval s'écroule sous lui, mais le jeune prince est sain et sauf. La Belgique perdue, l'armée de

8. *Ibid.*, p. 223-229.
9. *Ibid.*, p. 225.

Brunswick reprenant l'offensive en Rhénanie, la Vendée soulevée, il règne en France une atmosphère de débandade généralisée et de guerre civile qui se solde, à la fin de mars, par une tentative de *pronunciamiento* du maréchal Dumouriez. Louis-Philippe joue-t-il un rôle aux côtés de ce dernier ? Il est au courant des desseins du commandant de l'armée du Nord, puisque celui-ci les lui expose sans détours, sans lui demander toutefois de coopérer à son projet politique de renverser la Convention et n'exigeant de lui que la discrétion. Cette position convient à Louis-Philippe, qui doit alors assurément méditer la leçon qu'il a reçue de Danton. Au courant des agissements de Dumouriez, la Convention le déclare hors la loi, permettant ainsi de le mettre à mort sans jugement, et elle fait arrêter ceux qu'elle considère comme ses complices, à commencer par Philippe- Égalité. L'histoire est connue : Dumouriez commence alors une vie d'errance, ne jouant plus que le rôle déplorable du traître conseillant les gouvernements en lutte contre la France. Le duc d'Orléans, Philippe-Égalité, meurt guillotiné le 6 novembre 1793. À cette date, Louis-Philippe a déjà quitté la France depuis sept mois. Sur ses épaules pèsent le legs de l'Ancien Régime et le poids de la Révolution. Il a seulement 20 ans !

Louis-Philippe d'Orléans jeune homme, par Auguste de Creuse.

Le temps des voyages au long cours (1793-1800)

En compagnie de Dumouriez, Louis-Philippe prend le chemin de l'exil. Les deux hommes se trouvent fort bien accueillis par le prince de Saxe-Cobourg, qui leur donne la possibilité de combattre dans les rangs de l'émigration en gardant leurs grades et leurs revenus antérieurs. En cohérence avec la ligne qu'il a adoptée depuis sa rencontre avec Danton, Louis-Philippe refuse cette invitation de prendre les armes contre ceux aux côtés desquels il vient de combattre. Il a pleinement conscience qu'en agissant autrement il commettrait une faute morale et politique lui fermant à jamais les portes de l'avenir. Mais son souci immédiat est d'échapper aux agents de la Convention qui ont déjà emprisonné son père et ses deux frères, lesquels vont croupir pendant plusieurs années dans les geôles d'une prison de Marseille. Il obtient du prince de Saxe-Cobourg des jeux de passeport en blanc, deux pour lui, deux pour sa sœur, deux pour Mme de Genlis, deux pour le colonel Gustave de Montjoie – qu'il connaît depuis Jemmapes et qui a lié son destin à celui du jeune duc au point que Louis-Philippe le désigne dans ses *Mémoires* comme « son fidèle compagnon d'armes et de voyage ». Sur l'un des passeports, il inscrit son véritable nom, sur l'autre une fausse identité et il fait de même pour chaque membre de la petite troupe qui l'accompagne, dont son aide de camp, César Ducrest, et son fidèle palefrenier, Baudouin. Ces deux derniers s'emploient à vendre au meilleur prix les équipages du duc de Chartres, afin d'en retirer le maximum de liquidité.

Commence alors un voyage périlleux à travers la Belgique et l'Allemagne pour rejoindre la Suisse : Aix-la-Chapelle, Cologne, Coblence. Dans cette dernière ville, il n'y a pas de rencontre tragique avec l'émigration à la cocarde blanche mais plutôt une scène cocasse : avec fierté, l'aubergiste montre à Louis-Philippe tous les portraits des Bourbons, dont le sien, lui affirmant sans sourciller qu'il a hébergé le fils de Philippe-Égalité ! Enfin, il arrive à Schaffhouse, chef-lieu du canton suisse du même nom. Adélaïde et Mme de Genlis le rejoignent après que Louis-Philippe leur eut ordonné de voyager de leur côté, afin de ne pas éveiller les soupçons. C'est à Schaffhouse qu'il apprend l'arrestation de son père. Le coup est rude mais ne le surprend pas. À Zug, puis à Zurich, toujours reconnus ou risquant de l'être, les fuyards ne trouvent pas d'abri où poser leurs bagages jusqu'à la rencontre d'un homme providentiel en la personne du marquis Anne-Pierre de Montesquiou. Ancien commandant en chef de l'armée du Midi et conquérant de la Savoie, il avait reçu l'ordre d'entrer à Genève. Devant la résistance de la ville, qui appelle à son secours les milices des cantons de Berne et de Zurich, il préfère la voie de la négociation. Ce choix lui vaut son rappel par la Convention. Il décide alors de se réfugier en Suisse, sous le nom de chevalier de Rionel. Proche du père de Louis-Philippe, le marquis prend ce dernier sous sa protection. Il lui trouve une place de professeur dans le village de Reichenau, sis dans le canton des Grisons. Sous le nom de M. Chabos, le futur roi des Français enseigne les langues vivantes, les mathématiques, et parfois l'histoire, la géographie et le dessin. Le 13 novembre 1793, il apprend la mort de son père, guillotiné sept jours plus tôt. Le jeune prince se rapproche alors de sa mère, qui est restée de sentiments légitimistes. Mme de Genlis fait les frais de ce retournement psychologique. Les liens affectifs entre le prince du sang et son ancienne préceptrice s'étaient déjà refroidis, lorsque cette dernière avait voulu fuir en Angleterre, en abandonnant Marie-Adélaïde, alors entièrement sous sa dépendance. Sans protecteur, effrayée par le cours des choses, la comtesse s'accroche désormais à la sœur de Louis-Philippe comme à une bouée de sauvetage en mesure de la sauver dans l'océan des malheurs. Louis-Philippe décide pourtant de confier Marie-Adélaïde à une parente, une princesse de Conti qui vit à Fribourg. Mme de Genlis ne doit plus compter sur son aide. Elle ne manquera pas de se venger par une méchante lettre qui sera publiée en mars 1796, dans laquelle elle écrit noir sur blanc à Louis-Philippe : « À l'exception du courage et de la probité, [vous n'avez] ni les talents ni les qualités nécessaires pour devenir un roi constitutionnel car vous êtes fait, par votre caractère et vos goûts, pour la vie sédentaire et privée, pour offrir le touchant exemple de toutes les vertus domestiques et non pour représenter avec éclat, pour agir avec une activité constante et pour gouverner avec fermeté un grand empire » !

Détaché sentimentalement de Mme de Genlis, le jeune Louis-Philippe tombe amoureux de Marianne, la cuisinière du pensionnat

dans lequel il enseigne. Décidément le destin de Louis-Philippe ne peut être lié qu'à la France ! Avec cette jeune femme, Chabosli – c'est le surnom affectueux qu'elle lui donne – vit un amour sincère et impossible d'où naît, en septembre 1794, un jeune enfant, que ses parents abandonnent. Pauvre petit orphelin dont le sort matériel est toutefois adouci par l'argent versé par Montesquiou.
En 1794, le duc d'Orléans – il porte désormais ce titre puisque son père est mort –, qui devait alors ressembler au portrait qu'Horace Vernet a peint de lui vingt-quatre ans plus tard en le représentant vêtu d'une redingote de professeur sur fond de paysage alpestre, fait une autre rencontre importante en la personne de la maîtresse de Talleyrand, l'écrivain Mme de Flahaut, qui s'efforce d'intervenir auprès de Gouverneur Morris, ministre plénipotentiaire des États-Unis près de la République française. Si Morris est tout disposé à prêter de l'argent via tout un réseau de banques suisses – il se fera d'ailleurs rembourser avec de copieux intérêts sous la Restauration –, les conditions fixées pour une installation de Louis-Philippe aux États-Unis apparaissent comme exorbitantes aux yeux du duc d'Orléans, puisqu'il aurait dû hypothéquer les biens de sa famille. Les qualités de gestionnaire du futur roi bourgeois sont déjà présentes chez le jeune prince, qui ne se résout pas, même acculé par les revers de la fortune, à dilapider la sienne. Les projets de Morris partent donc en fumée et le duc quitte la ville allemande d'Altona, où il n'entend pas être séquestré, troquant son projet de voyage aux États-Unis contre une expédition vers le Grand Nord.
Tout autant que le Nouveau Monde, cette destination est à la mode depuis que Jean-François Regnard avait gravé, sur un rocher en Laponie, quatre vers en latin célébrant la fin de la terre et que Maupertuis y avait conduit une expédition pour y mesurer la longueur du degré d'un méridien. Accompagné de Mme de Flahaut, puis simplement de Baudouin, de Montjoie et d'un guide islandais, Louis-Philippe traverse le Danemark, la Suède, la Norvège et la Finlande. À pied, à cheval, en voiture, en chaloupe, il est le premier Français à parvenir au cap Nord. Il se souviendra de cet exploit lorsqu'il y fera porter, en 1838, sa statue en bronze. En Finlande, à Muonio-Niska, il s'éprend de la sœur d'un pasteur. Il a peut-être laissé un fils sous le soleil glacial du Grand Nord. De ce voyage – comme de celui qu'il fera plus tard aux États-Unis –,

Louis-Philippe ne nous livre que des croquis, des notes brèves et des descriptions précises mais un peu plates. N'est pas Chateaubriand qui veut ! Dans ses *Mémoires*, il se contente de faire une brève mention de ce voyage, abandonnant la narration de la partie romanesque de sa vie au talentueux Alexandre Dumas[10].

À Stockholm, une première fois, par l'intermédiaire du comte de Saint-Priest, puis à Hambourg, une seconde fois, par l'entregent du baron de Roll, Louis XVIII, qui est depuis la mort de Louis XVII au Temple le nouveau roi, cherche à contacter le duc d'Orléans, afin de rassembler la famille royale autour de sa personne pour mieux légitimer sa position. Malgré l'horreur qu'il éprouve pour la tournure prise par la Révolution française depuis la mort de son père, Louis-Philippe a suffisamment de sens politique pour comprendre que seule une monarchie constitutionnelle est désormais possible en France. De plus, il se sait mal vu par les ultras, qui ne lui pardonnent pas son passé de patriote à la cocarde bleu, blanc, rouge. Le Directoire, qui craint pour sa part un possible retour en France du fils de Philippe-Égalité, propose à la duchesse d'Orléans que le duc de Montpensier et le comte de Beaujolais soient libérés des geôles marseillaises contre la promesse que leur frère aîné s'exile aux États-Unis.

Le 25 octobre 1796, nanti d'un passeport danois, Louis-Philippe arrive à Philadelphie. En février 1797, ses deux frères cadets l'y rejoignent. Comprenant qu'ils sont trop pauvres en espèces sonnantes et trébuchantes et trop riches en souvenirs de grandeur, les trois frères renoncent à s'installer à Philadelphie, qui n'est pour eux qu'une halte entre deux expéditions. La plus célèbre les conduit jusqu'à la Nouvelle-Orléans ! Pendant soixante-dix-huit nuits, les trois frères campent dans les forêts, descendent le cours de l'Ohio, puis celui du Mississippi. Le prince du sang, qui avait acquis l'art de la saignée de Mme de Genlis, le pratique avec succès sur un chef cherokee, obtenant les faveurs de ce peuple amérindien, dont Louis-Philippe préfère les mœurs simples et rudes à celles des colons dont la vie de peines a durci le cœur. Cependant le point d'orgue de ce voyage n'est pas la découverte d'une civilisation ni celle de nouveaux paysages, mais la rencontre avec George Washington en avril 1797.

---

10. Voir p. 173.

Apprenant que la duchesse d'Orléans a trouvé refuge en Espagne, après que les biens de sa famille eurent été vendus comme biens nationaux, Louis-Philippe décide de réunir les siens autour de sa mère. Après une nouvelle descente de Philadelphie jusqu'à la Nouvelle-Orléans en décembre 1797, les trois fils de Philippe-Égalité s'embarquent pour La Havane, grâce à des passeports que leur procure le ministre d'Espagne aux États-Unis. En mars 1798, La Havane réserve un accueil magnifique aux Orléans : « *Son Borbones, y de la misma Sangre que el Señor Don Felipe Quinto* » (« Ce sont des Bourbons, du même sang que Philippe V »). Louis-Philippe peut mesurer encore une fois l'importance de la légitimité comme fondement des relations politiques et sociales. Pendant dix-huit mois, Orléans, Montpensier et Beaujolais retrouvent un train de vie de princes : voitures, domesticité et revenus, toutes ces commodités leur sont fournies par la noblesse insulaire, dont l'engouement pour les jeunes princes tourne à la passion lorsqu'ils se montrent parfaitement à l'aise avec la langue espagnole. Mais s'ils peuvent la rendre moins sévère, les liens de sang ne font pas toujours la diplomatie. Vraisemblablement sous la pression du gouvernement français, les trois frères sont déclarés *personae non gratae* sur le sol espagnol. Il leur faut donc quitter La Havane. Une installation aux États-Unis signifierait qu'ils tournent définitivement le dos à l'Europe, où se trouvent leur mère et leur destin. L'Espagne et la France leur étant interdites, il ne leur reste comme destination possible que l'Angleterre. Grâce à la générosité jamais démentie des Havanais, ils embarquent sur une goélette de guerre espagnole pour les Bahamas. De Nassau, ils rejoignent New York et enfin Falmouth, où ils débarquent le 1er janvier 1800, quatre mois après avoir quitté Cuba.

Retrouver la légitimité perdue et toujours menacée (1800-1830)

Vingt ans séparent Louis XVIII de Louis-Philippe, mais ces deux décennies séparent deux mondes. Tandis que Louis XVIII vit dans l'univers étriqué d'une cour reconstituée, entouré d'hommes ayant soif de vengeance contre les régicides, qui doivent être écartelés, roués et pendus – c'est ce que signifie alors le terrible acronyme *ERP* qui se trouve dans leur manifeste –, Louis-Philippe, qui a respiré l'air du large, s'est forgé une solide culture au contact du grand livre du monde. L'atmosphère confinée de l'émigration lui est donc irrespirable, mais son souci de la légitimité le pousse à observer une attitude de fidélité envers les Bourbons. S'il entend demeurer patriote, il n'oublie pas pour autant qu'il est prince. Tel est le sens qu'il veut donner à sa vie alors qu'il commence la rédaction de ses *Mémoires*.

Louis XVIII par le baron Gérard.

Lorsqu'il s'installe en 1800 en Angleterre, d'abord dans un appartement londonien, puis à Twickenham dans une belle et vaste demeure au bord de la Tamise, dont le loyer est payé par le gouvernement anglais, Bonaparte a conquis le pouvoir. Au Premier consul comme plus tard à l'Empereur, Louis-Philippe reproche son despotisme et la manie de sa politique expansionniste. Aussi, lorsque sa mère, la duchesse d'Orléans, tente d'obtenir les faveurs du nouvel homme fort de la France afin de recouvrer ses biens, Louis-Philippe s'oppose avec fermeté à cette démarche. Il entend afficher son refus de toute entente avec Napoléon Bonaparte, afin de couper court à toute idée de complot, prétendument préparé par Sieyès, pour le mettre sur le trône. Il manifeste, encore une fois, son souci d'affirmer sa légitimité toujours menacée, toujours remise en cause. Ainsi, un de ses premiers gestes en Angleterre est-il de rendre visite au comte d'Artois. Entre les deux princes du sang, la rencontre est cordiale, mais Louis-Philippe fait part de son refus sans appel de porter la cocarde blanche et de s'engager dans l'armée des émigrés. Que pense-t-il de cette dernière ? Il est significatif que les dernières pages de ses *Mémoires* soient consacrés à ce mouvement qu'il n'a eu de cesse de condamner au nom d'arguments politiques, patriotiques et militaires.

Pour Louis-Philippe, l'émigration est née du refus de cinq bureaux sur les sept présidés par les princes composant l'assemblée des notables aux états généraux. Seuls, le bureau de Monsieur, le frère du roi (le futur Louis XVIII), et celui du duc d'Orléans (le père de Louis-Philippe) se sont prononcés pour la double représentation du tiers état. Les bureaux présidés par le comte d'Artois, le prince de Condé, le prince de Bourbon, le duc d'Enghien et enfin le prince de Conti s'y sont opposés et en ont exposé les raisons dans un mémoire, qui est devenu un peu plus tard le pacte fondamental de l'émigration. Sur cette erreur politique se greffe une faute patriotique, puisque le parti des émigrés a cherché et obtenu, avec peine, le soutien de l'étranger pour réaliser ses desseins. Enfin, à l'exception de la compagnie de Condé, les troupes rassemblées derrière le comte d'Artois ne méritent pas le nom d'armée. Quoi qu'il en soit, au moment où il débarque à Londres, l'émigration armée vit ses derniers jours, puisque les ultimes fidèles de Condé sont officiellement licenciés après les préliminaires de la paix d'Amiens de 1802.

Autant par calcul que par conviction, Louis-Philippe refuse obstinément de lier son destin à l'émigration, mais il entend se rapprocher de ses cousins Bourbons et leur manifester ouvertement sa fidélité. Highshot House, qui prend rapidement le surnom d'Orléans

House, dans laquelle vivent confortablement le duc d'Orléans, ses deux frères, son aide de camp Montjoie et son secrétaire le chevalier de Broval, n'entend pas être un foyer d'opposition. Si une grande partie de l'« émigrerie », comme il la qualifie avec ironie, le boude, le duc d'Orléans se console en recevant la bonne société anglaise, en lisant, en écrivant et en réfléchissant. S'il n'élabore pas une doctrine politique à proprement parler, il défend deux idées fortes : la France a besoin de la paix, et son prochain gouvernement ne pourra être qu'une monarchie constitutionnelle, car il est aussi vain qu'inutile d'espérer pouvoir effacer la période de 1789 à 1791. À la différence des émigrés, qui, selon le mot de Talleyrand, n'ont rien appris ni rien oublié, Louis-Philippe est un prince qui a appris sans oublier. Il est en cela politiquement proche des conceptions de Louis XVIII, avec qui ses relations manquent toutefois de chaleur.

Les trois années 1807-1809 marquent un tournant dans la vie personnelle de Louis-Philippe. Alors qu'il déménage pour Castel Hill, vaste propriété que le duc de Kent met à sa disposition, il perd son jeune frère Montpensier, victime de la tuberculose. Ce dernier est enterré à Westminster. L'année suivante, en 1808, la même maladie emporte Beaujolais. Les dures conditions de leur incarcération à Marseille et les difficultés de l'exil ont eu raison de leur santé mise à mal, dans le cas de Beaujolais, par une propension à boire plus que de raison. Pour le guérir de ce vice et lui permettre de jouir d'un climat plus sain, Louis-Philippe avait accompagné son jeune frère à Malte, où le malheureux décède. C'est pourquoi, hasard de l'existence, il est inhumé dans la cathédrale Saint-Jean de La Valette. Ces deux deuils successifs affectent Louis-Philippe, qui a toutefois la consolation de retrouver, en 1809, sa sœur Marie-Adélaïde, qui ne le quittera plus. Le choix de Malte ne répond pas seulement à des soucis d'une vie plus saine mais constitue aussi une base pour se rendre à Palerme. Dans la capitale sicilienne, alors sous protectorat anglais, vivent le roi Ferdinand et sa femme, la reine Marie-Caroline, chassés de Naples par les armées de Murat. En 1808, Louis-Philippe est reçu dans cette cour en exil. Ses manières de prince et la franchise de celui qui n'entend pas renier ses engagements passés ont convaincu Marie-Caroline, petite nièce de Marie-Antoinette et gardienne intransigeante de l'idéologie du légitimisme, qu'un mariage d'une de ses filles avec le prince français serait un bon parti. L'entente entre le duc, alors âgé de 35 ans, et Marie Amélie Thérèse de Bourbon, de dix ans sa cadette, transforme rapidement l'union politique en un mariage d'amour. L'exil et la douleur de perdre des proches qu'ils ont tous les deux connus les rapprochent psychologiquement. Enfin, cette grande femme aux yeux bleus, qui ne compte pas moins de quinze frères et sœurs, a profondément le sens de la famille et donnera une descendance au prince français. Le mariage est célébré le 25 novembre 1809 dans la chapelle du palais des Normands, selon la plus stricte étiquette de l'Ancien Régime. Pour Louis-Philippe, dont l'obsession est de restaurer sa légitimité aux yeux de l'opinion, quel succès que d'épouser une Bourbon !

Mais l'action politique manque à cet homme dans la force de l'âge. Où et comment se rendre utile lorsqu'on refuse de prendre les armes contre son pays ? Une possibilité serait de se rendre en Espagne pour agir en faveur de Ferdinand VII. Mais l'Angleterre s'oppose au départ du duc d'Orléans, car elle ne veut pas compliquer une situation diplomatique qui l'est déjà passablement. Louis-Philippe ronge son frein et espère se consoler de cette déconvenue en jouant un rôle en Sicile. Mais, là encore, l'Angleterre s'y refuse, car elle a déjà dépêché dans l'île, à l'été 1811, lord Bentinck afin, d'une part, d'apaiser la tension entre la cour en exil et ses sujets siciliens se sentant méprisés et, d'autre part, pour moderniser politiquement l'île – ce qui aboutira à la Constitution sicilienne de 1812 – et pour ne pas laisser accroire que le vent du progrès ne souffle que de Paris.

Louis-Philippe doit se contenter de vivre en aristocrate éclairé dans sa villa de Bagheria, dans la banlieue de Palerme, où il se livre à l'aménagement architectural, qui est l'une des plus grandes et des plus constantes passions de sa vie.

Son autre consolation est la naissance de ses enfants : Ferdinand, le 3 septembre 1810, puis une fille Louise, le 3 avril 1812, et un an plus tard, presque jour pour jour, une nouvelle petite fille Marie, qui devient rapidement la préférée du futur roi.

En 1814, l'heure a sonné de retourner à Paris, que Louis-Philippe n'a pas revu depuis vingt-deux ans, depuis le fameux soir où Danton vaticinait. Il retrouve le Palais-Royal, qui est encore debout mais sert de garde-meuble aux artisans parisiens. Il faut quelques mois pour le rendre habitable et en mesure d'accueillir son épouse enceinte. Toute la famille est réunie à Paris en septembre 1814. Un mois plus tard, le 25 octobre, naît le deuxième fils de Louis-Philippe, Louis, duc de Nemours. Suivront encore cinq naissances : Françoise en 1816, dite Mlle de Montpensier, qui décède dans sa deuxième année ; Clémentine, dite Mlle de Beaujolais en 1817 ; François, prince de Joinville en 1818 ; Charles, duc de Penthièvre en 1820, qui décède en 1828 ; Henri, duc d'Aumale en 1822 ; et, enfin, Antoine, duc de Montpensier en 1824.

Marie-Amélie de Bourbon, femme de Louis-Philippe, ici avec ses enfants le duc d'Aumale et le duc de Montpensier, devant une vue du parc du château de Neuilly, par Louis Hersent (1835).

Mais le retour de l'ogre corse contraint la famille à regagner l'Angleterre. Louis XVIII a beau déplorer que son cousin ne l'accompagne pas dans son exil à Gand et qu'il refuse de rejoindre l'armée du duc de Berry, il ne peut que constater la popularité grandissante du seul prince du sang qui n'a servi qu'en France, et jamais avec les émigrés dans les armées étrangères. Entre le roi de 60 ans, usé, seul et déjà malade, et Louis-Philippe alors âgé de 40 ans, en pleine santé, prince du sang mais aussi soldat de Valmy et de Jemmapes, entouré d'une famille prospère et aimante, le contraste est saisissant. Alexandre Dumas sera plus tard le portraitiste de cet écart entre « l'ombre déclinante » du frère de Louis XVI et « l'aube naissante » du fils de Philippe-Égalité.

Le duc d'Orléans est le seul personnage de sang royal en France à pouvoir séduire la jeune génération, qui n'a connu que la Révolution française, le Consulat et l'Empire, à l'image du colonel Atthalin, ancien officier d'ordonnance de l'Empereur, qui accepte avec enthousiasme d'être l'aide de camp du duc d'Orléans, avant de devenir un ami de la famille. Tous les hommes qui jugent impossible une restauration et ne veulent pas pour autant d'une république tournent leurs regards vers le chef de la maison des Orléans. Il est peut-être même l'homme du moment pour les cours européennes, qui comprennent que l'impopularité de l'émigration est proportionnelle à l'engouement spectaculaire pour l'Empereur, qui se manifeste durant l'épisode des Cent Jours.

Mais Louis-Philippe, toujours en quête de légitimité, même si elle se fait moins angoissante qu'auparavant, entend encore prudemment se tenir en retrait, choisissant de demeurer en Angleterre, au prétexte que les travaux du Palais-Royal ne seront achevés qu'en 1817. Il lui apparaît plus judicieux et plus confortable d'attendre que la situation se clarifie dans un pays dont il affectionne les mœurs et au sein de la société dans laquelle il s'est taillé une place de choix. Toutefois ce séjour sur les bords de la Tamise finit par irriter le palais des Tuileries et Louis-Philippe et les siens rentrent à Paris en avril 1817. Pendant trente et un ans, jusqu'à son dernier exil en Angleterre, la famille des Orléans, lorsqu'elle ne vit pas au palais des Tuileries, partage son temps entre ses quatre résidences.

La première, la plus prestigieuse et la plus politique d'entre elles, est le Palais-Royal, que le duc n'a de cesse d'embellir et de rendre plus confortable, en y installant par exemple l'éclairage au gaz. La deuxième, sans doute la préférée, est la résidence qu'il acquiert à Neuilly. Cette demeure de Murat, puis de Pauline Borghèse échoue au duc d'Angoulême, qui la vend au duc d'Orléans. Ce dernier agrandit sans compter cette vaste propriété qui s'étend jusqu'à Courbevoie et Asnières, et il lui donne l'allure d'un domaine à l'anglaise avec ses milliers d'arbres, dont deux cent quarante mille qu'il fait lui-même planter. Les deux dernières résidences sont les plus intimes, mais aussi les moins souvent fréquentées : le château d'Eu en Normandie, hérité de son grand-père maternel, le duc de Penthièvre, et le domaine de Randan en Auvergne, qui appartient à sa sœur Marie-Adélaïde.

Le château de Neuilly du temps de Louis-Philippe (d'après un dessin de Fontaine).

Dans ces châteaux réaménagés par son architecte Fontaine et que fréquentent des peintres comme Géricault, Girodet, Turner et Horace Vernet, le préféré entre tous, le duc s'attache à recevoir l'élite française. L'écrivain libéral Benjamin Constant vient souper à Neuilly et, le lendemain, c'est au tour d'un ancien dignitaire de l'Empire. S'il n'apprécie toujours pas Napoléon, Louis-Philippe comprend la passion de ses compatriotes pour l'Aigle déchu, dont témoigne le succès phénoménal du *Mémorial de Sainte-Hélène* de Las Cases. Avec patience, Louis-Philippe reconstitue les biens de sa famille. Chaque matin, il réunit son conseil, qui ressemble à une réunion notariale. Son autre grand motif de satisfaction est ses enfants.

À l'exception du jeune duc de Penthièvre, qui meurt en 1828, les garçons et les filles de Louis-Philippe grandissent harmonieusement, sous le regard plus attentif que bienveillant de leur père. Après avoir acquis les rudiments de la lecture grâce à leur mère, les jeunes princes sont confiés à des précepteurs choisis avec soin. Mais, à peine âgé de 9 ans, le duc de Chartres, l'aîné, entre au collège Henri-IV ; ses frères suivront son exemple. S'ils sont accompagnés de leur précepteur, dont le compte rendu quotidien de leur conduite est scrupuleusement signé et annoté par leur père, cette nouveauté fait scandale. Louis XVIII reproche à son cousin que ses fils puissent s'encanailler au contact de la « populacerie » (*sic*). Mais le duc tient à donner à ses fils une éducation en harmonie avec les mœurs de son temps. Si les princes passent le plus souvent leurs récréations dans le jardin privé du proviseur et s'ils prennent leurs dîners dans une vaisselle plus raffinée que celle de leurs condisciples, ils n'en usent pas moins leurs pantalons sur les mêmes bancs. Cette éducation semble leur réussir, puisque les résultats médiocres du duc de Chartres s'améliorent au point qu'il reçoit des accessits et même des prix d'excellence dans plusieurs matières, pour la plus grande fierté de ses parents.

Après les cours à Henri-IV vient le temps des leçons privées. L'accent est particulièrement mis sur l'histoire : de 1830 à 1844, Michelet prodigue son talent devant les enfants de Louis-Philippe. L'autre apprentissage important est celui des langues vivantes. Suivant la vieille technique prônée en son temps par Mme de Genlis, les enfants conversent en allemand avec un valet germanique, qui a reçu l'ordre exprès de ne s'adresser aux princes que dans sa langue maternelle. Les jeudis et dimanches sont consacrés aux disciplines artistiques et sportives, particulièrement à la natation, très importante dans cette famille d'excellents nageurs, qui réalisent leurs exploits dans la Seine, dans la Manche ou, les jours de beau temps, à la piscine Deligny. L'art est aussi à l'honneur. Marie et Nemours font preuve de véritables talents d'artistes. La princesse excelle dans le dessin et la sculpture. On lui doit la statue de Jeanne d'Arc qui sert à l'inauguration du musée de Versailles en 1837 et qui se trouve désormais devant l'hôtel de ville d'Orléans. Quant à Nemours, il expose anonymement dans un salon un tableau représentant un paysage algérien, qui à l'heur de plaire au roi, qui l'achète pour sa collection privée, apprenant plus tard que cette œuvre a été peinte par son fils cadet. Mais la tutelle de Louis-Philippe peut se faire pesante sur des adolescents qui n'ont jamais de temps libre pour eux et qui ne pourront jamais s'évader dans leurs jeux et dans leurs rêves, comme le petit Chateaubriand sur la grève de Saint-Malo. Sur les princes se font sentir l'héritage de la pédagogie de Mme de Genlis et le souvenir de la discipline du soldat que fut autrefois Louis-Philippe. Un prince d'Orléans n'a pas plus à refuser de faire une révérence qu'à se laisser aller à cracher comme un malpropre des noyaux de cerises dans le panier où elles sont déposées.

Tout ce mode de vie, mélange d'étiquette et de simplicité, forme déjà le style Orléans dont le chef de famille est un prince portant la croix de Saint Louis et un bourgeois arborant le cordon de la Légion d'honneur. Si la postérité a surtout retenu le second aspect, il ne faut pas oublier le premier, qui importe beaucoup à Louis-Philippe. Sous le règne de Louis XVIII (1814-1824), ce dernier souffre de ne pas retrouver son titre d'altesse royale, d'autant qu'il subit stoïquement de nombreuses humiliations, et même des vexations. Ainsi, lorsqu'il pénètre aux Tuileries, seul un battant s'ouvre, alors que ce sont les deux pour son épouse puisqu'elle est de sang royal. Exclu de la tribune royale pour assister à la messe dans la chapelle des Tuileries, il doit attendre, pour signer l'acte de naissance du duc de Bordeaux, que la plume lui soit donnée non par le chancelier mais par un employé subalterne. Paradoxalement, la situation de Louis-Philippe s'améliore avec l'accession de Charles X au trône de France, puisqu'il retrouve alors son titre d'altesse royale. Le paradoxe n'est qu'apparent car l'ancien chef politique de l'émigration a très fortement, selon les mots mêmes de Louis-Philippe, « le *sentiment de Prince* et celui de l'hérédité » et que « c'était très sincèrement qu'il désirait la réunion de toute la famille, afin que la branche d'Orléans n'y fît pas un vide et qu'elle occupât sa place dans l'ordre de succession au trône[11] ».

11. *Ibid.*, p. 447.

Charles X en habits de sacre, par le baron Gérard (1825).

Saisir l'occasion (1830)

En décidant que Jules de Polignac succède à Jean-Baptiste de Martignac à la tête du ministère en août 1829, Charles X fait le choix d'un homme dont le comportement et le passé incarnent l'Ancien Régime et les valeurs de l'émigration. Le ministère dirigé par celui que François Furet décrit comme « un illuminé du royalisme » suscite immédiatement l'impopularité, et le début de la conquête de l'Algérie, à la fin de janvier 1830, ne suffit pas pour amadouer l'opinion publique. Le 18 mars 1830, 221 députés, sur les 428 que compte la Chambre, publient une Adresse de défiance envers le nouveau ministère. Charles X s'engage alors dans un bras de fer avec les représentants, puisqu'il décide de dissoudre la Chambre le 16 mai. Les nouvelles élections, le 23 juin, sont une victoire pour l'opposition, puisque les 221 deviennent 274. Mais le roi n'entend pas céder. Le 25 juillet, il signe cinq ordonnances prises en vertu de l'article 14 de la Charte : la première suspend la liberté de la presse, la deuxième proclame la dissolution de la nouvelle Chambre, tout juste élue, mais qui n'a pas encore siégé, la troisième restreint le nombre des députés et celui du corps électoral, la quatrième fixe au mois de septembre les nouvelles élections, enfin la cinquième nomme plusieurs personnalités ultra à de hautes fonctions publiques. Pour la majorité des députés comme pour le peuple de Paris, le roi est résolument sorti de la Charte. Si cette interprétation est discutable d'un strict point de vue juridique, elle n'en est pas moins vraie politiquement.

Le 27 juillet, la première barricade est élevée rue Saint-Honoré ; le lendemain tout l'est de Paris est en insurrection et le centre de la capitale est gagné par l'émeute car la garde nationale se joint aux manifestants ; le 29 juillet la troupe elle-même fait défection. Si le bilan des Trois Glorieuses est lourd, puisqu'on déplore près de mille morts (huit cents pour l'opposition, deux cents pour les forces de l'ordre) et cinq fois plus de blessés, ces trois journées révolutionnaires ont eu raison de la Restauration. Lorsque Charles X retire les ordonnances, le 30 juillet, il est déjà trop tard : la roue de l'Histoire a tourné.

Depuis la première dissolution de la Chambre, en mai 1830, Louis-Philippe se montre très préoccupé par la politique de Charles X. À ses proches, comme le général Atthalin ou le comte de Montesquiou, qui briguent des postes de députés, il recommande de ne pas se présenter aux élections et souhaite, dans le cas où ils ne suivraient pas son conseil, qu'ils ne soient pas élus. Il craint en effet que l'opinion publique ne soupçonne quelque manœuvre de la faction des Orléans, comme ce fut le cas, jadis, pour son père lors des journées funestes de la Révolution. Toujours aussi noire et aussi menaçante, l'ombre de Philippe-Égalité plane sur Louis-Philippe. Mesurant pleinement la gravité de la situation, il s'entretient à plusieurs reprises avec Charles X, l'incitant à ne pas rouvrir le conflit entre l'esprit de l'Ancien Régime et les idéaux de la Révolution française. Abasourdi par la lecture du *Moniteur* du 28 juillet, qui publie les ordonnances prises la veille par le roi et par le prince de Polignac, Louis-Philippe traverse une crise d'angoisse :

doit-il reprendre avec les siens le chemin de l'exil, doit-il servir les Bourbons, doit-il jouer sa propre carte, et saisir l'occasion qui peut se présenter ? Il est très probable qu'il ne parvienne pas à arrêter une ligne de conduite, si ce n'est celle d'attendre qui sortira vainqueur de ce bras de fer entre deux légitimités : celle de l'Ancien Régime et celle de la Révolution française.

Le 29 juillet 1830, il quitte Neuilly pour se rendre au Raincy, afin de réfléchir plus sereinement à la situation et aussi, peut-être, pour que l'on ne fasse pas pression sur sa personne. Depuis que Charles X s'est retiré à Versailles, il existe, de fait, trois pouvoirs à Paris. Le premier est ancré à la Chambre, qui veut gouverner puisque c'est l'action des députés qui a renversé Charles X – bien qu'il ne soit pas encore député, Thiers incarne bien cette famille politique qui entend circonscrire, le plus rapidement possible, la révolution en marche, tout en refusant tout retour en arrière. Le deuxième pouvoir est à l'Hôtel de Ville, lieu par excellence de la Révolution, représentée alors par la Commune municipale de Paris, qui s'est investie du pouvoir exécutif – les républicains, dont la figure de proue est Godefroy Cavaignac, y dominent et parlent de convoquer une Assemblée constituante, n'hésitant pas à dépasser le mot d'ordre de la révolution des Trois Glorieuses qui s'est faite au nom de la défense de la Charte. Enfin, le troisième pouvoir est concentré dans la personne de La Fayette, qui, fort de son passé glorieux et de sa position de commandant en chef de la garde nationale, l'unique force armée encore en place, est le seul en mesure de dénouer la crise. Convaincu par Thiers de la nécessité d'endiguer la révolution, le héros des deux mondes accepte la proposition de nommer Louis-Philippe lieutenant général du royaume[12], prélude à son accession au trône. Reste à convaincre l'intéressé. Le 30 juillet, Thiers se rend à Neuilly. Louis-Philippe est absent, puisqu'il est alors au Raincy. L'ambitieux journaliste méridional rencontre la sœur du roi. Mal vue de la cour et des émigrés, Mme Adélaïde n'éprouve pas ce tourment de la légitimité qui hante son frère. Aussi se rend-elle aux arguments de Thiers, qui les couche sur le papier, et elle promet de les faire connaître à son frère. Le fidèle Montesquiou porte la lettre de Thiers à Louis-Philippe. Après l'avoir

12. Ce titre désigne une fonction temporaire dont les rois, dans des circonstances de crise, investissent un personnage éminent pour exercer en leur nom tout ou partie de l'autorité royale.

lue attentivement et après avoir pesé le pour et le contre, celui qui est encore pour quelques jours le duc d'Orléans se décide à franchir le Rubicon et à saisir l'occasion de s'emparer de la couronne.
Le 31 juillet à l'aube, il arrive au Palais-Royal. À 14 heures, il se rend à cheval à l'Hôtel de Ville. Malgré la propagande en sa faveur que Thiers, La Fayette et le baron Jacques Laffitte ont orchestrée autour de l'idée que ce prince est le seul à n'avoir jamais porté les armes contre son pays, la foule lui est plutôt hostile. Quant aux républicains, ils se sentent frustrés de leur victoire, puisqu'ils avaient mené la lutte au nom du rétablissement de la république ou pour donner le pouvoir à l'Aiglon. Le retournement de l'opinion s'opère lorsque le lieutenant général, s'emparant du drapeau tricolore, s'approche du balcon de l'Hôtel de Ville en compagnie de La Fayette. Les deux hommes s'étreignent, déclenchant un tonnerre d'ovations. Comme l'observe ironiquement mais avec justesse Chateaubriand : « Le baiser républicain de Lafayette a fait un roi ! »

Louis-Philippe quittant le Palais-Royal pour se rendre à l'Hôtel de Ville, le 31 juillet 1830, par Horace Vernet (1832).

Début août se joue le dernier acte de la Restauration : le 2, Charles X abdique en faveur de son petit-fils, le duc de Bordeaux, appelé à régner sous le nom d'Henri V, et demande au nouveau lieutenant général de le prendre sous sa protection pendant sa minorité – l'enfant est alors âgé de 10 ans. Louis-Philippe fait d'abord le sourd. Tandis que Charles X refuse l'affrontement et se dirige au petit trot vers l'exil, Louis-Philippe est saisi par un dernier scrupule de légitimité à l'égard des Bourbons. Il dépêche un officier auprès de Charles X pour lui demander de lui confier son petit-fils, afin que l'on proclame à Paris ses droits à la couronne. Si le roi hésite, la duchesse de Berry, Marie-Caroline de Bourbon-Sicile, n'entend pas abandonner son fils aux griffes de la famille des Orléans. Louis-Philippe a la conscience tranquille car nul ne peut l'accuser d'usurpation. L'ombre de Philippe-Egalité, sans disparaître, s'estompe. L'obsession de la légitimité va désormais se décaler vers sa propre famille. N'a-t-il pas laissé son fils aîné, le duc de Chartres, faire sa propre entrée triomphale dans Paris, le 31 juillet, afin de poser les premiers jalons d'une nouvelle légitimité ?
En devenant roi des Français, le 9 août 1830, Louis-Philippe est lui-même le fruit d'une nouvelle légitimité. Ce choix de se désigner roi des Français et non roi de France – l'appellation est ancienne même si elle a été singulièrement rajeunie depuis que Louis XVI l'a portée en vertu de la Constitution de 1791 – est moins significatif que son choix de s'appeler Louis-Philippe Ier et non Philippe VII. Par cette décision, le nouveau monarque rompt à jamais la ligne de légitimité. En étant roi « par la grâce de Dieu et par la légitimité du peuple », il est désormais acquis qu'il n'est pas roi de droit divin mais en vertu d'un contrat passé avec le peuple. Entre les conservateurs qui estiment inutile de modifier la Charte de 1814 et les démocrates qui veulent une Constitution nouvelle, la majorité des députés opte pour un toilettage important de celle-ci. Ainsi l'ancien préambule, qui portait le plus le cachet de la Restauration, disparaît-il. Cette suppression est importante car elle signifie que la nouvelle Charte n'est plus octroyée, mais qu'elle émane désormais de la volonté de la nation. Les autres principales modifications sont la fin de la religion catholique comme religion d'État, puisqu'elle n'est plus que « celle professée par la majorité des Français », la suppression de la censure

préalable pour la presse, l'interdiction pour le roi de suspendre l'exécution des lois, la reconnaissance que l'initiative législative est désormais partagée entre le roi et la Chambre, l'adoption du drapeau tricolore comme emblème de la France, la possibilité de mettre les ministres en accusation. À cet ensemble organique de modifications s'ajoutent les lois d'avril 1831 qui abaissent le seuil d'éligibilité de 40 à 30 ans et ramènent la capacité électorale à 25 ans, et celle de décembre 1831, symboliquement plus importante, qui met fin à l'hérédité de la pairie.

Comparées aux bouleversements politiques induits par la Constitution de 1848, les modifications introduites en 1830 sont beaucoup moins fondamentales. Il faut toutefois se défier de tout jugement rétrospectif car la Charte de 1830 apparaît, aux yeux des contemporains, à commencer par ceux de Pellegrino Rossi, premier professeur de droit constitutionnel, qui la commente admirablement entre 1835 et 1837 devant les étudiants de l'université de Paris, comme un texte rationnel créant des conditions stables pour l'épanouissement d'une monarchie représentative, pouvant évoluer vers une monarchie parlementaire et interdisant, par ses mécanismes institutionnels, un possible retour vers l'absolutisme. C'est donc bien un nouveau régime qui a fleuri sous le soleil de juillet. Ici n'est pas le lieu pour présenter dans le détail l'histoire de la monarchie de Juillet, mais il importe de concentrer notre regard sur Louis-Philippe, en étudiant ses idées et ses actes tels qu'ils se manifestent tant dans la sphère publique que dans le domaine privé.

Gouverner au quotidien

Au regard de la Charte de 1830, le roi est le personnage clé du régime, puisqu'il est le centre autour duquel tous les pouvoirs viennent se coordonner pour en former un seul. Mais, dans la pratique quotidienne de la vie politique, cette centralité du pouvoir est assez fragile. Entre le souhait des rédacteurs de l'influent journal *Le National* repris par Thiers que « le roi règne mais ne gouverne pas » et celui de Guizot affirmant que « le trône n'est pas un fauteuil vide », l'importance de la place du roi dépend souvent des circonstances et des hommes. Si le souverain a toujours le souci de garder sa marge de manœuvre, il agit plus en défendant ses prérogatives qu'il n'adopte une stratégie offensive pour les renforcer. Quoi qu'il en soit, il lui revient toujours de droit de choisir le président du Conseil et, en accord avec ce dernier, les ministres du gouvernement. Le roi est particulièrement attentif au choix du ministre des Affaires étrangères. Il ouvre la session parlementaire par une séance, dite royale, pendant laquelle il prononce le discours du trône devant les députés et les pairs réunis pour cette circonstance solennelle au Palais-Bourbon, siège habituel de la Chambre des députés, qui le loue au duc d'Aumale avant que ce dernier ne le lui vende en 1843. Ce discours, qui indique les grands axes de la politique, est toujours écrit en collaboration avec le président du Conseil. Celui-ci est un personnage avec qui le roi doit toujours composer. Plusieurs cas de figure se présentent. Le roi parvient à choisir un président du Conseil qui ne lui fait pas d'ombre : les maréchaux Mortier, Gérard et Soult en sont les meilleurs exemples. Il peut aussi opter pour une personnalité plus affirmée mais pour laquelle il éprouve estime et sympathie : le comte de Molé et surtout François Guizot entrent dans cette deuxième catégorie. Mais Louis-Philippe est aussi parfois contraint de nommer un homme avec qui il s'entend bien sur le plan personnel sans qu'il partage pleinement sa ligne de conduite politique : les deux exemples marquants sont Adolphe Thiers et Jacques Laffitte. Enfin, reste le cas du président du Conseil, dont le roi reconnaît les qualités politiques mais pour qui il éprouve une forme d'antipathie, comme c'est le cas avec Casimir Perier et le duc de Broglie.

Si le roi doit composer avec son président du Conseil et avec les personnalités formant ses différents ministères – il y en aura vingt-trois en tout –, il est le seul à disposer de tout l'apparat du pouvoir. Il réside aux Tuileries, qui fut la résidence royale de nombreux souverains depuis Henri IV jusqu'à Charles X. Louis-Philippe entendait pourtant demeurer au Palais-Royal, qu'il n'a eu de cesse d'aménager. Cependant, les menaces pesant sur sa sécurité – le roi est victime de deux attentats en 1832 – conduisent l'énergique Casimir Perier à exiger que le souverain déménage au palais des Tuileries, plus facile à garder que le Palais-Royal. Mais le roi rechigne à quitter sa chère résidence parisienne pour des raisons à la fois sentimentales et

Louis-Philippe sous la monarchie de Juillet par Winterhalter (1843).

politiques. Il lui est tout particulièrement difficile d'occuper les lieux où avaient vécu et régné les deux derniers rois Bourbons, Louis XVIII et Charles X. Il est évident que Louis-Philippe continue d'éprouver ce complexe de légitimité qui nous semble l'aspect principal ouvrant à la compréhension de sa psychologie. De plus, il aurait aimé habiter en même temps les deux palais : les Tuileries, en qualité de roi, et le Palais-Royal, comme citoyen privé. Mais ces scrupules de légitimité et cette double vie lui sont désormais interdits et il doit se résoudre à habiter les Tuileries. Il donne le dernier concert au Palais-Royal le 20 septembre 1831 et charge Pierre-François Fontaine, qui est aussi fort heureusement l'architecte en chef des Tuileries, d'aménager ce dernier palais. Le dessein de Louis-Philippe serait de relier les Tuileries au Palais- Royal en passant par le Louvre. Pour des raisons pécuniaires, ce projet pharaonique doit être abandonné. Louis-Philippe n'en transforme pas moins les Tuileries, en particulier en se réservant un jardin privé, au grand dam des promeneurs parisiens déplorant l'amputation de leur beau parc. Quant à l'intérieur du palais, il est profondément réaménagé : Louis-Philippe n'entend pas dormir là où Charles X avait dormi ! Inauguré le 30 janvier 1833, le château des Tuileries ne manque pas d'allure, en particulier avec le grand escalier du pavillon de l'Horloge. Ce lieu fait rapidement l'admiration des invités.

Le roi y a sa cour. En sa qualité de grand aristocrate, il garde les personnes attachées à sa maison, en particulier ses six aides de camp et Jean Vatout, son secrétaire et bibliothécaire particulier à son service depuis 1822, qui le divertit par ses bons mots et par son art de pousser la chansonnette. Si la cour de Louis-Philippe coûte deux fois moins cher à l'État que celle de Charles X et si elle est beaucoup moins importante, il n'en demeure pas moins qu'elle compte une nombreuse domesticité, car les Tuileries ne sont pas simplement la résidence d'hiver et de printemps de la famille royale, qui se rend l'été et l'automne à Saint-Cloud ou à Neuilly, mais aussi un haut lieu de la sociabilité. Lors de la saison mondaine, qui débute en décembre et se termine au Carême, il est donné aux Tuileries de nombreux bals. Les plus sélects sont les petits bals, réservés à l'élite, tandis que ceux du carnaval, qui peuvent compter plusieurs milliers d'invités, donnent lieu à des scènes cocasses de robes déchirées, de pieds écrasés et de buffets pris d'assaut, qui font la joie des potins journalistiques. Durant la session parlementaire, le roi y reçoit les députés et les pairs ainsi que tous les hauts fonctionnaires du régime. Le soir, en famille, on plaisante la reine qui a confondu tel préfet avec tel magistrat ou tel général.

Après avoir terminé son dîner à 19 heures, lorsqu'il ne se rend pas à l'Opéra-comique ou aux Italiens, le roi reçoit jusqu'à 22 heures 30. Alors que le salon du duc d'Orléans était si couru, celui de Louis-Philippe l'est beaucoup moins. Des raisons politiques expliquent ce changement. En effet, les légitimistes n'entendent pas fréquenter ce roi bourgeois usurpateur qui est arrivé sur le trône « quoique/parce que », selon l'expression du temps, c'est-à-dire quoique Bourbon et parce que Bourbon. Mais les raisons politiques ne sont pas les seules en cause. Louis-Philippe a vieilli, et son besoin irrépressible de parler sans s'arrêter, ses pantomimes, ses imitations de l'accent anglais commencent à fatiguer ses interlocuteurs. Quant à la reine, elle se tient volontairement dans une position de retrait, alors qu'elle est pourtant une femme cultivée parfaitement au courant des enjeux de son temps. En définitive, on s'ennuie chez Louis-Philippe, et ses fils cherchent le plus souvent à prendre la poudre d'escampette pour poursuivre leurs galantes aventures dans la nuit parisienne. À Neuilly, l'ambiance est toutefois plus détendue car le protocole se fait moins pesant.

Le roi se lève toujours tôt, vers 6 heures du matin. Après avoir gagné son cabinet de travail, où il allume lui-même son feu – trait anecdotique dans lequel on verrait à tort une coutume bourgeoise, car il s'agit bien plutôt de copier une pratique de Louis XV –, Louis-Philippe se met au travail, tandis que sa femme assiste à la messe dans la chapelle du château. Le roi, qui n'est pas un fervent catholique et qui n'est guère troublé par les problèmes spirituels, ne se rend à l'office que le dimanche. Après s'être fait coiffer par le célèbre Richard, qui lui teint les cheveux et lui ajoute le fameux faux toupet qui donne à sa tête une forme de poire immortalisée par les caricatures de Philipon et de Daumier, il entame souvent sa journée de travail en discutant avec son architecte Fontaine, avec son aide de camp de service et avec ses intendants en charge de ses biens.

La légende noire de Louis-Philippe a surtout mis en avant son goût du gain et sa gestion mesquine d'épicier. Il y a du vrai mais aussi

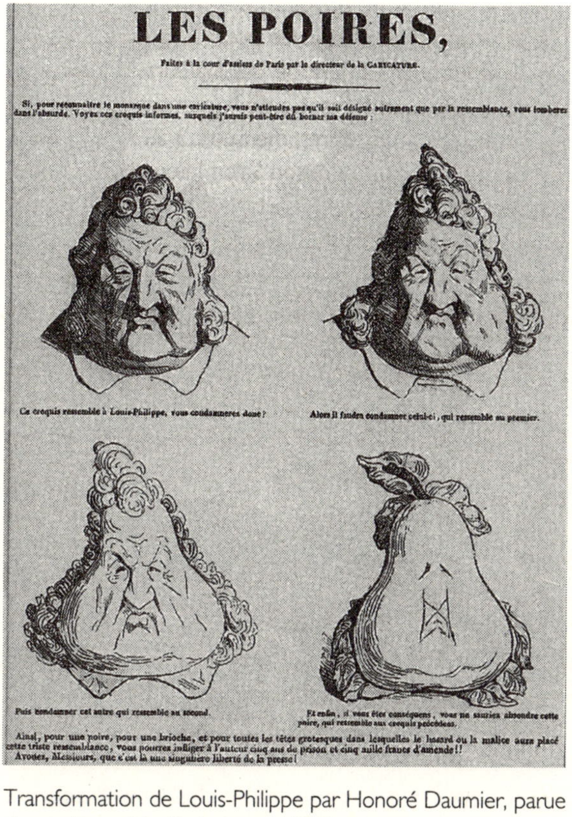

Transformation de Louis-Philippe par Honoré Daumier, parue dans le journal *La Caricature* en 1831.

beaucoup de faux. Tous ceux qui l'ont côtoyé, en particulier ceux qui avaient le privilège d'être retenus par le roi après 22 heures 30 pour une conversation particulière, tournant le plus souvent au monologue, ont déploré sa manie de parler d'argent, de se plaindre d'en manquer et de se sentir persécuté en la matière. La bonne société, celle fréquentant les salons du faubourg Saint-Germain – le faubourg devenant la parole métonymique pour désigner la couche supérieure de la noblesse française de sentiment légitimiste –, juge cette attitude bourgeoise et vulgaire. Les habitués des salons de la chaussée d'Antin, sur lesquels règnent Laffitte et Rothschild, ou ceux du faubourg Saint-Honoré, dont la personnalité la plus représentative est le général La

Fayette, redoutent pour leur part le comportement dispendieux du souverain, dont le budget n'est jamais en équilibre. Ce roi, auquel l'épithète « bourgeois » est si fréquemment associé, n'investit pas son argent dans les actions des chemins de fer ou dans celles de l'industrie, mais dans des biens fonciers, et les intérêts qu'il en retire ne sont pas thésaurisés mais engloutis dans des dépenses somptuaires, à l'exemple de ce million de francs déboursés pour recevoir la reine Victoria dans son château d'Eu entre le 2 et le 7 septembre 1843. Pour financer son train de vie, Louis-Philippe dispose de deux sources de revenus : le domaine privé, c'est-à-dire l'ensemble des biens dont il dispose en propre et dont il prend soin de faire donation à ses fils, à l'exception de son aîné, le 7 août 1830, et la liste civile, qui se décompose en une dotation annuelle attribuée par l'État et une dotation immobilière comprenant palais, forêts, manufactures ainsi qu'un ensemble de biens mobiliers (les statues, les tableaux, les meubles des palais royaux). Le vote de la dotation annuelle de la liste royale donne lieu à d'âpres marchandages avec la Chambre des députés. La somme de dix-huit millions proposée par Jacques Laffitte sera ramenée par la loi du 2 mars 1832 à douze millions par an, auxquels s'ajoute un million pour le prince royal. Elle est insuffisante pour couvrir les dépenses du roi, dont le budget accuse un déficit annuel moyen de trois millions. Les discussions très difficiles avec la Chambre des députés pour obtenir des dotations exceptionnelles à l'occasion du mariage de ses enfants, alors qu'il ne fait pas la preuve que ses revenus privés sont insuffisants pour couvrir les dépenses, forment la chronique du règne et semblent assez dérisoires, voire odieuses, replacées dans le contexte d'effrayante misère du peuple.

Toutefois, cet argent du roi sert aussi la grandeur de la France et répond à un dessein politique de réconciliation nationale. Louis-Philippe a toujours eu le goût de rénover ses résidences, qu'elles appartiennent au domaine privé ou à la Couronne. Il rencontre presque quotidiennement son architecte Fontaine et il est fréquent qu'il se rende en personne sur le terrain pour examiner *de visu* l'avancée des travaux, se montrant soucieux des moindres détails. Cette passion très marquée « pour la truelle et le marteau », qui fascine le poète Heine, est mise au service de l'histoire lorsque Louis-Philippe décide de faire de Versailles un grand musée célébrant la nation française. À la différence de Napoléon ou de Louis XVIII, qui avaient un temps songé s'installer à Versailles, Louis-Philippe n'a jamais pensé en faire sa demeure, mais il veut que la transformation de Versailles soit le grand chantier de son règne, surtout depuis qu'il a renoncé à relier le Palais-Royal aux Tuileries. Fontaine rapporte que Louis-Philippe visitant en 1831 l'hôtel des Invalides « fut choqué d'y trouver les portraits des maréchaux de France, qui, après avoir été exposés dans la grande salle au milieu du palais des Tuileries, pendant leur vie, étaient relégués, après leur mort, sans ordre, sans dignité, dans plusieurs pièces séparées de ce grand édifice. Il conçut aussitôt le projet de faire transférer de l'hôtel des Invalides de Paris à Versailles les portraits des maréchaux de France, et de leur consacrer, dans ce grand palais presque abandonné, une galerie spéciale, ou toute autre partie de ses intérieurs, de manière à former une collection

Louis-Philippe et ses cinq fils sortant par la grille d'honneur du château de Versailles après une revue militaire le 10 juin 1837 (de gauche à droite : François Ferdinand d'Orléans, prince de Joinville ; Antoine, duc de Montpensier ; Ferdinand-Philippe duc d'Orléans ; Louis-Philippe ; le duc Louis de Nemours et le duc Henri d'Aumale), par Horace Vernet (1846).

complète de tous les maréchaux de France, depuis l'origine jusqu'à nous. Il voulut ainsi présenter par les portraits que l'on possédait, par ceux qui seraient faits d'après les tableaux du temps ou par les noms de ceux dont les ressemblances [les portraits] n'auraient pu être retrouvées, l'histoire en quelque sorte vivante des hommes célèbres qui, par leurs dignités, par leur courage, par leur sang versé dans les combats ont honoré la France ». Malgré les quelques restaurations et les quelques modifications entreprises par l'Empereur puis par Louis XVIII, le château de Versailles est en décrépitude et il faut des années pour qu'il soit remis en état. Le nouveau souverain surveille de près ce travail de restauration : il ne se rend pas moins de trois cent quatre-vingt-dix-huit fois à Versailles entre décembre 1833 et décembre 1847 ! Le 10 juin 1837, Louis-Philippe est tout heureux de convier le Tout-Paris à l'inauguration de la galerie des batailles pour laquelle il fait peindre trente-trois tableaux célébrant, pour le premier, la victoire de Clovis sur les Alamans à Tolbiac en 496 et, pour le dernier, celle de la Grande Armée à Wagram face à l'Autriche. Victor Hugo est séduit et il note dans son journal : « Ce que le roi Louis-Philippe a fait à Versailles est bien. Avoir accompli cette œuvre, c'est avoir été grand comme roi et impartial comme philosophe ; c'est avoir fait un monument national d'un monument monarchique ; c'est avoir mis une idée immense dans un immense édifice ; c'est avoir installé le présent dans le passé. »

Père de famille

Victor Hugo, encore lui, a écrit que Louis-Philippe a été « un roi trop père », qui aime être entouré des siens. Sa femme et sa sœur ne sont pas simplement ses premières confidentes mais aussi ses plus proches collaboratrices. Après avoir quitté son interlocuteur privilégié, il se retire dans son cabinet, où il travaille le plus souvent jusqu'à 1 heure du matin. Sa sœur, qui a depuis 1830 le titre officiel de Mme Adélaïde, est toujours à ses côtés. Il discute avec elle, lui demande son avis ou monologue tout haut en sa présence. Celle-ci est tout entière au service de ce frère qu'elle aime et qu'elle admire. Elle tient aussi un salon, qui ressemble plutôt à un cabinet de travail, où elle reçoit, de

13 à 15 heures, des hommes politiques ou des militaires : ses familiers sont les généraux Sébastiani, Gérard et Castellane. Cette femme, qui développe une immense activité philanthropique puisqu'un sixième de ses revenus vont à des œuvres charitables, est pourtant mal aimée de l'opinion publique, qui la juge vulgaire et sans grâce quand elle ne se fait pas calomnieuse pour la stigmatiser comme alcoolique et incestueuse avec son frère.

La princesse Louise Marie Adélaide Eugénie d'Orléans (1777-1847), sœur de Louis-Philippe, par Auguste de Creuse.

Marie-Amélie, la dernière reine de France, est, elle aussi, une collaboratrice très proche de son mari puisqu'elle lit attentivement les gazettes étrangères et coche les articles intéressants afin que son époux en prenne connaissance. Il est d'ailleurs révélateur que le roi s'adresse, dans ses missives, sur le même ton de douce familiarité à sa sœur et à sa femme, quand il ne leur écrit pas une lettre commune. Alors que les Bourbons étaient des rois volages, on ne connaît aucune aventure sentimentale à Louis-Philippe après son mariage. Dans cette époque où la presse diffuse tous les potins, il est vraisemblable que le roi et la reine forment un couple harmonieux.

Louis-Philippe a surtout ému ou agacé ses contemporains parce qu'il fut d'abord un père. Il est attentionné pour ses trois filles. Louise, qui devient la reine des Belges, est la première à quitter le foyer. Sa tristesse d'abandonner sa famille fait de son mariage avec Léopold de Saxe-Cobourg une cérémonie assez triste marquée par les sanglots discrets mais bien visibles du roi des Français. Louise, qui écrit quotidiennement à sa mère, reste, sa vie durant, en relation étroite avec les Tuileries. Le destin de Marie, la cadette, est plus tourmenté, plus douloureusement romantique. Emportée par la phtisie à l'âge de 26 ans, Marie est l'artiste de la famille. Nous avons déjà évoqué son talent de sculptrice. Très attentive à l'art de son temps, partageant l'engouement de son époque pour un Moyen Âge revisité, elle est estimée en retour par les peintres et par les poètes, jusqu'au sévère Alfred de Vigny, pourtant peu amène dans ses propos sur le régime né des Trois Glorieuses. Louis-Philippe a beaucoup de difficultés à lui trouver un époux digne de son rang et il faut se rabattre sur le duc de Wurtemberg, personnage falot, manquant d'esprit et jouissant de peu de prestige dans les cours européennes. Clémentine, la plus jeune des filles de Louis-Philippe, doit, elle aussi, contracter un mariage sans grand relief avec le duc Auguste de Saxe-Cobourg alors que son père espérait une alliance avec la cour de Vienne.

Les mariages de ses deux premiers fils réussissent mieux au dernier roi des Français. Son aîné épouse, le 30 mai 1837, la princesse Hélène de Mecklembourg-Schwerin. Si cette femme a le défaut, principalement aux yeux de sa belle-mère, d'être de confession réformée, elle a pour elle d'être une princesse de haut rang, soucieuse du faste et de l'étiquette. Elle partage ce trait de caractère avec son mari. En effet, à la différence de Louis-Philippe, son fils le duc d'Orléans, dont les réceptions étaient déjà très courues sous la Restauration, veut tenir son rang. Alors qu'il suffit d'un frac pour se rendre chez Louis-Philippe, l'uniforme – la culotte de casimir, les bas de soie bleue et l'épée au côté – est de rigueur pour qui est invité chez son fils. Mais cet attachement à l'étiquette de cour ne fait pas pour autant de Ferdinand un homme de l'Ancien Régime. Si les légitimistes lui tiennent rigueur d'être l'héritier de l'usurpateur de juillet, les libéraux voient en lui un homme attentif aux enjeux politiques de son temps et particulièrement soucieux que la France ne vive plus enserrée, au point d'en étouffer, dans le carcan de la Sainte-Alliance. Alors que se développe la légende dorée de Bonaparte, à laquelle succombe même Adolphe Thiers, une telle attitude ne peut que séduire l'opinion publique. Il s'ensuit des discussions orageuses entre le fils et le père, dont le credo en matière internationale est la sauvegarde de la paix à tout prix, même s'il en coûte parfois la perte de l'honneur.

Les divergences entre le roi et le duc d'Orléans n'auront pas le temps de s'accentuer car ce dernier se tue dans un accident de calèche. Alors qu'il se rend à Neuilly pour y saluer ses parents, les chevaux de sa voiture s'emballent à la hauteur de la Porte Maillot. Sportif accompli, il décide de sauter de la voiture mais il se reçoit mal et tombe sur la tête. Il meurt quelque temps plus tard d'une hémorragie interne sans avoir jamais repris connaissance. Bouleversé, le roi achète la maison de l'épicier où s'est déroulée l'agonie du prince royal et demande à son architecte Fontaine d'édifier une chapelle mortuaire, dont Ingres dessine les vitraux en donnant aux saints et aux saintes les visages de la famille royale. Nombre de critiques ont daté de cette fatale journée du 13 juillet 1842 le début de la décadence du régime. Il y a dans cette lecture de l'exagération mais il n'en demeure pas moins que ce drame accélère le vieillissement du roi, qui, en sa qualité de soliveau du régime de juillet, signifie aussi le vieillissement dudit régime.

Passé le temps du deuil, Louis-Philippe écarte toute possibilité de régence exercée par la duchesse d'Orléans en attendant que son fils aîné, le comte de Paris alors âgé de 4 ans, atteigne sa majorité. Le régent désigné est le duc de Nemours, frère cadet du défunt. Autant Orléans séduisait et était populaire, autant Nemours déplaît et est impopulaire. Ce jugement est sans doute injuste car Nemours accomplit scrupuleusement sa fonction de régent et d'héritier au trône mais il apparaît trop conservateur, trop distant, trop « nobiliaire », comme l'écrit Victor Hugo. Si le prince de Joinville est le plus fantasque de la famille, le jeune duc d'Aumale est celui qui recueille la sympathie des libéraux. Avec la duchesse d'Orléans et son frère Joinville, le duc d'Aumale se fait de plus en plus critique à l'égard de la politique de son père. Après la mort du duc d'Orléans, la belle harmonie familiale se lézarde avant de se briser sur la question des mariages espagnols (voir infra) : le roi, la reine, Mme Adélaïde, Nemours et Montpensier d'un côté ; de l'autre, la duchesse d'Orléans, Joinville et Aumale. Il est bien loin le temps des « bobinettes », nom inventé pour qualifier les conversations informelles entre les membres de la famille royale qui se désignaient tous par un surnom : « Sa Chérissime Majesté » pour Louis-Philippe, « Le Beau » pour Charles, « Son Moumours » pour Nemours, « Le Hadj » pour Joinville, qui reçoit ce surnom après avoir visité la mosquée d'Omar à Jérusalem en 1836, « Love » pour Louise, « Tinotte » pour Clémentine, « Mimi » pour Aumale et « Totone » pour Montpensier. Cette sclérose de la vie de la famille royale traduit sur le plan intime la sclérose du régime né de la révolution de juillet.

La politique intérieure du roi

Chaque jour, Louis-Philippe étudie avec une attention particulière les dépêches diplomatiques et consacre une partie de sa matinée à lire le *Times*, alors qu'il ne regarde quasiment jamais les journaux français ; il ne le fait que lorsqu'il est en exil. Cette attitude est significative de son intérêt très marqué pour la politique extérieure et de son désintérêt tout aussi prononcé pour la politique intérieure. Mais, comme nous l'avons vu, sa personne est pourtant au centre de la politique intérieure de la nation. La preuve la plus patente est que les adversaires de la monarchie de Juillet s'en prennent avant tout au roi et, dans une moindre mesure, à ses fils et à ses ministres – à l'exception de Guizot, à qui l'opinion publique voue une haine constante précisément parce que ce dernier est le collaborateur le plus proche du souverain, avec qui il forme, selon la formule du duc de Broglie, « un couple hermétiquement fermé aux influences extérieures ».
Les critiques contre le roi prennent différentes formes. Il y a d'abord les grandes manifestations de rue et les tentatives d'insurrection. Une

des plus importantes a eu lieu le 5 juin 1832 à l'occasion des funérailles du général Jean-Maxime Lamarque, un ancien officier ayant servi la Révolution française puis l'Empire. Bourgeois et ouvriers de sentiments républicains et bonapartistes se mobilisent contre le pouvoir. En quelques heures, la moitié orientale de Paris est aux mains des insurgés. Avec l'aide de la garde nationale commandée par le maréchal Mouton, comte de Lobau, Louis-Philippe en personne rétablit l'ordre. Retranché dans le cloître de Saint-Merri, qui est canonné, les républicains sont vaincus et déplorent près de huit cents morts.

Cette même année 1832, la duchesse de Berry, l'égérie du légitimisme, débarque à Carry-le-Rouet en provenance de Massa, où elle vivait sous la protection du duc de Modène, un partisan fanatique jusqu'au ridicule de l'absolutisme. En cette fin d'année 1832, la mère du duc de Bordeaux espérait que les populations méridionales se soulèvent pour faire valoir les droits de son fils. En vain. Aussi décide-t-elle, travestie en homme, de gagner la Vendée. Déjà mal engagée, la tragédie tourne à la farce lorsque la police découvre que la duchesse, cachée à Nantes, est enceinte. Arrêtée et expulsée, elle termine sa vie à Palerme auprès de son nouveau mari, le comte Lucchesi-Palli.

Le 12 avril 1834, comme précédemment en 1831, les républicains de Lyon se révoltent, exploitant l'exaspération des canuts pour leur salaire misérable. Impitoyablement réprimée, cette insurrection, qui se termine dans l'église Sainte-Bonaventure, place des Cordeliers, transformée en camp retranché, laisse trois cents morts se répartissant également entre les révoltés et les hommes de la troupe. Mais si l'ordre règne à Lyon le 12 avril, Paris s'enflamme le lendemain. De cette révolte, il reste dans la mémoire le massacre de la rue Transnonain. Exaspérés par les tirs qui les déciment, les soldats envahissent la maison d'où les coups de feu sont partis, et en tuent, dans une sorte de fureur sauvage, tous les habitants sans épargner les femmes et les vieillards. Le général Bugeaud, qui commande dans ce secteur, porte la responsabilité de ce drame qu'une lithographie de Daumier a fixé pour jamais dans notre souvenir.

Une autre forme, tout aussi tragique, de contestation est les attentats contre le roi ou contre ses proches ; Louis-Philippe est personnellement visé par huit attentats : deux en 1832, un en 1835, deux en 1836, un

Massacre de la rue Transnonain, lithographie d'Honoré Daumier.

en 1840 et deux en 1846. Le plus spectaculaire est celui de Joseph Fieschi, qui commet son forfait à l'aide d'une machine infernale composée de vingt-quatre canons de fusil, alignés sur un châssis incliné et partant tous en même temps. Derrière ce Corse, qui apparaît plus comme un homme de main sans convictions politiques bien arrêtées, se trouvent deux conspirateurs républicains aguerris : Pierre Morey et Théodore Pépin, qui, dans le but d'effacer toutes traces, ont saboté la machine infernale afin qu'elle éclate et tue Fieschi. Celui-ci porte effectivement d'horribles blessures lorsqu'il est arrêté. Cet attentat, qui fait dix-huit morts, dont le maréchal Mortier, conduit le régime à durcir sa politique.

En septembre 1835, le ministère de Broglie promulgue plusieurs édits sur la justice – les jurés peuvent délibérer sans que les condamnés soient présents et ils votent désormais à bulletin secret, à la majorité simple – et plusieurs autres visant à bâillonner la presse : toute offense faite au roi et tout prosélytisme en faveur de la cause républicaine constituent désormais un délit, les droits de cautionnement et d'amende sont fortement augmentés et, enfin, tout dessin représentant le roi doit être soumis à l'autorité préalable, c'est-à-dire à la cour des pairs, qui est chargée de juger.

Jusqu'à la promulgation de cette loi liberticide, la presse, et tout particulièrement celle de sentiment légitimiste, s'en donnait à cœur joie pour caricaturer sans pitié le roi bourgeois. Telle est la troisième forme de contestation contre le souverain, celle immortalisée par Philipon et par Daumier : Louis-Philippe représenté en poire, en roi épicier, en flagorneur du peuple, qu'il mépriserait pourtant, roi en habit brun avec son grand parapluie se mêlant avec délectation à la foule.

Qu'on ne s'y trompe pas, si les caricatures et les pamphlets sont moins violents que les attentats, ils savent parfaitement toucher leurs cibles car ils mettent en relief l'ambiguïté du régime. Louis-Philippe, qui aime les bains de foule et les promenades sur les boulevards plus que la chasse et les processions religieuses, est trop bourgeois et vulgaire aux yeux des légitimistes, mais il n'est pas pour autant un homme du peuple aux yeux des républicains et des bonapartistes. Les contemporains, comme l'histoire, savent toutefois lui reconnaître un courage certain. Alors que les huit attentats le manquent par miracle, il fait preuve d'un incroyable sang-froid qui lui vaut une admiration sincère. Ces attentats entraînent toutefois un renforcement de la surveillance autour de sa personne l'obligeant à renoncer à contrecœur à ce contact avec la foule qu'il apprécie tant. Après l'attentat de Fieschi, sa famille n'est plus présente, pour des raisons de sécurité, aux fêtes de juillet, pas même à celle du 28 juillet 1840 pour l'inauguration de la colonne de Juillet place de la Bastille. Le roi, qui se déplace désormais dans une voiture fermée résistant aux balles en suivant des itinéraires sécurisés par la police, la gendarmerie et les agents chargés de sa protection, passe en revue pour la dernière fois la garde nationale, le 10 juin 1840. Ajoutées au vieillissement et aux tensions au sein de sa famille après la mort du prince héritier, ces mesures de sécurité isolent un peu plus le roi de ses contemporains. Cet isolement se vérifie dans trois domaines : la fermeture à la question sociale, la méfiance de plus en plus marquée de l'intelligentsia à l'égard de la monarchie de Juillet et, enfin, le refus de toute réforme politique.

Post res cognitas, la principale faute de Louis-Philippe est sa myopie par rapport à la question sociale. Alors que la France entre pleinement dans la première révolution industrielle, l'État se refuse à toute forme d'intervention. Si l'on excepte la législation sur les caisses d'épargne du 3 février 1836, beaucoup trop timide pour encourager l'épargne populaire, la seule véritable loi sociale du régime est votée, après de longues palabres et de multiples résistances, le 23 mars 1841 : elle limite à huit heures par jour le travail des enfants âgés de 8 à 12 ans, et à douze heures celui des adolescents âgés de 12 à 16 ans. Cette même année, le royaume compte plus de cent trente mille enfants trouvés qui ne doivent de ne pas mourir de faim qu'à la charité et à la philanthropie privées et à l'association Saint-Vincent-de-Paul, créée à Paris en 1833 par Frédéric Ozanam. Le développement de la sociabilité ouvrière, en particulier les sociétés de secours mutuel, est freiné par la loi sur les associations d'avril 1834, qui interdit le regroupement de plus de vingt personnes. Si Nicolas Morbus, comme les enfants l'appellent, est l'un des plus grands démocrates puisqu'il frappe aussi bien le président du Conseil Casimir Perier, qui décède le 16 mai 1832, que le plus infime sujet du royaume, la vague de choléra qui s'abat sur la capitale entre mars et juillet 1832 est révélatrice de l'effrayante misère qui règne dans le cœur de la ville, avec ses taudis aux pièces étroites sans aucune aération où s'entasse toute une famille. Les réactions contre les prétendus empoisonneurs responsables de l'épidémie traduisent, quant à elles, une mentalité populaire archaïque et pré-politique.

Si le peuple est mécontent du régime, l'intelligentsia s'éloigne aussi de la monarchie de Juillet. Le parcours idéologique de Lamartine est un bon témoignage de ce divorce entre Louis-Philippe et les intellectuels. Élu député à la Chambre en décembre 1833, le poète, qui espère alors que le pays sortira du climat de guerre civile, décide de ne siéger dans aucun parti. À la fin des années 1830, il commence cependant à développer une critique de la monarchie et du système gouvernemental dont les ficelles sont tirées du palais des Tuileries. Il entre véritablement dans l'arène politique en défendant le droit à la régence de la duchesse d'Orléans, s'attaquant frontalement à la politique conservatrice de Louis-Philippe et de Guizot. Alors qu'il commence son *Histoire de la Révolution* à l'été 1843, il se rapproche des positions favorables aux principes républicains et démocratiques, en cherchant à œuvrer à l'éducation intellectuelle et morale du peuple. En toute logique, il défend l'idée qu'accepter de donner la parole au peuple est d'abord lui accorder le droit d'élire ses représentants. Le poète réclame donc un changement radical du système électoral. À ses yeux, seul le suffrage universel masculin permettrait le progrès du peuple. Lamartine est donc devenu républicain et son *Histoire des Girondins*, qui paraît en huit tomes publiés entre mars et juin 1847, connaît un incroyable succès de librairie qui rappelle à la France que c'est 1789, et non 1830, qui est l'événement fondateur de sa modernité.

Ce succès de Lamartine signe l'échec du programme idéologique de la monarchie de Juillet. Louis-Philippe a toujours espéré se trouver au point exact où l'Ancien Régime et la Révolution peuvent harmonieusement converger. C'est tout le sens de sa volonté de transformer Versailles en un musée de l'histoire nationale française. Pour lui, 1789 doit être un lien et non plus une ligne de partage, une coupure, une solution de continuité dans la chaîne des temps. Tout le sens de l'orléanisme est contenu dans cette vision de l'histoire, dont le principal théoricien est François Guizot.

Opposant modéré durant la Restauration, partisan de la Charte, François Guizot n'est guère apprécié au début de la monarchie de Juillet par Louis-Philippe, qui le trouve trop doctrinaire. Les deux hommes apprennent progressivement à se connaître et à s'estimer, au point de collaborer étroitement ensemble. Ils ont les mêmes qualités et les mêmes défauts. Travailleurs acharnés, anglophiles assumés, amoureux de l'ordre et de la paix, ils sont aussi habiles pour comprendre les enjeux de la politique extérieure qu'ils se montrent incapables de saisir l'importance de réformer la politique intérieure. Ministre de 1832 à 1848, Guizot laisse son nom à la postérité par la loi du 28 juin 1833 qui prévoit la création d'une école publique élémentaire par commune et d'une école normale, pour former les maîtres, par département. Cette loi, qui suppose la liberté de l'enseignement et exclut toute forme de gratuité, illustre bien la culture politique de Guizot, soucieuse d'un progrès du peuple très limité et très encadré. Attaché aux principes de 1789 qui ont participé à l'avènement de la raison et de la justice, il s'oppose autant à la conception rousseauiste de la souveraineté qu'à celle fondée sur le droit divin, la première conduisant à la tyrannie de la majorité, la seconde au despotisme d'un seul homme. À ses yeux, la souveraineté réside dans une sphère métapolitique, elle est une souveraineté de la raison et de la justice, qui finit toujours par s'imposer à la société, car la raison et la justice sont des valeurs constitutives de la nature humaine. Mais cette souveraineté se fait plus évidente lorsque la société atteint un certain stade de développement. Pour lui, l'instauration du régime représentatif, grâce à la Charte de 1814 perfectionnée par celle de 1830, favorise l'émergence de cette souveraineté. La révolution de 1830, en ramenant 1789 à ses principes, termine la Révolution française et marque les colonnes d'Hercule du progrès. Pour cet historien influencé par l'éthique du protestantisme, le travail et l'argent créent désormais les hiérarchies sociales en lieu et place de la naissance. D'où la fameuse formule, souvent mal comprise car tronquée : « Enrichissez-vous par le travail et par l'épargne et vous deviendrez électeurs. » Récusant tout lien consubstantiel entre la souveraineté et le suffrage universel, Guizot défend bec et ongles une vision de la politique dans laquelle le pouvoir appartient aux seules « supériorités sociales ». Attaché à cette conception oligarchique, il refuse toute réforme politique qui abaisserait le cens ou accorderait le droit de vote sur des critères de capacité intellectuelle. Entre 1830 et 1847, à dix-sept reprises, une partie des députés réclame en vain l'élargissement du pays légal et la fin des mandats des députés fonctionnaires, dont le vote est trop souvent servilement dicté par des considérations de carrière. Ces députés fonctionnaires représentent 40 % des députés et 74 % des pairs ! Rappelons qu'il n'y a pas à l'époque d'indemnité parlementaire. Avec Guizot, qui devient l'homme fort du régime à partir de 1840 – il occupe jusqu'en 1847 sans discontinuer le ministère des Affaires extérieures avant d'assumer la charge de président du Conseil –, l'orléanisme a définitivement pris son caractère conservateur. Les partisans de l'évolution du régime dans un sens plus démocratique, qui avaient connu leur heure de gloire dans les premières années de la révolution de Juillet sous le nom de « mouvement » (les figures de proue en étaient Jacques Laffitte et surtout La Fayette), semblent définitivement vaincus. Mais le prix de cette victoire est lourd. La France sombre dans l'immobilisme. Elle s'ennuie. Et, comme souvent dans son histoire, cet ennui est le prélude d'un mouvement révolutionnaire. Les Trois Glorieuses n'ont donc pas aboli la coupure de 1789. Bien au contraire, toute la vie politique de la monarchie de Juillet est dépendante de cette coupure et le régime doit faire face à une double opposition.

François Guizot par Jean-Georges Vibert.

À sa droite, les légitimistes partisans de l'Ancien Régime stigmatisent l'usurpateur et dénoncent le règne de l'individualisme qui dissout les communautés « naturelles », plaçant le pauvre dans la dépendance directe du riche. Solidement repliés sur leurs bastions ruraux, les légitimistes ont avec François René de Chateaubriand et Antoine Berryer, brillant orateur et avocat surdoué, la capacité de séduire une large partie de la jeunesse. En décembre 1843, ils se payent le luxe d'aller rencontrer en délégation le duc de Bordeaux en visite à Londres, qui, dans son discours de Belgrave Square, proclame sans ambages qu'il est le seul roi légitime. Fâchés que le discours du trône de 1844 contienne la phrase « la conscience publique flétrit de coupables manifestations », les députés légitimistes démissionnent en bloc et tous se font triomphalement réélire.

Sur sa gauche, le régime doit faire face aux républicains et aux bonapartistes, qui tendent alors à se confondre dans une même célébration de 1789 et de la Grande Nation. La mort du duc de Reichstadt (l'Aiglon, ou Napoléon II) en juillet 1832, l'échec des deux tentatives de *pronunciamiento* de Louis Napoléon Bonaparte, respectivement en 1836 et en 1840 – cette dernière tentative lui vaut d'être emprisonné à la prison du Ham – n'ont pas eu raison des ardeurs des thuriféraires de l'Empereur. La légende dorée de Napoléon bat son plein dans les années 1830-1840. Quant aux républicains, ils se sentent floués par la tournure prise par la révolution des Trois Glorieuses. Ils continuent donc sans relâche leur travail de sape, au grand jour quand ils le peuvent avec la Société des droits de l'homme et du citoyen, dirigée par Godefroy Cavaignac, ou, sous le manteau du conspirateur, dans des sociétés secrètes, comme celle des Familles, créée en 1836, ou celle des Saisons, qui voit le jour en 1837, dirigée par Blanqui et Barbès, qui tentent un coup de force en 1839. Sur cette famille politique, structurée par les idées précises qui s'imposent progressivement dans la seconde moitié du XIXe siècle (le suffrage universel masculin, la Constituante, l'Assemblée unique, l'école primaire gratuite et obligatoire, la liberté d'association et enfin l'héritage revendiqué de toute la Révolution française), se greffent les différents courants socialistes désireux d'un changement social seul en mesure de mettre fin au paupérisme. Républicains et socialistes partagent alors l'idée qu'il n'y a pas de voie moyenne acceptable entre la monarchie et la démocratie et que le suffrage universel est la conquête préalable à la résolution de la question sociale. On ne saurait exprimer de désaveu plus complet du régime de Juillet !

La politique extérieure du roi

Après la chute du Premier Empire, les grandes puissances européennes, c'est-à-dire l'Autriche, la Russie, l'Angleterre, la Prusse et l'Empire ottoman, regardent avec suspicion la France. Si ce pays accepte les conditions de la Sainte-Alliance, il reste la terre de 1789, la terre de Valmy, la terre d'Austerlitz. La révolution de 1830 est donc mal accueillie par les chancelleries européennes, mais ces dernières n'entendent toutefois pas pousser leur défiance jusqu'à intervenir militairement en France. Les grandes puissances, garantes des principes du légitimisme et du respect des frontières d'avant 1789, espèrent avant tout que le régime de Juillet se stabilise dans un sens conservateur. Louis-Philippe se fixe comme ligne de conduite de rassurer les grandes puissances, c'est-à-dire d'œuvrer pour la paix. Un rapprochement avec Berlin étant délicat à cause de la frontière sur le Rhin, une entente avec Saint-Pétersbourg étant impossible (car le tsar est, de toutes les têtes couronnées du moment, le plus hostile à l'usurpateur de Juillet), un accommodement avec Vienne étant difficile à réaliser car l'Autriche est le principal gendarme veillant au maintien de l'ordre européen né sur les cendres de l'empire de Napoléon Ier, il ne reste que l'alliance avec Londres. Cette solution a l'heur de plaire au souverain très anglophile et aux orléanistes, qui voient dans la patrie de la *Glorious Revolution* le pays par excellence du libéralisme. En France, la mode est d'ailleurs à l'anglophilie, qui tourne parfois à l'anglomanie suscitant l'ironie mordante de Balzac contre les lions, les dandys, les disciples inconséquents de Brummell et du comte d'Orsay qui s'attachent à copier les milords ou s'efforcent d'épater le public par leurs extravagances vestimentaires. Mais les manières de la gentry parisienne de se rendre en tilbury assister à des courses de steeple-chase sur les pelouses de Chantilly ne sont pas du goût d'une large partie de l'opinion publique et elles irritent franchement les partisans de l'Empereur. Pour ceux-ci, Waterloo n'est, selon l'admirable mot du général Lamarque, « qu'une halte dans la boue », et la France a le devoir d'effacer la honte de 1815. Louis-Philippe ne tombe pas dans cette passion pour Napoléon mais il entend toutefois, en cohérence avec son souci de relier les fils de l'histoire, célébrer la gloire de l'ogre corse, qui retrouve sa place sur le sommet de la colonne Vendôme dès 1833, trois ans avant l'achèvement de l'arc de Triomphe et sept ans avant la cérémonie solennelle et froide du 15 décembre 1840 du retour de ses cendres, ramenées de Sainte-Hélène par le prince de Joinville.

Si ces gestes sont appréciés, la politique prudente de Louis-Philippe déplaît à une large partie de l'opinion publique, y compris à des personnalités de tout premier plan, comme le duc d'Orléans ou Adolphe Thiers, qui voudraient que la France développât une diplomatie plus offensive et moins pusillanime. Durant les deux premières années de la monarchie de Juillet, l'opposition entre la résistance et le mouvement, c'est-à-dire entre des hommes comme Casimir Perier estimant que la révolution est finie dès juillet 1830 et qu'il n'y a donc pas lieu de faire des concessions à l'esprit révolutionnaire et, d'autre part, ceux comme Jacques Laffitte ou le marquis de La Fayette qui entendent donner des satisfactions nouvelles à la cause populaire, se cristallise tout autant sur les enjeux de la politique extérieure que sur des questions de politique intérieure. Pour le mouvement, la France doit retrouver sa place de nation guide en aidant les patriotes européens dans leur lutte pour s'émanciper de la Sainte-Alliance. Armand Carrel développe toute cette thématique dans *Le National*, principal journal du moment, et le poète Béranger la popularise en la mettant en chanson. Louis-Philippe et Casimir Perier, qui succède en mars 1831 à Jacques Laffitte coupable de trop de passivité après le sac de l'église de Saint-Germain-l'Auxerrois, refusent que leur pays suive cette pente. Ils affirment haut et fort que la France reconnaît les traités mais qu'elle entend que sa politique extérieure soit libre. Ce mélange de soumission à la logique de la Sainte-Alliance et d'affirmation d'une diplomatie autonome trouve sa plus belle expression dans l'affaire belge.

En août 1830, la Belgique se soulève avec succès contre les Pays-Bas. En décembre, son indépendance est reconnue par les grandes puissances. En février 1831, le Congrès belge appelle au trône le duc de Nemours. Au nom de la sauvegarde de la paix, Louis-Philippe refuse cette offre, obligeant les Belges à choisir Léopold de Saxe-Cobourg, candidat des Anglais et ami de longue date des Orléans. Devant l'offensive des Hollandais qui avaient envahi la Belgique, la France envoie un corps expéditionnaire, commandé par le maréchal Gérard, qui mène une action conjointe avec l'Angleterre pour obliger, avec succès, l'armée hollandaise à évacuer Anvers. Le mariage entre le roi des Belges et la fille aînée de Louis-Philippe, le 9 août 1832, scelle l'alliance des deux pays et renforce le lien de la France avec l'Angleterre puisque Léopold a pour nièce Victoria, qui accédera au trône d'Angleterre en 1837.

Ce même mélange de fermeté et de soumission se retrouve dans l'affaire de Bologne. Appelés par le pape en 1831 pour mettre fin à l'action des patriotes italiens, les Autrichiens occupent la capitale de la Romagne. La France, en sa qualité de puissance catholique, estime que l'indépendance du Saint-Siège ne peut être garantie par des baïonnettes étrangères. Alors que la Chambre vote le doublement des crédits militaires et que l'idée d'un débarquement à Civitavecchia est dans l'air, Vienne refuse l'épreuve de force et évacue la ville. Toutefois, six mois plus tard, les troupes autrichiennes, toujours à l'appel de Grégoire XVI, occupent de nouveau la ville. Mis devant le fait accompli, Paris réagit aussitôt en envoyant une flotte avec, à son bord, mille cinq cents hommes et une batterie d'artillerie. L'ancre est jetée devant Ancône le 22 février 1832. La citadelle sur l'Adriatique capitule et l'Europe assiste à la fraternisation des troupes françaises avec les libéraux italiens. Casimir Perier déplore une telle attitude et limoge les officiers qui ont laissé se développer une telle situation. Avec la bénédiction du Saint-Père, la ville reste occupée par une garnison française pendant sept ans. Les Français ont donc réussi à s'imposer comme les garants de la souveraineté temporelle du pape, au même titre que les Autrichiens. La monarchie de Juillet montre à l'Europe entière qu'elle est dans le camp de la défense du statu quo. Les patriotes italiens, au premier rang desquels Giuseppe Mazzini, comprennent que le régime né des Trois Glorieuses n'entend pas reprendre le flambeau de l'émancipation des peuples porté par la Révolution de 1789.

Pour les patriotes polonais, la potion est encore plus amère puisque les autorités françaises n'envisagent jamais une intervention en Pologne et laissent aux Russes le soin de faire que l'ordre règne à Varsovie. Une telle attitude, formidablement dénoncée par la lithographie de Grandville montrant un cosaque pataugeant dans le sang de ses victimes, exaspère les républicains français qui entretiennent des liens étroits avec les réfugiés politiques qui espéraient trouver un soutien à leur cause auprès de Louis-Philippe.

L'Entente cordiale n'a pourtant pas que des avantages. Louis-Philippe en fait l'expérience amère lors de l'affaire Méhémet-Ali. Après avoir vaincu le sultan Mahmud, le pacha d'Égypte, soutenu par la France, s'attire les foudres de l'Autriche et de l'Angleterre, qui redoutent que l'Empire russe ne profite de la faiblesse de la Sublime Porte pour s'imposer dans les détroits. Louis-Philippe et Guizot, alors ambassadeur à Londres, sont tenus à l'écart du traité international du 15 juillet 1840 qui règle provisoirement la question d'Orient. La France est humiliée, l'opinion publique ulcérée, le roi lui-même est indigné mais il choisit de tenir le cap de la paix. L'Entente cordiale entre Paris et Londres a encore résisté mais elle achoppe six ans plus tard sur la question des mariages espagnols. En ayant organisé le mariage de Montpensier avec la sœur de la reine d'Espagne en octobre 1846, la France a-t-elle manœuvré dans le dessein qu'un Orléans accède un jour au trône d'Espagne ? Cet espoir fragile et mal calculé reposait sur la prétendue impuissance du duc de Cadix, qui fit cinq enfants à sa femme, la reine Isabelle ! Cette stratégie mal pensée et mal conçue n'a rien apporté à la France si ce n'est qu'elle a mis fin à la *good understanding* avec Londres, c'est-à-dire à la colonne vertébrale de la politique étrangère française. Le mariage madrilène de Montpensier est la traduction d'une monarchie qui s'essouffle, perd ses repères et se sclérose. Comme pour la Restauration, la victoire en Algérie sur l'émir Abd el-Kader, qui se rend au duc d'Aumale le 23 décembre 1847, ne donne pas un lustre suffisant au régime pour masquer ses imperfections. Toutefois, cette conquête de l'Algérie permet le développement d'une armée coloniale française qui fera ses preuves dans la seconde moitié du XIXe siècle.

La chute, l'exil, la mort (1846-1850)

En 1846, après des années de prospérité, portée en particulier par le développement des chemins de fer, la France entre dans une période de récession. À la suite d'une série de mauvaises récoltes de blé et de pommes de terre, le pays connaît une brutale flambée des prix des produits agricoles. Cette hausse, qui draine tout le pouvoir d'achat des classes populaires, entraîne la mévente des produits manufacturés, la multiplication des faillites, la montée du chômage, accentuant *in fine* la misère dans les grandes villes. À cette crise d'un genre nouveau conjuguant sous-production agricole classique et surproduction industrielle nouvelle, le gouvernement se révèle incapable de répondre. Enfermé dans ses certitudes, Guizot se contente de prêcher la vertu et l'abnégation. Mais son discours apparaît non seulement inadapté mais encore odieux à l'opinion publique, alors que se multiplient les scandales qui éclaboussent les classes dirigeantes : un officier d'ordonnance du duc de Nemours est pris en train de tricher au jeu ; deux pairs de France et anciens ministres (le général de Cubières et l'avocat Teste) sont condamnés pour corruption dans une affaire de concession de mine de sel ; le comte Mortier, pair de France et diplomate de haut rang, tente de tuer sa femme et ses enfants ; le duc de Choiseul-Praslin, illustre représentant d'une des maisons aristocratiques les plus prestigieuses du Faubourg, assassine avec rage son épouse et parvient à se donner la mort pendant sa garde à vue. Certaines de ces affaires impliquent Guizot, qui aurait concédé la pairie en échange du soutien affiché à sa politique. Tous ces scandales d'argent et de mœurs, impliquant les sphères privilégiées de la société, exaspèrent le peuple et l'opposition politique, qui accusent le gouvernement de vouloir les étouffer. Le suicide du duc de Choiseul-Praslin n'est-il pas bien opportun pour éviter que les frasques sexuelles et pécuniaires de la noblesse ne soient exposées en pleine lumière dans une cour de justice ? Dans ces circonstances, il n'est pas surprenant que l'étalage de luxe déployé par Montpensier au bois de Vincennes, pour fêter le carnaval de 1847, suscite la colère de la foule qui crache sur les calèches des invités.

Plus que jamais, le besoin de réformer le régime se fait impérieusement sentir. À partir du 9 juillet 1847 débute la campagne des banquets, un moyen de tourner la loi sur les associations pour faire avancer la réforme électorale. Dans ces banquets, Odilon Barrot, le leader de l'opposition parlementaire, côtoie le républicain Armand Marrast, directeur du *National*. Dans un premier temps, l'opposition dynastique durcit ses critiques tandis que les orateurs républicains modèrent les leurs. Les premiers banquets se font donc au nom de la réforme. Mais, progressivement, Ledru-Rollin s'impose par rapport à Odilon Barrot, et les toasts sont désormais levés en l'honneur de la république. Ni Guizot, ni Louis-Philippe, très affecté par la mort de sa sœur le dernier jour de l'année 1847, ne prennent conscience de l'ampleur de cette contestation. Leur myopie tourne à la cécité.

Le dernier acte de la monarchie de Juillet est bien connu. Le 22 février 1848, aux cris de « À bas Guizot », des groupes d'ouvriers et d'étudiants manifestent contre l'interdiction du banquet du XIIe arrondissement de Paris. Le lendemain, les émeutes se multiplient dans la capitale. La garde nationale, qui a toujours été le refuge de l'ordre et la colonne du trône, passe du côté des émeutiers. Désormais la clameur « Vive la République » s'élève au-dessus de Paris. Déboussolé, Louis-Philippe renvoie Guizot, rappelle d'abord Molé, puis Thiers. Si la démission de Guizot satisfait l'opinion bourgeoise désireuse de réformer la monarchie sans l'abattre, elle ne suffit plus aux républicains. Des fenêtres du *National*, les journalistes haranguent la foule pour qu'elle aille déloger *manu militari* Guizot de son poste de ministre des Affaires étrangères. Lorsque la foule arrive au boulevard des Capucines, elle se heurte immédiatement à la troupe. La tension monte, une fusillade éclate. Les républicains ont leurs martyrs. Il ne s'agit plus de réformer le système mais de renverser la monarchie.

Au château des Tuileries, le roi est profondément consterné lorsqu'il apprend la fusillade des Capucines. Le 24 février, il lui faut choisir entre l'épreuve de force et l'abdication. Le maréchal Bugeaud, le héros de la bataille de l'Isly en Algérie, est pour la première solution. Barrot et Thiers, qui, selon le mot de Victor Hugo « déborde le cadre d'un gouvernement régulier mais n'est point à la taille d'une révolution », s'opposent à la stratégie de Bugeaud. Soucieux d'éviter un bain de sang, Louis-Philippe se rend à leurs avis. Il faut désormais agir avec célérité, car la rumeur de l'émeute s'entend jusqu'aux Tuileries. Louis-Philippe décide d'abdiquer en faveur de son petit-fils, le comte de Paris. Il rédige avec calme sa proclamation sur le bureau en bois d'érable qui avait appartenu à Napoléon. Plus bourgeois que jamais, il revêt une redingote et un chapeau rond et il quitte les Tuileries.

Entre une double haie de cuirassiers et de gardes nationaux, commandés par le général Dumas, les cabriolets emmenant Louis-Philippe et sa famille roulent vers Saint-Cloud. Première étape, Dreux, où se trouve la chapelle mortuaire des Orléans. Dans son fief familial, Louis-Philippe apprend l'échec de la régence de la duchesse d'Orléans et le pillage du palais des Tuileries. La retraite à Eu n'étant plus possible, il faut désormais rejoindre l'Angleterre au plus vite. Sous les noms d'emprunt de M. et Mme Lebrun, le dernier couple royal de l'histoire de France gagne la côte de Grâce par des chemins détournés. Embarqués sur le navire anglais *L'Express*, Louis-Philippe et les siens débarquent à Newhaven. Le 4 mars, ils s'installent au château de Claremont, mis par la cour d'Angleterre à la disposition de Léopold, roi des Belges, qui le cède à ses beaux-parents. Dans sa précipitation et contrairement à une légende encore solidement enracinée, Louis-Philippe est parti sans argent et ne doit de maintenir un train de vie décent qu'à la générosité discrète de lord Aberdeen et à celle de ses amis demeurés en France.

Caricature de Louis-Philippe partant en exil en Angleterre après son abdication, par Honoré Daumier.

Dans ce château, entouré d'un parc immense, le roi en exil lit et met en forme ses *Mémoires*. Aux visiteurs qu'il reçoit, parmi lesquels Hugo, Guizot et Thiers, il cherche, sans détour ni vergogne, à justifier sa conduite et ses actes. Dans sa tête, il refait le plus souvent l'histoire. Si l'amertume le gagne souvent, il a la joie de vieillir entouré des siens et auprès de ses fidèles serviteurs, même si le bibliothécaire Vatout meurt en novembre 1848 de saturnisme car les réservoirs doublés de plomb qui alimentaient Claremont n'étaient pas entretenus et s'oxydaient. Heureusement, ses petits-fils boivent plus de lait que d'eau et les adultes mâles apprécient surtout la bière et le vin. La bonne constitution physique de la reine, qui ne boit pas d'alcool, lui permet de passer l'épreuve sans trop de dommages.

Au printemps 1850, les visiteurs constatent une détérioration marquée de la santé de Louis-Philippe. Son médecin, le Dr Guéneau de Mussy, diagnostique une maladie de foie incurable. Le 24 août, l'abbé Guelle lui donne l'extrême-onction. Se tournant vers sa femme, dont il connaît la piété, il lui aurait dit : « Tu es bien contente maintenant ? Eh bien, moi je le suis aussi. » Il consacre sa dernière journée à travailler à ses *Mémoires* et à bénir ses douze petits-enfants. Il expire le 26 août 1850 à 8 heures du matin. Son corps est déposé dans une petite chapelle à Weybridge. En juin 1867, sa dépouille est ramenée en France et inhumée, sous sa statue en pied, dans la chapelle de Dreux.

Quelle image garder de ce roi ? Celle de l'homme étudiant avec scrupule les demandes de grâce des condamnés à mort, du fondateur du musée national de Versailles voulant réconcilier l'Ancien Régime et la Révolution, du père aimant sa famille loin d'une étiquette de cour surannée ? Ou bien faut-il se souvenir du prince du sang hanté par la question de la légitimité de son pouvoir, du monarque incapable de réformes politiques et sociales, du bourgeois obsédé par sa sécurité matérielle ? Louis-Philippe est tous ces hommes à la fois et d'autres encore. Mais, fondamentalement, l'échec de son règne est celui de l'impossible conjonction entre les temps nouveaux et les temps anciens. La Révolution française reste encore, au milieu du XIXe siècle, une coupure dans l'histoire de France. Elle inaugure une ère nouvelle à laquelle seul le régime républicain confère sa véritable portée. Aussi Louis-Philippe avait-il raison de se décrire comme le dernier roi possible des Français. Il est plus encore, selon la formule de Victor Hugo « la transition régnante » entre deux époques de l'histoire.

La France de Louis-Philippe

L'architecture en France au XIXe siècle

L'arc de Triomphe, le Sacré-Cœur, la tour Eiffel, jusqu'à l'église, la mairie ou l'école du moindre village de France : le XIXe siècle a marqué profondément le paysage architectural urbain et rural. La révolution industrielle favorise le recours à de nouveaux matériaux (fer, fonte) et le renouvellement des matériaux traditionnels (bois, brique). L'architecture du XIXe ne se réduit pas à cet aspect et, pour la comprendre, il nous faut avoir le goût des évocations historiques, des citations stylistiques et des associations éclectiques. Enfin ne perdons pas de vue que l'architecture devient un phénomène quantitatif : l'Europe va connaître en un siècle plus que le doublement de sa population. Il est urgent de bâtir marchés, immeubles, écoles, mairies, églises, gares, hôpitaux, prisons, sans empêcher la réalisation de grands chefs-d'œuvre comme la bibliothèque Sainte-Geneviève de Labrouste ou l'Opéra de Garnier. Il s'opère donc un renouveau massif du patrimoine bâti dans tous les programmes qui rend nécessaire le recours à des typologies permettant la production rapide et en grand nombre de séries : la mairie de village en style néoclassique très simple, l'église sur le modèle de la basilique paléochrétienne ou de la cathédrale gothique. On peut citer, à titre d'exemples, l'hôtel de ville des frères Dalgabio à Saint-Étienne (1821) ou celui de Moulins par Agnéty, Notre-Dame-de-Lorette à Paris par Hippolyte Lebas ou Saint-Vincent-de-Paul par Lepère et Hittorff, Sainte-Clotilde à Paris, première église de style néogothique (1846) par Gau et Ballu et Saint-Nicolas à Nantes par Lassus (1850). Le choix du style est souvent dicté par la taille de la cité : si l'église du village de Valeyrac (1853, Gironde) est en style roman, le même Paul Abadie réalise une église néogothique dans la sous-préfecture de Lesparre-Médoc (1853) et une basilique byzantine pour la métropole avec le Sacré-Cœur (1876).

Les architectes se mettent à réfléchir de façon plus profonde au lien entre espace et mode de vie : le programme d'un muséum, l'idéal panoptique d'une prison, l'organisation d'un hôpital, etc. Pour cette raison, le style passe au second plan. Comme le remarque Viollet-le-Duc : « Autrefois le style s'imposait à l'artiste, aujourd'hui l'artiste doit découvrir le style. » On peut ainsi rêver, comme l'architecte du tableau de Thomas Cole, où les pyramides et sanctuaires égyptiens voisinent des temples grecs doriques et ioniques. Ainsi, il n'existe pas à proprement parler de style du XIXe siècle, et les architectes sont libres de juxtaposer des styles différents, comme le montre bien la mairie du Ier arrondissement de Paris par Hittorf (1857). Aussi le terme d'éclectisme désigne-t-il avec justesse l'architecture du XIXe siècle, soulignant sa déconcertante variété et faisant comprendre le rapport de connivence qu'elle entretient avec la tradition architecturale du passé tout en étant ouverte vers l'avenir par l'emploi de matériaux totalement nouveaux. Deux des plus beaux fleurons de cette architecture sont les halles centrales de Paris par Victor Baltard en 1855 et la salle de lecture de la Bibliothèque nationale par Labrouste (1860).

La démographie et la vie économique et sociale de la France dans la première moitié du XIXe

À la fin de l'Empire, la France connaît une période de forte croissance s'accompagnant d'une baisse des prix sur la longue durée. Pourtant, la situation de départ est mauvaise : la production agricole est plus faible vers 1820 que dans les années 1780, et le pays, qui ne compte aucune industrie lourde, est surclassé du point de vue technologique par l'Angleterre et il doit importer l'essentiel de son charbon. Une autre difficulté structurelle est le manque de main-d'œuvre consécutif à la faiblesse de la croissance démographique, tournant autour de 0,5 % par an, soit un chiffre bien inférieur à celui des pays voisins de la France. Dans la seconde moitié du XIXe siècle, la France n'a gagné que sept millions d'habitants, pour atteindre le chiffre de 36 millions en 1850, alors que l'Angleterre double sa population sur la même période. Ce déclin démographique s'explique par la faiblesse du taux de natalité qui n'est pas compensée par la lente diminution du taux de mortalité. La population française, qui rassemblait 19 % de la population européenne en 1800, n'en représente plus que 14 % un siècle plus tard. À l'intérieur du pays, l'exode rural se développe pour connaître son apogée sous le Second Empire. L'industrie manque cependant de bras et doit faire appel à la main-d'œuvre étrangère, qui s'élève à 380 000 au premier recensement de 1851, qui la mesure.

Grâce à une politique protectionniste efficace, la France commence toutefois à s'industrialiser, même si le dynamisme de son économie repose trop exclusivement sur son marché intérieur. Les forces d'impulsion viennent des progrès de l'agriculture et de ceux des transports. Entre 1815 et 1848, le nombre de canaux triple, la législation de 1836 améliore le réseau routier départemental et vicinal permettant un désenclavement des campagnes. Enfin, la loi de 1842 crée le réseau ferré en étoile à partir de Paris et donne un essor spectaculaire aux chemins de fer puisque l'État prend désormais à sa charge les dépenses d'infrastructures. Vingt ans plus tard, la France s'impose comme le champion en Europe dans ce mode de transport.

Dans cette première moitié du XIXe siècle, l'industrie française repose pour les deux tiers de sa production sur le secteur des biens de consommation (bougies, savons, sucre de betterave, textiles). Si les emplois industriels doublent entre les années 1820 et les années 1850 – on dénombre 750 000 ouvriers en 1848 –, le taux de productivité progresse lentement, du fait de la coexistence de méthodes de production traditionnelle à côté de techniques modernes. Ainsi, l'industrie textile normande repose-t-elle encore principalement sur le tissage manuel alors que l'Alsace a adopté le tissage mécanique. Le seul domaine où la France garde son excellence et ne souffre pas de la concurrence est la fabrication d'articles de luxe dont elle s'est fait une spécialité depuis longtemps.

La dépression de 1846-1848, qui combine une crise traditionnelle de surproduction agricole et une crise nouvelle de surproduction industrielle, accélère la modernisation de l'industrie, qui se caractérise par un progrès autant quantitatif que qualitatif, par exemple avec l'abandon des hauts fourneaux à charbon de bois. Le développement spectaculaire de la métallurgie, qui permet désormais la fabrication nationale des locomotives et des machines à vapeur, dope le boom des chemins de fer et celui des grands travaux urbains du Second Empire. Mais ces réussites économiques, déjà en germes sous la monarchie de Juillet, ont un coût social élevé. Du fait de la nécessité de l'accumulation de capital, les entrepreneurs cherchent à dégager des profits en allongeant la durée de travail et en pesant sur les salaires. Les ouvriers travaillent en moyenne quatorze heures par jour sans aucun repos hebdomadaire ni vacances pour un salaire leur permettant simplement d'entretenir leur force de travail. Par ailleurs, la division du travail, qui se met en place dans les manufactures, leur impose une discipline quasi militaire. Celle-ci s'apprend jeune puisqu'on débute souvent dans la vie active dès l'âge de 6 ans. Des ghettos urbains, véritables enclaves de misère, commencent à se former dans les villes ou dans leur immédiate périphérie. La tuberculose et l'alcoolisme y font des ravages. Aux yeux de la bourgeoisie, ces classes laborieuses apparaissent comme des classes dangereuses et il arrive souvent que la question sociale soit filtrée à travers la question criminelle. Le livret de travail, qui soumet l'ouvrier au contrôle de la police, et l'interdiction des coalitions ouvrières sont les causes d'insurrections de la misère, qui sont réprimées sans pitié, comme celles des canuts de Lyon en 1831 et en 1834.

À l'exception d'une réponse paternaliste à la question sociale, les classes dirigeantes restent attachées aux doctrines du capitalisme libéral fondé sur le principe de l'autorégulation de l'économie par le marché. Mais ces théories, défendues par Adam Smith, David Ricardo, Jean-Baptiste Say ou encore Thomas Malthus, commencent à être remises en cause par différents courants de pensée comme le saint-simonisme, le catholicisme social et le socialisme. Il n'est donc pas surprenant qu'en 1848 la question sociale absorbe et dépasse rapidement la question politique.

La littérature

Le XIXe siècle est traversé par trois grands courants littéraires : romantisme, réalisme et symbolisme ; le premier triomphe sous la Restauration et la monarchie de Juillet, le deuxième sous le Second

Empire, le dernier sous la IIIe République. Mais leur séparation est surtout commode pour appréhender un siècle qui s'ouvre avec *Atala* et s'achève avec *Germinal* en passant par *Les Méditations, Le Rouge et le noir, Notre-Dame-de-Paris, Le Père Goriot, Lorenzaccio*... À l'époque de Louis-Philippe, la littérature connaît un éclat prodigieux, avec Chateaubriand, Lamartine, Stendhal, Hugo, Balzac, Musset, figures immortalisées dans les portraits des collections du musée de Versailles : *Chateaubriand méditant* par Girodet (1811), *Lamartine* par Gérard (1830), *Stendhal* par Södermark (1840) et *Baudelaire* par Deroy (1844).

En 1830 débute une période d'effervescence culturelle et d'engagement politique chez les intellectuels. Le grand poète romantique Alphonse de Lamartine est élu député en 1833. Le poète, dramaturge et romancier Victor Hugo est nommé pair de France en 1845. Sous la monarchie de juillet commence la vogue du roman, dont une des formes est le feuilleton, qui apparaît par épisodes dans des journaux quotidiens ou mensuels : Balzac et Dumas sont les maîtres incontestés du genre. On compte aussi un grand nombre de femmes écrivains : Marceline Desbordes-Valmore et Louise Colet, Flora Tristan et Suzanne Voilquin, Marie d'Agoult (qui écrit sous le nom de Daniel Stern) et George Sand. Le terme « Cénacle », indissociable de l'histoire du romantisme, a été employé par Sainte-Beuve pour désigner le groupe de poètes et d'artistes qui, autour de Victor Hugo, contribuent à l'éclosion de la nouvelle école. Il en existe d'autres : celui de *La Muse française*, le salon de l'Arsenal ou encore le Petit Cénacle, rassemblé autour de Pétrus Borel, Théophile Gautier et Gérard de Nerval.

Invitons le lecteur à une promenade parisienne dans ce petit « Saint-Germain-des-Prés » de la rive droite au XIXe siècle qu'est le quartier de la « Nouvelle Athènes », ainsi qualifié par le journaliste Dureau de La Malle dans *Le Journal des débats* du 18 octobre 1823, en référence à la passion qu'entretiennent ses habitants pour l'imagerie de l'Antiquité grecque. L'histoire de cet îlot du IXe arrondissement se confond avec celle du romantisme naissant, car il est habité, sous la Restauration (1815-1830), la monarchie de Juillet (1830-1848) et le Second Empire (1852-1870), par une « République des arts et des lettres ». Le cœur véritable de la Nouvelle Athènes est le square d'Orléans, ainsi baptisé en l'honneur du roi Louis-Philippe, conçu, par l'architecte anglais Edward Crésy, comme un ensemble original autour de trois cours intérieures reliées par des passages voûtés. Une communauté d'artistes, dont les chefs de file sont les amants Georges Sand et Frédéric Chopin, chacun habitant un appartement où se rencontrent la danseuse Maria Taglioni, créatrice de « La Sylphide » dont Barre fit la statuette en bronze en 1837, le pianiste Zimmermann, professeur de Gounod et de Bizet et ami de Chopin et de Berlioz. L'un de ses premiers habitants, le romancier Alexandre Dumas, y aurait organisé une soirée de trois cents invités dans son appartement décoré par Delacroix. Dans ce quartier se trouve aujourd'hui le Musée de la vie romantique, 16, rue Chaptal, abrité dans une demeure de style palladien qui était autrefois la résidence du peintre hollandais Ary Scheffer. Tous les vendredis, celui qui fut le professeur de dessin des enfants de la famille d'Orléans, y recevait ses amis, Sand, Lamartine, Chopin, Liszt, Ingres, Delacroix…

La peinture de la sculpture dans la première moitié du XIXe siècle

Au début du XIXe siècle, le classicisme d'un David maintient vivaces les souvenirs d'exaltation et de gloire, pourtant « notre soleil s'est couché : nous avons tous froid maintenant ». Aussi, n'est-il pas surprenant, qu'à l'instar du colonel Chabert, les rêves de grandeur se figent dans les peintures monumentales de la galerie des Batailles du château de Versailles, réalisée par l'architecte Nepveu et inaugurée le 10 juin 1837 par le roi bourgeois. Après tant de changements de régimes, Louis-Philippe voulait, dans ce musée d'histoire de la France, manifester la réconciliation nationale en demandant à des artistes comme Ary Scheffer, Horace Vernet, Eugène Devéria, Antoine-Jean Gros de peindre l'épopée militaire de la France depuis Tolbiac en 496 jusqu'à Wagram en 1809. Hugo écrit dans *Choses vues* que Louis-Philippe a « donné à ce livre magnifique qu'on appelle histoire de France cette magnifique reliure qu'on appelle Versailles ». Des sculpteurs participent également à cet ensemble célèbre en réalisant des statues des gloires nationales : quantité de médaillons par David d'Angers, François Ier par A. Dumont, Blanche de Castille par Antoine Etex, Dagobert par Jehan Du Seigneur, sans oublier une Jeanne d'Arc par Marie d'Orléans, fille de Louis-Philippe. Cette même sainte que nous retrouvons sculptée par Rude dans les jardins du Luxembourg, pour lesquels Louis-Philippe commande une série parallèle à celle de Versailles avec les reines de France et les femmes célèbres. Dans cette période de grandes commandes officielles, l'art est élevé à la fonction didactique de la commémoration. La plupart des monuments publics sont réservés aux gloires historiques, car la sculpture dans la première moitié du siècle est chargée d'une fonction sociale, celle de proposer une image de l'individu héroïsé : Jeanne d'Arc à Orléans, Racine à La Ferté-Milon, Ambroise Paré à Laval, Cuvier à Montbelliard… L'arc de Triomphe de Paris reçoit son décor sculpté exaltant les armées de la Révolution et de l'Empire et, avec les bas-reliefs de Rude, on voit déjà poindre les aspirations romantiques. Tout à sa recherche de mouvement et d'expressivité, l'artiste aurait dit à sa femme posant comme modèle pour *La Marseillaise* : « Criez plus fort ! »

Les *Voyages pittoresques et romantiques à travers l'ancienne France* (1824) de Charles Nodier et du baron Taylor montrent combien la situation du goût est confuse dans la première moitié du XIXe siècle. Cette série de lithographies commentées de sites, de rues, de ruines illustrées par des peintres comme Dauzats, Vernet, Isabey ou Bonington illustre l'esthétique du temps, où le modeste côtoie le pompeux, l'anecdote l'histoire, le naturel le surnaturel, le goût du pittoresque le cosmopolitisme, l'anglomanie la germanophilie, Walter Scott Goethe… Autre exemple de cette variété du goût : tandis que la commande officielle célèbre les héros de l'histoire de France, l'intérêt accru du public pour les personnalités contemporaines suscite le développement de la statuette-portrait et de la caricature à l'effigie des acteurs ou des hommes politiques. Citons les bustes des *Célébrités du Juste-Milieu,* commandés en 1832 par Charles Philipon, directeur de l*a Caricature*, et exécutés par Daumier durant les séances de la Chambre.

En octobre 1824, Ingres présente au Salon, le *Vœu de Louis XIII,* qui reçoit un accueil triomphal car il apparaît comme le symbole du classicisme et de la tradition en face des *Massacres de Scio* de

Delacroix, manifeste du romantisme, présentés au même Salon. Cependant par une de ces ruses dont l'histoire est coutumière, ce sont les défenseurs du classicisme comme Winckelmann ou Quatremère de Quincy qui vont contribuer à l'essor du romantisme, en prônant une idéalité de l'œuvre qui tend à mettre en valeur sa picturalité et son formalisme. En effet, le romantisme désigne le moment où l'œuvre d'art se libère comme pratique spécifique, indépendante d'un programme externe hagiographique ou édifiant. Voilà pourquoi on peut le considérer au fondement de cette modernité si bien décrite par Baudelaire. Nous assistons d'ailleurs à une crise du statut de l'artiste en raison de l'instabilité de ses relations avec un pouvoir lui-même instable, d'une mutation du public avec l'avènement de la bourgeoisie, que Balzac qualifiera d'« aristocratie du coffre-fort », et, enfin, d'une revendication de l'artiste lui-même comme génie. Cette rhétorique du génie est fortement associée à l'image du romantique, être singulier, persécuté, « phare » et « prophète » investi d'une mission et habité d'une ambition démiurgique.
Théodore Géricault est un peintre emblématique de la période : ami d'Horace Vernet, élève de Pierre Narcisse Guérin, un des premiers pensionnaires de la nouvelle Académie de France à Rome, il peint en 1819 *Le Radeau de la Méduse*, œuvre tirée d'un fait divers horrible et qui est un manifeste anticlassique avec la nudité de ses cadavres atroces et sombres. Son ami Eugène Delacroix revendique ce même refus de l'héritage davidien, avec des œuvres flamboyantes, comme la *Mort de Sardanapale* (1827), animées par la « furie » du pinceau, par une esthétique du geste qui traduit une décharge pulsionnelle et une conception effusionniste de la production picturale. Mais les sujets ne sont pas uniquement morbides, comme l'œuvre de Théodore Chassériau le prouve en alimentant par sa *Vénus marine* (1838) ou sa *Toilette d'Esther* (1842) les rêveries exotiques d'un Théophile Gautier.

Repères chronologiques

1773

6 octobre : naissance de Louis-Philippe.

1777

23 août : naissance de Marie-Adélaïde, sœur de Louis-Philippe.

1789

5 mai : ouverture des états généraux.
17 juin : la chambre du tiers se constitue en Assemblée nationale.
20 juin : serment du jeu de Paume.
14 juillet : prise de la Bastille.
16 juillet : le comte d'Artois émigre à Turin.
20 juillet : début de la Grande Peur.
4 août : abolition des privilèges.
26 août : l'Assemblée adopte le texte de la Déclaration des droits de l'homme et du citoyen.
5-6 octobre : marche du peuple parisien sur Versailles, le roi s'installe aux Tuileries.

1790

12 mai : création de la Société de 1789, dont les principaux membres sont La Fayette, Bailly, Sieyès et Talleyrand. Louis-Philippe y adhère.
12 juillet : l'Assemblée vote la Constitution civile du clergé.
14 juillet : fête de la Fédération.
21 septembre : le drapeau tricolore devient le drapeau national.

1791

14 juin : vote de la loi Le Chapelier qui ordonne l'abolition des corporations et renouvelle l'interdiction des coalitions ouvrières.
15 juin : le comte d'Artois se fixe à Coblence, qui devient le principal centre de rassemblement des émigrés français.
20-25 juin : le roi en fuite est arrêté à Varennes.

14 septembre : le roi prête serment à la Constitution.

1792

20 juin : les sans-culottes envahissent le palais des Tuileries.
28 juillet : le Manifeste de Brunswick est connu à Paris.
2-5 septembre : massacre de prisonniers, Danton, ministre la Justice laisse faire.
20 septembre : bataille de Valmy, à laquelle Louis-Philippe participe.
21 septembre : abolition de la monarchie.
6 novembre : victoire de Jemmapes sur les Autrichiens, qui évacuent toute la Belgique, qui est occupée par les Français. Louis-Philippe participe à cette bataille.

1793

18 janvier : la Convention vote à une voix de majorité la mort de Louis XVI.
21 janvier : Louis XVI est guillotiné.
18 mars : défaite de l'armée de Dumouriez à Neerwinden face aux troupes de Saxe-Cobourg. Les Français évacuent la Belgique. Louis-Philippe participe à cette bataille.
27 mars : Dumouriez tente d'entraîner son armée sur Paris pour dissoudre la Convention.
Avril : début de l'exil de Louis-Philippe.
3 avril : la Convention déclare Dumouriez hors la loi et fait arrêter ceux qu'elle considère comme ses complices, dont Philippe-Égalité.
5 mai : l'insurrection vendéenne s'étend.
24 juin : vote par la Convention de la Constitution de 1793, dite de l'an I.
23 août : la Convention décrète la levée en masse de tous les Français.
17 septembre : vote de la loi des suspects.
24 octobre : procès des Girondins.
6 novembre : Philippe-Égalité est guillotiné.

1794

24 mars : condamnation à mort des hébertistes.
6 avril : exécution de Danton.
28 juillet : Robespierre et ses partisans sont guillotinés.

29 juillet : début de la réaction thermidorienne.

1795

10 avril : début de la Terreur blanche.
6 mai : Louis-Philippe arrive en Suède et commence un voyage de deux mois dans le Grand Nord.
8 juin : mort de Louis XVII dans la prison du Temple.
24 juin : Louis XVIII lance sa proclamation de Vérone.
22 août : adoption de la Constitution de l'an III.
26 octobre : la Convention se sépare, début du Directoire.

1796

25 octobre : Louis-Philippe débarque à Philadelphie.

1797

2 avril : Louis-Philippe rencontre George Washington.

1798

31 mars : Louis-Philippe et ses deux frères arrivent à La Havane.

1799

9 novembre (18 brumaire) : coup d'État de Bonaparte, fin du Directoire.

1800

1er janvier : Louis-Philippe arrive en Angleterre.

1801

15 juillet : signature du Concordat.

1802

19 mai : création de la Légion d'honneur.

1804

21 mars : promulgation du Code civil ; exécution du duc d'Enghien.
18 mai : un sénatus-consulte proclame Bonaparte empereur sous le nom de Napoléon Ier.
2 décembre : sacre de Napoléon Ier.

1805
2 décembre : victoire d'Austerlitz.

1807
18 mai : mort du duc de Montpensier, jeune frère de Louis-Philippe.

1808
17 avril : mort du comte de Beaujolais, jeune frère de Louis-Philippe.

1809
25 novembre : Louis-Philippe épouse Marie-Amélie Thérèse de Bourbon à Palerme.

1810
3 septembre : naissance du fils aîné de Louis-Philippe, le duc de Chartres, qui devient duc d'Orléans lorsque son père devient roi des Français.

1814
6 avril : capitulation de Napoléon à Fontainebleau.
16 mai : Louis-Philippe est à Paris.
4 juin : proclamation de la Charte.
23 septembre : ouverture du congrès de Vienne.

1815
1er mars : Napoléon débarque au golfe Juan.
18 juin : Waterloo.
22 juin : abdication de Napoléon.
8 juillet : Louis XVIII est à Paris.
18 août : Louis-Philippe part pour l'Angleterre.
26 septembre : la Sainte-Alliance entre la Russie, la Prusse et l'Autriche est conclue.

1817
Mi-avril : Louis-Philippe est de retour au Palais-Royal, sa famille l'y rejoint en septembre.

1818

29 septembre-21 novembre : Congrès d'Aix-la Chapelle où la France est admise à délibérer avec les grandes puissances et obtient le retrait des troupes étrangères de son sol.

1820

13 février : assassinat du duc de Berry par l'ouvrier Louvel.
29 septembre : naissance du duc de Bordeaux.

1821

5 mai : mort de Napoléon.

1824

16 septembre : mort de Louis XVIII.
29 septembre : le comte d'Artois devient roi sous le nom de Charles X.

1825

29 mai : sacre de Charles X à Reims.

1829

8 août : formation du ministère Polignac.

1830

31 janvier : décision d'intervenir en Algérie.
18 mars : Adresse de défiance envers le ministère, dite des 221.
16 mai : dissolution de la Chambre.
5 juillet : prise d'Alger par l'armée française.
25 juillet : les quatre ordonnances – suspension de la liberté de la presse, rétablissement de la censure et de l'autorisation préalable, dissolution de la Chambre et date des prochaines élections.
27-28-29 juillet : les Trois Glorieuses.
31 juillet : Louis-Philippe accepte la lieutenance générale du royaume.
2 août : Charles X abdique en faveur du duc de Bordeaux, Henri V.
9 août : Louis-Philippe, roi des Français, jure fidélité à la Charte révisée.

25 août : insurrection belge.
2 novembre : ministère Laffitte.

1831

14-15 février : émeutes à Paris à l'occasion d'un service funèbre à la mémoire du duc de Berry à Saint-Germain-l'Auxerrois.
13 mars : ministère Perier.
20-22 novembre : révolte des canuts de Lyon.
28 décembre : abolition de la pairie héréditaire.

1832

Mars : début de l'épidémie de choléra morbus à Paris.
28 avril : débarquement de la duchesse de Berry sur la côte varoise.
16 mai : mort de Casimir Perier, victime du choléra.
5-7 juin : émeutes populaires à l'occasion des funérailles du général Lamarque.
12 octobre : ministère Soult.

1833

22 juin : loi sur les conseils généraux.
28 juillet : loi Guizot sur l'instruction primaire.

1834

9-12 avril : insurrection ouvrière à Lyon.
13 avril : massacre de la rue Transnonain à Paris.

1835

28 juillet : attentat de Joseph Fieschi contre Louis-Philippe.
9 septembre : lois répressives sur la justice et sur la presse.

1836

22 février : ministère Thiers.
21 mai : loi sur les chemins vicinaux.
6 septembre : ministère Molé.
30 octobre : Louis-Napoléon Bonaparte tente de soulever la garnison de Strasbourg.

1837

30 mai : mariage du duc d'Orléans avec la princesse Hélène de Mecklembourg-Schwerin.

1839

8 mars : démission de Molé.
12 mai : ministère Soult. Échec d'une tentative de sédition à laquelle participent Blanqui et Barbès.

1840

1er mars : ministère Thiers.
15 juillet : traité entre l'Angleterre, la Prusse, l'Autriche et la Russie qui isole la France dans la question d'Orient.
6 août : tentative de coup d'État de Louis-Napoléon Bonaparte, qui sera emprisonné au fort de Ham.
15 décembre : retour des cendres de Napoléon.

1841

22 mars : loi limitant à huit heures le travail journalier des enfants âgés de 8 à 12 ans.

1842

11 juin : loi sur les chemins de fer.
13 juillet : mort accidentelle du duc d'Orléans.

1843

2-7 septembre : visite de la reine Victoria au château d'Eu.

1844

15 août 1844 : bataille de l'Isly gagnée par Bugeaud en Algérie.

1846

25 mai : Louis-Napoléon Bonaparte s'évade du fort de Ham.
10 octobre : mariage du duc de Montpensier avec Louise de Bourbon, infante d'Espagne.

1847

Mars-juin : parution de l'*Histoire des Girondins* de Lamartine.
Avril-mai : scandale Teste-Cubières.
9 juillet : début de la campagne des banquets à Paris.
Août : affaire Choiseul-Praslin.
11 octobre : ministère Guizot.
24 décembre : reddition d'Abd el-Kader.
31 décembre : mort de Mme Adélaïde.

1848

22 février : manifestations contre l'interdiction du banquet du XIIe arrondissement.
23 février : fusillade du boulevard des Capucines. Renvoi de Guizot, Thiers président du Conseil.
24 février : abdication de Louis-Philippe.
26 février : abolition de la peine de mort en matière politique.
29 février : création d'un ministère du Travail.
2 mars : le suffrage universel masculin est proclamé et la journée de travail est limitée à dix heures à Paris et onze heures en province ; Louis-Philippe embarque pour l'Angleterre.
4 mars : loi sur la liberté de la presse et de réunion.
23 avril : élection d'une Asemblée constituante.
4 mai : proclamation officielle de la république.
21 juin : décret sur les ateliers nationaux.
23-25 juin : insurrection ouvrière dans l'Est parisien.
10 décembre : Louis-Napoléon Bonaparte est élu président de la République.

1849

13 mai : élections législatives qui voient la victoire du parti de l'ordre.
3 juillet : la République romaine, dirigée par Mazzini, tombe sous l'assaut des troupes françaises.

1850

15 mars : vote de la loi Falloux sur l'enseignement.
12 avril : retour du pape Pie IX à Rome sous escorte française.
31 mai : loi restreignant le suffrage universel masculin.
26 août : mort de Louis-Philippe en Angleterre.

Louis-Philippe vu par…

Jacques Laffitte
« Guillaume doit remplacer les Stuarts » (paroles prononcées le 28 juillet 1830, allusion directe à la Glorieuse Révolution anglaise de 1688.)

Alfred de Vigny
« Louis-Philippe était lancé dans les souvenirs de la République et il parcourut avec une incroyable volubilité un chapelet d'anecdotes où il paraissait tantôt acteur, tantôt spectateur [...]. Moi, toujours debout en face de lui, adossé à l'embrasure de la fenêtre contre laquelle il m'avait barricadé par sa pantomime agitée [...], je cherchais le but de toutes ces historiettes inutiles où l'emportait une sorte d'agitation nerveuse, un fond de malaise, d'inquiétude, de tremblements, se voyant mal assis sur un trône mal construit. » (*Mémoires inédits*, 1958, propos du 11 février 1831.)

Heinrich Heine
« Les gouvernements ne peuvent se maintenir que par ce qui leur a donné naissance [...]. Louis-Philippe a oublié que son gouvernement est né du principe de la souveraineté populaire ; et, dans un affligeant aveuglement, il voudrait tâcher de se soutenir par une quasi-légitimité, par des alliances avec les princes absolus et par la continuation de la période de la Restauration. » (*De la France*, 1831.)

Delphine de Gray
« À ses yeux, quand il avait son lorgnon, les deux partis qui divisent en ce moment la France étaient ainsi désignés : *les regrettants* et *les prétendants* ; et, pour causer à l'unisson avec son interlocuteur, il lui suffisait de savoir auquel des deux partis il appartenait. Alors, selon son observation, il approuvait ou blâmait au hasard, sûr de tomber toujours juste, sans prendre la peine d'écouter. M. de Lorville pardonnait à chacun de choisir, pour s'y dévouer, l'ordre de choses

qui lui offrait le plus d'avantages. Il comprenait à merveille l'amour des bons bourgeois pour Louis-Philippe, les regrets des bons dévots pour Charles X, et les rêves de la jeunesse pour Bonaparte. » (*Le Lorgnon*, 1832.)

Louis Blanc

« Voilà donc sur le trône le *duc d'Orléans*, que Dumouriez voulait proclamer en 1793, et que, depuis cette époque, un Parti n'a cessé de porter au pouvoir : mais, avec la Charte imposée par Louis XVIII, à l'aide des baïonnettes étrangères, peut-on dire que c'est une *Révolution* ? Que du moins Louis-Philippe défende l'indépendance de la Nation ; qu'il appelle la France aux armes pour obtenir un traité plus juste que ceux de 1815, un désarmement général et une paix solide et durable, qui puisse assurer la prospérité du commerce et de l'industrie. Si les Rois veulent attaquer la Révolution nouvelle, tous les Peuples, trompés en 1814 et 1815, feront leurs révolutions et empêcheront la guerre. Ô quel malheur, si l'on perd cette occasion, unique dans l'Histoire ! – Mais on craint la liberté au-dedans ; et pour l'enchaîner, on évite la guerre et même le triomphe de la Démocratie en Europe. On préfère s'entendre secrètement avec les Rois. On choisit TALLEYRAND, l'infâme, l'exécrable Talleyrand, pour négocier entre la Révolution et la Sainte-Alliance… Nous n'avons pas la force d'achever. Aux yeux des Rois de droit divin, le duc d'Orléans n'est, comme l'a dit Napoléon, qu'un *usurpateur*. Et si les Rois se trouvaient assemblés en congrès comme au 20 mars, si leurs armées étaient sur pied comme à cette époque, qui peut douter qu'ils n'attaqueraient Louis-Philippe pour rétablir Charles X comme ils ont attaqué Napoléon pour rétablir les Bourbons ? » (*Histoire populaire de la Révolution française*, 1839.)

Alphonse de Lamartine

« 1830 n'a pas su se créer son action et trouver son idée. Vous ne pouviez pas refaire de la légitimité, les ruines de la Restauration étaient sous vos pieds. Vous ne pouviez pas faire la gloire militaire, l'Empire avait passé et ne vous avait laissé qu'une colonne de bronze sur une place de Paris. Le passé vous était fermé : il vous fallait une idée nouvelle [...]. Il ne faut pas se figurer, Messieurs, parce que nous sommes fatigués des grands mouvements qui ont remué le siècle et nous, que tout le monde est fatigué comme nous et craint le moindre mouvement. Les générations qui grandissent derrière nous ne sont pas lasses, elles, elles veulent agir et se fatiguer à leur tour : quelle action leur avez-vous donnée ? La France est une nation qui s'ennuie. » (Discours parlementaire du 10 janvier 1839.)

« La dynastie doit être nationale et non la nation dynastique. » (Discours parlementaire du 20 août 1842.)

Victor Hugo

« Louis XIV aimait les grands hommes de lettres et en avait ; Napoléon les aimait et n'en avait pas ; Louis-Philippe en a et ne les aime pas. » (*Choses vues*, 1846.)

« Avant-hier, je suis allé m'écrire chez le Roi qui est parti pour Eu. Cela se fait sur des façons de registres à dos de parchemin vert comme nos livres de blanchisseuse. Il y a cinq registres, un pour chaque membre de la famille royale. On envoie chaque soir les registres au roi, et la reine les lit avec soin. Je ne suppose pas qu'on *s'écrivit* ainsi chez Louis XIV ou chez Napoléon. Cela me rappelle la première fois que je dînai aux Tuileries. Un mois après je rencontre M. de Rémusat qui était du nombre des convives et qui me dit : *avez-vous fait votre visite de digestion ?* Ces manières bourgeoises ont du charme et de la grâce. Cependant elles vont un peu loin quelquefois. À force de bourgeoisie on finira par ne plus voir la royauté. Alors pourquoi pas un président ? Je comprends à merveille la royauté vivant de la vie de famille, mais cela posé, j'aime mieux la façon patriarcale que la façon bourgeoise. La vie patriarcale est simple comme la vie bourgeoise et majestueuse comme la vie royale. » (*Choses vues*, en date du 1er août 1846.)

François-René de Chateaubriand

« On faisait à Henri IV, non catholique, des objections qui ne le ravalaient pas et qui se mesuraient à la hauteur même du trône [...].

Qu'objectait-on à Philippe avant de le faire passer au dernier tour de scrutin ? On lui objectait qu'il n'était pas assez *patriote*. Aujourd'hui que la révolution est consommée, on se regarde comme offensé lorsqu'on ose rappeler ce qui se passa au point de départ ; on craint de diminuer la solidité de la position qu'on a prise, et quiconque ne trouve pas dans l'origine du fait commençant la gravité du fait accompli est un détracteur. Lorsqu'une colombe descendait pour apporter à Clovis l'huile sainte, lorsque les rois chevelus étaient élevés sur un bouclier, lorsque Saint-Louis tremblait, par sa vertu prématurée, en prononçant à son sacre le serment de n'employer son autorité que pour la gloire de Dieu et le bien de son peuple, lorsque Henri IV, après son entrée à Paris, alla se prosterner à Notre-Dame, que l'on vit ou que l'on crut voir, à sa droite, un bel enfant qui le défendait et que l'on prit pour son ange gardien, je conçois que le diadème était sacré ; l'oriflamme reposait dans les tabernacles du ciel. Mais depuis que sur une place publique un souverain, les cheveux coupés, les mains liées derrière le dos, a baissé sa tête sous le glaive, au son du tambour ; depuis qu'un autre souverain, environné de la plèbe, est allé mendier des votes pour son *élection*, au bruit du même tambour, sur une autre place publique, qui conserve la moindre illusion sur la couronne ? Qui croit que cette royauté meurtrie et souillée puisse encore imposer au monde ? Quel homme, sentant un peu son cœur battre, voudrait avaler le pouvoir dans ce calice de honte et de dégoût que Philippe a vidé d'un seul trait sans vomir ? La monarchie européenne aurait pu continuer sa vie si l'on eût conservé en France la monarchie mère, fille d'un saint et d'un grand homme ; mais on en a dispersé les semences fécondes : rien ne renaîtra. » (*Mémoires d'outre-tombe,* 1848.)

« Armand Carrel menaçait l'avenir de Philippe comme le général La Fayette poursuivait son passé. » (*Mémoires d'outre-tombe,* 1848.)

Karl Marx

« La monarchie de Juillet n'était qu'une société par actions fondées pour l'exploitation de la richesse nationale française dont les dividendes étaient partagés entre les ministres, les banquiers,

240 000 électeurs et leur coterie. Louis-Philippe était le directeur de cette société : Robert Macaire[13] sur le trône. » (*Les Luttes de classe en France, 1848-1850*, 1850.)

Daily News

« Pendant les dix-huit années de son règne, pas une idée grande ou généreuse ne germa dans son esprit. Sa politique intérieure se bornait à cajoler ou à corrompre les députés. Il ignora toujours, ainsi que les hommes d'État à son service, la condition, les besoins, la fermentation de l'esprit de son peuple. Ils se contentaient, ses ministres et lui, de regarder à la superficie, sans dépasser la couche d'herbe artificielle qui recouvrait un sol volcanique et prêt aux éruptions. Les lois de rigueur ont accéléré l'explosion. Ce Salomon des salons de Londres et de Paris ne connut jamais l'essence et le but du gouvernement, le développement et la satisfaction des besoins populaires. Pour lui, la politique c'était la diplomatie et rien autre chose. » (Notice nécrologique parue au lendemain des obsèques de Louis-Philippe, le 2 septembre 1850, traduite par Alexandre Dumas.)

Alexandre Dumas

« Depuis Louis XV, mort à la suite d'une débauche, c'est-à-dire depuis soixante-seize ans, [Louis-Philippe] était le cinquième roi de France qui descendait au cercueil. De ces cinq rois de France, un seul est mort aux Tuileries : Louis XVIII. Louis XVI avait été guillotiné sur la place de la Révolution. Napoléon était mort à Sainte-Hélène. Charles X à Goritz. Et Louis-Philippe, à Claremont. Quel enseignement terrible pour ceux qui voudraient régner encore ! » (*Louis-Philippe*, 1852.)

Klemens von Metternich

« Le trône du 9 août s'est élevé à la place de celui qui était tombé. Est-il dans de bonnes conditions de vitalité ? Certainement non. D'un côté, il lui manque l'autorité des suffrages populaires sur lesquels se sont appuyées toutes les formes de gouvernements qui ont existé

13. Robert Macaire est le type du chevalier d'industrie habile et filou immortalisé par une suite de lithographies d'Honoré Daumier.

entre 1792 et 1801 ; de l'autre côté, l'appui tout-puissant du droit historique sur lequel reposait le trône restauré lui fait défaut ; de la République, il n'a pas la force populaire, quelque brutale que soit cette force ; de l'Empire, il n'a pas la gloire militaire, le génie et le bras de Napoléon ; des Bourbons, il n'a pas l'appui du principe de légitimité. Il en résulte une situation marquée au coin de ces défauts exactement comme celle de Napoléon était caractérisée par la conquête, et celle des Bourbons par le droit de la naissance. Le trône de 1830 est quelque chose d'hybride ; l'histoire se chargera de montrer sa faiblesse. Chaque fois que le roi des Français cherche à se rapprocher de la droite, elle lui ferme ses rangs ; il ne peut pas se rapprocher de la gauche sans se perdre. De cette manière, condamné à flotter entre deux réalités, la Monarchie et la République, Louis-Philippe se trouve dans le vide, car le mensonge, c'est le vide. » (*Mémoires*, 1882 ; le propos est antérieur à la mort de Metternich en 1859.)

Victor Hugo
« Ses manières étaient du vieux régime, et ses habitudes, du nouveau, mélange du noble et du bourgeois qui convenait à 1830 ; Louis-Philippe était la transition régnante. » (*Les Misérables*, 1862.)

Ernest Renan
« Le roi Louis-Philippe, malgré ses rares qualités, son admirable bon sens, sa haute et philosophique humanité, eut constamment à lutter contre la position délicate que lui créaient ses origines. » (*Questions contemporaines*, 1868.)

Charles Baudelaire
« Rappelons-nous les dernières années de la monarchie. Qu'il serait curieux de raconter dans un livre impartial les sentiments, les doctrines, la vie extérieure, la vie intime, les modes et les mœurs de la jeunesse sous le règne de Louis-Philippe ! L'esprit seul était surexcité, le cœur n'avait aucune part dans le mouvement, et la fameuse parole : enrichissez-vous, légitime et vraie en tant qu'elle implique la moralité, la niait par ce seul fait qu'elle ne l'affirmait pas. La richesse peut être une garantie de savoir et de moralité à la condition qu'elle soit bien acquise. » (*L'Art romantique*, 1869.)

Gustave Flaubert

« Il trouvait Louis-Philippe poncif, garde national, tout ce qu'il y avait de plus épicier et bonnet de coton ! Et, mettant la main sur son cœur, le bohème débita les phrases sacramentelles : "C'est toujours avec un nouveau plaisir... – La nationalité polonaise ne périra pas... – Nos grands travaux seront poursuivis... – Donnez-moi de l'argent pour ma petite famille..." Tous riaient beaucoup, le proclamant un gaillard délicieux, plein d'esprit ; la joie redoubla à la vue du bol de punch qu'un limonadier apportait. » (*L'Éducation sentimentale*, 1869.)

Émile Zola

« Ce n'est pas que je tienne à la décoration, dit Roudier à Granoux, qu'il avait entraîné dans l'embrasure d'une fenêtre. Je l'ai refusée du temps de Louis-Philippe, lorsque j'étais fournisseur de la cour. Ah ! Louis-Philippe était un bon roi, la France n'en trouvera jamais un pareil ! » (*La Fortune des Rougon*, 1871.)

Jules Vallès

« Quel chapeau ? Le gris ? Celui des *classes moyennes,* qui me fait ressembler à Louis-Philippe ? Ma mère consent à me laisser sortir avec ma casquette. » (*L'Enfant*, 1879.)

Alphonse Daudet

« Du peuple attendait, collé aux grilles, indifférent et même hostile, un peuple de fin de règne. Mon père, en apprenant que le roi va passer, bouscule, écarte tout le monde, et se met au premier rang pour voir de près, toiser, accabler de son mépris ce brigand, ce gueux de Louis-Philippe qui avait volé la place de la légitimité... Tout à coup le roi paraît, traverse la cour déserte, au milieu d'un silence de mort, un silence lourd, écrasant tout le palais, et dans lequel il semblait qu'on entendît distinctement les fusils de l'émeute s'armer et craquer les ais du trône... Louis-Philippe était déjà vieux, bien bourgeois, s'avançait vers la clôture à petits pas bedonnants son parapluie à la main. Rien du souverain, rien du maître. Mais mon père ne le vit pas ainsi ; et de penser que dans le grand palais des rois de France, tout pavé de glorieux souvenirs, le représentant de la monarchie s'en allait à travers cette effrayante solitude que fait aux princes la haine des peuples, quelque chose s'émut et se révolta en lui, il oublia toutes ses rancunes, se découvrit brusquement, instinctivement, et cria, sanglota plutôt un "Vive le roi !" si vibrant, si convaincu, que le vieillard tressaillit et le remercia d'un long regard plein d'émotion. » (*Les Rois en exil*, 1879.)

Jean Jaurès

« Pourtant la société bourgeoise commence à peine à s'apaiser et à se fixer, et déjà la pensée socialiste s'essaie. Après Babeuf, voici de 1800 à 1848, Fourier, Saint-Simon, Proudhon, Louis Blanc. Voici, sous Louis-Philippe, les soulèvements ouvriers de Lyon et de Paris. À peine la Révolution bourgeoise est-elle définitivement victorieuse, les prolétaires se demandent : d'où vient notre souffrance et quelle Révolution nouvelle faudra-t-il accomplir ? Dans le flot de la Révolution bourgeoise, d'abord bouillonnant et trouble, plus calme maintenant et plus clair, ils mirent leur pauvre visage exténué, et ils sont pris d'épouvante. Mais, avant 1848, malgré la multiplicité des systèmes socialistes et des révoltes ouvrières, la domination bourgeoise est encore intacte. La bourgeoisie ne croit pas possible que le pouvoir lui échappe et que la propriété se transforme. Elle a, sous Louis-Philippe, la force de lutter à la fois contre les nobles et les prêtres, et contre les ouvriers. Elle écrase les soulèvements légitimistes de l'Ouest, comme les révoltes prolétariennes des grandes villes affamées. Elle croit naïvement, avec l'orgueil de Guizot, qu'elle est l'aboutissement de l'histoire, qu'elle a des titres historiques et philosophiques au pouvoir définitif, qu'elle résume l'effort séculaire de la France et qu'elle est l'expression sociale de la raison. » (*Histoire socialiste*, entre 1901 et 1904.)

Jacques Bainville

« L'une des plus grandes illusions qu'on puisse avoir en politique, c'est de croire qu'on a bâti pour l'éternité. Les hommes qui avaient appelé au trône un Bourbon de la branche cadette étaient convaincus qu'ils avaient trouvé la solution idéale. Qui était le duc d'Orléans ? Le fils de Philippe-Égalité. Son père était un régicide. Lui-même avait combattu à Jemmapes. Il réconciliait dans sa personne la Révolution et l'Ancien Régime, le passé et le présent. On crut avoir touché au port. Un historien goûté des classes moyennes, Augustin Thierry, écrivit un ouvrage où il démontrait que toute l'histoire de France n'avait tendu qu'à l'avènement de cette royauté bourgeoise. » (*Histoire de France*, 1924.)

Albert Thibaudet

« Louis-Philippe, qui régit admirablement l'État, est tombé parce que, pour les Français, il ne représentait pas une idée. Il n'était que contre des idées : contre la légitimité, contre la république. » (*La République des professeurs*, 1927.)

Jean-Lucas Dubreton

« Louis-Philippe, roi des Français et non plus roi de France, ne tient son pouvoir que de la Chambre, il est son homme, sa créature. » (*Louis-Philippe*, 1938.)

Guglielmo Ferrero

« Louis-Philippe est un des grands mystères de l'histoire de la France. C'était un grand monsieur : qui pourrait le contester ? Et il avait donné à la France ce qu'elle désirait vraiment, et non pas seulement ce qu'elle disait désirer : la monarchie démocratisée, la conciliation de l'Ancien Régime et de la Révolution, la liberté et l'ordre, la prospérité et la paix : la prospérité et la paix auréolées d'un certain prestige militaire, mais sans trop de danger. La France n'en demandait pas davantage. Pourquoi un tel gouvernement est-il tombé brusquement, d'un jour à l'autre, sans une raison sérieuse, à la suite d'une agitation artificielle pour le suffrage universel, qui n'intéressait personne ? Celui qui répondra à cette question rendra un grand service à l'Europe. » (*Pouvoir*, 1942.)

François Furet

« Louis-Philippe a suivi la même route d'exil que Charles X, sans la majesté crépusculaire du cortège d'août 1830. Déguisé en bourgeois normand, dans le cabriolet d'un fermier, il n'emporte pas avec lui, en quittant la France, tant de siècles de son passé. » (*La Révolution 1814-1880*, 1988.)

Georges Bordonove

« Louis-Philippe croyait plaire en prenant un parapluie et en donnant le bras à sa femme ; il oubliait que les Français veulent sentir la grandeur dans celui qui les dirige, mais ils veulent aussi qu'il soit simple ; autrement dit, ils souhaitent la grandeur authentique et Louis-Philippe, qui la possédait, jouait au roi citoyen, au bourgeois couronné, croyant bien faire. L'âme des Français, ou leur esprit, aime d'être soulevé par un idéal. Louis-Philippe la laissa s'engluer dans le quotidien. Il déçut la jeunesse, avide de générosité et plus encore de changement. Il ne sut pas faire prévaloir quelque vaste concept propre à canaliser les énergies. Il donna l'impression de n'être qu'un gestionnaire, d'assurer en quelque sorte un intérim, d'éviter les grandes idées. Et pourtant il voulait fonder une dynastie et travaillait avec ardeur à assurer la grandeur de la France [...]. On ne lui pardonnait pas son prosaïsme et ce qu'on estimait être son manque de goût. Il allait son chemin, cachant avec soin son but secret, Louis XIV travesti en M. Jourdain pour paraître de son temps. Son malheur fut d'avoir trop bien réussi politiquement et fait confiance à Guizot. Son vieillissement rencontrait la présomption de celui-ci. Leurs deux scléroses se renforçaient. S'il avait vécu quelques années de moins ou s'il avait congédié Guizot quand il en était encore temps, on révérerait sa mémoire. » (*Louis-Philippe 1830-1848, roi des Français*, 1990.)

Guy Antonetti

« La simplicité du roi-citoyen circulant à pied dans Paris, le parapluie sous le bras, ne fut en réalité qu'une comédie démagogique jouée par un prince, grand comédien, qui était imbu de sa qualité, dont le caractère était consciemment louis-quatorzien, mais qui, par calcul politique, estimait opportun de rechercher la popularité en se composant un tel personnage. La relation de Louis-Philippe et de Louis XIV, comme sa relation avec Napoléon, fut de type œdipien, un mélange de fascination admirative et de haine jalouse : Louis XIV était tout à la fois l'ancêtre réincarné que l'on cherche à imiter en marquant son siècle comme il avait marqué le sien et l'ancêtre détesté qui avait avili le nom et la race. » (*Louis-Philippe*, 1994.)

Arnaud Teyssier
« Louis-Philippe portait avec lui un âge nouveau, celui de l'État, de la loi et de cette sorte de conception transcendante de l'intérêt général qui a fait depuis la fortune de la République [...]. Le règne de Louis-Philippe fut identifié avec la fin des héros. Le romantisme avait gagné son injuste procès contre le dernier roi des Français. » (Arnaud Teyssier, *Louis-Philippe. Le dernier roi des Français*, 2010.)

Victor Hugo

Les Misérables

Notice

Les pages qui suivent sont extraites des Misérables, *un des romans les plus célèbres de Victor Hugo, qui paraît en 1862. La rédaction de ce récit historique, social et philosophique débute en 1845, s'interrompt en 1848, avant d'être reprise en 1860, alors que le poète est en exil à Guernesey.*

Notre sélection comprend les quatre premiers chapitres du premier livre – intitulé « Quelques pages d'histoire » – qui ouvre la quatrième partie : « L'idylle rue Plumet et l'épopée rue Saint-Denis ». Toute l'action de ce tome est sous-tendue par l'émeute républicaine de 1832, dont Victor Hugo nous donne à comprendre la signification en commençant par présenter les dernières années de la Restauration et les premières de la monarchie de Juillet.

Alors qu'il est devenu républicain, le romancier trace un portrait tout en nuances de Louis-Philippe. Cette délicatesse lui vaut les remerciements du duc d'Aumale, cinquième fils du dernier roi des Français. Le grand écrivain n'oublie pas qu'il fut un intime de Louis-Philippe avec l'appui de qui il est élu à l'Académie française en 1841 et nommé pair de France en 1845.

S'il ne partage plus les idées du juste-milieu orléaniste à partir du milieu de la décennie 1840, il reconnaît toutefois plusieurs mérites de nature privée et politique à ce roi. Il est particulièrement sensible au souci du souverain d'avoir usé, le plus souvent qu'il lui était possible, de son droit de grâce. Il ne faut pas oublier que la première scène des Misérables *s'ouvre sur la rencontre de Myriel avec la guillotine et qu'un des premiers romans de Victor Hugo,* Les Derniers Jours d'un condamné *(1829), est un violent réquisitoire contre la peine de mort.*

Quatrième Partie – L'idylle rue Plumet et l'épopée rue Saint-Denis

LIVRE PREMIER – QUELQUES PAGES D'HISTOIRE

I – BIEN COUPÉ

1831 et 1832, les deux années qui se rattachent immédiatement à la révolution de juillet sont un des moments les plus particuliers et les plus frappants de l'histoire. Ces deux années au milieu de celles qui les précèdent et qui les suivent sont comme deux montagnes. Elles ont la grandeur révolutionnaire. On y distingue des précipices. Les masses sociales, les assises mêmes de la civilisation, le groupe solide des intérêts superposés et adhérents, les profils séculaires de l'antique formation française, y apparaissent et y disparaissent à chaque instant à travers les nuages orageux des systèmes, des passions et des théories. Ces apparitions et ces disparitions ont été nommées la résistance et le mouvement [1]. Par intervalles on y voit luire la vérité, ce jour de l'âme humaine.

Cette remarquable époque est assez circonscrite et commence à s'éloigner assez de nous pour qu'on puisse en saisir dès à présent les lignes principales.

Nous allons l'essayer.

La restauration avait été une de ces phases intermédiaires difficiles à définir, où il y a de la fatigue, du bourdonnement, des murmures, du sommeil, du tumulte, et qui ne sont autre chose que l'arrivée d'une grande nation à une étape. Ces époques sont singulières et trompent les politiques qui veulent les exploiter. Au début, la nation

1. La résistance et le mouvement indiquent deux sensibilités idéologiques et deux orientations politiques qui se sont opposées entre 1830 et 1832, avant que la première ne s'impose à la seconde. La résistance, dont le leader est Casimir Perier, entend conduire une politique conservatrice tant sur le plan intérieur qu'extérieur. En revanche, le mouvement, dont les figures de proue sont Jacques Laffitte et le marquis de La Fayette, insiste sur la dimension révolutionnaire des Trois Glorieuses.

ne demande que le repos ; on n'a qu'une soif, la paix ; on n'a qu'une ambition, être petit. Ce qui est la traduction de rester tranquille. Les grands événements, les grands hasards, les grandes aventures, les grands hommes. Dieu merci, on en a assez vu, on en a par-dessus la tête. On donnerait César pour Prusias [2] et Napoléon pour le roi d'Yvetot. « Quel bon petit roi c'était là [3] ! » On a marché depuis le point du jour, on est au soir d'une longue et rude journée ; on a fait le premier relais avec Mirabeau, le second avec Robespierre, le troisième avec Bonaparte, on est éreinté. Chacun demande un lit.

Les dévouements las, les héroïsmes vieillis, les ambitions repues, les fortunes faites cherchent, réclament, implorent, sollicitent, quoi ? un gîte. Ils l'ont. Ils prennent possession de la paix, de la tranquillité, du loisir ; les voilà contents. Cependant en même temps de certains faits surgissent, se font reconnaître et frappent à la porte de leur côté. Ces faits sont sortis des révolutions et des guerres, ils sont, ils vivent, ils ont droit de s'installer dans la société et ils s'y installent ; et la plupart du temps les faits sont des maréchaux des logis et des fourriers qui ne font que préparer le logement aux principes.

Alors voici ce qui apparaît aux philosophes politiques.

En même temps que les hommes fatigués demandent le repos, les faits accomplis demandent des garanties. Les garanties pour les faits c'est la même chose que le repos pour les hommes.

C'est ce que l'Angleterre demandait aux Stuarts après le protecteur [4] ; c'est ce que la France demandait aux Bourbons après l'empire.

Ces garanties sont une nécessité des temps. Il faut bien les accorder. Les princes les « octroient, » mais en réalité c'est la force des choses qui les donne. Vérité profonde et utile à savoir, dont les Stuarts ne se doutèrent pas en 1662, que les Bourbons n'entrevirent même pas en 1814.

2. Prusias II fut roi de Bithynie de 182 à 149 av. J.-C. L'historien Polybe trace de lui un portrait peu flatteur, insistant sur sa lâcheté, son manque d'audace et son caractère efféminé. Attention de ne pas le confondre avec le roi Prusias I de la tragédie *Nicomède* de Corneille.

3. Chanson de mai 1813 de Pierre-Jean de Béranger dont Hugo cite le refrain. Figure d'un roi aux ambitions modestes.

4. Le protecteur désigne Olivier Cromwell (1599-1658).

La famille prédestinée qui revint en France quand Napoléon s'écroula, eut la simplicité fatale de croire que c'était elle qui donnait, et que ce qu'elle avait donné elle pouvait le reprendre ; que la maison de Bourbon possédait le droit divin, que la France ne possédait rien ; et que le droit politique concédé dans la charte de Louis XVIII n'était autre chose qu'une branche du droit divin, détachée par la maison de Bourbon et gracieusement [5] donnée au peuple jusqu'au jour où il plairait au roi de s'en ressaisir. Cependant, au déplaisir que le don lui faisait, la maison de Bourbon aurait dû sentir qu'il ne venait pas d'elle.

Elle fut hargneuse au dix-neuvième siècle. Elle fit mauvaise mine à chaque épanouissement de la nation. Pour nous servir du mot trivial, c'est-à-dire populaire et vrai, elle rechigna. Le peuple le vit.

Elle crut qu'elle avait de la force parce que l'empire avait été emporté devant elle comme un châssis de théâtre. Elle ne s'aperçut pas qu'elle avait été apportée elle-même de la même façon. Elle ne vit pas qu'elle aussi était dans cette main qui avait ôté de là Napoléon.

Elle crut qu'elle avait des racines parce qu'elle était le passé. Elle se trompait ; elle faisait partie du passé, mais tout le passé c'était la France. Les racines de la société française n'étaient point dans les Bourbons, mais dans la nation. Ces obscures et vivaces racines ne constituaient point le droit d'une famille, mais l'histoire d'un peuple. Elles étaient partout, excepté sous le trône.

La maison de Bourbon était pour la France le nœud illustre et sanglant de son histoire, mais n'était plus l'élément principal de sa destinée et la base nécessaire de sa politique. On pouvait se passer des Bourbons ; on s'en était passé vingt-deux ans ; il y avait eu solution de continuité ; ils ne s'en doutaient pas. Et comment s'en seraient-ils doutés, eux qui se figuraient que Louis XVII régnait le 9 thermidor et que Louis XVIII régnait le jour de Marengo ? Jamais, depuis l'origine de l'histoire, les princes n'avaient été si aveugles en présence des faits et de la portion d'autorité divine que les faits contiennent et promulguent. Jamais cette prétention d'en bas qu'on appelle le droit des rois n'avait nié à ce point le droit d'en haut.

5. Référence au caractère octroyé de la Charte de 1814 qui est rappelé dans son préambule.

Erreur capitale qui amena cette famille à remettre la main sur les garanties « octroyées » en 1814, sur les concessions, comme elle les qualifiait. Chose triste ! ce qu'elle nommait ses concessions, c'étaient nos conquêtes ; ce qu'elle appelait nos empiétements, c'étaient nos droits.

Lorsque l'heure lui sembla venue, la restauration, se supposant victorieuse de Bonaparte et enracinée dans le pays, c'est-à-dire se croyant forte et se croyant profonde, prit brusquement son parti et risqua son coup. Un matin elle se dressa en face de la France, et, élevant la voix, elle contesta le titre collectif et le titre individuel, à la nation la souveraineté, au citoyen la liberté. En d'autres termes, elle nia à la nation ce qui la faisait nation et au citoyen ce qui le faisait citoyen.

C'est là le fond de ces actes fameux qu'on appelle les ordonnances de juillet.

La restauration tomba.

Elle tomba justement. Cependant, disons-le, elle n'avait pas été absolument hostile à toutes les formes du progrès. De grandes choses s'étaient faites, elle étant à côté.

Sous la restauration la nation s'était habituée à la discussion dans le calme, ce qui avait manqué à la république, et à la grandeur dans la paix, ce qui avait manqué à l'empire. La France libre et forte avait été un spectacle encourageant pour les autres peuples de l'Europe. La révolution avait eu la parole sous Robespierre ; le canon avait eu la parole sous Bonaparte ; c'est sous Louis XVIII et Charles X que vint le tour de parole de l'intelligence. Le vent cessa, le flambeau se ralluma. On vit frissonner sur les cimes sereines la pure lumière des esprits. Spectacle magnifique, utile et charmant. On vit travailler pendant quinze ans, en pleine paix, en pleine place publique, ces grands principes, si vieux pour le penseur, si nouveaux pour l'homme d'État : l'égalité devant la loi, la liberté de la conscience, la liberté de la parole, la liberté de la presse, l'accessibilité de toutes les aptitudes à toutes les fonctions. Cela alla ainsi jusqu'en 1830. Les Bourbons furent un instrument de civilisation qui cassa dans les mains de la Providence.

La chute des Bourbons fut pleine de grandeur, non de leur côté, mais du côté de la nation. Eux quittèrent le trône avec gravité, mais sans autorité ; leur descente dans la nuit ne fut pas une de ces disparitions solennelles qui laissent une sombre émotion à l'histoire ; ce ne fut ni le calme spectral de Charles Ier [6], ni le cri d'aigle de Napoléon. Ils s'en allèrent, voilà tout. Ils déposèrent la couronne et ne gardèrent pas d'auréole. Ils furent dignes, mais ils ne furent pas augustes. Ils manquèrent dans une certaine mesure à la majesté de leur malheur. Charles X, pendant le voyage de Cherbourg, faisant couper une table ronde en table carrée, parut plus soucieux de l'étiquette en péril que de la monarchie croulante. Cette diminution attrista les hommes dévoués qui aimaient leurs personnes et les hommes sérieux qui honoraient leur race. Le peuple, lui, fut admirable. La nation attaquée un matin à main armée par une sorte d'insurrection royale, se sentit tant de force qu'elle n'eut pas de colère. Elle se défendit, se contint, remit les choses à leur place, le gouvernement dans la loi, les Bourbons dans l'exil, hélas ! et s'arrêta. Elle prit le vieux roi Charles X sous ce dais qui avait abrité Louis XIV, et le posa à terre doucement. Elle ne toucha aux personnes royales qu'avec tristesse et précaution. Ce ne fut pas un homme, ce ne furent pas quelques hommes, ce fut la France, la France entière, la France victorieuse et enivrée de sa victoire, qui sembla se rappeler et qui pratiqua aux yeux du monde entier ces graves paroles de Guillaume du Vair [7] après la journée des barricades : — « Il est aysé à ceux qui ont accoutumé d'effleurer les faveurs des grands et saulter, comme un oiseau de branche en branche, d'une fortune affligée à une florissante, de se montrer hardis contre leur prince en son adversité ; mais pour moy la fortune de mes roys me sera toujours vénérable, et principalement des affligés. »

Les Bourbons emportèrent le respect, mais non le regret. Comme nous venons de le dire, leur malheur fut plus grand qu'eux. Ils s'effacèrent à l'horizon.

6. Charles Ier, roi d'Angleterre, d'Écosse et d'Irlande de 1625 à 1649. Décapité à la hache devant le palais de Whitehall de Londres, une anecdote rapporte qu'il s'habilla de plusieurs couches de vêtements avant son exécution afin de ne pas trembler de froid, ce qui aurait été perçu comme de la peur.

7. Guillaume de Vair : prélat, homme politique et écrivain français (1556-1621). Garde des sceaux de Louis XIII. La citation fait référence à la révolte de la Ligue contre Henri III au printemps 1588.

La révolution de juillet eut tout de suite des amis et des ennemis dans le monde entier. Les uns se précipitèrent vers elle avec enthousiasme et joie, les autres s'en détournèrent, chacun selon sa nature. Les princes de l'Europe, au premier moment, hiboux de cette aube, fermèrent les yeux, blessés et stupéfaits, et ne les rouvrirent que pour menacer. Effroi qui se comprend, colère qui s'excuse. Cette étrange révolution avait à peine été un choc ; elle n'avait pas même fait à la royauté vaincue l'honneur de la traiter en ennemie et de verser son sang. Aux yeux des gouvernements despotiques toujours intéressés à ce que la liberté se calomnie elle-même, la révolution de juillet avait le tort d'être formidable et de rester douce. Rien du reste ne fut tenté ni machiné contre elle. Les plus mécontents, les plus irrités, les plus frémissants, la saluaient ; quels que soient nos égoïsmes et nos rancunes, un respect mystérieux sort des événements dans lesquels on sent la collaboration de quelqu'un qui travaille plus haut que l'homme.

La révolution de juillet est le triomphe du droit terrassant le fait. Chose pleine de splendeur.

Le droit terrassant le fait. De là l'éclat de la révolution de 1830, de là sa mansuétude aussi. Le droit qui triomphe n'a nul besoin d'être violent.

Le droit, c'est le juste et le vrai.

Le propre du droit, c'est de rester éternellement beau et pur. Le fait, même le plus nécessaire en apparence, même le mieux accepté des contemporains, s'il n'existe que comme fait et s'il ne contient que trop peu de droit ou point du tout de droit, est destiné infailliblement à devenir, avec la durée du temps, difforme, immonde, peut-être même monstrueux. Si l'on veut constater d'un coup à quel degré de laideur le fait peut arriver, vu à la distance des siècles, qu'on regarde Machiavel. Machiavel, ce n'est point un mauvais génie, ni un démon, ni un écrivain lâche et misérable ; ce n'est rien que le fait. Et ce n'est pas seulement le fait italien, c'est le fait européen, le fait du seizième siècle. Il semble hideux, et il l'est, en présence de l'idée morale du dix-neuvième.

Cette lutte du droit et du fait dure depuis l'origine des sociétés. Terminer le duel, amalgamer l'idée pure avec la réalité humaine, faire pénétrer pacifiquement le droit dans le fait et le fait dans le droit, voilà le travail des sages.

II – MAL COUSU

Mais autre est le travail des sages, autre est le travail des habiles.

La révolution de 1830 s'était vite arrêtée.

Sitôt qu'une révolution a fait côte, les habiles dépècent l'échouement.

Les habiles, dans notre siècle, se sont décerné à eux-mêmes la qualification d'hommes d'État ; si bien que ce mot, homme d'État, a fini par être un peu un mot d'argot. Qu'on ne l'oublie pas en effet, là où il n'y a qu'habileté, il y a nécessairement petitesse. Dire : les habiles, cela revient à dire : les médiocres.

De même que dire : les hommes d'État, cela équivaut quelquefois à dire : les traîtres.

A en croire les habiles donc, les révolutions comme la révolution de juillet sont des artères coupées ; il faut une prompte ligature. Le droit, trop grandement proclamé, ébranle. Aussi, une fois le droit affirmé, il faut raffermir l'État. La liberté assurée, il faut songer au pouvoir.

Ici les sages ne se séparent pas encore des habiles, mais ils commencent à se défier. Le pouvoir, soit. Mais, premièrement, qu'est-ce que le pouvoir ? deuxièmement, d'où vient-il ?

Les habiles semblent ne pas entendre l'objection murmurée, et ils continuent leur manœuvre.

Selon ces politiques, ingénieux à mettre aux fictions profitables un masque de nécessité, le premier besoin d'un peuple après une révolution, quand ce peuple fait partie d'un continent monarchique, c'est de se procurer une dynastie. De cette façon, disent-ils, il peut avoir la paix après sa révolution, c'est-à-dire le temps de panser ses plaies et de réparer sa maison. La dynastie cache l'échafaudage et couvre l'ambulance.

Or, il n'est pas toujours facile de se procurer une dynastie.

À la rigueur, le premier homme de génie ou même le premier homme de fortune venu suffit pour faire un roi. Vous avez dans le premier cas Bonaparte et dans le second Iturbide [8].

Mais la première famille venue ne suffit pas pour faire une dynastie. Il y a nécessairement une certaine quantité d'ancienneté dans une race, et la ride des siècles ne s'improvise pas.

Si l'on se place au point de vue des « hommes d'État, » sous toutes réserves bien entendu, après une révolution, quelles sont les qualités du roi qui en sort ? Il peut être et il est utile qu'il soit révolutionnaire, c'est-à-dire participant de sa personne à cette révolution, qu'il y ait mis la main, qu'il s'y soit compromis ou illustré, qu'il en ait touché la hache ou manié l'épée.

Quelles sont les qualités d'une dynastie ? Elle doit être nationale, c'est-à-dire révolutionnaire à distance, non par des actes commis, mais par les idées acceptées. Elle doit se composer de passé et être historique, se composer d'avenir et être sympathique.

Tout ceci explique pourquoi les premières révolutions se contentent de trouver un homme, Cromwell ou Napoléon ; et pourquoi les deuxièmes veulent absolument trouver une famille, la maison de Brunswick [9] ou la maison d'Orléans.

Les maisons royales ressemblent à ces figuiers de l'Inde dont chaque rameau, en se courbant jusqu'à terre, y prend racine et devient un figuier. Chaque branche peut devenir une dynastie. A la seule condition de se courber jusqu'au peuple.

Telle est la théorie des habiles.

Voici donc le grand art : faire un peu rendre à un succès le son d'une catastrophe afin que ceux qui en profitent en tremblent aussi, assaisonner de peur un pas de fait, augmenter la courbe de la transition jusqu'au ralentissement du progrès, affadir cette œuvre, dénoncer et retrancher les âpretés de l'enthousiasme, couper les angles et

8. Iturbide : militaire mexicain (1783-1824) qui est proclamé empereur du Mexique en 1822 sous le nom d'Augustin Ier. Il est fusillé à Padilla.

9. Vieille dynastie allemande fondée au IXe siècle, dont l'une des branches, la maison de Hanovre, accède au trône d'Angleterre en 1714 avec George Ier.

les ongles, ouater le triomphe, emmitoufler le droit, envelopper le géant-peuple de flanelle et le coucher bien vite, imposer la diète à cet excès de santé, mettre Hercule en traitement de convalescence, délayer l'événement dans l'expédient, offrir aux esprits altérés d'idéal ce nectar étendu de tisane, prendre ses précautions contre le trop de réussite, garnir la révolution d'un abat-jour.

1830 pratiqua cette théorie, déjà appliquée à l'Angleterre par 1688[10].

1830 est une révolution arrêtée à mi-côte. Moitié de progrès ; quasi droit. Or la logique ignore l'à peu près, absolument comme le soleil ignore la chandelle.

Qui arrête les révolutions à mi-côte ? La bourgeoisie.

Pourquoi ?

Parce que la bourgeoisie est l'intérêt arrivé à satisfaction. Hier c'était l'appétit, aujourd'hui c'est la plénitude, demain ce sera la satiété.

Le phénomène de 1814 après Napoléon se reproduisit en 1830 après Charles X.

On a voulu, à tort, faire de la bourgeoisie une classe. La bourgeoisie est tout simplement la portion contentée du peuple. Le bourgeois, c'est l'homme qui a maintenant le temps de s'asseoir. Une chaise n'est pas une caste.

Mais, pour vouloir s'asseoir trop tôt, on peut arrêter la marche même du genre humain. Cela a été souvent la faute de la bourgeoisie.

On n'est pas une classe parce qu'on fait une faute. L'égoïsme n'est pas une des divisions de l'ordre social.

Du reste, il faut être juste même envers l'égoïsme, l'état auquel aspirait, après la secousse de 1830, cette partie de la nation qu'on nomme la bourgeoisie, ce n'était pas l'inertie, qui se complique d'indifférence et de paresse et qui contient un peu de honte, ce n'était pas le sommeil, qui suppose un oubli momentané accessible aux songes ; c'était la halte.

---

10. Date de la *Glorious Revolution*, qui met fin au règne des Stuarts en Angleterre avec l'accession au trône de Guillaume III Orange-Nassau.

La halte est un mot formé d'un double sens singulier et presque contradictoire : troupe en marche, c'est-à-dire mouvement ; station, c'est-à-dire repos.

La halte c'est la réparation des forces ; c'est le repos armé et éveillé ; c'est le fait accompli qui pose des sentinelles et se tient sur ses gardes. La halte suppose le combat hier et le combat demain.

C'est l'entre-deux de 1830 et de 1848.

Ce que nous appelons ici combat peut aussi s'appeler progrès.

Il fallait donc à la bourgeoisie, comme aux hommes d'État, un homme qui exprimât ce mot : Halte. Un Quoique Parce que [11]. Une individualité composite, signifiant révolution et signifiant stabilité, en d'autres termes affermissant le présent par la compatibilité évidente du passé avec l'avenir.

Cet homme était « tout trouvé. » Il s'appelait Louis-Philippe d'Orléans.

Les 221 firent Louis-Philippe roi. La Fayette se chargea du sacre. Il le nomma *la meilleure des républiques.* L'hôtel de ville de Paris remplaça la cathédrale de Reims [12].

Cette substitution d'un demi-trône au trône complet fut « l'œuvre de 1830. »

Quand les habiles eurent fini, le vice immense de leur solution apparut. Tout cela était fait en dehors du droit absolu. Le droit absolu cria : Je proteste ! puis, chose redoutable, il rentra dans l'ombre.

III – LOUIS-PHILIPPE

Les révolutions ont le bras terrible et la main heureuse ; elles frappent ferme et choisissent bien. Même incomplètes, même abâtardies et mâtinées, et réduites a l'état de révolution cadette, comme

11. « *Quoique* Bourbon et *parce que* Bourbon. » Cette formule est appliquée à Louis-Philippe par ses contemporains.

12. Le 31 juillet 1830, La Fayette reçoit Louis-Philippe à l'Hôtel de Ville de Paris et il lui donne l'accolade : « Le baiser républicain de La Fayette a fait un roi » (Chateaubriand). Dans la cathédrale de Reims, les rois de France recevaient le saint-chrême. Hugo a assisté à la cérémonie du sacre de Charles X dans cette cathédrale le 29 mai 1825.

la révolution de 1830, il leur reste presque toujours assez de lucidité providentielle pour qu'elles ne puissent mal tomber. Leur éclipse n'est jamais une abdication.

Pourtant, ne nous vantons pas trop haut ; les révolutions, elles aussi, se trompent, et de graves méprises se sont vues.

Revenons à 1830. 1830, dans sa déviation, eut du bonheur. Dans l'établissement qui s'appela l'ordre après la révolution coupée court, le roi valait mieux que la royauté. Louis-Philippe était un homme rare.

Fils d'un père [13] auquel l'histoire accordera certainement les circonstances atténuantes, mais aussi digne d'estime que ce père avait été digne de blâme ; ayant toutes les vertus privées et plusieurs des vertus publiques ; soigneux de sa santé, de sa fortune, de sa personne, de ses affaires, connaissant le prix d'une minute et pas toujours le prix d'une année ; sobre, serein, paisible, patient ; bonhomme et bon prince ; couchant avec sa femme, et ayant dans son palais des laquais chargés de faire voir le lit conjugal aux bourgeois, ostentation d'alcôve régulière devenue utile après les anciens étalages illégitimes de la branche aînée ; sachant toutes les langues de l'Europe et, ce qui est plus rare, tous les langages de tous les intérêts, et les parlant ; admirable représentant de « la classe moyenne [14], » mais la dépassant, et de toutes les façons plus grand qu'elle ; ayant l'excellent esprit, tout en appréciant le sang dont il sortait, de se compter surtout pour sa valeur intrinsèque, et, sur la question même de sa race, très-particulier, se déclarant Orléans et non Bourbon ; très-premier prince du sang tant qu'il n'avait été qu'altesse sérénissime, mais franc bourgeois le jour où il fut majesté ; diffus en public, concis dans l'intimité ; avare signalé, mais non prouvé ; au fond, un de ces économes aisément prodigues pour leur fantaisie ou leur devoir ; lettré, et peu sensible aux lettres ; gentilhomme, mais non chevalier ; simple, calme et fort ; adoré de sa famille et de sa maison ; causeur séduisant, homme d'État désabusé, intérieurement froid, dominé par l'intérêt immédiat, gouvernant toujours

13. Il s'agit du duc d'Orléans, né en 1747 et mort guillotiné en 1793, passé à la postérité sous le nom de Philippe-Égalité.

14. Terme fréquent sous la plume des historiens du moment pour désigner ce que nous appellerions aujourd'hui la bourgeoisie.

au plus près, incapable de rancune et de reconnaissance, usant sans pitié les supériorités sur les médiocrités, habile à faire donner tort par les majorités parlementaires à ces unanimités mystérieuses qui grondent sourdement sous les trônes ; expansif, parfois imprudent dans son expansion, mais d'une merveilleuse adresse dans cette imprudence ; fertile en expédients, en visages, en masques ; faisant peur à la France de l'Europe et à l'Europe de la France ; aimant incontestablement son pays, mais préférant sa famille ; prisant plus la domination que l'autorité et l'autorité que la dignité, disposition qui a cela de funeste que, tournant tout au succès, elle admet la ruse et ne répudie pas absolument la bassesse, mais qui a cela de profitable qu'elle préserve la politique des chocs violents, l'État des fractures et la société des catastrophes ; minutieux, correct, vigilant, attentif, sagace, infatigable ; se contredisant quelquefois, et se démentant ; hardi contre l'Autriche à Ancône [15], opiniâtre contre l'Angleterre en Espagne, bombardant Anvers [16] et payant Pritchard [17] ; chantant avec conviction la Marseillaise ; inaccessible à l'abattement, aux lassitudes, au goût du beau et de l'idéal, aux générosités téméraires, à l'utopie, à la chimère, à la colère, à la vanité, à la crainte ; ayant toutes les formes de l'intrépidité personnelle ; général à Valmy, soldat à Jemmapes ; tâté huit fois par le régicide, et toujours souriant ; brave comme un grenadier, courageux comme un penseur ; inquiet seulement devant les chances d'un ébranlement européen, et impropre aux grandes aventures politiques ; toujours prêt à risquer sa vie, jamais son œuvre ; déguisant sa volonté en influence afin d'être plutôt obéi comme intelligence que comme roi ; doué d'observation et non de divination ; peu attentif aux esprits, mais se connaissant en hommes, c'est-à-dire ayant besoin de voir pour juger ; bon sens prompt et pénétrant, sagesse pratique, parole facile, mémoire prodigieuse ; puisant sans cesse dans cette mémoire, son unique point de

---

15. La France, qui veut s'imposer gardienne de la souveraineté temporelle de la papauté, au même titre que l'Autriche, occupe la forteresse d'Ancône de 1832 à 1838.

16. Conjointement avec l'Angleterre, l'armée française fait le siège d'Anvers, durant l'hiver 1832, pour en déloger les Hollandais qui refusent l'indépendance de la Belgique.

17. Georges Pritchard (1796-1883) est un missionnaire protestant anglais qui suggère, en 1839 à Palmerston, de faire de Tahiti un protectorat anglais afin d'y mettre fin à l'influence des missionnaires catholiques. En novembre 1843, la France annexe l'île et expulse Pritchard de l'île. Ce dernier se plaint à Londres, obligeant Louis-Philippe à lui verser une indemnité pour la spoliation de ses biens, à faire ses excuses au gouvernement anglais et à renoncer à l'annexion de Tahiti pour en faire un simple protectorat.

ressemblance avec César, Alexandre et Napoléon ; sachant les faits, les détails, les dates, les noms propres, ignorant les tendances, les passions, les génies divers de la foule, les aspirations intérieures, les soulèvements cachés et obscurs des âmes, en un mot, tout ce qu'on pourrait appeler les courants invisibles des consciences ; accepté par la surface, mais peu d'accord avec la France de dessous ; s'en tirant par la finesse ; gouvernant trop et ne régnant pas assez ; son premier ministre à lui-même ; excellant à faire de la petitesse des réalités un obstacle à l'immensité des idées ; mêlant à une vraie faculté créatrice de civilisation, d'ordre et d'organisation, on ne sait quel esprit de procédure et de chicane ; fondateur et procureur d'une dynastie ; ayant quelque chose de Charlemagne et quelque chose d'un avoué ; en somme, figure haute et originale, prince qui sut faire du pouvoir malgré l'inquiétude de la France, et de la puissance malgré la jalousie de l'Europe, Louis-Philippe sera classé parmi les hommes éminents de son siècle, et serait rangé parmi les gouvernants les plus illustres de l'histoire, s'il eût un peu aimé la gloire et s'il eût eu le sentiment de ce qui est grand au même degré que le sentiment de ce qui est utile.

Louis-Philippe avait été beau, et, vieilli, était resté gracieux ; pas toujours agréé de la nation, il l'était toujours de la foule ; il plaisait. Il avait ce don, le charme. La majesté lui faisait défaut ; il ne portait ni la couronne, quoique roi, ni les cheveux blancs, quoique vieillard. Ses manières étaient du vieux régime et ses habitudes du nouveau, mélange du noble et du bourgeois qui convenait à 1830 ; Louis-Philippe était la transition régnante ; il avait conservé l'ancienne prononciation et l'ancienne orthographe qu'il mettait au service des opinions modernes ; il aimait la Pologne et la Hongrie, mais il écrivait *les polonois* et prononçait *les hongrais*. Il portait l'habit de la garde nationale comme Charles X, et le cordon de la Légion d'honneur comme Napoléon.

Il allait peu à la chapelle, point à la chasse, jamais à l'Opéra. Incorruptible aux sacristains, aux valets de chiens et aux danseuses ; cela entrait dans sa popularité bourgeoise. Il n'avait point de cour. Il sortait avec son parapluie sous son bras, et ce parapluie a longtemps fait partie de son auréole. Il était un peu maçon, un peu jardinier et un peu médecin ; il saignait un postillon tombé de cheval ; Louis-

Philippe n'allait pas plus sans sa lancette que Henri III sans son poignard. Les royalistes raillaient ce roi ridicule, le premier qui ait versé le sang pour guérir.

Dans les griefs de l'histoire contre Louis-Philippe, il y a une défalcation à faire ; il y a ce qui accuse la royauté, ce qui accuse le règne, et ce qui accuse le roi ; trois colonnes qui donnent chacune un total différent. Le droit démocratique confisqué, le progrès devenu le deuxième intérêt, les protestations de la rue réprimées violemment, l'exécution militaire des insurrections, l'émeute passée par les armes, la rue Transnonain [18], les conseils de guerre, l'absorption du pays réel par le pays légal, le gouvernement de compte à demi avec trois cent mille privilégiés, sont le fait de la royauté ; la Belgique refusée, l'Algérie trop durement conquise, et, comme l'Inde par les anglais, avec plus de barbarie que de civilisation, le manque de foi à Abdel-Kader, Blaye [19], Deutz [20] acheté, Pritchard payé, sont le fait du règne ; la politique plus familiale que nationale est le fait du roi.

Comme on voit, le décompte opéré, la charge du roi s'amoindrit.

Sa grande faute, la voici : Il a été modeste au nom de la France.

D'où vient cette faute ?

Disons-le.

Louis-Philippe a été un roi trop père ; cette incubation d'une famille qu'on veut faire éclore dynastie a peur de tout et n'entend pas être dérangée ; de là des timidités excessives, importunes au peuple qui a le 14 juillet dans sa tradition civile et Austerlitz dans sa tradition militaire.

Du reste, si l'on fait abstraction des devoirs publics, qui veulent être remplis les premiers, cette profonde tendresse de Louis-Philippe pour sa famille, la famille la méritait. Ce groupe domestique était admirable. Les vertus y coudoyaient les talents. Une des filles de

---

18. Massacre du 13 avril 1834 par la troupe de tous les occupants d'une maison – y compris les femmes et les enfants – d'où avaient été tirés des coups de feu.

19. Dans la citadelle de Blaye est incarcérée, pour quelques mois en 1832 et 1833, la duchesse de Berry, après sa tentative avortée de coup d'État pour placer son fils, le duc de Bordeaux, sur le trône de France.

20. Juif converti au catholicisme, Simon Deutz (1801-1844) est recommandé par le pape Grégoire XVI à la duchesse de Berry, dont il devient l'homme de confiance. Contre la somme de 500 000 francs, il livre à Thiers la cachette de la duchesse à Berry. Cette trahison provoque des réactions antisémites.

Louis-Philippe, Marie d'Orléans [21], mettait le nom de sa race parmi les artistes comme Charles d'Orléans [22] l'avait mis parmi les poëtes. Elle avait fait de son âme un marbre qu'elle avait nommé Jeanne d'Arc. Deux des fils de Louis-Philippe avaient arraché à Metternich cet éloge démagogique : *Ce sont des jeunes gens comme on n'en voit guère et des princes comme on n'en voit pas.*

Voilà, sans rien dissimuler, mais aussi sans rien aggraver, le vrai sur Louis-Philippe.

Être le prince égalité, porter en la contradiction de la restauration et de la révolution, avoir ce côté inquiétant du révolutionnaire qui devient rassurant dans le gouvernant, ce fut là la fortune de Louis-Philippe en 1830 ; jamais il n'y eut adaptation plus complète d'un homme à un événement ; l'un entra dans l'autre, et l'incarnation se fit. Louis-Philippe, c'est 1850 fait homme. De plus il avait pour lui cette grande désignation au trône, l'exil. Il avait été proscrit, errant, pauvre. Il avait vécu de son travail. En Suisse, cet apanagiste [23] des plus riches domaines princiers de France avait vendu un vieux cheval pour manger. A Reichenau il avait donné des leçons de mathématiques pendant que sa sœur Adélaïde faisait de la broderie et cousait. Ces souvenirs mêlés à un roi enthousiasmaient la bourgeoisie. Il avait démoli de ses propres mains la dernière cage de fer du Mont-Saint-Michel [24], bâtie par Louis XI et utilisée par Louis XV. C'était le compagnon de Dumouriez [25], c'était l'ami de La Fayette ; il avait été du club des jacobins ; Mirabeau lui avait frappé sur l'épaule ; Danton lui avait dit : Jeune homme ! A vingt-quatre ans, en 93, étant M. de Chartres, du fond d'une logette obscure de la Convention, il avait assisté au procès de Louis XVI, si bien nommé *ce pauvre tyran*. La clairvoyance aveugle de la révolution, brisant la royauté

21. Marie d'Orléans, fille cadette (1813-1839) de Louis-Philippe. Sculptrice de talent. On lui doit, entre autres œuvres, une statue de Jeanne d'Arc aujourd'hui installée devant l'hôtel de ville d'Orléans.

22. Charles d'Orléans, prince et poète français (1394-1465).

23. Possesseur d'un apanage, c'est-à-dire d'un fief concédé sur le domaine royal.

24. En 1472, le Mont-Saint-Michel devient une prison. Louis XI y enferme ses opposants dans ses fameuses cages de fer. Cette « Bastille des mers » est supprimée en 1863.

25. Charles-François du Perier, dit Dumouriez (1739-1823), est ministre de la Guerre en mars 1792 avant de recevoir le commandement de l'armée du Nord. Il remporte avec Kellermann la célèbre victoire de Valmy puis celle de Jemmappes. Battu par les Autrichiens à Neerwinden, le 18 mars 1793, il tente de marcher sur Paris pour renverser la Convention. Après son échec, il passe à l'ennemi et termine ses jours en Angleterre.

dans le roi et le roi avec la royauté, sans presque remarquer l'homme dans le farouche écrasement de l'idée, le vaste orage de l'assemblée-tribunal, la colère publique interrogeant, Capet ne sachant que répondre, l'effrayante vacillation stupéfaite de cette tête royale sous ce souffle sombre, l'innocence relative de tous dans cette catastrophe, de ceux qui condamnaient comme de celui qui était condamné, il avait regarde ces choses, il avait contemplé ces vertiges ; il avait vu les siècles comparaître à la barre de la Convention ; il avait vu, derrière Louis XVI, cet infortuné passant responsable, se dresser dans les ténèbres la formidable accusée, la monarchie ; et il lui était resté dans l'âme l'épouvante respectueuse de ces immenses justices du peuple presque aussi impersonnelles que la justice de Dieu.

La trace que la révolution avait laissée en lui était prodigieuse. Son souvenir était comme une empreinte vivante de ces grandes années minute par minute. Un jour, devant un témoin [26] dont il nous est impossible de douter, il rectifia de mémoire toute la lettre A de la liste alphabétique de l'Assemblée constituante.

Louis-Philippe a été un roi de plein jour. Lui régnant, la presse a été libre, la tribune a été libre, la conscience et la parole ont été libres. Les lois de septembre [27] sont à claire-voie. Bien que sachant le pouvoir rongeur de la lumière sur les privilèges, il a laissé son trône exposé à la lumière. L'histoire lui tiendra compte de cette loyauté.

Louis-Philippe, comme tous les hommes historiques sortis de scène, est aujourd'hui mis en jugement par la conscience humaine. Son procès n'est encore qu'en première instance.

L'heure où l'histoire parle avec son accent vénérable et libre n'a pas encore sonné pour lui ; le moment n'est pas venu de prononcer sur ce roi le jugement définitif ; l'austère et illustre historien Louis Blanc [28] a lui-même récemment adouci son premier verdict ; Louis-Philippe a été l'élu de ces deux à peu près qu'on appelle les 221 et 1830, c'est-à-dire d'un demi-parlement et d'une demi-révolution ; et dans tous les cas, au point de vue supérieur où doit se placer la

26. Le témoin est Victor Hugo en personne, qui évoque aussi cette anecdote dans *Choses vues*.

27. Lois promulguées en 1835 muselant la presse et la justice.

28. Louis Blanc, journaliste et historien français républicain et socialiste (1811-1882). On lui doit deux ouvrages célèbres : *L'Organisation du travail* (1839) et *Histoire de dix ans, 1830-1840* (1840).

philosophie, nous ne pourrions le juger ici, comme on a pu l'entrevoir plus haut, qu'avec de certaines réserves au nom du principe démocratique absolu ; aux yeux de l'absolu, en dehors de ces deux droits : le droit de l'homme d'abord, le droit du peuple ensuite, tout est usurpation ; mais ce que nous pouvons dire dès à présent, ces réserves faites, c'est que, somme toute et de quelque façon qu'on le considère, Louis-Philippe, pris en lui-même, et au point de vue de la bonté humaine, demeurera, pour nous servir du vieux langage de l'ancienne histoire, un des meilleurs princes qui aient passé sur un trône.

Qu'a-t-il contre lui ? Ce trône. Otez de Louis-Philippe le roi, il reste l'homme. Et l'homme est bon. Il est bon parfois jusqu'à être admirable. Souvent, au milieu des plus graves soucis, après une journée de lutte contre toute la diplomatie du continent, il rentrait le soir dans son appartement, et là, épuisé de fatigue, accablé de sommeil, que faisait-il ? Il prenait un dossier, et il passait sa nuit à réviser un procès criminel, trouvant que c'était quelque chose de tenir tête à l'Europe, mais que c'était une plus grande affaire encore d'arracher un homme au bourreau. Il s'opiniâtrait contre son garde des sceaux ; il disputait pied à pied le terrain de la guillotine aux procureurs généraux, *ces bavards de la loi*, comme il les appelait. Quelquefois les dossiers empilés couvraient sa table ; il les examinait tous ; c'était une angoisse pour lui d'abandonner ces misérables têtes condamnées. Un jour il disait au même témoin que nous avons indiqué tout à l'heure : *Cette nuit, j'en ai gagné sept.* Pendant les premières années de son règne, la peine de mort fut comme abolie, et l'échafaud relevé fut une violence faite au roi. La Grève [29] ayant disparu avec la branche aînée, une Grève bourgeoise fut instituée sous le nom de Barrière Saint-Jacques ; les « hommes pratiques » sentirent le besoin d'une guillotine quasi légitime ; et ce fut là une des victoires de Casimir Perier, qui représentait les côtés étroits de la bourgeoisie, sur Louis-Philippe, qui en représentait les côtés libéraux. Louis-Philippe avait annoté de sa main Beccaria. Après la machine Fieschi, il s'écriait : *Quel dommage que je n'aie pas été blessé ! J'aurais pu faire grâce.* Une

29. La place de Grève (depuis 1803, place de l'Hôtel-de-Ville) sert aux exécutions et aux supplices publics. C'est sur cette place que la guillotine est utilisée pour la première fois, le 25 mai 1792. En 1832, la guillotine est transférée à la barrière de Saint-Jacques, sur l'emplacement actuel de la station de métro Saint-Jacques.

autre fois, faisant allusion aux résistances de ses ministres, il écrivait à propos d'un condamné politique [30] qui est une des plus généreuses figures de notre temps : *Sa grâce est accordée, il ne me reste plus qu'à l'obtenir.* Louis-Philippe était doux comme Louis IX et bon comme Henri IV.

Or, pour nous, dans l'histoire où la bonté est la perle rare, qui a été bon passe presque avant qui a été grand.

Louis-Philippe ayant été apprécié sévèrement par les uns, durement peut-être par les autres, il est tout simple qu'un homme, fantôme lui-même aujourd'hui, qui a connu ce roi, vienne déposer pour lui devant l'histoire ; cette déposition, quelle qu'elle soit, est évidemment et avant tout désintéressée ; une épitaphe écrite par un mort est sincère ; une ombre peut consoler une autre ombre ; le partage des mêmes ténèbres donne le droit de louange ; et il est peu à craindre qu'on dise jamais de deux tombeaux clans l'exil : Celui-ci a flatté l'autre.

IV – Lézardes sous la fondation

Au moment où le drame que nous racontons va pénétrer dans l'épaisseur d'un des nuages tragiques qui couvrent les commencements du règne de Louis-Philippe, il ne fallait pas d'équivoque, et il était nécessaire que ce livre s'expliquât sur ce roi.

Louis-Philippe était entré dans l'autorité royale sans violence, sans action directe de sa part, par le fait d'un virement révolutionnaire, évidemment fort distinct du but réel de la révolution, mais dans lequel lui, duc d'Orléans, n'avait aucune initiative personnelle. Il était né prince et se croyait élu roi. Il ne s'était point donné à lui-même ce mandat ; il ne l'avait point pris ; on le lui avait offert et il l'avait accepté ; convaincu, à tort selon nous, mais convaincu que l'offre était selon le droit et que l'acceptation était selon le devoir. De là une possession de bonne foi. Or, nous le disons en toute conscience, Louis-Philippe étant de bonne foi dans sa possession, et la démocratie étant de bonne foi dans son attaque, la quantité d'épouvante qui

30. Hugo fait allusion à Armand Barbès (1809-1870).

se dégage des luttes sociales ne charge ni le roi, ni la démocratie. Un choc de principes ressemble à un choc d'éléments. L'océan défend l'eau, l'ouragan défend l'air ; le roi défend la royauté, la démocratie défend le peuple ; le relatif, qui est la monarchie, résiste à l'absolu, qui est la république ; la société saigne sous ce conflit, mais ce qui est sa souffrance aujourd'hui sera plus tard son salut ; et, dans tous les cas, il n'y a point à blâmer ceux qui luttent ; un des deux partis évidemment se trompe ; le droit n'est pas, comme le colosse de Rhodes, sur deux rivages à la fois, un pied dans la république, un pied dans la royauté ; il est indivisible, et tout d'un côté ; mais ceux qui se trompent se trompent sincèrement ; un aveugle n'est pas plus un coupable qu'un vendéen n'est un brigand. N'imputons donc qu'à la fatalité des choses ces collisions redoutables. Quelles que soient ces tempêtes, l'irresponsabilité humaine y est mêlée.

Achevons cet exposé.

Le gouvernement de 1830 eut tout de suite la vie dure. Il dut, né d'hier, combattre aujourd'hui.

A peine installé, il sentait déjà partout de vagues mouvements de traction sur l'appareil de juillet encore si fraîchement posé et si peu solide.

La résistance naquit le lendemain ; peut-être même était-elle née la veille.

De mois en mois, l'hostilité grandit, et de sourde devint patente.

La révolution de juillet, peu acceptée hors de France par les rois, nous l'avons dit, avait été en France diversement interprétée.

Dieu livre aux hommes ses volontés visibles dans les événements, texte obscur écrit dans une langue mystérieuse. Les hommes en font sur-le-champ des traductions ; traductions hâtives, incorrectes, pleines de fautes, de lacunes et de contre-sens. Bien peu d'esprits comprennent la langue divine. Les plus sagaces, les plus calmes, les plus profonds, déchiffrent lentement, et, quand ils arrivent avec leur texte, la besogne est faite depuis longtemps ; il y a déjà vingt traductions sur la place publique. De chaque traduction naît un parti, et de chaque contre-sens une faction ; et chaque parti croit avoir le seul vrai texte, et chaque faction croit posséder la lumière.

Souvent le pouvoir lui-même est une faction.

Il y a dans les révolutions des nageurs à, contre-courant, ce sont les vieux partis.

Pour les vieux partis qui se rattachent à l'hérédité par la grâce de Dieu, les révolutions étant sorties du droit de révolte, on a droit de révolte contre elles. Erreur. Car dans les révolutions, le révolté, ce n'est pas le peuple, c'est le roi. Révolution est précisément le contraire de révolte. Toute révolution, étant un accomplissement normal, contient en elle sa légitimité, que de faux révolutionnaires déshonorent quelquefois, mais qui persiste, même souillée, qui survit, même ensanglantée. Les révolutions sortent, non d'un accident, mais de la nécessité. Une révolution est un retour du factice au réel. Elle est parce qu'il faut qu'elle soit.

Les vieux partis légitimistes[31] n'en assaillaient pas moins la révolution de 1830 avec toutes les violences qui jaillissent du faux raisonnement. Les erreurs sont d'excellents projectiles. Ils la frappaient savamment là où elle était vulnérable, au défaut de sa cuirasse, à son manque de logique ; ils attaquaient cette révolution dans sa royauté. Ils lui criaient : Révolution, pourquoi ce roi ? Les factions sont des aveugles qui visent juste.

Ce cri, les républicains le poussaient également. Mais, venant d'eux, ce cri était logique. Ce qui était cécité chez les légitimistes, était clairvoyance chez les démocrates. 1830 avait fait banqueroute au peuple. La démocratie indignée le lui reprochait.

Entre l'attaque du passé et l'attaque de l'avenir, l'établissement de juillet se débattait. Il représentait la minute, aux prises d'une part avec les siècles monarchiques, d'autre part avec le droit éternel.

En outre, au dehors, n'étant plus la révolution et devenant la monarchie, 1830 était obligé de prendre le pas de l'Europe. Garder la paix, surcroît de complication. Une harmonie voulue à contre-sens est souvent plus onéreuse qu'une guerre. De ce sourd conflit, toujours muselé, mais toujours grondant, naquit la paix armée, ce ruineux expédient de la civilisation suspecte à elle-même. La royauté de

31. Les légitimistes désignent les partisans d'un retour à l'Ancien Régime avec un roi bourbon sur le trône de France. Leur champion est le duc de Bordeaux.

juillet se cabrait, maigre qu'elle en eût, dans l'attelage des cabinets européens. Metternich l'eût volontiers mise à la plate-longe. Poussée en France par le progrès, elle poussait en Europe les monarchies, ces tardigrades [32]. Remorquée, elle remorquait.

Cependant, à l'intérieur, paupérisme, prolétariat, salaire, éducation, pénalité, prostitution, sort de la femme, richesse, misère, production, consommation, répartition, échange, monnaie, crédit, droit du capital, droit du travail, toutes ces questions se multipliaient au-dessus de la société ; surplomb terrible.

En dehors des partis politiques proprement dits, un autre mouvement se manifestait. A la fermentation démocratique répondait la fermentation philosophique. L'élite se sentait troublée comme la foule ; autrement, mais autant.

Des penseurs méditaient, tandis que le sol, c'est-à-dire le peuple, traversé par les courants révolutionnaires, tremblait sous eux avec je ne sais quelles vagues secousses épileptiques. Ces songeurs, les uns isolés, les autres réunis en familles et presque en communion, remuaient les questions sociales, pacifiquement, mais profondément ; mineurs impassibles, qui poussaient tranquillement leurs galeries dans les profondeurs d'un volcan, à peine dérangés par les commotions sourdes et par les fournaises entrevues.

Cette tranquillité n'était pas le moins beau spectacle de cette époque agitée.

Ces hommes laissaient aux partis politiques la question des droits, ils s'occupaient de la question du bonheur.

Le bien-être de l'homme, voilé, ce qu'ils voulaient extraire de la société.

Ils élevaient les questions matérielles, les questions d'agriculture, d'industrie, de commerce, presque à la dignité d'une religion. Dans la civilisation telle qu'elle se fait, un peu par Dieu, beaucoup par l'homme, les intérêts se combinent, s'agrégent et s'amalgament de manière à former une véritable roche dure, selon une loi dynamique patiemment étudiée par les économistes, ces géologues de la politique.

32. Désigne ici métaphoriquement une idée qui marche lentement.

Ces hommes qui se groupaient sous des appellations différentes, mais qu'on peut désigner tous par le titre générique de socialistes, tâchaient de percer cette roche et d'en faire jaillir les eaux vives de la félicité humaine.

Depuis la question de l'échafaud jusqu'à la question de la guerre, leurs travaux embrassaient tout. Au droit de l'homme, proclamé par la révolution française, ils ajoutaient le droit de la femme et le droit de l'enfant.

On ne s'étonnera pas que, pour des raisons diverses, nous ne traitions pas ici à fond, au point de vue théorique, les questions soulevées par le socialisme. Nous nous bornons à les indiquer.

Tous les problèmes que les socialistes se proposaient, les visions cosmogoniques, la rêverie et le mysticisme écartés, peuvent être ramenés à deux problèmes principaux.

Premier problème :

Produire la richesse.

Deuxième problème :

La répartir.

Le premier problème contient la question du travail.

Le deuxième contient la question du salaire.

Dans le premier problème il s'agit de l'emploi des forces.

Dans le second de la distribution des jouissances.

Du bon emploi des forces résulte la puissance publique.

De la bonne distribution des jouissances résulte le bonheur individuel.

Par bonne distribution, il faut entendre non distribution égale, mais distribution équitable. La première égalité, c'est l'équité.

De ces deux choses combinées, puissance publique au dehors, bonheur individuel au dedans, résulte la prospérité sociale.

Prospérité sociale, cela veut dire l'homme heureux, le citoyen libre, la nation grande.

L'Angleterre résout le premier de ces deux problèmes. Elle crée admirablement la richesse ; elle la répartit mal. Cette solution qui n'est complète que d'un côté la mène fatalement à ces deux extrêmes : opulence monstrueuse, misère monstrueuse. Toutes les jouissances quelques-uns, toutes les privations aux autres, c'est-à-dire, au peuple ; le privilège, l'exception, le monopole, la féodalité, naissant du travail même. Situation fausse et dangereuse qui assoit la puissance publique sur la misère privée, qui enracine la grandeur de l'État dans les souffrances de l'individu. Grandeur mal composée où se combinent tous les éléments matériels et dans laquelle n'entre aucun élément moral.

Le communisme et la loi agraire croient résoudre le deuxième problème. Ils se trompent. Leur répartition tue la production. Le partage égal abolit l'émulation. Et par conséquent le travail. C'est une répartition faite par le boucher, qui tue ce qu'il partage. Il est donc impossible de s'arrêter à ces prétendues solutions. Tuer la richesse, ce n'est pas la répartir.

Les deux problèmes veulent être résolus ensemble pour être bien résolus. Les deux solutions veulent être combinées et n'en faire qu'une.

Ne résolvez que le premier des deux problèmes, vous serez Venise, vous serez l'Angleterre. Vous aurez comme Venise une puissance artificielle, ou comme l'Angleterre une puissance matérielle ; vous serez le mauvais riche. Vous périrez par une voie de fait, comme est morte Venise, ou par une banqueroute, comme tombera l'Angleterre. Et le monde vous laissera mourir et tomber, parce que le monde laisse tomber et mourir tout ce qui n'est que l'égoïsme, tout ce qui ne représente pas pour le genre humain une vertu ou une idée.

Il est bien entendu ici que par ces mots, Venise, l'Angleterre, nous désignons non des peuples, mais des constructions sociales ; les oligarchies superposées aux nations, et non les nations elles-mêmes. Les nations ont toujours notre respect et notre sympathie. Venise, peuple, renaîtra ; l'Angleterre, aristocratie, tombera, mais l'Angleterre, nation, est immortelle. Cela dit, nous poursuivons.

Résolvez les deux problèmes, encouragez le riche et protégez le pauvre, supprimez la misère, mettez un terme à l'exploitation injuste du faible par le fort, mettez un frein à la jalousie inique de celui qui est en route contre celui qui est arrivé, ajustez mathématiquement et fraternellement le salaire au travail, mêlez l'enseignement gratuit et obligatoire à la croissance de l'enfance et faites de la science la base de la virilité, développez les intelligences tout en occupant les bras, soyez à la fois un peuple puissant et une famille d'hommes heureux, démocratisez la propriété, non en l'abolissant, mais en l'universalisant, de façon que tout citoyen sans exception soit propriétaire, chose plus facile qu'on ne croit, en deux mots sachez produire la richesse et sachez la répartir, et vous aurez tout ensemble la grandeur matérielle et la grandeur morale ; et vous serez dignes de vous appeler la France.

Voilà, en dehors et au-dessus de quelques sectes qui s'égaraient, ce que disait le socialisme ; voilà ce qu'il cherchait dans les faits, voilà ce qu'il ébauchait dans les esprits.

Efforts admirables ! tentatives sacrées !

Ces doctrines, ces théories, ces résistances, la nécessité inattendue pour l'homme d'État de compter avec les philosophes, de confuses évidences entrevues, une politique nouvelle à créer, d'accord avec le vieux monde sans trop de désaccord avec l'idéal révolutionnaire, une situation dans laquelle il fallait user La Fayette à défendre Polignac, l'intuition du progrès transparent sous l'émeute, les chambres et la rue, les compétitions à équilibrer autour de lui, sa foi dans la révolution, peut-être on ne sait quelle résignation éventuelle née de la vague acceptation d'un droit définitif supérieur, sa volonté de rester de sa race, son esprit de famille, son sincère respect du peuple, sa propre honnêteté, préoccupaient Louis-Philippe presque douloureusement, et par instants, si fort et si courageux qu'il fût, l'accablaient sous la difficulté d'être roi.

Il sentait sous ses pieds une désagrégation redoutable, qui n'était pourtant pas une mise en poussière, la France étant plus France que jamais.

De ténébreux amoncellements couvraient l'horizon. Une ombre étrange, gagnant de proche en proche, s'étendait peu à peu sur les hommes, sur les choses, sur les idées ; ombre qui venait des colères et des systèmes. Tout ce qui avait été hâtivement étouffé remuait et fermentait. Parfois la conscience de l'honnête homme reprenait sa respiration tant il y avait de malaise dans cet air où les sophismes se mêlaient aux vérités. Les esprits tremblaient dans l'anxiété sociale comme les feuilles à l'approche de l'orage. La tension électrique était telle qu'à de certains instants le premier venu, un inconnu, éclairait. Puis l'obscurité crépusculaire retombait. Par intervalles, de profonds et sourds grondements pouvaient faire juger de la quantité de foudre qu'il y avait dans la nuée.

Vingt mois à peine s'étaient écoulés depuis la révolution de juillet, l'année 1832 s'était ouverte avec un aspect d'imminence et de menace. La détresse du peuple, les travailleurs sans pain, le dernier prince de Condé[33] disparu dans les ténèbres, Bruxelles chassant les Nassau comme Paris les Bourbons, la Belgique s'offrant à un prince français et donnée à un prince anglais[34], la haine russe de Nicolas, derrière nous deux démons du midi, Ferdinand en Espagne, Miguel en Portugal, la terre tremblant en Italie, Metternich étendant la main sur Bologne, la France brusquant l'Autriche à Ancône, au nord on ne sait quel sinistre bruit de marteau reclouant la Pologne[35] dans son cercueil, dans toute l'Europe des regards irrités guettant la France, l'Angleterre, alliée suspecte, prête à pousser ce qui pencherait et à se jeter sur ce qui tomberait, la pairie s'abritant derrière Beccaria pour refuser quatre têtes à la loi, les fleurs de lys raturées sur la voiture du roi, la croix arrachée de Notre-Dame, La Fayette amoindri, Laffitte ruiné, Benjamin Constant mort dans l'indigence, Casimir Perier mort dans l'épuisement du pouvoir ; la maladie politique et la maladie sociale se déclarant à la fois dans les deux capitales du royaume, l'une la ville de la pensée, l'autre la ville du travail ; à Paris la guerre civile, à Lyon la guerre servile ; dans les deux cités la même lueur de fournaise ; une pourpre de cratère au front du peuple ; le midi fanatisé, l'ouest troublé, la duchesse de

33. Louis-Henri Joseph de Bourbon meurt tragiquement en 1830. On le retrouve pendu dans son château : suicide, meurtre, jeu sexuel avec sa maîtresse anglaise Mme de Feuchères ? Ayant perdu son petit-fils, le duc d'Enghien exécuté en 1804 par Napoléon dans les fossés de Vincennes, il lègue sa fortune au duc d'Aumale, cinquième fils de Louis-Philippe. Cette affaire du testament n'est définitivement tranchée par la justice qu'en 1832.

34. Léopold de Saxe-Cobourg (1790-1865).

35. Allusion à la révolte des patriotes polonais de Varsovie réprimée dans le sang par les cosaques en 1831.

Berry [36] dans la Vendée, les complots, les conspirations, les soulèvements, le choléra, ajoutaient à la sombre rumeur des idées le sombre tumulte des événements.

36. Marie-Caroline Ferdinande-Louise de Bourbon (1798-1870), épouse du duc de Berry, fils de Charles X. Son fils, le duc de Bordeaux, comte de Chambord, est le prétendant des légitimistes au trône de France. En 1832, elle tente de soulever le midi de la France, puis la Vendée pour faire valoir les droits de son fils.

Jacques Bainville

Histoire de trois générations (1815-1918)

Notice

Jacques Bainville (1879-1936) est un journaliste, particulièrement apprécié pour ses chroniques de politique étrangère, et un historien très populaire. En 1935, il succède à Raymond Poincaré à l'Académie française. Proche de Charles Maurras, qu'il rencontre en 1900, il défend une ligne politique monarchiste, nationaliste et profondément antigermanique. Gardons en mémoire que le livre dont les extraits suivent ci-dessous est publié la dernière année de la Grande Guerre. Alors que les tirages des essais universitaires d'histoire sont de l'ordre de deux mille à trois mille exemplaires dans l'entre-deux-guerres, les livres de Bainville sont le plus souvent vendus à quarante mille copies. Énorme succès de librairie, Histoire de trois générations *donne lieu à plusieurs rééditions tout au long du XXe siècle. Il est donc intéressant de faire connaître son analyse de la monarchie de Juillet, de la IIe République et des débuts du Second Empire car ces pages ont été lues par de nombreux Français. À propos du régime né des Trois Glorieuses en juillet 1830, l'auteur défend deux thèses principales. La première consiste à souligner l'erreur des doctrinaires du juste-milieu de ne pas avoir accordé le suffrage universel masculin, seul moyen de garantir un régime conservateur, car les masses rurales sont profondément attachées à la stabilité intérieure et à la paix ; la seconde met en relief l'écart malheureux entre la politique extérieure soucieuse de sauvegarder la paix, défendue par Louis-Philippe et par ses partisans, et le désir d'une action diplomatique et militaire sous le signe de la grandeur espérée par une partie des élites françaises. Il nous a donc semblé intéressant de publier les chapitres consacrés à la politique étrangère de la IIe République et au début de l'Empire afin de mettre en évidence l'interprétation centrale de la doctrine de Bainville – doctrine partagée par nombre de ses contemporains – suivant laquelle la France de la première moitié du XIXe siècle n'a cessé de vivre imprégnée des souvenirs exaltants des guerres napoléoniennes, souvenirs que Louis-Philippe chercha à tenir sous le boisseau, alors que Napoléon III réussit pour un temps à leur donner consistance, l'un et l'autre n'empêchant pas toutefois l'impérialisme prussien de se développer.*

CHAPITRE III – SOUS LOUIS-PHILIPPE, LA FRANCE S'ENNUIE D'UNE LONGUE PAIX

« Il est curieux de voir combien cette monarchie, créée par la bourgeoise et par la finance, jette peu de perturbation dans les affaires commerciales. Le 24 juillet 1830, trois jours avant la révolution, la rente est à 105 fr 15 ; le 22 août, trois jours après l'installation de la monarchie, elle est à 101 fr. 40. La monarchie de droit divin, en s'écroulant, a produit une baisse de 75 centimes. » *(Histoire de la vie politique et privée de Louis-Philippe, par* ALEXANDRE DUMAS.)

Les doctrinaires et la bourgeoisie n'eussent pas réussi le coup de Juillet sans le concours du peuple qui, d'ailleurs, ne voulait pas la même chose qu'eux. Ce malentendu initial condamnait d'avance la monarchie de Louis-Philippe.

Thiers, Guizot, Mignet et les autres beaux esprits de 1830 avaient fait un raisonnement naïf. Hanté par l'histoire d'Angleterre, ils avaient cru pouvoir recommencer la substitution dynastique de 1688 et, ne fondant une monarchie nouvelle où le roi règnerait sans gouverner, assurer le triomphe des classes moyennes en même temps que celui des idées libérales et du régime parlementaire. Pure construction de l'esprit qui ne tenait aucun compte des réalités humaines. L'élévation politique de la bourgeoisie apparaissait sans doute aux bourgeois comme la consécration de toute l'histoire de France. Et ils ne doutaient pas que cette suprême justice ne dût aussi contenter les prolétaires, puisque l'accès du tiers état était libre, que le droit d'ascension était ouvert à tous, et qu'il suffisait, selon le mot fameux, de s'enrichir pour devenir électeur et participer au gouvernement. Jamais machine politique ne parut mieux à ses auteurs. Et, puisqu'elle les comblait eux-mêmes, elle devait satisfaire tout le monde.

Le roi de cette monarchie n'aurait donc ni idée ni volonté ? Le peuple n'aurait ni sentiments, ni passions, ni besoins ? Un régime fondé sur cette méconnaissance des hommes et sur cette double erreur avait peu d'avenir devant lui.

Une des plus grandes explosions de mysticisme que la France ait connues s'est préparée de 1830 à 1848. Au dedans, la classe dirigeante faisait naturellement, et sans même y songer, de la compression sociale. Quelques milliers d'électeurs, environ 245.000, trouvaient que tout était pour le mieux et que les institutions de la France étaient arrivées à la perfection. Puisqu'ils avaient le privilège de faire des députés, ils faisaient aussi les lois et il leur semblait conforme à la raison et à l'évolution de l'histoire que les lois fussent faites pour eux, que les droits de l'homme fussent ceux du propriétaire. Ainsi s'exaspéraient les désirs de justice et de bonheur immédiat dans la classe la plus nombreuse et la plus pauvre.

Cependant il n'a pas tenu à l'oligarchie parlementaire que la France ne courût au dehors les pires aventures. Sur ce point, la bourgeoisie libérale se retrouvait peuple et foule. La prévoyance et le sentiment de l'intérêt national furent représentés par ce roi qu'on n'avait mis sur le trône qu'à la condition qu'il y resterait oisif. L'histoire de la monarchie de Juillet a été celle d'une longue lutte de la royauté contre les entraînements du parti de la guerre. Avec courage et abnégation, Louis-Philippe, pour conserver une paix nécessaire, mettait en jeu la frêle couronne qu'il avait trouvée aux pieds des barricades. Il bravait les outrages d'une opposition belliqueuse pour épargner à la France des conflits qui eussent été désastreux, mais auxquels, au nom des principes et des souvenirs révolutionnaires, au nom de la liberté, de la propagande et de la gloire, les Français auraient couru tête baissée.

Dès les premiers jours de son règne, le sort de Louis-Philippe était écrit. Il avait dû se mettre à la tête de la « résistance » contre le parti du « mouvement » qui insistait pour la déclaration de la guerre aux tyrans, l'abolition des traités de 1815, la revanche de Waterloo par l'indépendance des peuples. S'il eût suivi cette impulsion, Louis-Philippe eût conquis la foule, autant que Louis-Napoléon devait la conquérir plus tard. Son fils, le duc d'Orléans, jeune, ardent, inexpérimenté, souffrait de l'impopularité de son père. Il était animé aussi de cet esprit d'opposition et de contradiction, de ce désir de se distinguer et de faire « autre chose », que les héritiers présomptifs ont tous en commun. Il eût voulu que la politique extérieure de la monarchie renonçât à la prudence, qu'elle s'emparât des cœurs, en osant ce qu'un napoléonide eût osé. Il croyait que, pour consolider le trône, pour désarmer les républicains et les bonapartistes, il eût fallu tremper la monarchie par une grande guerre nationale, fût-elle « d'un contre quatre », comme celle que Louis-Philippe refusait d'entreprendre, en 1840, en dépit de Thiers et de l'opinion. Mieux valait, selon le duc d'Orléans, finir dans un glorieux désastre que dans le ruisseau de la rue Saint-Denis. Si le fils eût régné, il est probable qu'il eût profité des leçons de son père et que le roi des Français n'eût pas partagé les erreurs du duc d'Orléans. Mais le dilemme était posé. Aucun pouvoir ne serait durable en France, jusqu'à ce que les illusions révolutionnaires entretenues par l'évangile de Sainte-Hélène eussent montré leur néant. Ou bien il fallait être renversé par l'émeute après dix-huit ans de résistance, comme le Bourbon de la branche cadette, après trois mois de conflits comme Lamartine. Ou bien il fallait, par les voies triomphales du plébiscite, exécuter le testament impérial et s'en aller, comme Napoléon III, périr à quelque Sedan.

On s'est souvent demandé pourquoi, pendant le XIXe siècle, la France avait fait tant de révolutions, changé si souvent de régime, abattu ses gouvernements les uns après les autres. On a cherché les raisons de cette instabilité dans le caractère français, dans les incertitudes d'un peuple partagé entre des traditions contraires, hésitant entre la liberté et l'autorité. On n'a pas tenu compte de la passion essentielle qui le tourmentait. Depuis Waterloo, la France aspirait à un gouvernement qui lui apportât la revanche par la politique révolutionnaire et napoléonienne, par une rénovation violence de l'Europe, par un appel à la fraternité des peuples, associé à une action armée contre les rois. « On buvait, buvait, buvait à l'indépendance du monde », qui ferait la grandeur de la nation française et qui lui rendrait ses frontières.

Au grand procès des républicains, en 1831, un jeune chef, Godefroy Cavaignac [1], avait apporté la profession de foi de ce messianisme. « La Révolution, disait-il, c'est notre patrie remplissant cette mission d'affranchissement qui lui a été remise par la Providence des peuples. » Les peuples que la croisade démocratique conduite par la France devait affranchir, ce n'étaient pas seulement les Polonais, les Italiens. C'étaient les Allemands, c'étaient les Hongrois. Ceux que nous avons connus, nous, dans la guerre de 1914, comme nos ennemis les plus cruels et comme les ennemis de l'Europe et du monde, ceux dont le XXe siècle aura condamné l'esprit d'orgueil et d'oppression, ils ont eu jadis les faveurs de notre libéralisme. Ce qui, au contraire, s'est trouvé du même côté que nous, dans la lutte contre l'empire allemand et dans le plus grand péril que la nation française, depuis des siècles, eût couru, la démocratie naissante l'a méconnu, haï, maltraité. Non moins que l'Angleterre, la Russie fut alors désignée comme l'ennemie de la France. Le tsar, « tyran, vampire », il fallait l'abattre pour que le monde pût respirer. Le tsar n'est tombé qu'en 1917. Mais quelques mois plus tard, l'alliance franco-russe, en pleine guerre, est tombée aussi... Quant à l'alliance anglaise, avant de devenir une des ancres du monde, une des bases de notre politique, elle a été l'un des crimes, l'une des « hontes nationales » les plus violemment reprochées à Louis-Philippe par l'opposition. Casimir Périer disait déjà de cette alliance ce qu'on en a dit de nos jours. Puisque l'utilité en était méconnue avec passion ou niée avec mauvaise foi, il essayait d'en faire valoir le caractère libéral, de la justifier par la conformité des institutions et des idées politiques. « L'Europe, disait-il, apprendra ce que l'union de ces deux nations peut donner de garantie à la paix du monde et de gages à la vraie

1. Godefroy Cavaignac, journaliste au *National*, leader du parti républicain (1801-1845).

liberté. » Ainsi le ministre choisi, imposé par Louis-Philippe pour la « résistance », parlait le langage que le République, soixante-quinze ans plus tard, devait employeur. Il esquissait déjà la ligue et le programme des « puissances libérales ». Cependant l'Angleterre restait, pour les démocrates et pour l'opposition de gauche, l'ennemie de la France, l'ennemie héréditaire, parce qu'elle avait été l'ennemie de la Révolution et de l'Empire.

Cette alliance, la plus féconde que nous puissions contracter, la plus désirable la tranquilité de l'Europe, Mauguin[2], par exemple, n'hésitait pas à la traiter de « honteuse soumissions ». Les mêmes hommes eussent d'ailleurs voulu engager la France dans une lutte inégale et inutile contre la Grande-Bretagne, la Russie, la Prusse et l'Autriche pour les beaux yeux d'un aventurier oriental, du conquérant Méhémet-Ali. Lorsque Louis-Philippe, en 1840, eut refusé de mettre la France aux prises avec cette formidable coalition pour la plus douteuse des causes, l'indignation contre sa « lâcheté » ne connut plus de bornes. Au Mont-Saint-Michel, les républicains prisonniers, compagnons de Barbès et de Blanqui, « apprirent avec une douleur mêlée de rage l'humiliation de la France ». Les favoris de ces révolutionnaires, c'étaient les Hongrois, peuple alors vénérable entre les peuples persécutés, en attendant qu'il de devint lui-même persécuteur. Par un ironique contre-sens, le libéralisme français faisait des vœux ignorants pour les aristocrates magyars, pour la *gentry* de Budapest, pour les grands-pères des Tisza, des Andrassy, des Apponyi qui devaient être flétris de nos jours comme les principaux complices des deux empereurs de Vienne et de Berlin, comme les instigateurs de la catastrophe et les auteurs de la grande guerre. Mais, sous Louis-Philippe, on n'avait pas encore découvert que la nationalité intéressante, la nationalité victime, en Autriche, c'étaient les Slaves. Au contraire, les Croates que la Hongrie, objet d'un amour aveugle, n'opprimait pas encore parce qu'elle-même n'avait pas conquis son indépendance, les Croates étaient voués à l'exécration des peuples libres. En vers et en prose, les Croates, ou Yougo-Slaves, ont été maudits comme les instruments du despotisme et comme les sbires des Habsbourg. Ils partageaient cette damnation avec les Cosaques,

2. François Mauguin (1785-1854), homme politique de la famille libérale qui est un des principaux opposants à la politique de Guizot.

tortionnaires à la solde du tsar. De nos jours, les Cosaques ont retrouvé leur heure. Il appartenait à la guerre et à la révolution russe de les réhabiliter. La France a fait des vœux pour leur ataman Kornilof. Elle a compté sur leurs sotnias pour en finir avec le soviets... Que l'ironie de ces souvenirs nous enseigne à ne pas disperser nos sympathies au hasard. Qu'elle nous apprenne que le plus intéressant de tous les peuples, pour la France, c'est d'abord le peuple français.

Par sa politique extérieure qui était sage, qui refusait de sacrifier la sécurité et l'avenir du pays à des rancunes ou à des engouements également funestes, Louis-Philippe s'est discrédité. La paix sauvegardée par lui à grand peine, l'invasion et les tueries évitées ont hâté sa chute au lieu de lui valoir la reconnaissance du pays. On l'accusait de manquer du sens de l'honneur national. Son seul tort a été de voir trop clairement ce que les Français d'alors ne voyaient pas.

La Restauration avait encore pu faire une politique active par les expéditions brillantes, bien réussies, peu coûteuses, d'Espagne, de Grèce et d'Algérie. Elle avait donné satisfaction au besoin de mouvement et de gloire militaire que la France ressentait. La monarchie de Juillet, à ses débuts, s'était montrée, elle aussi, entreprenante. Elle avait prouvé que le nouveau régime n'admettait pas que la France fût traitée en quantité négligeable. L'expédition d'Ancône, le siège d'Anvers apprirent à l'Europe qu'elle devait toujours compter avec le peuple français. Mais ces expériences mêmes, ces espèces de sondages, enseignèrent à Louis-Philippe qu'il fallait agir avec prudence. La matière européenne se transformait à vue d'œil. Le rapport des forces changeait. La Révolution de 1830, la réapparition du drapeau tricolore n'avait pas seulement mécontenté et remué les puissances en leur faisant craindre un réveil de l'activité révolutionnaire, une reprise des guerres de propagande. Les peuples aussi étaient méfiants, l'Allemagne surtout, dont le nationalisme, latent depuis sa grande éruption de 1813, s'entretenait et s'exaltait par la prédication de ses lettrés, de ses professeurs, de ses philosophes.

Au milieu des États qui grandissent, des peuples qui s'éveillent et qui s'agitent, la France, à partir de 1830, se trouve dans une situation qui annonce déjà celle où elle s'est trouvée de nos jours. La France ne domine plus par sa population ni par ses forces. Elle n'a plus la pleine liberté de ses mouvements, et une politique inconsidérée peut l'exposer à chaque instant à des risques graves. C'est pourquoi, après avoir contribué à la libération de la Belgique, Louis-Philippe refusa d'écouter les partis qui le poussaient à l'annexion et préfera la solution de la barrière belge, pour laquelle nous ne saurions aujourd'hui lui avoir assez de reconnaissance. Plus il allait d'ailleurs, plus il était frappé des changement de l'Europe. En 1810, au moment où menaçait une guerre inégale, évitée grâce à sa fermeté et à son coup d'œil, il avait pu observer le frémissement de l'Allemagne. Le patriotisme germanique, qui avait éclaté à cette occasion, reste marqué dans notre littérature par la réponse célèbre de Musset au *Rhin allemand* de Becker [3]. Par-dessus les frontières et les gouvernements, déjà les nations se lançaient des défis. Louis-Philippe, averti du péril qui se formait au delà du Rhin, entrevit le choc de peuple à peuple, les guerres géantes qui s'apprêtaient. Dès lors, son principe fut d'éviter les incendies dans une Europe où les nationalismes naissants accumulaient les substances inflammables. D'ailleurs, il ne se contenta pas de rester immobile, d'observer le *quieta non movere*. Il chercha à prévenir pour guérir. De là son entente avec Metternich et l'Autriche pour arrêter les aspirations unitaires en Allemagne comme en Italie. Cette suprême précaution lui fut fatale et le parti du « mouvement », c'est-à-dire de l'imprudence, ne le lui pardonna pas.

Ainsi la question de la réforme électorale ne fut que l'occasion et le prétexte de la Révolution de 1818. Moins clairvoyant au dedans qu'au dehors, Louis-Philippe avait répété la faute de Charles X. Un malheureux préjugé l'obstinait dans ce régime censitaire qui faisait du parlement et du pouvoir le monopole d'une bourgeoisie disputeuse et frondeuse, d'un « pays légal » qui n'avait pas même foi dans le régime qu'il avait fondé. Le remède, c'eût été un appel hardi au suffrage universel, le suffrage stabilisateur, ratificateur et conservateur par excellence, au point d'être routinier, et qui eût donné au règne de Louis-Philippe l'appui des masses rurales. On n'y pensa pas, pas plus que la médecine d'alors ne songeait à l'antisepsie.

3. Becker, poète allemand (1809-1845), auteur en 1840 de *Der Deutsche Rhein* publié en réaction à l'affirmation de Thiers que le Rhin est la frontière naturelle de la France. Ce poème entraîne par réaction *Le Rhin allemand* de Musset et *La Marseillaise de la paix* de Lamartine.

Cependant, grâce à la paix prolongée, la France, de jour en jour, devenait plus forte et plus riche. Elle achevait de guérir les plaies de l'Empire. Les circonstances aidant, après une période de circonspection et de sagesse, elle devait pouvoir, sans risques et à peu de frais, reprendre son rang en Europe, effacer dans les traités de 1815 ce que la défaite y avait inscrit de diminutions pour nous. Mais l'irréflexion, l'inquiétude des esprits, ne se prêtaient pas à cette politique d'attente qui eût voulu le concours du temps. « La France s'ennuie », disait Lamartine. Et bientôt il allait annoncer « La révolution du mépris ». Cette monarchie était méprisée parce qu'elle avait horreur des aventures, parce qu'elle lésinait surtout avec le sang français. Et la France s'ennuyait parce qu'il lui manquait l'émotion des batailles, fût-ce au risque d'une nouvelle invasion, et parce qu'elle se faisait aussi des illusions sur les dispositions des peuples à notre égard. L'Evangile de Sainte-Hélène avait conquis les âmes et déjà l'on peut dire que l'idée napoléonienne avait ramené l'Empire.

Cette idée avait pénétré les esprits au point que le gouvernement se croyait obligé de compter avec elle. Il lui faisait des concessions, au moins des concessions de forme, et qu'il estimait inoffensives, comme s'il y avait jamais rien d'inoffensif dans la genèse et dans la préparation des grands mouvements politiques. L'hommage officiel rendu en 1840 à la mémoire de l'Empereur eut un retentissement immense. Par une inconséquence étonnante, mais digne de sa grande imagination ouverte aux souffles de l'époque, Lamartine avait annoncé que le « retour des cendres » ranimerait des émotions dangereuses et propagerait des ondes qu'aucun pouvoir n'arrêterait plus. Mais l'évocation de la gloire, même stérile et coûteuse, l'exaltation de la grandeur, même sans durée, n'était-ce pas ce que voulait l'« ennui » de la France que lui-même avait senti et proclamé ? Lamartine prononça un discours célèbre pour mettre la monarchie de Juillet en garde contre l'évocation imprudente de l'ombre impériale. Discours prophétique. Il fallait le coup d'aile d'un poète pour devancer le temps et entrevoir la restauration de l'Empire au bout de ce cortège qui conduirait les restes de Napoléon à la chapelle des Invalides. Alors, pour la première et pour la seule fois de sa vie, Lamartine défendit la politique de Louis-Philippe contre les belliqueux du parlement et de la presse, contre les démocrates avides de révolutionner le monde, contre le parti dont Thiers était le chef et qu'Emile Ollivier, si dur aux autres, n'a pas mal appelé « le parti de la fanfaronnade ». Mais la politique de la paix n'était pas populaire. Et Lamartine devait l'éprouver à son tour en 1818.

Cependant ses avertissements avaient été inutiles. Le retour des cendres fut l'apothéose du romantisme napoléonien. Et tandis que Paris était remué dans ses entrailles par ces évocations, un jeune homme était enfermé à la prison de Ham pour avoir conspiré deux fois contra la sûreté de l'État. A Strasbourg, puis à Boulogne, le neveu de l'empereur avait essayé de soulever la garnison, et les personnes raisonnables s'accordaient à trouver ces manifestations ridicules. La première fois, il avait même été gracié. C'était pourtant pour lui qu'on travaillait en portant à travers Paris la dépouille de son oncle, tandis que la littérature, la poésie, l'éloquence rivalisaient pour frapper l'imagination des Français. « La foule était là, comme devant un autel où le dieu serait visible », écrivait Victor Hugo dans ses *Choses vues* en quittant la Chapelle des Invalides. Tout le jour, le poète s'était promené à travers Paris. Près de lui, des hommes du peuple passaient et chantaient : « Vive mon grand Napoléon ! Vive mon vieux Napoléon ! » Lui-même, lyriquement, traduisait ces acclamations naïves. Il était un des poètes du culte napoléonien. Encore quelques années, et cette religion se traduirait en bulletins de vote, ces bulletins de vote en désastres...

Il a été longtemps de mode de railler Metternich et son style dont les quatre images préférées étaient la peste, le volcan, le cancer et le déluge. Metternich ne cessait de répéter que les idées libérales répandraient sur l'Europe autant de maux qu'il en était sorti de la botte de Pandore. Les libéraux allemands lui paraissaient les plus dangereux de tous et il avait raison, car c'était déjà des pangermanistes. L'homme de la Sainte-Alliance ne se trompait pas, et ce que nous avons vu à la fin à terriblement justifié ses prophéties et dépassé ses métaphores. L'histoire doit le réhabiliter aujourd'hui, car il fut presque seul de son temps à comprendre et à surveiller les progrès de la Prusse. Il fut presque seul aussi à dénoncer le principe des nationalités comme une erreur qui devait coûter cher au vieux monde en supprimant les barrières et les garanties qui retenaient encore les passions des peuples et les ambitions des États. La Confédération germanique, dont le statut avait été établi en 1815, était pour l'Europe une garantie contre le péril allemand. La Prusse était maintenue dans un rang secondaire, l'Allemagne restait divisée et l'Autriche était chargée de la surveillance du système.

La France n'était pas la moins intéressée au respect des règles sur lesquelles reposait la Confédération germanique, puisque c'était essentiellement contre l'unité allemande, dirigée par la Prusse, que ces précautions avaient été prises. Mais, à Paris, parmi les orateurs, les écrivains, les hommes politiques, guides de l'opinion, amers censeurs du pouvoir, chefs de la démocratie du lendemain, qui donc se souciait du péril allemand ? Guizot, venu, sous l'influence du roi, à une juste appréciation des choses, n'était pas compris, il était presque conspué lorsqu'il disait, un an juste avant la Révolution de février : « Nous sommes frappés du grand parti que la Prusse peut désormais tirer, en Allemagne, des deux idées qu'elle tend peu à peu à s'approprier : l'unité germanique et l'esprit libéral. » Thiers, par esprit d'opposition, soutenait alors la thèse contraire de celle qu'il devait défendre avec éclat, mais trop tard, contre le second Empire. Il était alors pour l'unité italienne, pour l'unité allemande, pour le droit des peuples. Il reprochait à Guizot de méconnaître « l'état du monde ». Il voulait que la France prît la tête de la cause révolutionnaire en Europe, qu'elle servît partout l'idée des nationalités. « Je voudrais, disait-il, que la France fût représentée les yeux sur un livre qui contînt les droits de l'humanité, et la main appuyée sur une épée où on lirait, gravés sur la lame : Zurich, Austerlitz, Friedland. » Et Thiers s'est étonné du coup d'Etat ! Il s'est plaint de Napoléon III et de l'Empire !...

A ce moment, du reste, l'Angleterre libérale tombait dans la même erreur. Partout, en Europe, Palmerston soutenait les nationalités. Ils se flattait de posséder la clef des révolutions, et il en attendait de la puissance et de la grandeur pour l'Angleterre qui aurait dirigé le mouvement. Mais la vraie révolution du XIXe siècle, ce devait être celle qui ferait de l'Allemagne une seule nation, ambitieuse et pleine de vitalité comme tous les êtres qui prennent leur essor. Pas plus en Angleterre qu'en France on ne se doutait des maux que contenait le germe de l'unité allemande. Le patriotisme germanique apparaissait comme loyal et désintéressé, une grande nation germanique comme utile et comme indispensable à une rénovation libérale de l'Europe. Ces patriotes allemands n'étaient-ils pas, d'ailleurs, presque tous des libéraux ? N'était-ce pas ces philosophes, ces historiens vénérés, dont les idées régnaient sur le monde ? Que l'on était loin d'imaginer que, de ces Universités du Rhin ou du Hanovre, sanctuaires de la pensée, sortiraient un jour des intellectuels pleins de rage ? Tout était au culte de cette « grande Allemagne » dont Lamartine saluait « les nobles fils ». Il était facile de contrarier la politique de Metternich, facile de tourner en ridicule ses images. Mais il a fallu la guerre de 1914 pour savoir ce que sa peste, son volcan, son cancer, son déluge représentaient d'affreuses réalités.

La Prusse jugeait que les traités de 1815 l'avaient dupée en lui retirant les fruits de la victoire. Ils lui refusaient, en effet, la place qu'elle revendiquait„ à la tête de l'Allemagne. Son rôle dans le mouvement national de 1813, et Blücher à Waterloo, l'avaient désignée au patriotisme allemand, déjà réveillé par le premier des héros germaniques qui eût reparu depuis les temps modernes : Frédéric II. L'avenir de la Prusse, c'était l'unité allemande, objet d'aspirations vagues, et qui ne prendrait forme qu'autour d'une solide organisation politique. Tel était justement l'État prussien. La Sainte-Alliance avait été assez prévoyance pour fermer cette voie aux Hohenzollern : ils tentèrent de l'ouvrir sans éveiller l'attention.

Pendant des années, on a parlé du *Zollverein* comme on parle aujourd'hui du *Mitteleuropa*. C'était un mot qui, à force de circuler, n'offrait plus rien de réel aux imaginations. Le bourgeois français lisait parfois, dans le *Constitutionnel*, qu'une nouvelle principauté allemande avait adhéré à l'union douanière présidée par la Prusse. Ni son esprit ni son journal n'en tiraient aucune conclusion. On était à mille lieues d'entrevoir les menaces portées par ces signes avant-coureurs de l'unité politique de l'Allemagne.

L'année 1833 fut pleine de sourires pour Thiers, ministre d'un cabinet du « juste milieu » et candidat heureux à l'Académie. Ces fortunes détournèrent sans doute son attention des affaires d'Allemagne, car il ne semble pas avoir attaché d'importance au fait que, cette année-là, les trois royaumes du sud, Bavière, Wurtemberg et

Saxe, se joignirent au *Zollverein* prussien. Encore trente-trois ans, encore une génération d'hommes s'étant écoulée, des fautes irréparables ayant été commises, Thiers devait prononcer des discours d'avertissement qui sont restés justement célèbres. Il devait y prédire tous les maux qu'entraînerait l'oubli de nos anciennes maximes. Il devait montrer avec une éclatante raison que l'équilibre européen reposait essentiellement sur le système de 1648, restauré en 1815, c'est-à-dire sur le principe d'une Allemagne composée d'États indépendants, n'ayant au plus entre eux qu'un lien fédératif que la garantie des puissances empêchait d'aller jusqu'à l'unité. La prophétie de Thiers, annonçant les catastrophes qu'une Allemagne unie et dominée par la Prusse vaudrait à la France et au monde, est une date de notre histoire. Combien cette prophétie eût été plus frappante et plus efficace si elle eût été moins tardive, si Thiers l'eût faite dès le moment où, sous le couvert d'arrangements économiques, la Prusse jetait les bases de l'Empire allemand !

L'Autrichien Metternich fut malheureusement à peu près seul à comprendre ce que signifiait l'entrée dans l'union douanière prussienne des plus importants parmi les États allemands du Sud. Il annonçait avec la dernière précision les effets politiques que produirait cette présidence financière de la Prusse sur les royaumes, principautés, duchés et villes libres d'Allemagne. Metternich disait dans un rapport à l'empereur François : « Une série d'Etats, indépendants jusqu'ici, accepte, vis-à-vis d'un voisin qui leur est supérieur en puissance, dans une branche extrêmement importante des contributions publiques, l'obligation de se conformer à ses lois, de se soumettre à ses mesures administratives, et à son contrôle. L'égalité des droits des confédérés cesse désormais, pour faire place à des rapports entre patrons et clients, entre protecteur et protégés… On verra peu à peu, sous l'active direction de la Prusse et grâce aux intérêts communs qui se formeront nécessairement, les États qui composent l'union se fondre en un corps plus ou moins compact. »

Voilà ce qui devait être, en effet, et ce qu'aurait pu empêcher une surveillance active de la France et de l'Autriche sur les agissements de la Prusse. Pour avoir, vers la fin de son règne, tenté cette politique avec Guizot, Louis-Philippe accrut son impopularité. Il se perdit, comme Louis XVI, par l'alliance autrichienne, qui était l'alliance anti-prussienne. En même temps que contre les Bourbons de la branche cadette, la Révolution de 1848 se fit contre Metternich qui avait prévu la grande Prusse et l'Empire allemand, et qui aurait voulu épargner au monde ces fléaux. Telle fut la clairvoyance de la démocratie.

Dans un livre satirique sur l'Allemagne qu'il avait écrit à Paris, Henri Heine s'était moqué d'un grand nombre de ses compatriotes et il avait traité légèrement ce grave sujet : l'exaltation de l'orgueil national par la propagande des écrivains et des professeurs. Il s'était diverti aux frais des romantiques allemands qu'il se plaisait à présenter au public parisien sous des apparences bouffonnes. Dans sa galerie comique, on voyait Joseph Goerres qui, à Munich, devant quelques séminaristes, restaurait en discours le Saint-Empire romain de nation germanique. Les plaisanteries de Henri Heine étaient goûtées de nos grands-pères. Nous leur trouvons beaucoup moins de sel. De nos jours, nous avons vu le comte Hertling, président de la « Société Goerres », venir de Munich pour être chancelier de Guillaume II. Le maniaque de moyen âge, le visionnaire pangermaniste que raillait Henri Heine, il eût convenu de le prendre au sérieux. Goerres, père spirituel des Hertling de notre temps, n'avait pas seulement annoncé l'avenir : sa parole l'avait préparé.

En 1848, cette prédication avait déjà mûri l'idée de l'unité dans les esprits allemands. Mais la démocratie française voulait la liberté et la justice. Elle les voulait pour tous les peuples, comme elle les voulait pour elle-même. Et n'était-il pas « juste » que l'Allemagne, à son tour, fût libre et puissante, qu'elle ne formât, comme la France, qu'une seule nation ?

CHAPITRE IV – LA JUSTICE FAIT FAILLITE À L'INTÉRIEUR (1848).

« L'idéal qu'avait rêvé ma jeunesse,
Le ciel où montaient mes espoirs perdus,
Ce n'était pas l'art, l'amour, la richesse,
C'était la justice, et je n'y crois plus. » (Louis Ménard.)

« La justice est le ciel où les cœurs endoloris se retrouvent. » (Proudhon.)

Au mois de février 1848, le cœur de la France éclata. Tout ce que le peuple rêvait depuis 1815 partit d'un seul coup dans une effusion extraordinaire. Un tumulte aussi vaste et aussi soudain de sentiments et d'idées n'a eu d'équivalent à aucune époque. Ce fut la crise religieuse de la démocratie.

Lorsqu'après l'abdication et le départ de Louis-Philippe la foule pénétra aux Tuileries, on vit, au milieu de quelques scènes d'orgie banale, les spectacles les plus étranges. Dans l'oratoire de la reine, un jeune polytechnicien, sans doute un adepte du christianisme républicain de Buchez, saisit le crucifix en s'écriant : « Voici notre maître à tous. » Et suivie d'un grand nombre d'insurgés, il porta processionnellement la croix jusqu'à l'église prochaine. Au même moment, des orateurs populaires se succédaient sur les degrés du trône royal. L'un d'eux fit l'éloge de Louis-Napoléon Bonaparte. Bientôt, le meuble symbolique lui-même fut enlevé, jeté par une fenêtre : il devait, quelques instants plus tard, brûler sur la place de la Bastille, au pied de la colonne de Juillet. Flaubert, dans l'*Education Sentimentale,* a peint cette scène : « Alors, dit-il, une joie frénétique éclata, comme si, à la place du trône, un avenir de bonheur illimité avait paru. »

Ce bonheur, c'était celui de l'humanité, tel que l'imaginaient depuis trente ans les réformateurs dont la pensée agitait confusément les masses. Saint-Simon, Fourier, Cabet n'avaient pas en vain soulevé les problèmes du travail, de la richesse, de la justice sociale. Par eux la formule de « l'organisation du travail » avait pris une valeur magique. Il avaient répondu aux désirs d'un prolétariat accru par le développement industriel, privé de protection et de sécurité par les principes de la liberté économique. Le besoin que la classe ouvrière ressentait et exprimait avec force, c'était celui d'une protection. Les Droits de l'homme, qu'était-ce, en fin de compte, sinon la fameuse liberté de mourir de faim ? Il fallait les compléter ou les corriger par le droit au travail. Dès le 25 février, sur l'injonction d'une délégation de travailleurs, le gouvernement provisoire avait reconnu par décret ce droit nouveau. Plus tard, on lui a reproché sa faiblesse. On y a vu la cause première de la faillite si prompte à laquelle la deuxième République allait glisser. Mais était-il possible d'échapper à la logique d'une pareille révolution ? Que ce fût le 25 février ou le 23 juin, le conflit devait surgir. L'espérance d'une refonte totale de la société était si forte qu'on eût couru le même risque à la décevoir à n'importe quel moment.

Les ouvriers avaient juré de mettre trois mois de misère au service de la République. Trois mois pour réaliser la justice en ce monde ! A quel point leur idéalisme était naïf et généreux, il suffit pour en juger de se souvenir qu'ils accordèrent un dernier délai. Ils souffriraient un mois de misère encore. Le 23 juin, l'expérience était fini et la déception consommée.

Lamartine, si souvent prophétique, avait vu le péril. Il savait que la promesse du gouvernement était redoutable, mais plus redoutable encore l'état d'esprit des prolétaires. Ce qu'ils voulaient, ce n'était pas une amélioration de leur sort, des réformes, un peu de sécurité et de bien-être. C'était la justice entière, immédiate, universelle, la justice non seulement pour eux mais pour les autres, la justice au dedans et au dehors, la justice entre les classes et parmi les nations. Au lendemain de la journée où il avait convaincu le peuple de Paris de renoncer au drapeau rouge, Lamartine avait eu à repousser un nouvel assaut, bien plus grave. Cette fois, on voulait l'obliger à réaliser sur le champ l'organisation du travail. Un groupe d'ouvriers, dont le chef portait le nom impératif de Marche, avait envahi la salle du gouvernement provisoire. Frappant le parquet de la crosse de son fusil, Marche, d'un geste de tribun, montra la place de Grève, où la foule à ce moment poussait une clameur, et il adressa aux chefs de la démocratie ces paroles merveilleuses : « Citoyens, depuis vingt-quatre heures la révolution est faite, le peuple attend encore les résultats. Il m'envoie vous dire qu'il ne souffriras plus de délai. »

Lamartine essaya de convaincre ces croyants exaltés que le progrès était lent et se ferait par étapes. Dans un dialogue nerveux, tenu sous le coup de l'émeute, il esquissa, par une de ces étonnantes inspirations dont il était coutumier, un programme social de réformes prudentes, modérées, progressives, aux paliers très espèces, celui-là même que la troisième République se donnerait plus tard pour tâche de remplir. Mais lorsque Lamartine parla des institutions fraternelles que la République devait successivement organiser pour relever la condition du prolétaire, il lut sur les visages le mot que Louis Blanc lui-même devait entendre un jour : « Tu es donc un traître, toi aussi ? »

C'était tout de suite qu'il fallait la justice. Le droit, il fallait tout entier. Mais ces Français idéalistes ne revendiquaient pas la justice et le droit pour eux seuls. Il y avait au loin des nations qui souffraient, des nations victimes de l'iniquité. Il y avait l'Italie, la Hongrie, la Pologne. Et puis, un peu partout dans les pays germaniques, à Vienne, à Berlin, à Munich, à Dresde, avaient surgi des révolutions annonciatrices d'une libération du monde. Enfin luisait le jour que le peuple français avait tant attendu. Ce qu'il avait rêvé, chanté, prophétisé s'accomplissait. La vision qui avait soutenu les longues heures de l'atelier, qui avait animé les combattants des barricades, on la touchait de la main. Rien n'était plus impossible. Tout le passé, toutes les oppressions rentraient dans l'ombre. Les hommes de mauvaise volonté suffiraient-ils à empêcher cet avènement du ciel sur la terre ?

La foi de ces révolutionnaires était si contagieuse que peu d'esprits y échappaient. Les proclamations des candidats, aux élections d'avril, montrèrent des industriels, des médecins qui revendiquaient le titre d'« ouvriers » tandis que les propriétaires s'excuseraient humblement de n'avoir pas fait des questions sociales l'étude de toute leur vie. M. de Falloux se disait républicain par nature. M. de Ségur d'Aguesseau voulait satisfaire aux nécessités de la démocratie triomphante. M. de Montalembert se vantait d'avoir toujours reconnu le droit divin de nationalités et la légitimité du peuple. Pendant deux mois le clergé bénit des arbres de la liberté. On ne devait plus revoir qu'avec les premiers jours de la révolution russe une pareille unanimité d'enthousiasme et d'adhésion.

Pourtant les jours passaient sans que rien s'essentiel fût chargé à la physionomie du monde. On sentait que l'heure des grandes espérances allait s'envoler et la réalité retomber sur la terre. L'assemblée s'était réunie et, quand elle se fut comptée, elle s'aperçut qu'elle représentait une autre France que celle à qui s'étaient adressées ses professions de foi. C'était la France du suffrage universel, avec son composé constant, sa moyenne de réalisme et d'idéalisme. C'étaient des traditions, des intérêts, la vie des campagnes apportant la contrepartie du romantisme révolutionnaire. C'était la petite propriété, la bourgeoisie modeste, cherchant, non moins que le prolétariat, son expression politique. Cette masse avait en elle-même une puissance régulatrice. Déjà elle tendait à un régime matériel de satisfaction moyenne des habitudes et des besoins et montrait l'horreur des bouleversements. La justice qu'elle voudrait serait peut-être une justice fiscale, administrative, une distribution bureaucratique des avantages et des biens où chacun aurait son tour, bref la conception de la cagnotte appliquée à la nation et de la tontine appliquée à l'État. D'instinct, le peuple de Paris eut horreur de cette vaste médiocrité. Il sentit que sa justice à lui, qui était absolue et sans limites, était en danger. Alors, saisi d'une sorte d'impatience (les trois mois de misère pour lesquels il avait fait crédit étaient presque écoulés), il parut tumultuairement devant l'assemblée elle-même, l'assemblée du suffrage universel, pour obtenir que la justice fût.

La journée du 15 mai annonçait la rupture du prolétariat et de la République bourgeoise. Elle entendit le grand cri d'une foule idéaliste et affamée de justice. Justice au dehors, justice au dedans, justice pour tous. Et même justice d'abord pour les nations malheureuses. Les manifestants qui envahissaient l'assemblée criaient : « Vive la Pologne » avant de crier : « Vive l'organisation du travail ! » Lorsque Blanqui prit la parole ; la cause qu'il défendit la première fut celle des Polonais. « Le peuple, s'écria-t-il, exige que l'Assemblée nationale décrète, sans désemparer, que la France ne mettra l'épée au fourreau que lorsque l'ancienne Pologne tout entière sera reconstituée. » Cela dit, il voulait passer aux revendications des ouvriers français. Sobrier l'interrompit avec violence. « Il ne s'agit pas de cela. La Pologne ! la Pologne ! Parle de la Pologne ! »

Ainsi l'assemblée était sommée de jeter la France dans une grande guerre européenne pour délivrer la Pologne. Sous cette impression, elle vota son ordre du jour conciliateur du 24 mai : « Pacte fraternel avec l'Allemagne, reconstitution de la Pologne indépendante, affranchissement de l'Italie ». C'était la reconnaissance solennelle du principe des nationalités, son adoption par la démocratie. Reconnaissance et adoption platoniques. Déjà il était certain que l'assemblée, ratifiant, comme Lamartine lui-même, la politique extérieure de Louis-Philippe, ne ferait pas la guerre. La révolution était une partie perdue pour la Pologne, différée seulement pour l'Italie et pour l'Allemagne. Mais l'autre face de la justice ? Mais l'organisation du travail ? Quelques jours encore, et la faillite en serait déclarée par la fermeture des ateliers nationaux.

L'orage qui grossissait dans le cœur des prolétaires était sur le point d'éclater lorsque, dans les heures lourdes qui précédèrent l'insurrection de juin, une voix s'éleva tout à coup. Elle parlait un langage où la France reconnut ses aspirations et ses désirs obscurs, où elle entendit enfin la formule que la République n'avait pas su trouver. « Mon nom est un symbole d'ordre, de nationalité, de gloire », disait Louis-Napoléon Bonaparte avec hauteur dans sa lettre d'adieu à l'assemblée. Sur leur Aventin de la montagne Sainte-Geneviève et du faubourg Saint-Antoine, les prolétaires grondants, déjà séparés du reste de la France négligèrent ces paroles. Elles émurent le pays qui y reconnut l'accent napoléonien. L'ordre, c'était le besoin d'un peuple de petits propriétaires à qui la démocratie sociale n'apparaissait encore que sous les aspects effrayants du communisme partageur. La nationalité, la gloire, c'étaient les mots qui flattaient ses passions et ses illusions. Il fallait en finir avec les ennemis de la société qui avaient fait le rêve insensé de renverser les bases du capital et de la propriété. Mais, conservatrice du code, la France restait toujours aventureuse et idéaliste au dehors. Dès ce moment, elle était acquise à l'exécuteur testamentaire du programme de Sainte-Hélène, qui avait si bien compris, touché et ravivé ses sentiments.

Le sombre épisode des journées de juin a été le grand drame de la classe ouvrière. Aujourd'hui nous en jugeons mieux le caractère : il fut terrible parce que c'était une crise morale qui se résolvait dans un prolétariat encore naïf. Les révoltés n'avaient pas de plan. Aucun nom de chef n'est resté de cette insurrection sanglante devant laquelle l'armée elle-même se sentit un moment découragée. On y vit sans doute des scènes ignobles, de lâches assassinats. Mais, chez le plus grand nombre, ce qui agissait, c'était l'espérance déçue, c'était la foi trompée. On retrouve, aux débuts des journées de juin, les restes du mysticisme de février. Pareil au polytechnicien qui avait élevé au-dessus de la foule le crucifix de la reine, Pajol, l'orateur de l'insurrection, comparait le peuple au Christ outragé, flagellé, couronné d'épines. Les journées de juin furent la guerre sacrée des faubourgs.

L'insurrection fut écrasée. Les bourgeois de la garde nationale s'y battirent avec une fureur héroïque contre le monstre du communisme, pour la propriété et pour l'héritage. Mais, de cette lutte inexpiable, la classe ouvrière vaincue sortit démoralisée pour longtemps. Lorsque le général Cavaignac et l'assemblée organisèrent sur la place de la Concorde une cérémonie d'expiation et de réconciliation à la mémoire de toutes les victimes, les emblèmes républicains apparurent comme une dérision. « On y lisait partout la devise *Liberté, Égalité, Fraternité* », dit Daniel Stern. « Mais elle ne faisait plus naître d'autre sentiment que celui d'une amère ironie. » De ce jour, des croyances furent tuées, des cœurs flétris. Des hommes qui n'avaient vécu que pour la justice portèrent un deuil. Le charme de février était rompu.

Il ne subsistait qu'une part de l'idéal révolutionnaire. Celle-là, l'expérience ne l'avait pas encore touchée. Elle restait toujours séduisante et riche de promesses parce qu'elle n'avait pas été mise à l'épreuve. Le rêve de justice sociale que la France avait fait au mois de février 1848 s'était terminé par une affreuse guerre civile. Le rêve de justice internationale ne s'était pas encore heurté aux réalités. Qui pensait alors qu'il allait engendrer des guerres sanglantes et se terminer par un choc des peuples tel qu'on n'en avait jamais vu ?

Aux premiers mois de 1848, l'avenir de la démocratie européenne paraissait si pur et si certain qu'il ne trouvait pas de sceptiques. Au milieu des délégations de toute sorte qui affluaient au Gouvernement provisoire, il n'était pas de jour qu'il ne se présentât une députation de démocrates allemands, italiens, hongrois, polonais ou espagnols. Est-ce que des États-Unis d'Europe, une Société des nations n'allaient pas naître de ces contacts et de ces sympathies ? A travers tout le continent, la Russie exceptée, la formule démocratique se répandait avec une force qui semblait invincible. Tous les peuples secouaient leurs chaînes. Les dynasties réactionnaires capitulaient ou bien elles étaient renversées. Metternich et les Habsbourg étaient chassés de Vienne. La Hongrie, objet des prédilections libérales, proclamait son affranchissement. L'Allemagne allait avoir son Parlement et Berlin s'était soulevé. A Paris, on ne séparait pas le roi de Prusse de son peuple. Le libéralisme français, fidèle à la tradition du XVIIIe siècle, n'avait alors aucun doute sur les Hohenzollern et continuait à croire, comme disait Lamartine, à leur « esprit éclairé » et à leur « cœur populaire ». Une grande Allemagne, dévouée aux idées libérales sous les auspices de la Prusse, allait rendre facile et paisible le règlement de tous les problèmes européens...

C'est ainsi que Lamartine voyait l'avenir. C'est à la faveur de ces illusions qu'il traçait le programme de politique extérieure de la deuxième République. Sur les apparences qui s'offraient alors à ses yeux, Lamartine raisonnait peut-être avec justesse. Mais il raisonnait sur des apparences, et le fond des choses lui échappait. Il voyait sans doute que, dans ces mouvements populaires qui se propageaient un peu partout, le libéralisme et le nationalisme étaient mélangés. Il n'apercevait pas que tous deux ne pourraient pas cœxister bien longtemps, que l'un finirait par manger l'autre, et que, le nationalisme étant le plus fort, c'était lui qui l'emporterait et qui déterminerait les forme politiques des peuples nouvellement unis ou libérés. Mais si grande était la confiance de Lamartine dans l'avenir et dans la vertu de la démocratie, qu'il voyait déjà l'Allemagne elle-même rendant à la Pologne son indépendance par un grand mouvement généreux. Aux Polonais qui réclamaient l'intervention de la France, il montrait la « nouvelle fédération germanique » prête à « émanciper les faibles », et il déclarait « traître à la liberté du monde » celui qui voudrait attaquer l'Allemagne et la troubler dans cette sublime gestation.

Avant d'être la ville où serait signée la plus brutale des paix, Francfort avait été pendant quelques mois la ville sainte du libéralisme allemand, vénérée par le libéralisme européen. Le Parlement de Francfort se réunissait presque en même temps que l'Assemblée nationale. Dans cette rencontre, Lamartine voyait un heureux augure et l'image de l'avenir. Il disait dans son rapport du 8 mai sur les relations extérieures :

« L'idée d'un parlement constituant, en permanence au cœur de l'Allemagne, surgit au contact de nos idées... La liberté de plus en plus démocratique de l'Allemagne prendra nécessairement son appui sur une puissance démocratique aussi, sans autre ambition que l'alliance des principes et la sûreté des territoires : c'est nommer la France. Les bases de ce Parlement, délibérées à Francfort à la fin de mars, présagent les destinées nouvelles de l'Allemagne... Ainsi, de toutes parts, depuis la proclamation de la République, sous des formes variées et analogues au génie des peuples, l'indépendance, la liberté, la démocratie s'organisent sur le type français. »

Il n'y avait, en effet, aucune raison de douter du libéralisme très authentique que professaient les députés allemands réunis à Francfort. Mais l'erreur était de croire qu'ils songeraient avant tout à s'organiser en démocratie sur le type français. L'erreur était de ramener la France et l'Allemagne au même dénominateur. La France était une. L'Allemagne avait à faire son unité. Les patriotes allemands étaient libéraux, quelques-uns même républicains : le particularisme consacré par les traités de 1815 était l'obstacle qui se dressait sur la route de l'unité allemande, et, pour abattre le particularisme, il fallait passer sur le corps des vingt et quelques dynasties qui se partageaient l'Allemagne. En d'autres termes, il fallait une vaste révolution, un mouvement général éclatant et réussissant simultanément à Berlin, à Munich, à Dresde et à Vienne même. Car l'unité que voulaient les libéraux de Francfort était bien plus étendue que celle que devait réaliser Bismarck. Ils revendiquaient tous les pays de langue germanique avec leurs dépendances historiques ou politiques. Ils rêvaient, ces démocrates, ce qu'a rêvé Guillaume II : la reconstitution du Saint-Empire. Ils n'ont pas été les précurseurs du pangermanisme ; ils ont été le pangermanisme lui-même. S'ils ne demandaient pas l'Alsace, ils y pensaient au fond de leur cœur. Mais déjà ils voulaient mettre la main sur le Sleswig-Holstein, et la guerre des Duchés, la spoliation du Danemark ont été inspirées à Francfort. Le principe des nationalités, le droit naturel, la liberté des races : le « teutonisme » comme on l'appelait alors, les revendiquait aussi, mais il s'en armait contre le petit peuple danois. Le Parlement francfortois poussa la Prusse à s'emparer du Sleswig. Et quand les puissances intervinrent, reconnaissant, sous les principes libéraux, le droit du plus fort, ce fut un long cri de déception et de rage chez les députés allemands. A partir de ce jour, le libéralisme germaniqe fut virtuellement acquis à la force, et la force, c'était la Prusse.

Déjà prussien au point d'offrir à Frédéric Guillaume une couronne impériale élective, le Parlement de Francfort avait indiqué les grandes lignes de la politique que les Hohenzollern allaient suivre vis-à-vis de l'Autriche. Ou bien l'Autriche devait entrer dans l'Allemagne nouvelle comme une égale entre des égaux, ou bien, si elle prétendait à des privilèges, à une suprématic, elle serait expulsée de la Confédération : de même que la guerre de 1861 contre le Danemark, la guerre de 1866 a été inspirée, suggérée à Bismarck par les libéraux de Francfort. Mais, tout en voulant briser la puissance de l'Autriche hostile à l'unité allemande, les pangermanistes de 1848 comptaient bien la faire rentrer un jour, humiliée et affaiblie, dans le futur État allemand. La conception du *Mitteleuropa* était aussi nette dans leur esprit qu'elle l'est aujourd'hui dans celui de Frédéric Naumann. Mais ce n'étaient pas seulement les vieilles provinces de langue allemande qu'ils voulaient réunir. C'étaient aussi les dépendances de la maison de Habsbourg, c'était la Vénétie et la Lombardie. Lorsque Radetzky partit à la rencontre de Charles-Albert pour écraser l'indépendance italienne, le Parlement de Francfort fit pour lui des vœux solennels. Quoique, vingt ans plus tard, l'unité allemande et l'unité italienne dussent s'accomplir ensemble et en se prêtant un appui réciproque, l'Allemagne se considérait déjà comme l'héritière de l'Autriche. Elle était prête à prendre sa place partout, jusqu'en Italie.

Il ne manquait au libéralisme allemand qu'une chose pour exécuter ce programme, mais c'était une chose essentielle : il lui manquait de s'appuyer sur un État robustes. Il ne tarda pas à reconnaître que l'idée d'une politique à la fois nationale et républicaine, en Allemagne comme en France, se heurtait aux réalités de la politique et de la vie. Pour prendre forme, pour aboutir, le rêve allemand devait, comme le rêve français, trouver un ouvrier et recourir aux éternels moyens de la force et de la guerre. Les principes libéraux ne suffiraient pas à rénover le monde.

Il semblait que le peuple français et le peuple allemand voulussent alors les mêmes choses parce que l'abolition des traités de 1815 était également dans leur vœux. Mais l'Allemagne y voyait avant tout ce qui le gênait pour former son unité et devenir une seule et grande nation. La France y voyait, avec la mutilation de ses frontières, l'oppression et la tyrannie pesant sur les peuples. L'Allemagne était égoïste tandis que la France ne séparait pas sa cause de celle d'autrui. L'Allemagne voulait travailler pour elle seule, et la France était désintéressée. La guerre 1870 était en germe dans ce désaccord. Pour ne pas avoir compris que le libéralisme allemand était à base de nationalisme, la politique française allait favoriser ou laisser faire l'unité allemande, jusqu'au jour où l'on comprendrait, – trop tard, – que cette unité ne pouvait se faire que contre nous.

L'année 1818 apporta la même déception des deux côtés du Rhin et laissa le même regret. Ce qu'on avait espéré de part et d'autre ne s'était pas accompli : le Parlement de Francfort s'était dissous sans avoir unifié l'Allemagne, – la deuxième République n'avait pas osé prendre l'initiative redoutable de déclarer une grande guerre pour affranchir le monde. La France et l'Allemagne seraient dès lors acquises aux chefs qui leur promettraient de réaliser leur rêve. Napoléon et Bismarck n'avaient qu'à venir : ils seraient acclamés et suivis. Mais Napoléon devait venir d'abord, car c'était à la France qu'il appartenait d'ouvrir la brèche par laquelle Bismarck passerait. Sans elle, qui, par deux guerres successives, allait ébranler l'Europe et mettre la masse allemande en mouvement, l'unité germanique restait prisonnière aux limbes de Francfort.

Pour ressusciter le régime napoléonien, pour permettre au peuple français de déléguer à un Napoléon ses espérances, il fallait qu'une condition, une seule fut remplie. Il dépendait de l'assemblée constituante de décider du caractère à donner au pouvoir exécutif. Par un entraînement fatal, cette assemblée, qui se méfiait de Louis-Napoléon Bonaparte, adopta la mesure qu'il fallait pour lui ouvrir l'accès du pouvoir : elle opta pour le plébiscite. C'était son suicide : ses méfiances mêmes le préparèrent. Conservatrice, au fond, elle redoutait d'être soupçonnée de nourrir des projets de restauration monarchique. Pour éviter un roi, elle laissa faire un empereur. Lamartine lui-même, par une ambition ou une rancune indignes de son grand cœur, par fatalisme surtout peut-être, oublia ce qu'il avait annoncé huit ans plus tôt, quand il montrait, avant le retour des cendres, le danger de réveiller les souvenirs de l'Empereur. Son discours, qui entraîna l'adoption du plébiscite, proclamait la faillite de la République, « beau rêve » qu'avaient fait la France et le genre humain. Pour réaliser ce qu'il restait de ce rêve, il fallait s'abandonner au courant qui, depuis 1815, n'avait cessé de grandir. La semence jetée du rocher de Sainte-Hélène allait germer. Prévoyant lui-même que les Français éliraient un Bonaparte et redoutant ce choix, Lamartine s'écriait « N'importe! le sort en est jeté ». Tout abdiquait. Comme Charles X, comme Louis-Philippe, la République s'effaçait devant quelque chose de plus fort qu'elle, devant la Révolution personnifiée.

Le 10 décembre, cinq millions et demi de voix votèrent pour le neveu de celui qui avait été « l'Orphée et l'Hercule de la Révolution française ». Louis-Napoléon n'était plus le ridicule conspirateur de Strasbourg et de Boulogne, le prisonnier de Ham, le député qui, à la tribune de l'assemblée, avait surpris par son « accent étranger ». La démocratie reconnaissait en lui ses aspirations. Il n'est pas vrai que l'élection du 10 décembre ait été une élection réactionnaire. Les conservateurs, en général, avaient voté pour le général Cavaignac, le vainqueur des journées de juin, tandis que quelques-uns des départements qui, en avril, avaient donné le plus de voix aux socialistes, – on peut citer celui de Saône-et-Loire, – assurèrent aussi la majorité de leurs suffrages à Louis-Napoléon. Non, non, c'est bien par un acte de leur volonté et de leur libre arbitre que les Français sont revenus à la formule napoléonienne, parce que cette formule, telle que le premier empereur l'avait conçue, était celle qui répondait aux souvenirs et aux espérances du peuple. L'ordre, la gloire, les nationalités, c'étaient les trois couleurs auxquelles se ralliait la masse et qui faisaient l'union. L'ordre, toujours cher dans un pays de petits propriétaires et d'épargnants. La gloire, précieuse à une nation patriote mais qui se trompait sur les conditions dans lesquelles se trouvait la France en Europe et qui négligeait sa sécurité comme une chose secondaire et allant de soi. Les nationalités, enfin, part de la générosité et de l'illusion : la France brûlait de faire le bonheur des autres, certaine qu'elle travaillerait en même temps pour le sien.

Encore quelques mois et Louis-Napoléon, appuyé sur ce triple programme, serait le maître absolu. Confiance au-dedans, promesses pour le dehors : il possédait, il apportait tout. Jamais pouvoir ne s'est établi sur plus de consentement. Nul n'a eu non plus des bases plus fragiles. Comme le preneur de rats de la légende qui avait conduit la foule ravie droit à la rivière, Napoléon III, aux applaudissements de la France, allait la mener au désastre et il y mènerait le monde avec elle.

Ce ne devait pas être, pourtant, sans que la fortune offrît des occasions de retenir l'Europe sur la pente. Ces occasions allaient être négligées par une suite de fautes qui eurent ceci de tragique que personne, sur le moment, ne les aperçut.

CHAPITRE V – L'OCCASION DE DÉTRUIRE LE MILITARISME PRUSSIEN EST MANQUÉE

« To heirs unknown descends the unguarded store. »

(Pope.)

Un matin du mois de novembre 1850, M. de Beust, ministre des Affraires Étrangères du royaume de Saxe, reçut la visite de son médecin, qui observa un épanchement de bile. « C'est bien possible », dit Beust. Et il ajouta : « Je suis comme un joueur qui aurait dix-huit à point et qui verrait son partenaire renoncer à la partie. »

Il venait, en effet, de se passer ceci. Les États secondaires d'Allemagne, unis à l'Autriche, étaient entrés en conflit avec la Prusse dont les ambitions commençaient à se découvrir. La Prusse visait à prendre la tête du mouvement unitaire allemand. Elle y était encouragée par le vote du Parlement de Francfort. Frédéric-Guillaume avait dédaigné la « couronne de boue » que lui avait offerte une assemblée impuissance. Il n'en était pas moins le candidat désigné, et le plan qui devait être exécuté un jour par Bismarck s'ébauchait. Il s'agissait d'écarter l'Autriche des affaires allemandes, puis, cela fait, cette rivale supprimée, d'« avaler » royaumes, duchés et villes libres. Les petites cours, un moment inattentives au péril, s'étaient ressaisies à temps et, remises d'aplomb depuis l'échec des libéraux unitaires de Francfort, elles s'étaient groupées autour de l'Autriche. La Prusse, qui s'était lancée dans cette aventure avec des forces insuffisantes, risquait de la payer cher. L'entrée des troupes fédérales à Berlin était assurée et l'Europe, sans s'en douter, allait passer à côté de son salut, puisque les Allemands eux-mêmes se chargeaient d'écraser dans l'œuf le « militarisme prussien ».

Cependant le roi de Prusse, effrayé, prenait les devants. Il s'humiliait à Olmütz[4]. Mais, comme l'Autriche restait exigeante, posait des conditions telles que la Prusse allait se voir contrainte d'accepter un combat qui eût certainement mal tourné pour elle, l'empereur de Russie intervenait. Il obligeait les deux camps à accepter une médiation impérieuse, en sorte que Frédéric-Guillaume s'en tirait à bon marché, encore que l'humiliation fût cuisante. Quant à l'Autriche et aux Cours moyennes, elles étaient frustrées et jouées. Elles voyaient s'échapper une espérance qu'elles avaient tenue à portée de la main. Seize ans plus tard, le même conflit devait éclater, mais, cette fois, dans des circonstances favorables à la Prusse encore servie par le tsar, qui, au lieu d'intervenir, s'abstiendrait comme la France elle-même, en sorte que la lutte se terminerait par la défaite de l'Autriche à Sadowa et l'abdication des États du Sud. Beust, dernier représentant de la politique particulariste, pressentait ces suites funestes. Et voilà ce qui donnait un épanchement de bile au ministre de Saxe et lui faisait dire qu'il avait perdu la partie avec « dix-huit à point ».

Aujourd'hui qu'il est trop tard, que le mal est fait et que les conséquences en ont éclaté avec fureur, on voit les Alliés épier les moindres signes de division du monde germanique. Si l'Allemagne

4. À l'issue de la guerre austro-prussienne de 1849, la conférence d'Olmütz (29-11-1850) oblige la Prusse à retourner dans la Confédération germanique sous commandement autrichien.

du Sud allait se lasser, l'Autriche s'affranchir ?... *Sero medicina paratur*. Le remède est venu trop tard. Qui plus est, on a destiné à l'Allemagne adulte le remède qui eût convenu à sa gourme. A deux reprises, au milieu du siècle dernier, l'histoire a offert aux nations l'occasion d'en finir avec la Prusse, de s'épargner à elles-mêmes le fléau qui les frappe aujourd'hui : autant d'occasions perdues. Contre la Prusse, les États allemands, en 1830, ne demandaient même pas à être aidés : ils demandaient à l'Europe de les laisser faire. Loin de recevoir un signe d'encouragement, leur action aura été arrêtée. Ils étaient prêts quand nous ne l'étions pas. Comment s'étonner qu'ils ne le soient plus quand nous le sommes ? Depuis, les choses ont marché.

Cette année 1850 partage l'histoire comme elle partage le siècle. L'abstention des puissances qui tenaient entre leurs mains le sort de l'Allemagne a décidé de l'avenir. La Russie avait sauvé la Prusse. La France l'avait ménagée. L'Angleterre avait fermé les yeux : somnambule réveillé seulement en 1914, elle devait être la dernière à comprendre le péril allemand. L'autocratie russe, le césarisme démocratique français ; le parlementarisme britannique, pour des raisons diverses, ont été également insensibles à leur bien et à leur mal.

Le moscovite surtout n'avait rien vu et rien compris. Il restait grossièrement fidèle à la lettre de la Sainte-Alliance et le subtil Metternich n'était plus là pour lui en faire entendre l'esprit. Nicolas Ier combattait la révolution à tort et à travers. La Russie ayant été, des grands Etats continentaux, le seul épargné par les convulsions de 1848, disposait d'une supériorité de force indiscutable. Nicolas Ier, jusqu'à la guerre de Crimée, pouvait tout en Europe. Mais la politique russe restait asiatique. L'empereur ne concevait qu'une chose : la lutte contre les idées révolutionnaires. Indistinctement, il étouffait la révolution hongroise pour sauver les Habsbourg, puis il venait sauver le roi de Prusse, ennemi de ces Habsbourg. Il lui manquait d'être éclairé sur les finesses. Sa force employée aurait pu être infiniment bienfaisante. Elle n'était pas dangereuse, contrairement à ce qu'on a longtemps pensé. Car, avant bien d'autres signes, la guerre de Crimée n'allait pas tarder à prouver que le colosse russe avait des pieds d'argile.

Obscurément, comme une géant naïf, Nicolas Ier se rendait compte que, pour faire une politique de conservation intelligente, il lui manquait quelque chose : les conseils et l'appui de la France. « Personne ne bougera et ne pourra rien en Europe tant que la Russie et la France seront unies et se donneront la main », disait-il, précisément au moment d'Olmütz. Il ne voulait pas de l'unité allemande, ce rêve de professions comme il disait avec dédain. Alors, de toute évidence, rien n'eût été plus facile à une alliance franco-russe que l'empêcher une grande Allemagne de naître. Mais cette alliance, la démocratie française n'en voulait pas. Elle l'avait en horreur au temps où la France et la Russie alliées eussent été toutes puissantes et en mesure d'épargne des maux affreux aux races futures. L'alliance franco-russe ne s'est nouée que quand le mal a été fait et pour résister au péril allemand. Là encore, la médecine est venue trop tard. Après avoir rejeté l'alliance du tsarisme quand il était robuste, la démocratie française, pressée par le péril, s'est liée à sa destinée au moment où il devenait chancelant...

La brève période qui sépare du coup d'Etat l'élection de Louis-Napoléon à la présidence est généralement négligée. Elle est peut-être plus ignorée encore que le reste de notre histoire au XIXe siècle. Quoique obscure, elle a été décisive. Déjà, c'était la politique extérieure et le programme des nationalités qui avaient contribué pour une marge part à l'élection du 10 décembre. Ce fut encore ce qui décida de la chute de l'assemble et de la proclamation de l'Empire.

Les hommes qui, dans l'Assemblée nouvelle élue le 18 mai 1849, s'occupaient de politique étrangère, étaient, en général, comme le personnel diplomatique lui-même, encore pénétrés de l'esprit et de la méthode de Louis-Philippe. Ils eussent voulu que la République fît au dehors une politique mesurée et prudente. Le prince-président avait un programme à accomplir, celui que représentait « le nom de Napoléon ». Ce programme c'était les aventures, c'était la révolution européenne, le grand ébranlement avec tous ses dangers. Les conservateurs de l'Assemblée le sentaient bien ; ils ne le disaient pas ou ils le disaient mal. C'est que, pour le dire, il eût fallu réhabiliter les deux monarchies qui s'étaient succédé depuis 1813. Et cela, on ne l'osait pas. Il eût fallu aussi remonter le courant de l'opinion publique. Et cela, c'était ce qu'un corps élu pouvait faire moins que personne. Car il y avait ceci d'extraordinaire dans la situation : les millions de voix qui avaient plébiscité Louis-Napoléon, le 10 décembre, n'avaient su de quel côté se porter le 18 mai suivant, et elles s'étaient partagées entre des radicaux et des conservateurs, selon qu'elles croyaient mieux entrer dans des idées du princes-président. Ces pauvres Français ! Ils l'aimaient tant, alors, leur napoléonide ! Ils avaient en lui une telle confiance ! Et comme il n'y avait guère encore de candidat ouvertement bonapartiste, ils votaient soit pour la partie face, soit pour la partie pile du programme, soit pour l'ordre à l'intérieur, soit pour les agitations à l'extérieur, sûrs seulement d'une chose, c'est que les modérés de l'école de Lamartine ou de Cavaignac ne plaisaient pas à l'Elysée, et ils ne voulaient que ce que voulait leur héros.

Au début, le président avait compté avec l'assemblée. Dans les affaires de Rome, il avait accepté le point de vue conservateur afin de ne pas s'aliéner à l'intérieur les catholiques. Mais, au fond du cœur, n'était-il pas avec ces manifestants et ces émeutiers de la place du Château-d'Eau qui réclament la République romaine, aurore de l'unité italienne ? Louis-Napoléon s'enhardit par ce mouvement de la rue parisienne qui répondait à ses propres pensées. Il obtint que la France secourût les Hongrois, alors si chers aux libéraux français, après avoir déclaré que « la peau de Kossuth [5] valait au besoin la guerre ». Pour Kossuth, pour la Hongrie, que n'eût-on pas fait ! Bientôt, un démocrate, Jules Favre [6], vint provoquer le prince-président à la tribune en lui rappelant son passé et la part qu'il avait prise, dix-huit ans plus tôt, à la Révolution romaine. Les cris du Château-d'Eau, le discours de Jules Favre, ce fut comme le réveil de Charles VI dans la forêt au son de l'armure frappée par la lance. Ces voix républicaines rappelèrent au prince sa vocation. Elles lui montrèrent sur quels appuis il pouvait compter. Dès lors, il exposa toujours plus franchement son programme pour prendre bientôt en mains la politique extérieure tout entière.

5. Lajos Kossuth (1802-1894), patriote et homme politique hongrois.

6. Jules Favre (1809-1880), avocat et homme politique républicain français rendu célèbre par sa défense de Felice Orsini, le patriote italien qui tente d'assassiner Louis-Napoléon Bonaparte en 1858.

Mais quelle politique extérieure ! Le prince-président parlait ouvertement d'abolir les traités de 1815 par le moyen d'une alliance franco-anglo-prussienne. Il confiait ses desseins à l'ambassadeur de Prusse lui-même. Admirable projet : pour agrandir la France, on agrandirait la Prusse. On lui confierait le soin de diriger l'Allemagne. Le vieux préjugé libéral favorable à la Prusse inspirait Louis-Napoléon. La France et la Prusse n'étaient-elles pas deux sœurs ? « N'avaient-elles pas toutes deux même culture, même idéal de libéralisme éclairé, même intérêt à émanciper et à unir les nations et les races ? » Ces paroles textuelles, le président les prononçait en juin 1830. Au même moment, Palmerston déclarait sur le ton d'un oracle, « qu'une union allemande sous la direction de la Prusse serait un excellent arrangement européen ». Un excellent arrangement européen ! Et Palmerston a passé pour le plus fort des hommes d'État parmi ceux de son pays et de son temps ! Le libéral-radical anglais et l'élu de la démocratie française s'étaient nourris au même lait des mêmes illusions et des mêmes erreurs.

Lorsque le conflit austro-prussien de 1850 éclata, le prince-président était donc tout disposé à donner le coup de pouce qui eût précipité le mouvement et livré l'Allemagne à la Prusse. Au lieu de commencer par l'unité italienne, la révolution de l'Europe eût commencé par l'unité allemande. C'était, en tout cas, le contraire de la manœuvre à faire. Mais si Louis-Napoléon eût alors une liberté de mouvement suffisante pour intervenir, c'est au secours de la Prusse qu'il fût allé. Par Persigny, son homme de confiance à Berlin, il faisait dire à Frédéric-Guillaume son regret de ne pouvoir l'alliance qui était dans ses vœux. L'assemblée, les ministres s'y opposaient. Du moins promettait-il son concours à la Prusse « si, victime de la liberté, elle était menacée par les cours du Nord ». La Prusse, victime de la liberté : tout, dans cette histoire, est ironie. Mais, les cours du Nord, c'était avant tout la Russie. Nicolas Ier n'avait pas besoin de la France pour sauver le Hohenzollern et pour le tirer du mauvais pas où il s'était mis. L'Empereur russe croyait avoir tout gagné en intervenant comme arbitre et on rétablissant l'Allemagne dans les *statu quo*. Il lui avait manqué un bon conseil, des amis capables de l'éclairer et de lui montrer que, s'il voulait éviter l'unité allemande, l'occasion était bonne, inespérée, qu'elle ne se représenterait peut-être plus. A qui devait revenir ce rôle d'avertisseur et de précepteur, sinon à la France, aînée de la Russie et qui, depuis plus longtemps qu'elle, avait l'expérience du péril allemand ? Au lieu de cela la France avait mobilisé 40.000 hommes, s'apprêtant au besoin à venir en aide à la Prusse « victime de la liberté ».

Dans l'assemblée, les anciens ministres de la monarchie, comme Thiers, brûlant un peu tard ce qu'ils avaient adoré, s'opposaient à la politique d'aventures qui était celle de l'Élysée, mais ils s'y opposaient mollement et sans éclat. Ils ne dénonçaient pas assez haut le péril, peut-être parce qu'ils sentaient que le vent ne soufflait pas dans leurs voiles mais dans celles du président. En effet, le prince en appelait de l'assemblée à la démocratie. Il la faisait juge et c'est à lui que la démocratie donnait raison. Comme Louis-Philippe, comme Lamartine, l'assemblée allait succomber pour avoir été trop pacifique et trop sage. C'était entendu : le vœu public lui-même poussait à la dictature l'homme qui, au nom de la gloire et des nationalités, au nom de l'émancipation des races et des principes de la Révolution, venait de mobiliser une armée française pour sauver la Prusse et permettre aux héritiers de Frédéric de jeter un jour sur la France des millions d'Allemands unis sous le même drapeau.

CHAPITRE VI – DE LA BARRICADE DE BAUDIN À LA GUERRE CONTRE LE TSARISME

« Louis-Philippe avait cru qu'il suffisait de respecter cette forme du droit qu'on nomme la légalité pour conserver son trône et son pouvoir. Il y a deux mois, au contraire, qu'est-ce qui s'est passé ?... Il est vrai que Louis-Napoléon n'a pas observé la Constitution. Et cependant qui donc s'est levé pour défendre la Constitution, la Presse, l'Assemblée ?... Quant à la France, loyalement interrogée, elle a répondu par sept millions cinq cent mille suffrages que Louis-Napoléon, en faisant tout cela, avait bien fait. »

(*Histoire complète et authentique de Louis-Napoléon Bonaparte, depuis sa naissance jusqu'à ce jour, par* MM. GALLIX et GUY, 1852.)

J'ai si souvent entendu raconter le coup d'État et la mort de Baudin que je vois la scène du vieux faubourg comme si j'y avais été. Mon père, enfant, était alors à l'institution Fontaine, d'où les élèves étaient conduits au lycée Charlemagne. Le 3 décembre 1851, en sortant du lycée pour rentrer à la pension, les collégiens virent des barricades dans la rue Saint-Antoine. Mon père et un camarade ne voulurent pas manquer un si beau spectacle. Quittant les rangs à l'insu du maître d'étude, ils se promenèrent en curieux à travers le faubourg. Ils passèrent près de la poignée de députés qui, Schœlcher en tête, protestaient vainement contre le césarisme et les prétoriens, et qui crurent leur dernière heure venue lorsque la troupe chargea à la baïonnette : mais les voltigeurs, débonnaires dispersèrent les représentants du peuple sans leur faire de mal.

Quelques instants plus tard, les deux collégiens qui faisaient cette école buissonnière historique aperçurent un homme ceint d'une écharpe tricolore qui parlait et gesticulait du haut d'une barricade. A ce moment, un coup de feu retentit, puis la fusillade éclata tandis que l'homme tombait. Les deux garçons, effrayés, prirent leurs jambes à leur cou sans demander leur reste. Plus tard seulement, ils surent qu'ils avaient vu Baudin consommer un sacrifice inutile et montrer au faubourg insultant et sceptique comment on meurt pour vingt-cinq francs par jour.

Lorsque les collégiens, le cœur battant, rentrèrent à la pension Fontaine, mon grand-père était là et il attendait avec sévérité. A la nouvelle des événements, craignant l'insurrection du quartier Saint-Antoine, dont la réputation, depuis juin, restait terrible, il était venu à Paris chercher son fils. Il commença par une réprimande et un soufflet au jeune amateur de barricades. Puis, comme c'était un homme qui ne perdait pas ses minutes, avant de reprendre le chemin de la maison, il passa chez l'agent de change, et il donna l'ordre d'acheter des actions de chemins de fer. Depuis le matin, le succès du coup d'Etat ne faisait plus de doute. Le prince-président inspirait confiance à la bourgeoisie. L'Empire rassurait contre le socialisme et il était une promesse de prospérité.

Tandis que les bourgeois achetaient des actions de chemins de fer, les ouvriers restaient ironiques ou indifférents. Beaucoup étaient plus séduits qu'ils ne voulaient se l'avouer à eux-mêmes par la légende napoléonienne. La plupart avaient les journées de juin sur le cœur. « Que les fusilleurs bourgeois et le fusilleur Bonaparte s'arrangent », disaient les ouvriers du faubourg. Et ils jouaient au billard tandis que tandis que Baudin tombait. Plus tard, la génération républicaine surgie de l'Empire a donné au coup d'État une autre couleur. Presque tous, nous avons trouvé, dans la bibliothèque parternelle, l'*Histoire d'un crime* et les récits plus prosaïques de Ténot. A lire ces relations des journées de décembre, on s'aperçoit qu'à Paris, comme en province, la résistance avait été débile. La masse du public ne la soutint pas. Morny, qui avait bien préparé son affaire, avait étudié de près les Révolutions de 1830 et de 1848. Il s'était rendu compte des négligences et des maladresses des gouvernements déchus et il avait fait en sorte de ne pas les recommencer. Son opération fut habilement conduite. Mais ce qui en servit le mieux le succès, ce fut que, cette fois, le sentiment général était du même côté que le chef de l'État et le ministre de l'Intérieur. En faveur de qui Paris se serait-il insurgé ? Pour une assemblée impopulaire ? Quelques hommes hardis ayant attaqué l'escorte qui conduisait une voiturée de députés à Vincennes, ce furent ces parlementaires eux-mêmes, des conservateurs peu héroïques, qui refusèrent d'être délivrés. On les laissa à leur prison avec un dégoût mêlé de raillerie. Les jours suivants, les curieux vinrent voir et narguer les députés en cage. Quand l'heure de la promenade les faisait apparaître sur la plate-forme du vieux donjon, les quolibets de la foule montaient jusqu'à eux. C'était l'état d'esprit de Brumaire, lorsque les habitants de Saint-Cloud étaient allés, au milieu des rires, ramasser les écharpes et les chapeaux à plumes semés à travers bois par les Cinq-Cents fuyant devant les grenadiers de Bonaparte, Mon père, mon oncle répétaient souvent ce rapprochement que leur père avait fait devant eux au moment de décembre, ce qui ne les empêcha pas, à l'âge d'homme, d'être républicains.

Les premières années du second Empire furent d'une facilité extraordinaire. On n'en pouvait pas douter, la France possédait le régime de ses vœux et de son choix. Il y avait longtemps qu'on n'avait vu aussi peu de dissidence. Des plébiscites triomphaux venaient affirmer que les Français avaient bien le gouvernement qu'ils avaient voulu. L'Empire excellait dans l'art d'obtenir les bulletins de vote et l'activité de ses préfets n'aurait pas suffi à expliquer un assentiment aussi général. C'est un fait que le second Empire a été, de tous les gouvernement de la France au XIXe siècle, le mieux accueilli et le moins discuté. Il faudra attendre 1858 pour voir apparaître cinq opposants, les « cinq » fameux, au Corps législatif. Il est vrai qu'en 1871 il n'y aura plus que trois bonapartistes à l'Assemblée nationale pour protester contre la déchéance de l'Empire. Mais qui donc, après Sedan, se souvenait de l'approbation presque unanime de décembre ? Alors Louis-Napoléon avait contenté tout le monde. Il avait rendu à la foule le suffrage universel que les parlementaires avaient imprudemment mutilé. Il avait rassuré les propriétaires et les rentiers. Il avait capté les conservateurs, dont il avait mesuré, quand ils possédaient à l'Assemblée une majorité dont ils avaient été incapables de rien faire, la force au point de vue social et la débilité au point de vue politique. La France conservatrice était à prendre : Napoléon III la mit dans sa poche. Après quelques jours d'emprisonnement, il relâcha les députés de la droite. Plus tard, il en nomma quelques-uns sénateurs.

S'il fut plus sévère avec les montagnards et les purs du parti démocratique, il avait pourtant, contre les républicains, une arme plus forte que les commissions militaires, les déportations et l'exil. Il avait la popularité de son nom. Il avait les idées napoléoniennes. Dans son exil, Victor Hugo n'a jamais compris cela. Il n'a pas vu que le jour où la minorité montagnarde avait blâmé l'assemblée pour la « faiblesse » de sa politique européenne, – le même reproche qui avait fini par être mortel à la monarchie de Juillet, – l'Empire était inévitable. Quant à Napoléon III, il avait admirablement pénétré la pensée testamentaire de son oncle. Pour effacer les traités de 1815, pour accomplir la politique des nationalités, pour assurer la gloire et la grandeur de la France et la liberté des peuples, pour établir la justice dans le monde, pour satisfaire enfin les illusions et les désirs du peuple français, contrariés depuis trente-cinq ans par la monarchie légitime, la monarchie orléaniste et la République parlementaire des conservateurs, il n'y avait qu'un nom, le nom napoléonien, il n'y avait plus qu'un régime à essayer, c'était l'Empire. Comme il avait vu juste, l'Empereur déchu, de son rocher ! L'Empire se reconstituait à l'aide des forces qu'il avait mises en mouvement et des sentiments qu'il avait calculés. Le testament de Sainte-Hélène valait un trône, joyeusement accordé, par sept millions de suffrages, à l'aventurier de Strasbourg et de Boulogne. Mais ce trône, il ne l'eût pas obtenu s'il eût joué un rôle, s'il n'eût pas été sincère. Ce n'est pas seulement parce qu'il représentait les idées et les sentiments de sa génération, c'est parce qu'il les partageait, que Napoléon III a eu cette fortune merveilleuse.

Les dix premières années de son règne furent un enchantement. Depuis longtemps la France n'avait eu un gouvernement avec qui elle se fût sentie en intimité plus complète. On pouvait bien lui passer de confisquer les libertés civiques et de baillonner la presse bien plus sévèrement que Polignac et Charles X, puisqu'enfin, l'expérience l'avait montré, il n'y avait plus que la dictature pour faire la politique extérieure que voulait la nation.
Cependant, pour engager cette politique, il fallait une occasion et un prétexte. Napoléon III ne pouvait, de but en blanc, bouleverser l'Europe. « L'Empire, c'est la paix » avait été une de ses premières paroles. Il fallait rassurer les puissances. Et puis, la paix est un si grand bien que tout gouvernement la promet, doit la promettre et jure qu'il n'est fait que pour la conserver. Tenir la promesse est autre chose. Si Napoléon III y eût été fidèle, son règne eût pris la tournure de celui de Louis-Philippe, et, au lieu de finir à Sedan, il eût fini, lui aussi, selon le mot du duc d'Orléans, dans le ruisseau de la rue Saint-Denis. Ses deux premières guerres, celle de Crimée et celle d'Italie, consolidèrent l'Empire, non pas seulement parce qu'elles furent heureuses, mais parce qu'elles étaient conformes l'une et l'autre au programme de la démocratie.
Il eût été pourtant facile au nouveau régime impérial d'éviter les aventures et de marcher dans les mêmes voies paisibles que les deux monarchies antérieures et la république conservatrice, si facile qu'un « rêveur couronné » comme Napoléon III lui-même parut d'abord pencher vers la prudence. Pour changer la carte de l'Europe, il fallait qu'une condition première fût remplie. Il fallait que l'Empereur Nicolas, qui, depuis 1818, était l'arbitre du monde européen et qui représentait le principe de conservation, fût mis hors de cause. Jamais la Russie n'avait été aussi forte. Seule de toutes les puissances continentales, elle avait échappé aux révolutions. C'est pourquoi elle

avait pu intervenir partout, en Hongrie, en Prusse, en Autriche. S'entendre avec elle à ce moment-là, c'était pour la France s'assurer une tranquillité durable. Même en 1829, l'alliance avec la Russie n'avait pas été plus digne d'être désirée. Jamais elle ne devait plus l'être au même point. Cela était si évident, la raison parlait si haut, que Napoléon III fut tenté. Mais les circonstances et le mauvais génie de la démocratie, de l'élection et de la popularité en décidèrent autrement. C'est lorsque l'Empire russe était puissant que le peuple français lui aura fait la guerre et la lui aura faite d'enthousiasme, avant de le prendre pour allié, d'enthousiasme encore, au moment où il entrait en décadence et où il approchait de la décomposition.

Cinq mois avant le coup d'État, attaquant Louis-Napoléon à la tribune de l'Assemblée, Victor Hugo, parmi ses accusations, avait relevé les bonnes relations que le prince-président entretenait alors avec l'empereur de Russie. Hugo était certain que ce grief porterait sur l'opinion libérale. Il savait qu'il touchait un point sensible. « Que dirait le grand Napoléon, s'écriait-il, si, revenant sur cette terre, il voyait son glorieux et belliqueux empire soutenu par des hommes qui se tournent vers le Nord et qui collent l'oreille contre terre pour écouter s'ils n'entendent pas venir enfin le canon russe ? » Provocation détestable ! Ce qui n'avait pas eu d'effet sur Louis-Philippe devait avoir une influence décisive sur Napoléon, souverain, mais candidat, soumis au plébiscite, et par conséquent attentif à l'opinion de la foule. De ce côté-là, il y avait danger pour lui à se compromettre avec le tsar, le « tyran », le « vampire » du romantisme révolutionnaire. Une occasion favorable ne tarda pas à lui être fournie d'entrer on lutte avec le champion de la réaction européenne, aux applaudissements de sept millions d'électeurs.

En 1850, la Russie avait commis l'énorme faute de ne pas en finir avec la Prusse et le militarisme prussien, qu'elle tenait à sa discrétion. En 1851, l'Angleterre commit une faute différente mais non moins lourde, car elle devait avoir pour conséquence de lancer l'Europe sur la voie funeste au bout de laquelle se trouveraient une Prusse victorieuse et une Allemagne unie. C'est l'Angleterre qui porte la responsabilité première de cette guerre de Crimée où l' « Entente cordiale », ignorante et négligente du danger allemand, commença par affaiblir son futur associé de la Triple Entente. Une fois encore, le sort des nations, qui tient à si peu de choses, se joua dans cette circonstance. Un homme fut le maître du destin et de l'avenir de l'Europe. Et cet homme, ce n'était pas un autocrate. Ce n'était pas un chef d'État. Ce n'était pas même un ministre. Dans cette Angleterre constitutionnelle, si fière et si jalouse du droit de contrôle de son parlement, il suffit d'un ambassadeur entêté pour décider d'une guerre dont les répercussions devaient être immenses.

Un homme dont l'obstination a suffi à précipiter le cours de l'histoire devrait bien y laisser son nom. Retenons celui de Stratford Redeliffe. Ce diplomate anglais, qui voulait la guerre, força la main à son gouvernement en poussant les Turcs contre la Russie. Engagée avec l'Angleterre dans les affaires d'Orient, la France suivit. Sans doute, la Russie n'était pas sans torts, mais rien ne rendait un conflit inévitable. La querelle des Lieux-Saints, après avoir traîné de longs mois, était en somme réglée, et très honorablement en ce qui regardait la France. Au dernier moment, lorsque déjà la flotte turque avait été détruite à Sinope, Nicolas Ier offrait encore « une main cordiale » à Napoléon III : ce fut la dernière des longues hésitations par lesquelles avaient passé les deux adversaires avant d'en venir au conflit. Cette main tendue, Napoléon ne la prit pas. Déjà, l'année précédente, quand l'affaire des Lieux-Saints s'était aigrie, et que, malgré l'avis de ses ministres, il avait fait appareiller la flotte de Toulon, il s'était senti approuvé et poussé par le sentiment public. Les catholiques saluaient avec enthousiasme une sorte de croisade pour Jérusalem et contre le schisme grec, d'accord avec les Turcs musulmans. Quant à l'opinion libérale et démocratique, dans toutes ses nuances, elle applaudissait à la guerre contre le tsarisme. Ce qu'elle voyait venir, c'était la guerre qu'elle avait appelée de ses vœux, pour laquelle elle avait renversé deux monarchies, la guerre que Louis-Philippe et les conservateurs de la deuxième République lui avaient refusée, la grande guerre contre l'autocratie et contre la réaction pour le droit des peuples. C'était exactement, et sous les mêmes prétextes, la guerre à laquelle le duc de Broglie, en 1831, avait en vain tenté d'entraîner la monarchie de Juillet. L'instinct de la France révolutionnaire ne s'y trompait pas : c'était bien le commencement d'une ère nouvelle, l'accomplissement de ses désirs. Barbès ce jour-là acclama le chef de la démocratie impériale. Et Michelet, en termes mystiques, célébra l'avènement de la justice dont le dictateur, l'homme de décembre, se révélant, au fond, l'homme providentiel, se faisait l'ouvrier.

Alexandre Dumas

Histoire politique et privée de Louis-Philippe

Notice

En 1852, en exil à Bruxelles, Alexandre Dumas écrit Histoire de la vie politique et privée de Louis-Philippe. *Cette même année, un autre célèbre exilé publie* Napoléon le petit. *Ces deux ouvrages témoignent d'une profonde hostilité contre l'auteur du coup d'État du 2 décembre 1851 et une adhésion marquée, mais générique, pour le régime républicain. Il n'est donc pas surprenant que Dumas trace un portrait assez peu flatteur, mais toutefois nuancé, de Louis-Philippe. Si le dernier roi des Français n'est pas à la hauteur des enjeux de son temps, il existe toutefois une part lumineuse dans son règne car la liberté a pu se développer après 1830. Dans* Les Misérables, *Hugo fait le même constat.*

Dumas a été au service du duc d'Orléans de 1823 à 1829, en qualité de secrétaire sous les ordres de M. Oudard. Le duc apprécie la calligraphie de celui qu'il ne soupçonne pas encore être un grand écrivain, jusqu'au succès remporté en 1829 par la pièce de théâtre Henri III, *dans la figure duquel les spectateurs voient Charles X et, dans celle du duc de Guise, le chef de la maison des Orléans. Pour couper court aux rumeurs, le prince du sang doit alors se séparer de son secrétaire. Dumas ne lui en tient pas rigueur, d'autant que ses appointements lui sont versés jusqu'en 1833 !*

Si le portrait de l'homme privé met en avant les qualités du prince puis celles du roi, la description de son engagement public est beaucoup plus sévère. Louis-Philippe manque de courage et de lucidité politiques. Pour Dumas, il ne peut pas en être autrement puisque le grand homme du XIXe est Napoléon Ier – comme le père de Hugo, celui de Dumas fut officier dans la Grande Armée – et que l'idée lumineuse de ce siècle est la république. Louis-Philippe n'est pas un géant de l'histoire, il n'est pas un conquérant, il n'est pas un républicain, pas même un révolutionnaire puisqu'il reste fondamentalement attaché à sa qualité de prince du sang, plus soucieux de ne pas heurter ses cousins Bourbons que de souscrire aux valeurs et aux idéaux de la Révolution. Toute la psychologie de Louis-Philippe tourne autour de sa quête d'une légitimité qui soit adaptée aux temps nouveaux, sans toutefois heurter les préjugés de l'Ancien Régime. Dumas formule ce dilemme existentiel tel qu'il se cristallise le 29 juillet

1830 : « Le 29, à trois heures, Louis-Philippe apprit la prise des Tuileries, et la victoire du peuple. La situation était extrême : il s'agissait pour lui ou du trône ou de la proscription. Du trône, c'est-à-dire de l'ambition éternelle de sa race. De l'exil, c'est-à-dire de la terreur constante de sa vie. »

Comme pour la plupart de ses contemporains, Dumas juge que la fin tragique du fils aîné du Roi bourgeois, le 13 juillet 1842, se révèle fatale à la monarchie de Juillet. Ferdinand n'était pas seulement l'avenir de la dynastie mais, par son caractère, il représentait une possibilité de redonner du panache à la politique de la France. Avec un sens de la formule dans l'art duquel il est passé maître, l'écrivain délivre la signification de cet événement : « Mort terrible, inattendue, pleine de larmes, mais providentielle s'il en fut. Mort qui supprimait le seul obstacle qui existât entre la monarchie et la république. »

De L'Histoire de la vie politique et privée de Louis-Philippe, *nous avons sélectionné les chapitres traitant de la vie du prince du début de son exil en avril 1793 jusqu'à son accession au trône. Cette période de son existence est la moins connue, alors qu'elle est fondamentale pour comprendre la psychologie du futur roi des Français et, par voie de conséquence, la politique intérieure et étrangère de la France entre 1830 et 1848.*

CHAPITRE XIX.

Le 6 avril, le duc de Chartres [1] arriva à Mons. On a vu les dangers qu'il avait courus sur la route, un danger plus grand l'attendait une fois arrivé.

Le prince de Saxe-Cobourg lui offrit d'entrer au service de l'empire avec le grade qu'il avait dans l'armée française.

Le duc de Chartres refusa.

Ce refus vint-il de son cœur ou de son intelligence ? on a beaucoup discuté là-dessus. Notre avis est qu'il vint de tous deux.

Ce qui faussa l'esprit du duc d'Orléans, ce qui perdit le roi, ce fut le grand mépris qu'il faisait des hommes. A l'époque dont nous parlons, il avait appris à les craindre, mais pas encore à les mépriser.

Il répondit donc au prince de Saxe-Cobourg, que tout ce qu'il désirait de lui c'était un passe-port pour César Ducret, son aide-de-camp, et un autre pour lui-même.

Il les obtint, et après avoir prévenu de son départ sa mère, gardée à vue dans le château du vieux duc de Penthièvre, il se mit en route sous le nom de Corby, voyageur anglais.

1. Ce titre (duc de Chartres) est porté par Louis-Philippe jusqu'à la mort de son père en 1793, il prend alors le titre de duc d'Orléans.

Il comptait se rendre en Suisse par Liège, Aix-la-Chapelle et Cologne.

Pendant ce temps, Dumouriez publiait la lettre suivante dans les journaux allemands et anglais :

« Ayant appris qu'on avait élevé quelques soupçons contre mes intentions, d'après une prétendue liaison qu'on suppose exister entre moi et Philippe d'Orléans, prince français, connu sous le nom d'Égalité ; jaloux de conserver l'estime dont je reçois chaque jour les preuves les plus honorables, je m'empresse de déclarer que j'ignore s'il existe réellement une faction d'Orléans, que je n'ai jamais eu aucune liaison avec le prince qu'on en suppose le chef ou qui en est le prétexte. Que *je ne l'ai jamais estimé*, et que depuis l'époque funeste où il a déchiré les liens du sang et manqué à toutes les lois connues, en votant criminellement la mort de l'infortuné Louis XVI *sur lequel il a prononcé son opinion avec une impudence atroce, mon mépris pour lui s'est changé en une aversion légitime qui ne me laisse que le désir de le savoir livré à la sévérité des lois.*

« Quant à ses enfants, je les crois doués d'autant de vertus qu'il a de vices ; ils ont parfaitement servi leur patrie dans les armées que je commandais, sans jamais montrer d'ambition ; j'ai une grande amitié pour l'aîné, fondée sur l'estime la mieux méritée ; je crois être sûr que bien *loin d'aspirer jamais à monter sur le trône de France*, il fuirait au bout de l'univers plutôt que de s'y voir forcé. Au reste, je déclare que si *d'après les crimes de son père* ou par les atroces résultats des factieux et des anarchistes, il se trouvait dans le cas de balancer entre les vertus qu'il a montrées jusqu'à présent et la bassesse de profiter de l'affreuse catastrophe qui a mis en deuil la partie saine de la nation et toute l'Europe, et qu'alors l'ambition l'aveuglât au point d'aspirer jamais à la couronne, je lui vouerais une haine éternelle et j'aurais pour lui le *même mépris* que je porte à son père. »

Après cette lettre, publiée, comme nous l'avons dit, dans les journaux anglais et allemands, on se demande comment cette grande intimité du duc de Chartres continua de subsister avec Dumouriez.

Y a-t-il des motifs politiques assez puissants au monde pour qu'un fils pardonne de pareils outrages faits à un père.

Quant à nous, nous ne le comprenons pas.

Il est vrai que, depuis, nous n'avons pas compris non plus l'intimité presque tendre avec laquelle madame la baronne de Feuchères était reçue au château de Neuilly.

Mais ce que l'on comprendra encore moins probablement, c'est le pendant que nous allons donner à cette première lettre de Dumouriez. La seconde est écrite à Charette et a été trouvée dans ses papiers.

Nous la reproduirons textuellement. Nous verrons jusqu'à quel point on eût eu raison de se fier aux protestations républicaines de Dumouriez, et à quel degré il eût poussé le mépris que lui eût inspiré pour le duc de Chartres son aspiration au trône.

On connaît la réponse de Charette.

Elle était courte, mais expressive.

Malheureusement, il nous paraît à peu près impossible de la citer.

Dans l'intervalle qui sépara ces deux lettres, dont, nous l'avouons franchement, nous aimerions mieux voir le duc de Chartres ignorer la première que la seconde, – revenons à lui, et suivons-le dans son pèlerinage, –c'est-à-dire dans une des époques les plus nobles et les plus loyales de sa vie.

Ce fut à Francfort que le prince apprit l'arrestation de son père et de ses deux frères. — Sans doute, s'ils fussent restés à Paris, et si leur procès eût été instant, le duc de Chartres eût tout bravé pour venir les défendre ; et, disons-le, c'eût été un magnifique spectacle et digne des jours antiques que celui de ce jeune vainqueur accourant du fond de son exil pour défendre contre les bourreaux son père et ses frères.

Sachant, au contraire, son père et ses frères envoyés à Marseille, le jeune prince dut croire qu'une volonté protectrice veillait sur eux, et qu'une main amie les poussait au delà du cercle tracé par la mort.

Nous avons vu qu'il s'était trompé.

Le duc de Chartres continua sa route vers Bâle, emportant avec lui cette nouvelle, lourd et pénible fardeau qui pesait à son cœur.

M. de Montjoie [2] habitait Bâle ; le duc de Chartres allait trouver un asile près de cet ami éprouvé, lorsqu'il fut reconnu par mademoiselle de Condé et par un capitaine de Royal-Suédois. Le comte de Montjoie lui donna alors le conseil de gagner Schaffouse, où s'étaient réfugiés la princesse Adélaïde [3] et madame de Genlis [4].

La princesse y était tombée malade, et quoique le séjour de la ville ne fût pas très-sûr, elle y resta cependant avec son frère et sa gouvernante jusqu'au 6 mai.

Le 7, ils partirent pour Zurich ; mais, reconnus presque aussitôt leur arrivée, force leur fut de gagner Zug. — Là, les trois fugitifs se donnèrent pour des Irlandais, chose qui leur était d'autant plus facile, que tous trois parlaient l'anglais comme leur langue maternelle.

Le 14 mai, ils louèrent une petite maison isolée sur les bords du lac, et s'y établirent. Mais leur tranquillité ne fut pas longue : reconnus au bout d'un mois, les persécutions commencèrent, et, cette fois, furent tellement brutales, que la princesse faillit y laisser la vie. – Une grosse pierre brisa sa fenêtre, et l'eût brisée elle-même si elle l'eût atteinte. –Le duc de Chartres s'élança alors hors de là maison, armé d'un bâton, dont il tirait assez bien, dispersa les six ou huit paysans qui l'assiégeaient. — Mais cette sortie faite heureusement, il fut convenu, à sa rentrée, qu'une séparation était absolument nécessaire à la sécurité de chacun. Seulement, où aller ? — Que devenir ? — A quel canton demanderait-on un asile ? — chassé qu'on se trouvait être des deux cantons les plus tolérants de la Suisse.

Par bonheur, M. de Monjoie alors se souvint du général Montesquiou [5] : il venait de conquérir la Savoie, et la Convention l'avait, récompensé selon ses mérites en l'exilant. Mais comme, dans son

2. M. de Montjoie, colonel de l'armée française qui accompagne Adélaïde et Mme de Genlis dans leur exil en Suisse. Il est tué en 1807 à la bataille de Friedland.

3. Adélaïde, sœur de Louis-Philippe (1777-1847).

4. Mme de Genlis, écrivain, préceptrice de Louis-Philippe (1746-1830).

5. Montesquiou, général français (1739-1798) commandant l'armée du Midi en 1792, annexe la Savoie à la France. Contre l'ordre donné d'occuper Genève, il négocie avec la cité helvétique, ce qui lui vaut son rappel par la Convention. Il choisit alors de s'exiler en Suisse.

commandement des Alpes, il avait rendu de grands services à Genève, la Suisse reconnaissante lui avait offert l'hospitalité.

Le général Montesquiou habitait Bremgarten.

Madame de Genlis lui écrivit et lui exposa la situation.

Aussitôt le général appela près de lui toute l'illustre famille exilée, fit entrer mademoiselle Adélaïde et madame de Genlis au couvent de Sainte-Claire, situé à un quart de lieue de Bremgarten.

Quant au duc de Chartres, le général lui conseilla de laisser passer les jours orageux en voyageant incognito en touriste, afin qu'un jour il eût cette page pittoresque dans le livre de sa vie.

C'était aussi l'avis de Dumouriez[6]. Exilé lui-même, ce vainqueur écrivait à cet autre vainqueur, exilé comme lui :

« Mon cher Montesquiou, embrassez pour moi notre bon jeune homme. Ce que vous faites pour lui est digne de vous. Qu'il profite de sa disgrâce pour s'instruire et se fortifier. Ce vertige passera, et alors il trouvera sa place. Invitez-le à faire un journal circonstancié de son voyage. Outre qu'il sera piquant de voir le journal d'un Bourbon qui roule sur autre chose que sur la chasse, les femmes et la table, je suis bien aise que cet ouvrage, qu'il pourra donner un jour, lui serve de certificat de vie, soit lorsqu'il rentrera, soit pour le faire rentrer. Les princes doivent produire des odyssées plutôt que des pastorales. »

En conséquence de ce double avis, le duc de Chartres se sépara de sa sœur et se rendit à Bâle. M. de Montjoie l'y attendait, mais pour lui dire adieu seulement. On se défit des chevaux, excepté d'un seul. On retira soixante louis de cette vente ; et, le 20 juin 1793, le prince partit avec un seul valet de chambre.

C'était ce même Baudoin qui, dans la fuite de Saint-Amand, avait exposé sa vie pour sauver celle de Dumouriez.

6. Dumouriez (1739-1823), ministre de la Guerre en mars 1792 avant de recevoir le commandement de l'armée du Nord. Il remporte avec Kellermann la célèbre victoire de Valmy puis celle de Jemmappes. Battu par les Autrichiens à Neerwinden, le 18 mars 1793, il tente de marcher sur Paris pour renverser la Convention. Après son échec, il passe à l'ennemi et termine ses jours en Angleterre.

Baudoin était malade et cependant il n'avait pas voulu quitter son jeune maître ; de son côté, le duc de Chartres n'ayant, comme nous l'avons dit, qu'un cheval, le donna à son valet de chambre et marcha à pied près de lui.

C'était, au reste, la bonne manière de visiter la Suisse ; il vit ainsi Neufchâtel, Morat, Uri, Unterwald, Burglen, Kussnack, le manoir de Habsbourg, berceau de la maison d'Autriche, Grindewald et son glacier bleu, Rosenlowi, où les roses des Alpes croissent au milieu des neiges, le pont du Diable, où Masséna devait ensevelir l'armée de Souvarov, le Saint-Gothard, où Russes et Français devaient lutter au milieu des nuages, et où les religieux refusèrent de recevoir le prince en disant qu'ils n'hébergeaient pas les piétons de son espèce, et le renvoyèrent sous un hangar où il partagea le souper et la couche des muletiers ; à Gordona, où l'hôtesse, sur sa mise, le renvoya dans la grange où, trop heureux de trouver un lit de paille, il se réveilla gardé par son hôte qui, un fusil à la main, attendait le paiement de son hospitalité ; à Lucerne, où, tout pauvre qu'il était, plus riche encore qu'un pauvre prêtre qui attendait sur le bord du lac, faute d'une obole, il paya le passage de l'homme de Dieu.

Si économe qu'eût été le duc de Chartres, quelque privation qu'il se fût imposée en vendant son cheval, le dernier louis arriva ; comme il était en train de le changer, il reçut une lettre de M. de Montesquiou à qui il avait écrit pour lui demander quelque argent ; le général était aussi pauvre que le voyageur, mais à défaut d'argent il lui offrait une ressource.

Le général de Montesquiou était intimement lié avec le capitaine Aloyse Jost de Saint-Georges, directeur du pensionnat de Reicheneau, une place promise était restée vacante, le titulaire n'était pas venu la remplir et l'on ne pouvait l'attendre plus longtemps. Ce titulaire, d'une grande famille lui-même, se nommait Chabaud Latour.

Le prince se présenta sous ce nom, subit ses examens et fut admis comme professeur de géographie, aux appointements de quinze cents francs..

Celui qui écrit ces lignes, visita ce même collège trente-sept ans plus tard. Depuis deux ans, l'ex-professeur était roi de France, peut-être sera-t-on curieux de voir ce qu'en écrivait à cette époque l'historien de cette étrange existence pleine de hauts sommets et de profonds précipices, comme cette Suisse qui, à cette époque, lui donnait l'hospitalité.

La lettre était adressée à son fils, héritier présomptif de la couronne. Elle contenait, hélas ! un triste avertissement que le temps s'est chargé de réaliser.

Au reste, cette station à Reicheneau, c'était, il faut le dire, un des souvenirs que caressait le plus amoureusement le duc d'Orléans et même le roi.

Duc d'Orléans, il avait fait faire un tableau représentant cette salle d'étude de Reicheneau ; il y était représenté debout, donnant une leçon de géographie au milieu des professeurs et des élèves.

CHAPITRE XX.

Sur ces entrefaites arriva la grande révolution du 9 thermidor ; le duc de Chartres, devenu duc d'Orléans, crut y voir un heureux changement dans sa situation ; le vent était non-seulement au modérantisme, mais même à la réaction ; il vit dans ce changement une espérance de recueillir quelques débris de la fortune de son père ; il résolut donc de quitter le collège et, muni d'un certificat constatant son aptitude à l'enseignement, d'un passe-port au nom de Corby, signé de toutes les autorités de Reicheneau et de Coire, il se remit en route à pied et le sac sur le dos.

Beaudoin, qui était venu avec lui à Reicheneau, mais qui, en sa qualité de palefrenier, n'eût pu que professer l'équitation dans des montagnes que les chèvres seules peuvent gravir, Beaudoin partit le premier, et alla prévenir M. de Montesquiou du retour de son maître.

Le duc d'Orléans retrouva Beaudoin qui l'attendait à une demi-lieue de Bremgarten.

La route était libre, M. de Montesquiou, moins espionné qu'au premier passage du duc, se faisait une fête de le recevoir.

Cependant, par excès de prudence, monseigneur le duc d'Orléans attendit la nuit pour entrer à Bremgarten et profiter de l'hospitalité du général.

Là, arriva une aventure assez singulière.

Ce nom de Corby qu'avait pris le duc d'Orléans était celui d'un jeune aide-de-camp du général Montesquiou qui, au moment où s'était exilé le général, était rentré en France ; mais depuis, ayant craint les poursuites, il s'était exilé à son tour, et était venu habiter Bremgarten.

Seulement, lui aussi avait pris un autre nom que le sien et se faisait appeler le chevalier de Riosnel.

Il en résulta que lorsqu'il vit s'asseoir en face de lui, à table d'hôte, le faux Corby, le faux Riosnel n'osa rien dire, attendu que c'était se dénoncer lui-même.

M. de Montesquiou, qui était sûr du vrai Corby, éclaircit l'affaire d'un mot.

Le jeune aide-de-camp se trouva fort honoré de prêter pour quelques mois son nom au duc d'Orléans, et, sûr que, pendant cet emprunt, il ne serait fait aucune tache à ce nom, il demeura caché sous celui de Riosnel

Le duc d'Orléans, de son côté, prit, près du général Montesquiou, la place du vrai Corby.

Cependant les calomnies qui avaient poursuivi le père, ne ménageaient point le fils. On disait en France que le duc d'Orléans, en quittant l'armée, avait emporté des sommes énormes, et vivait somptueusement à Bremgarten, dans un palais que le général de Montesquiou avait fait bâtir avec l'or anglais. Le duc d'Orléans ne voulut pas servir plus longtemps de prétexte à une calomnie qui atteignait le général de Montesquiou en même temps que lui ; il résolut de se remettre en route et de s'enfoncer plus avant encore dans cette route de l'exil, dont le chemin est si large pour ceux qui partent, si étroit pour ceux qui reviennent.

Cette fois ce fut une femme qui se fit le protecteur du duc d'Orléans :Madame de Flahaut [7].

C'est ainsi qu'au fur et à mesure que nous prononçons certains noms, nous trouvons la source des influences qui ont entouré le trône de 1830.

Madame de Flahaut avait d'abord écrit en France, pour démentir toutes ces basses calomnies.

« J'ai vu en Suisse, disait-elle, le jeune duc d'Orléans ; depuis qu'il a quitté l'armée, sa conduite à l'égard de sa mère parfaite. Sa manière de vivre est celle de son aïeul Henri IV ; il est mélancolique, mais doux et modeste.

Toute son ambition est d'aller oublier en Amérique la grandeur et les souffrances qui ont accompagné sa jeunesse, mais il ne possède rien au monde. Ne pourriez-vous pas lui rendre le service d'informer sa mère de sa noble conduite et de sa vénération pour elle. »

Ce désir de visiter les États-Unis avait sa possibilité dans une circonstance qui ressortait de l'ancienne fortune du prince.

Le ministre plénipotentiaire des États-Unis en France, de 1792 à 1794 avait été reçu au Palais-Royal dans les derniers jours de la puissance du prince Égalité. Avec ses principes de puritanisme exalté, le diplomate américain n'avait vu, dans le duc d'Orléans, que ce que la postérité y verra peut-être, c'est-à-dire un républicain sincère ayant fait tous les sacrifices à son pays, égaré peut-être par le double exemple de ces deux Brutus, dont le nom, symbole des rigides vertus, a servi de prétexte à tant de crimes : il lui avait voué, en conséquence, une véritable amitié.

Il avait surtout connu madame la duchesse d'Orléans et avait apprécié cette sainte femme à sa valeur.

Ce ministre se nommait M. Gouverneur Morris.

Madame de Flahaut qui, à cette époque, fréquentait fort le Palais-Royal, y avait connu M. Gouverneur Morris, et, réfugiée, comme le

7. Mme de Flahaut (1761-1836), salonnière et écrivain français, maîtresse de Talleyrand.

jeune prince, chez M. de Montesquiou, elle eut l'idée de lui écrire et de lui exposer la position de M. le duc d'Orléans.

Poste pour poste, le prince reçut une lettre de M. Gouverneur Morris, par laquelle le prince était invité à passer à l'instant même en Amérique ; une fois qu'il aurait touché New-York, il serait sous la protection du gouvernement et, non-seulement n'aurait plus rien à craindre, mais n'aurait plus même à s'inquiéter de rien.

A cette lettre était jointe une traite de cent louis sur un banquier de Bâle. Ces cent louis étaient destinés aux frais de voyage du prince.

Le prince répondit aussitôt :

« Bremgarten, 24 février 1795.

« Monsieur,

« J'accepte avec beaucoup de plaisir les offres que vous me faites, votre bonté est un bienfait que je dois à ma mère et à notre amie. Je suis sûr que mon excellente mère sera quelque peu consolée et plus tranquille en apprenant que je suis près de vous. Dans votre heureux pays, je suis tout disposé à travailler pour me rendre indépendant. J'entrais à peine dans la vie, quand les plus grands malheurs m'ont assailli, mais, Dieu merci, ils ne m'ont pas découragé. Trop heureux dans mes revers que ma jeunesse ne m'ait pas trop donné le temps de m'attacher à ma position ou de contracter des habitudes difficiles à rompre, et que j'aie été privé de ma fortune avant que d'avoir pu soit en abuser, soit même en user.

« Notre excellente amie a bien voulu vous faire connaître quelques particularités concernant ma position actuelle qui est assez déplorable, mais de laquelle vous devez être instruit. J'espère, Monsieur, que ma confiance vous donnera une preuve de tous les sentiments d'estime et d'amitié que vous m'avez inspirés.

« L.-P. D'ORLÉANS. »

Il était temps, au reste, que cette voie fût ouverte à l'illustre voyageur ; la persécution qui le poursuivait allait s'étendre à M. de Montesquiou. Le duc d'Orléans apprit cette circonstance d'une façon indirecte, par quelques paroles surprises à une conversation qu'on ne le croyait pas à portée d'entendre et qu'il entendit.

Son départ fut donc résolu à l'instant même.

Le surlendemain du jour où cette révélation lui avait été faite, c'est-à-dire le 10 mars 1795, le prince quitta Bremgarten.

Quant à sa sœur; elle s'était retirée, en Hongrie, près de la princesse de Conti, sa tante, et avait quitté le couvent de Sainte-Claire le 11 mai 1794; c'est-à-dire depuis près d'un an.

De son côté madame de Genlis était à Hambourg avec M. de Valence et Dumouriez.

M. de Montesquiou donna au duc d'Orléans des lettres pour Dumouriez qui, loin de renoncer à son espoir de restaurer la monarchie, y travaillait plus activement que jamais.

Le 20 mars, le duc d'Orléans arriva à Hambourg accompagné de M. de Montjoie et de Beaudoin. Il y trouva Dumouriez qui répondit aussitôt à la lettre de M. de Montesquiou. Cette réponse contenait le passage suivant qui vient à l'appui de ce que nous disions des espérances du vainqueur de Valmy.

« J'ai embrassé, comme vous jugez bien, avec la plus grande satisfaction, mon jeune ami; je l'ai trouvé résigné et courageux; il a passé cinq jours avec moi. J'aurais pu le retenir assez agréablement tout l'été, mais si nous eussions été découverts, on aurait dit que j'arrangeais sa royauté, que j'élevais à la brochette le chef de la nouvelle dynastie.

« En effet, je regarde dès à présent la dynastie capétienne comme finie, car aucune des révolutions qui se rengrénerait l'une sur l'autre ne lui sera favorable. Il y aura un jour un roi de France. Je ne sais quand, je ne sais qui, mais à coup sûr il ne sera pas pris en ligne directe. »

Il est remarquable que presqu'au moment même où Dumouriez écrivait cela, ce futur roi de France se révélait par le 13 vendémiaire et devait servir à la fois à réaliser et à faire mentir la prédiction de Dumouriez.

Arrivé à Hambourg, au lieu de s'embarquer pour l'Amérique, une fantaisie de jeune homme s'empara du prince ; il voulut visiter le Nord le plus loin possible, jusqu'où la terre manquerait à ses pas, comme dit Regnard [8]. Sans doute avant de se placer en face de la froide réalité des Washington et des Adam, voulait-il errer un peu à travers les fantastiques brouillards d'Elseneur :

Le 6 mai 1795, il aborda en Suède.

Le roi Gustave [9] venait d'être assassiné par Anckarstroem, Horn et Ribing, le duc de Sundermanie [10] était régent.

Ce duc de Sundermanie, qu'on appelait le d'Orléans de la Suède, ne pouvait être qu'une protection certaine pour l'exilé. Il lui prouva toute sa sympathie au reste en l'accueillant à merveille, et en le protégeant contre les persécutions de l'envoyé de France, nommé Rivals, qui avait reçu du Directoire ordre de surveiller, d'une façon particulière, le jeune duc d'Orléans.

CHAPITRE XXI.

Pendant les deux mois qui venaient de s'écouler, le voyageur avait parcouru tout ce pays des vieilles légendes, véritable patrie des spectres et des fantômes, qu'on appelle le Danemark. Il avait vu le château de Cronembourg et les jardins d'Hamlet, il avait visité Elsenebourg et Gottembourg, il avait remonté le lac Vener jusqu'aux cascades du fleuve des Golhs à Trohalihatan ; il avait pris

8. Regnard, écrivain et dramaturge français (1655-1709) passé à la postérité pour avoir gravé quatre vers en latin sur un rocher de la montagne Melavara, en Laponie : *Gallia nos genuit ; vidit nos Africa ; Gangem Hausimus, Europamque oculis ostravimus omnem : Casibus et variis acti terraque marique, Hic tandem stetimus, nobis ubi defuit orbis.* « La France nous a donné la naissance ; nous avons vu l'Afrique et le Gange, parcouru toute l'Europe nous avons eu différentes aventures tant par mer que par terre ; et nous nous sommes arrêtés en cet endroit, où le monde nous a manqué. »

9. Gustave III de Suède (1746-1792, roi depuis 1771). Il meurt assassiné par Ankarström durant un bal masqué. Cet épisode inspire Verdi pour son opéra *Un ballo in maschera* (1859).

10. Le duc de Sundermanie (1748-1818), frère de Gustave III, assure la régence du royaume de Suède après l'assassinat de ce dernier jusqu'à la majorité de son neveu Gustave IV. En 1809, il devient roi de Suède sous le nom de Charles XIII.

la route de Norvège et visité, à Frédérickshall, la place où était mort Charles XII, puis il avait séjourné à Christiana ; il y avait, sous son nom de Corby, connu le pasteur protestant Monod, qu'il revit plus tard à Paris, puis il avait longé les côtes de Norvége jusqu'au golfe Salten, visité le Malestroun, abîme trop réel et qui semble emprunte, pour quelque nouveau voyage de Symbad le Marin, à un conte des *Mille et une Nuits;* puis, à pied avec les Lapons, il avait, de montagnes en montagnes, atteint le lac de Tys, avait poussé jusqu'au cap Nord, et, après avoir séjourné pendant quelques jours au milieu des neiges, en face d'un océan de glace, à dix-huit degrés du pôle, il était revenu à Torneo, sur le golfe de Bothnie, où à peine quelques Français étaient-ils venus depuis que le roi Louis XV avait envoyé Maupertuis [11] pour mesurer un degré du méridien sous le cercle polaire.

Enfin, en revenant par Abo, le jeune prince avait parcouru la Finlande, et après avoir visité jusqu'au fleuve Kimen les champs de bataille des Russes et des Suédois, il était rentré à Stockholm, où, comme nous l'avons dit, la persécution l'attendait sur les limites du monde civilisé.

Malgré l'appui que lui offrait le duc de Sundermanie, le voyageur reprit son bâton, quitta la Suède et s'en alla joindre, dans le Holstein, Dumouriez qui l'attendait avec une grande impatience.

Dumouriez avait à lui rendre compte de ses démarches près de Charette, près de Puisaye et même près de Beurnonville qui venait de rentrer en France, échangé, lui, les quatre commissaires de la Convention et Drouet, contre Madame Royale.

Cependant madame de Genlis s'ennuyait de l'exil, soit quelle crût avoir quelque motif de se plaindre de son élève, soit qu'elle espérât qu'avoir l'air de rompre avec lui était un moyen de lui rouvrir les portes de la France. Ce fut alors que du fond du Holstein elle lui écrivit une lettre un peu dure, un peu sévère, mais qui cependant jette un grand jour sur le caractère de celui dont nous écrivons aujourd'hui l'histoire.

11. Maupertuis, philosophe et physicien français (1698-1759), mesure en 1736 la longueur du degré du méridien au pôle Nord.

Pendant toute cette odyssée de graves événements s'étaient accomplis en France.

Les girondins qui avaient accusé le duc, les montagnards qui l'avaient livré, d'accord un instant sur le point, s'étaient rapidement brouillés.

Marat avait été la pierre d'achoppement.

Décrété d'accusation, sur la demande de la gironde, à propos du pillage des épiciers, il avait été acquitté, porté en triomphe, et était rentré à l'Assemblée pour y faire, monstrueuse association, de concert avec Chaumette, Robespierre et Danton, cette fameuse insurrection de la Commune qui avait produit le 31 mai, ou plutôt le 2 juin, c'est-à-dire la mise en accusation, du comité des Douze, la proscription des girondins, et l'arrestation de madame Roland.

Puis les autres événements s'étaient déroulés rapides comme des torrents, désastreux comme des avalanches.

Charlotte Corday avait assassiné Marat et avait été exécutée.

Marie-Antoinette avait été mise en jugement, condamnée et exécutée.

Le duc d'Orléans avait été mis en jugement, condamné et exécuté.

Les vingt et un conventionnels *brissotins, girondins, fédéralistes*, comme on voudra les appeler, proscrits par la journée du 2 juin, avaient été mis en jugement, condamnés et exécutés.

Chabaud, Barrère, Lacroix, Desmoulins, Danton, Hérault de Séchelles, Fabre d'Églantine, et autres cordeliers avaient été mis en jugement, condamnés et exécutés.

Lavoisier et vingt-sept fermiers généraux avaient été mis en jugement, condamnés et exécutés.

La princesse Élisabeth, sœur de Louis XVI, cette sainte, cette martyre, avait été mise en jugement, condamnée et exécutée.

Enfin, à leur tour, Robespierre, Saint-Just, Lebas, Henriot et dix-huit autres jacobins sont mis en jugement, condamnés et exécutés.

Alors la réaction commence.

Rattachons à cette sanglante période les mitraillades de Lyon, les noyades de Nantes, la reprise de Toulon sur les Anglais, par Dugommier ou plutôt par Bonaparte.

Voyons, au milieu de tout cela, percer les hommes qui feront un jour l'Empire, Jourdan, Kléber, Lefebvre, Bernadotte, Moncey, Augereau.

Puis les exécutions réactionnaires suivent les exécutions révolutionnaires, Carrier est exécuté, Fonquier-Tinvilleest exécuté.

Collot-d'Herbois, Billaud-Varennes, Amar, Vadier sont déportés.

Puis arrive la journée du 13 vendémiaire, où Bonaparte reparaît pour annoncer Napoléon.

La Convention fait place au Directoire.

Il était temps, les prisons contenaient neuf mille prisonniers et menaçaient d'éclater si l'on essayait d'en enfermer davantage. – Le louis d'or valait deux mille six cents francs en assignats.

Mais aussi la Vendée est pacifiée, Bernadotte a battu les Russes en Suisse ; Kléber a battu les Autrichiens sur le Rhin, et Bonaparte est en train d'accomplir sa magnifique campagne d'Italie.

Cependant nul ne peut voir dans l'avenir de la France. Parmi les directeurs aucun n'est sympathique au duc d'Orléans. Charette, sur lequel on avait compté, est fusillé. Sillery, l'agent parisien, a été guillotiné avec les girondins.

Le prince exilé a donc tout le temps d'accomplir son voyage aux États-Unis avant qu'aucun événement important ne vienne changer la politique du gouvernement français.

D'ailleurs, ce voyage, grâce à la susceptibilité du Directoire, allait devenir un devoir pour le prince ; pendant une halte d'un instant qu'il fait à Frédérickshall ; une lettre de sa mère le rejoint, elle est en date du 27 mai 1796.

On voit, par cette lettre du duc d'Orléans, quelle plaie profonde avait faite dans son cœur l'épître que nous avons citée dans le chapitre précédent.

Nous avons connu personnellement madame de Genlis, et nous lui avons entendu dire à elle-même que M. le duc d'Orléans ne la lui avait jamais pardonnée.

C'est concevable.

Le duc d'Orléans n'avait point utilisé la lettre de crédit du ministre Gouverneur Morris. Cette lettre de crédit, tirée sur M. Paris, banquier à Hambourg, était de quatre cents pounds. Le duc d'Orléans en envoya cent à à sœur, en garda trois cents pour lui, écrivit à son protecteur, en lui annonçant son prochain départ pour l'Amérique, et s'occupa de trouver un bâtiment sur lequel faire la traversée.

La chose fut facile, un beau bâtiment de commerce faisait régulièrement et plusieurs fois par an le voyage entre Hambourg et Philadelphie. Le duc d'Orléans y arrêta son passage.

Ce bâtiment se nommait l'*America*.

Le ministre Gouverneur Morris était en mission en Allemagne, où il reçut la lettre du duc d'Orléans. Il écrivit aussitôt à ses correspondants de New-York pour ouvrir un crédit au prince, qui, malgré son désir de quitter promptement l'Europe, ne put partir de Hambourg, retenu qu'était le bâtiment par les vents d'ouest, que le 24 septembre 1796.

Une seconde lettre écrite à madame la duchesse d'Orléans nous donne tous ces détails.

La brouille du prince avec madame de Genlis, avait, comme on le voit, profité à la pauvre mère.

Son fils lui était revenu tout entier ; et nous avons vu nous-même le duc d'Orléans l'entourer, à son retour en France, et jusqu'à sa mort, de toute la vénération et de tout l'amour qu'elle méritait.

Enfin, comme nous l'avons dit, le 24 septembre 1796, au moment où Jourdan se laisse battre à Wurtzbourg, et où Bonaparte, après avoir détruit la troisième armée autrichienne envoyée contre lui, force Wurmser à s'enfermer dans Mantoue, l'*America* sort de l'Elbe et fait route pour les États-Unis.

Le duc d'Orléans avait pris passage comme sujet danois. Il avait pour tout compagnon de voyage, outre son fidèle Beaudoin, un émigré français, ancien colon de Saint-Domingue, qui, fort embarrassé du peu d'anglais qu'il savait, et voyant avec quelle facilité le duc d'Orléans parlait cette langue, le pria, dans un patois inintelligible, de vouloir bien être son interprète.

Alors le duc d'Orléans l'invita à lui parler français, lui disant que, tout étranger qu'il fût, la langue française lui était familière.

— En effet, répondit celui-ci, pour un Danois vous ne le parlez pas mal.

Et enchanté d'avoir trouvé, dans le seul compagnon de voyage qu'il eût, un homme avec lequel il pouvait causer, notre émigré ne quitta plus le duc, excepté à la hauteur de Calais, où un événement imprévu lui fit faire le plongeon jusqu'à fond de cale.

Un corsaire français, conduisant deux bâtiments anglais qu'il venait de capturer, héla l'*America*, et lui ordonna de mettre en panne et de se préparer à recevoir sa visite.

La terreur de l'émigré fut grande : il craignait fort d'être reconnu et ramené en France.

Pour lui la France en était toujours à 93, et il se voyait déjà jugé et condamné. Le duc d'Orléans essaya de le rassurer et de le déterminer à affronter la visite du corsaire ; mais il n'y eut pas moyen.

— On voit bien, lui dit-il, que vous n'êtes pas Français comme moi, vous. Si vous étiez Français, vous ne seriez pas à votre aise.

Et il se précipita à fond de cale.

Un instant après les corsaires étaient à bord, et le capitaine leur faisait voir ses papiers.

Le duc d'Orléans, debout, assistait à l'examen.

— Bon ! dit le chef des visiteurs, de Hambourg à Philadelphie, c'est-à-dire de port neutre à port neutre. Continuez votre route : nous n'avons rien à faire là dedans. Seulement, si nous avons un conseil à vous donner, serrez la côte d'Angleterre : elle vaut mieux que la terre de France.

Et reprenant la mer, ils remontèrent dans leur bâtiment.

Derrière eux, la tête de l'émigré reparut à l'écoutille.

— Eh bien ? demanda-t-il au duc d'Orléans, — Eh bien ! ils sont partis. — Bien partis ? — Regardez.

L'émigré sortit de l'écoutille et regarda avec précaution par-dessus le bastingage du bâtiment.

— Ah ! ah ! dit-il, en effet, ils sont partis ». Que le diable les emporte ! ils m'ont donné une fière venette.

Le 21 octobre suivant, c'est-à-dire vingt-sept jours après le départ, le bâtiment jetait l'ancre devant Philadelphie.

Le duc d'Orléans bondit de la barque sur le quai ; et tirant une cocarde tricolore, il la mit à son chapeau.

Il venait de toucher enfin une terre libre.

L'émigré s'approcha de lui.

— Mais, Monsieur, lui dit-il, vous êtes donc Français ?

— Sans doute, répondit le prince.

— Mais alors, si vous êtes Français, comment êtes-vous resté là pendant la visite des corsaires ?

— Monsieur, lui dit le prince, si, depuis quatre ans, vous aviez autant souffert que moi, vous ne craindriez plus rien, et vous seriez d'avis qu'il n'y a pas de danger qui vaille la peine que, pour le fuir, on descende à fond de cale.

— Mais qui êtes-vous donc ? demanda l'émigré.

— Je suis Louis-Philippe d'Orléans, citoyen des États-Unis d'Amérique.

Et saluant l'émigré tout étourdi, le prince entra dans la ville.

Quinze jours après, le duc de Beaujolais et le duc de Montpensier [12] s'embarquaient à Marseille.

Pendant leur détention à la tour Saint-Jean, les deux frères avaient tenté de s'évader par une fenêtre élevée de vingt pieds à peu près au-dessus du sol : ils devaient gagner le quai.

12. Frères de Louis-Philippe, Beaujolais (1779-1808), Montpensier (1777-1808).

Le duc de Beaujolais, passé le premier, était déjà sur la terre ferme, quand, le pied manquant à M. le duc de Montpensier, il tomba sur les pierres qui bordent le port, et se brisa la jambe.

Le voyant incapable de fuir, le duc de Beaujolais revint se livrer lui-même.

Depuis longtemps on leur promettait la liberté ; et tant de fois ils avaient vu s'écouler le jour qui devait ouvrir les portes de leur prison, qu'ils avaient cessé d'espérer. Enfin, le 2 novembre, on vint leur dire que ce serait pour le 5 ; et le 3 et le 4, comme ils tremblaient que cette fois on les trompât encore, on leur renouvela cette promesse.

Le 7 janvier 1797, les trois princes furent réunis, libres et presque riches, grâce à la lettre de M. Gouverneur Morris ; ils résolurent de voyager dans l'intérieur du pays.

Après avoir assisté à la séance où Washington, heureux et fier de rentrer dans la vie privée, remettait la présidence aux mains de M. Adams, son successeur, ils partirent à cheval, le 2 avril, sans autre suite que le fidèle Beaudoin.

Une lettre du duc de Montpensier à sa sœur madame Adélaïde, résume mieux que nous ne pourrions le faire, ce beau voyage.

Quatre ans auparavant, Chateaubriand, cet autre prince exilé, avait fait le même voyage. Je ne sais point ce qu'ont valu ou ce que vaudront à la France, à part la gouache promise par le duc de Montpensier à sa sœur, ces quelques connaissances qu'ils avaient acquises, mais le voyage de Chateaubriand, lui, a valu le *Génie du Christianisme* et les *Natchez*, sans compter cette relation merveilleuse toute scintillante de nuits étoilées, toute murmurante de brises sauvages, toute resplendissante de lacs réfléchissant le ciel et de cascades réfléchissant le soleil dans chaque goutte d'eau, qui se précipite comme une gaze, qui rejaillit comme une étincelle, qui s'évanouit comme une vapeur.

O génie, seul prince de droit divin qui existe au monde, ne seras-tu donc jamais reconnu que par la postérité !

Les princes revinrent à Philadelphie, le manque d'argent les forçait d'interrompre leur voyage, mais, à peine y étaient-ils arrivés que la fièvre jaune se déclara : en deux ou trois jours la panique fut universelle, et chacun s'enfuit, excepté le duc d'Orléans et ses frères ; la même cause qui avait interrompu leur voyage les clouait à Philadelphie.

Ils demeurèrent donc, et la fièvre jaune passa sans les atteindre.

Cette pénurie dura jusqu'à la fin de septembre, époque à laquelle une somme assez forte, envoyée par leur mère, arriva d'Europe aux exilés. Ce premier voyage, si fatigant qu'il eût été, avait exalté la jeune imagination des trois princes qui résolurent d'en faire un second.

Ils partirent pour New-York, visitèrent Newport et Providence, parcoururent les Massachusets, les New-Hampshire, le Maine, remontèrent jusqu'à Boston, et peut-être rencontrèrent dans ces courses, le jeune Cooper [13], ce grand poëte qui rêvait déjà cette merveilleuse épopée dont les principaux personnages sont des chasseurs, des soldats et des sauvages.

Tout à coup, la nouvelle de la révolution 18 fructidor parvint aux jeunes princes avec tous ses détails.

Pendant la nuit du 17 au 18 fructidor, Augereau, appelé par Barras, était entré dans Paris avec dix mille hommes et quarante pièces d'artillerie, et, à quatre heures du matin, les Parisiens étaient réveillés par le bruit du canon.

On sait comment s'accomplit cette révolution et quels en furent les résultats. Les deux assemblées composant le corps législatif furent cernées, deux directeurs, cent cinquante-quatre députés et cent quarante-huit citoyens accusés de complicité avec eux, furent déportés, les prêtres réfractaires et les émigrés, expulsés de nouveau ; le bannissement des Bourbons de la branche aînée et des Bourbons de la branche cadette, poursuivi avec plus de rigueur que jamais ; enfin, le Directoire investi de la toute-puissance dictatoriale, avec le droit de mettre les villes en état de siège et de faire juger les suspects par les commissions militaires. C'était, à peu de chose près, une seconde terreur contre les débris royalistes échappés à la première.

13. Cooper (1789-1851), écrivain américain, auteur du célèbre roman, *Le Dernier des Mohicans* (1826).

La duchesse d'Orléans, respectée par Marat et par Robespierre, la duchesse d'Orléans réfugiée chez le duc de Penthièvre pendant les terribles années de 93 et 94 sans y être inquiétée, fut cette fois arrêtée, enfermée à la Force, enfin, jetée hors de France le 26 septembre 1797, avec une pension de cent mille francs, payables sur ses biens confisqués.

Elle se retira en Espagne.

D'autres nouvelles, plus étranges encore que celles-ci, arrivaient en même temps aux jeunes princes ; un homme dont le nom leur était à peine connu au moment où ils avaient quitté la France, grandissait avec rapidité ; ce nom prononcé à Toulon, avait fortement retenti au 13 vendémiaire, et, répété par les échos de Montenotte, d'Arcole et de Lodi, commençait à remplir le monde. Ce nom, c'était celui de Bonaparte.

Cependant ces dernières nouvelles étonnaient peut-être, mais n'inquiétaient pas encore les princes. Cette fortune rapide, aussi bien attribuée au hasard qu'au génie, n'était encore que la fortune d'un soldat, et quoique en prévision des événements futurs, le vainqueur de l'Italie eût déjà enlevé de son nom la lettre qui l'italianisait [14], Bonaparte seul, en supposant même qu'un coin du voile eût été déchiré pour lui, Bonaparte seul avait pénétré dans les futurs destins de Napoléon.

Néanmoins, attiré en Europe par le double désir de revoir sa mère et de se rapprocher des événements dans lesquels tout un parti continuait de mêler son nom, le duc d'Orléans résolut de quitter l'Amérique et de se rendre en Espagne.

Une seule chose faisait difficulté à ce projet, c'était la guerre déclarée entre la Péninsule et l'Angleterre.

Les princes, après un conseil tenu entre eux, les princes résolurent de se rendre à la Louisiane, de la Louisiane ils gagneraient la Havane, et de la Havane un point quelconque de l'Europe.

On obtint l'assentiment du ministre d'Espagne à Philadelphie, et l'on partit le 10 décembre 1797, le même jour où Bonaparte, de

14. Les opposants de Bonaparte le désignaient souvent comme Buonaparte. C'est le cas de Louis-Philippe ou encore de Tolstoï au début de *Guerre et paix*.

retour de Rastadt, était présenté au Directoire, et où Paris célébrait la paix de Campo-Formio.

Les princes avaient leurs chevaux : mais comme le voyage à cheval était trop fatigant pour les ducs de Montpensier et de Beaujolais, tous deux de faible santé, on acheta un chariot, on y attela les trois chevaux, et l'on voyagea à la manière de ces émigrants qui allaient à cette époque chercher fortune dans l'intérieur des terres, et discuter avec les peaux rouges les limites d'un établissement.

Le voyage fut long, car on ne pouvait faire plus de huit ou dix lieues de France par jour ; à Carlisle, le chariot versa et le duc d'Orléans faillit être tué ; à Pittsbourg, on trouva le Monongahela glacé, par bonheur l'Alleghany était encore libre ; on acheta une barque comme on avait acheté un chariot, et le 3 janvier 1798, les trois princes se hasardèrent sur l'Ohio. Parvenus au fort Mausac, après avoir eu à combattre à peu près les mêmes dangers que dans une navigation polaire, ils s'y approvisionnèrent de gibier et se hasardèrent sur le Mississipi qu'ils descendirent jusqu'à la Nouvelle-Orléans, où ils arrivèrent le 17 février : là, on avait résolu d'attendre l'arrivée d'une corvette espagnole, mais la corvette n'arrivant pas, on partit sur un navire américain, qui, arrivé au milieu du golfe du Mexique, se fit capturer par une frégate anglaise.

Les princes crurent d'abord l'événement plus désastreux qu'il ne l'était réellement : la frégate naviguait sous pavillon tricolore, et ils pensèrent être tombés aux mains du Directoire.

L'ordre d'amener donné en anglais les rassura ; cependant, avant de monter à bord, le duc d'Orléans cria en anglais au lieutenant :

— Monsieur, je suis le duc d'Orléans, mes deux compagnons sont mes frères le duc de Montpensier et le comte de Beaujolais. Nous nous rendions à la Havane, veuillez prévenir le capitaine de notre présence.

Le capitaine accourut ; c'était celui qui fut depuis l'amiral Cochrane, et que nous avons connu à Paris chez le duc d'Orléans, rentré en France et habitant le Palais-Royal. Il annonça aux exilés qu'ils seraient les bienvenus à son bord, et leur envoya une corde pour faciliter l'ascension ; mais la corde, mal jetée ou mal saisie, échappa au duc d'Orléans qui tomba à la mer, mais qui, nageant parfaitement, en fut quitte pour un bain qui n'avait rien de dangereux sous cette température presque tropicale.

Ce que les princes avaient regardé d'abord comme un événement fâcheux était au contraire une bonne fortune. Le capitaine Cochrane mit sa frégate à la disposition du duc d'Orléans, et, ayant appris, comme nous l'avons dit, que les princes se rendaient à la Havane, voulut les y conduire lui-même.

Ils arrivèrent à cette destination le 31 mars.

Là ils furent arrêtés par des ordres formels de la cour de Madrid, qui défendaient positivement qu'on laissât les princes français entrer en Espagne.

La vieille inimitié entre le régent et Philippe V n'était pas morte.

Les princes avaient été bien reçus à la Havane, ils songèrent un instant à s'y arrêter et à y fonder un établissement ; mais le comte de Frobert, gouverneur général de l'île de Cuba, reçut, le 21 mai 1799, l'ordre d'expulser les princes français des colonies espagnoles du Nouveau-Monde.

La Louisiane seule était exceptée, et les princes avaient autorisation d'y demeurer.

C'était le jour même où Bonaparte levait le siège de Saint-Jean-d'Acre, où le roi de Suède entrait dans la coalition, et où Souvarov s'emparait d'Alexandrie.

Le duc d'Orléans refusa cette étrange hospitalité, et, suivi de ses frères, il monta sur un parlementaire espagnol qui le conduisit aux îles anglaises de Bahama et d'Halifax, où le duc de Kent, fils du roi d'Angleterre et père de la reine Victoria, les reçut en princes, mais sans prendre sur lui cependant de leur donner passage pour l'Angleterre sur un bâtiment de l'État.

Force fut alors aux exilés de retourner aux États-Unis, qui, moins scrupuleux, facilitèrent leur passage pour Londres, où ils arrivèrent en janvier 1800.

CHAPITRE XXII.

Depuis trois mois, Bonaparte avait fait le 18 brumaire et se trouvait à peu près maître de la France.

Aussi, en débarquant à Falmouth et en apprenant les étranges nouvelles qui, de la France, se répandaient sur l'Europe, Louis-Philippe écrivait-il à Gouverneur Morris, son ancien protecteur, cette lettre qui constatait son étonnement.

« 30 janvier 1800.

« J'apprends qu'un paquebot va partir pour New-York, et je profite de cette occasion pour vous informer de notre heureuse arrivée, après une traversée de vingt et un jours après peu de mauvais temps et sans avoir, Dieu merci, rencontré de croisières d'aucune espèce. Cependant, nous vîmes un vaisseau qui n'était anglais ; il voulut bien, par bonheur, avoir peur de nous. Nous sommes d'autant plus heureux qu'en ce moment la mer est couverte de corsaires et que quatre paquebots viennent d'être pris.

« Les journaux ne parlent que de captures et de coups de vent.

« Je vous écrirai bientôt plus au long ; mais je n'ai en ce moment à vous annoncer que notre bon retour. Vous voyez que je suis né heureux.

« Bonaparte, premier consul ! l'abbé Siéyès son collègue ! ! et l'évêque d'Autun [15], son ministre ! ! ! »

Le dix-neuvième siècle s'ouvrait pour Louis-Philippe par trois points d'exclamation.

En effet, la vue de ce qui se passait en Europe, cette grande réédification du monde moderne à sa genèse, devait bien étonner le fils de Philippe Égalité, l'écolier de madame de Genlis, l'élève de Dumouriez.

15. Il s'agit bien sûr de Talleyrand.

De Dumouriez qui, si étonné lui-même de ce qui se passait, écrivait les lignes suivantes, étrange démenti à sa conduite depuis sept ans.

« Vous m'indiquez comme chef d'une faction d'Orléans, vous m'englobez comme chef de cette faction, avec une dame célèbre par sa plume, qui, malheureusement pour elle, a écrit contre le jeune prince qui se trouve compromis par l'accusation que vous portez contre moi. Je connais très-peu cette dame, que je n'ai vue qu'à Tournai, en 1793, lorsqu'elle accompagnait la jeune ni intéressante princesse que j'ai sauvée alors de la proscription et de la rage des Robespierre et des Marat. Je n'ai pas revu cette dame depuis ; j'étais fort lié avec le jeune prince, c'est chez moi qu'il a fait sa réponse à l'écrit indiscret qu'elle avait lancé contre lui. Ces deux pièces ont été imprimées à Hambourg et sont connues de vous.

« Vous jugez donc bien qu'il ne peut y avoir aucune liaison entre nous et encore moins l'union nécessaire à une faction.

« Je n'ai pas besoin de défendre les trois jeunes princes de la branche infortunée que les scélérats veulent séparer pour jamais de l'arbre auguste qui a si longtemps honoré notre patrie. Je ne dirai que peu de mots sur le jeune duc d'Orléans. Il a pleuré avec moi la mort de Louis XVI, il s'est réuni à moi pour la venger, il a quitté avec moi la France ; depuis lors il a continuellement voyagé en Suisse, en Danemark, en Norvège, en Laponie, en Suède, en Amérique, à la Havane, où il s'est rendu depuis un an avec ses frères. Quand, par qui, avec qui, comment pourrait-il, éloigné, errant et pauvre, communiquer, intriguer, comploter avec les scélérats de Paris, qui peut-être abusent de son nom, et qu'il ne connaît pas ? Vous pouvez, Monsieur, dans la ville que vous habitez, prendre des informations précises sur sa conduite et son caractère. Vous êtes entouré de gens qui le connaissaient particulièrement. Il n'a montré, partout où il a été, que de l'application, de la constance et des vertus.

« Quant à moi, Monsieur, si j'étais chef d'une faction usurpatrice, j'aurais ménagé les scélérats que dans tous mes écrits j'ai couverts d'opprobres. Je me serais réservé des moyens de raccommodement pour pouvoir rentrer en France et me rallier à mes complices.

« J'aurais évité de me montrer toujours royaliste, toujours attaché à l'ordre naturel de la succession. Tous mes écrits font foi de mes sentiments. Oui, Monsieur, je suis royaliste, je reconnais Louis XVIII pour mon légitime souverain. Tout mon espoir de la régénération de la France, réside dans ses vertus, son expérience, ses lumières, sa clémence, et dans le retour de la nation à la vérité, à la raison, à l'amour de l'ordre, de ses lois et de ses rois.

« Tels sont les sentiments dans lesquels je veux vivre et mourir.

« J'ai l'honneur d'être, etc.

« DUMOURIEZ. »

On retrouvera cette lettre dans le *Spectateur du Nord*, du mois d'octobre 1799.

Au reste une déclaration des jeunes princes vint à l'appui de cette lettre de Dumouriez. Cette déclaration, qui devait être le pacte de réconciliation entre la branche aînée et la branche cadette, fut à peu près dictée par M. le comte d'Artois [16] à M. le duc d'Orléans. Un double en fut envoyé à Louis XVIII, alors à Mittau, tandis que l'original demeurait aux archives du comte d'Artois à Londres.

Voici le texte de cette déclaration, qui, on en conviendra, ressemblait fort à une rétractation.

« Nous déclarons qu'étant convaincus que la majorité du peuple français partage tous les sentiments qui nous animent, nous faisons, tant au nom de nos loyaux compatriotes, qu'en notre propre nom, le serment solennel et sacré que nous avons prêté, sur notre épée, à notre roi, de vivre et de mourir fidèles à notre honneur et à notre souverain légitime. Si l'injuste emploi d'une force majeure parvenait, à ce qu'à Dieu ne plaise, à placer, *de fait et jamais de droit*, sur le trône de France tout autre que notre roi légitime, nous déclarons que nous suivrions, avec autant de confiance que de fidélité, la voix de l'honneur qui nous prescrit d'en appeler, jusqu'à notre dernier soupir, à Dieu, aux Français et à notre épee. »

16. Le comte d'Artois (1757-1836), second frère de Louis XVI, chef politique de l'émigration, règne sous le nom de Charles X de 1824 à 1830.

Nous demandons comment aurait été reçu au Palais-Royal l'audacieux qui eût remis, le 8 août 1830, cette déclaration sous les yeux du roi Louis-Philippe Ier.

Grâce à cette déclaration, le duc d'Orléans et ses frères prirent à l'étranger la position de *princes français* et eurent part aux subventions accordées par l'Angleterre.

Leur part fut une rente de cinquante mille livres.

Au reste, ce rapprochement avait été ménagé depuis six mois par la duchesse douairière d'Orléans ; elle avait écrit à Louis XVIII qui, à cette occasion, écrivait de son côté duc d'Harcourt le 27 juin 1799 :

« Je m'empresse de vous faire part, monsieur le duc, de la satisfaction que j'éprouve d'avoir pu exercer ma clémence en faveur de M. le duc d'Orléans, mon cousin. Sa respectable mère, cette princesse vertueuse, a été trop grande dans ses malheurs pour recevoir de ma part une nouvelle atteinte qui aurait porté le désespoir et la mort dans son cœur. Elle a été l'intermédiaire entre son roi et son fils. J'ai recueilli avec sensibilité les larmes de la mère, les aveux et la soumission du jeune prince que son peu d'expérience avait livré aux suggestions coupables d'un père monstrueusement criminel.

« Cette détermination a été prise de l'aveu de mon conseil et j'ai la bien douce satisfaction de vous annoncer que ses membres ont proclamé d'une voix unanime les mots de clémence et de pardon.

« LOUIS ».

C'était, comme on le voit, un terrible usurier que Louis XVIII, et il faisait payer cher cette clémence et ce pardon qu'il ne donnait pas, mais qu'il prêtait pour avoir le droit de les reprendre.

Malgré ce rapprochement apparent, les relations étaient difficiles entre le duc d'Orléans et le comte d'Artois. Aussi le duc d'Orléans reprit-il son projet de voyage en Espagne. La duchesse douairière d'Orléans résidait à Saria près Barcelone. Ses trois fils s'embarquèrent pour Minorque où ils trouvèrent une corvette napolitaine qui les conduisit à Barcelone.

Mais les susceptibilités de la cour d'Espagne étaient toujours les mêmes et les jeunes princes ne purent débarquer, et force leur fut de retourner en Espagne sans avoir vu leur mère et sans avoir pu communiquer avec elle autrement que par lettres.

Cette communication eut pour résultat la réunion de la princesse Adélaïde avec sa mère.

Pendant ce temps, Bonaparte affermissait à Marengo son pouvoir naissant, non-seulement sur la France mais sur l'Europe, et s'apprêtait à prendre le titre d'empereur des Français en forçant le roi d'Angleterre à abandonner son titre de roi de France.

Ces nouvelles avaient une grande influence sur l'Europe. Le 21 janvier 1801, jour anniversaire de la mort de Louis XVI, l'empereur Paul [17] avait-il réfléchi à cette étrange coïncidence de date ? le 21 janvier 1801 l'empereur Paul abandonna la cause des Bourbons et invita Louis XVIII à s'éloigner de Mittau avec sa petite cour. L'invitation équivalait à un ordre. Louis XVIII quitta Mittau et passa en Prusse.

Mais la Prusse elle-même ne voulait rien faire de désagréable au premier consul et à la République française, de sorte que Louis XVIII fut invité à quitter son titre de roi de France. Il n'y avait pas moyen de résister. Il prit celui de comte de Lille.

La fortune de Bonaparte marchait à pas de géant : le bonheur qui plane sur les hommes prédestinés l'accompagnait partout. Touché d'un boulet à Marengo, il en avait été quitte pour une égratignure. Menacé par la machine infernale de Carbon et de Saint-Régent [18], il avait vu la machine infernale, en éclatant, tuer autour de lui cinquante-six personnes et en blesser vingt-deux. Enfin il avait échappé à Georges Cadoudal [19], le plus terrible, peut-être,

17. L'empereur Paul (1754-1801), tsar depuis 1796.

18. Carbon et Saint-Régent sont les agents de Cadoudal qui préparent la machine devant tuer le Premier consul le 24 décembre 1800, rue Saint-Nicaise.

19. Georges Cadoudal (1771-1804), fils de paysans bretons, prend la tête de l'insurrection de Vendée en mars 1793. Chef de la chouannerie, il se rapproche de Bonaparte mais le trahit et prépare avec les généraux Moreau et Pichegru une conspiration visant à l'éliminer. Son plan étant déjoué par Fouché, il est arrêté et exécuté le 24 juin 1804. Pichegru se suicide – ou est suicidé – dans sa prison, Moreau est banni et s'exile aux États-Unis, il revient en France pour lutter contre Napoléon, il est tué par un boulet français à la bataille de Dresde en août 1813.

des conspirateurs armés contre lui, et dont la conspiration, en Je délivrant de Moreau et de Pichegru, ses deux ennemis, lui fournit encore l'occasion de mettre à néant tous ces bruits d'intelligence répandus entre lui et les Bourbons.

Le duc d'Enghien, arrêté le 15 mars 1804 à Ettenheim, arrivé le 20 à Paris, était fusillé le 21 dans les fossés de Vincennes.

Enfin, le 2 novembre de la même année, le pape Pie VII partait de Rome, arrivait le 25 du même mois à Fontainebleau, se rendait à Paris le 28 dans la môme voiture que Napoléon, et le 2 décembre le sacrait à Notre-Dame empereur des Français.

C'étaient là de rudes coups portés aux espérances des princes exilés.

CHAPITRE XXIII.

Suivons sur le futur roi de France, qui devait, à son tour, échapper à la machine infernale de Fieschi, aux balles d'Alibaud, de Meunier et de Lecomte [20], l'effet produit par ces divers événements.

La mort de Georges Cadoudal avait suivi de près l'exécution du duc d'Enghien, une partie des conjurés était morte sur l'echafaud, une autre avait été graciée par l'empereur, quelques-uns avaient pu fuir et s'étaient réfugiés en Angleterre.

Cette fois le comte d'Artois ne s'endormit pas dans une confiance absolue ; il manda chez lui un des officiers de Georges Cadoudal, dont l'aptitude lui était connue ; c'était Brèche qui, plus heureux que son général, avait pu retourner en Angleterre après la tentative de Paris.

— Connaissez-vous Dumouriez ? lui dit le prince. — Non, Monseigneur, répondit Brèche.

— Tant pis ; ses alentours vous sont-ils également étrangers ? — Je ne les connais pas même de nom.

20. Fieschi, Ailibaud, Meunier, et Lecomte sont les auteurs d'attentats contre Louis-Philippe, respectivement le 28 juillet 1835, le 25 juin 1836, le 27 décembre 1836 et le 16 avril 1846.

— Je le regrette beaucoup. — Pour quelle raison, Monseigneur ? — Parce que je vous aurais engagé à les voir. — Pourquoi, Monseigneur ? — Pour causer. — Sur quel sujet ? — Sur ce qui vous ferait plaisir, peu importe. — Si ce n'est que cela, je verrai à me mettre en rapport avec Dumouriez ou avec ses amis. — Voyez cela le plus tôt possible.

Dumouriez habitait une petite maison de campagne près de Londres. Dès le lendemain Brèche s'y rendit et alla se promener près du jardin, ne paraissant occupé que d'en admirer l'élégance et les belles fleurs. Quelqu'un de la maison l'ayant remarqué, l'engagea poliment à entrer, ce qui fut accepté. La conversation s'entama en anglais, mais bientôt Brèche dit :

— Je vous crois Français comme moi, il nous serait plus commode de parler notre langue.

— Je suis de votre avis, répondit le personnage.

L'entretien ayant continué en français, Brèche demanda à son interlocuteur s'il était émigré ; sur sa réponse qu'il était émigré, sur sa réponse qu'il était attaché au général Dumouriez, habitant de cette maison, il ajouta que lui aussi n'était pas tout à fait émigré, mais un compagnon de Georges, ce qui parut lui faire prendre à la conversation un intérêt plus vif.

— Et vous êtes allé à Paris avec lui ? dit-il.

— Oui. Alors il entra dans la maison et revint bientôt inviter Brèche à déjeuner de la part de Dumouriez, ce qui fut accepté, et il suivit son guide qui le mit en présence du général.

On fit encore un tour de jardin.

— Vous étiez donc à Paris avec Georges, lui dit le général, c'est une grande perte pour le parti royaliste.

— Irréparable.

— Il reste encore bien des éléments.

— Sans doute ; mais qui saura s'en servir ?

— Oh ! les hommes capables ne manquent pas.

— J'en connais un, dit l'officier royaliste.

— Lequel ?

— Vous, général.

— Oh ! non ! j'ai commandé des armées républicaines ; sans être jacobin, j'en ai porté les couleurs. Jamais les royalistes ne note le pardonneront ; mais il est une autre personne qui conviendrait mieux.

— Qui donc ?

— Le duc d'Orléans.

— Comme vous il a commandé les troupes républicaines et il a été à la société des Jacobins.

— C'est vrai, mais on excuse chez un prince ce que l'on n'excuse pas chez un particulier.

— Reste à savoir si la chose conviendrait au duc d'Orléans et aux royalistes de l'intérieur.

— En ce qui regarde le prince, je puis vous répondre positivement ; quant aux royalistes, vous devez être plus éclairé que moi sur ce point.

— Mais un argument de cette nature conviendrait-il au gouvernement anglais, sans la participation duquel on ne peut rien entreprendre ?

— A cet égard, je puis vous assurer qu'il ne se rencontrera point de difficultés.

— Il ne me reste plus qu'une observation à faire, général, celle de savoir si un pareil projet recevrait l'approbation de la branche aînée ?

Sur cette objection, Dumouriez fit claquer en l'air son doigt du milieu et son pouce avec un geste ironique et il dit :

— Oh ! ma foi, ils approuveront ou ils n'approuveront pas ; mais nous n'en marcherons pas moins.

A l'effet produit par ces paroles, il jugea qu'il était allé trop loin et il s'empressa d'ajouter pour correctif :

— *Dans l'intérêt général de la cause royaliste.*

Brèche devina alors sans peine dans quel but le comte d'Artois l'avait chargé de voir Dumouriez. Après quelques phrases insignifiantes, il prit congé. Le général prit son adresse, l'engageant à réfléchir sur l'intéressant objet de leur conversation.

Le lendemain, Brèche rendait compte de cette conversation au comte d'Artois, et le comte d'Artois, selon son habitude, dans ses moments de préoccupation, *se mordait la lèvre inférieure.*

Il dut se la mordre bien autrement encore à Rambouillet, lorsqu'il apprit que le duc d'Orléans était nommé lieutenant général du royaume, et à Cherbourg, lorsqu'il apprit que Louis-Philippe était proclamé roi.

Brèche retourna une seule fois chez Dumouriez et l'ouverture n'eut pas de suite.

Vers la fin de 1805, les premières propositions de servir contre la France furent faites au duc d'Orléans par le roi de Suède, Gustave IV, qui venait d'adhérer à la coalition.

Ici, nous touchons à la partie véritablement délicate de la vie du duc d'Orléans, puisque la popularité de Louis-Philippe reposa surtout sur ce qu'il n'avait jamais voulu servir contre la France.

Il est donc de notre devoir d'historien de ne marcher que pas à pas dans cette partie de la vie du roi et de ne rien attester que la preuve à la main.

L'agent de Gustave IV et des Bourbons était un mommé Fauche-Borel.

Voici comment il avait conquis la confiance des princes émigrés et du roi de Suède :

Malgré la protestation de Louis XVIII, Napoléon s'était fait empereur. La France l'avait proclamé et l'Europe l'avait à peu près reconnu.

La situation était grave pour le prétendant ; il résolut, dans un congrès de famille, de rédiger, dans le but d'une restauration future, une déclaration de principes qui prouvât aux Français, qu'en cas de retour, il était prêt à faire des concessions à l'esprit de liberté qui avait chassé les Bourbons de France.

La difficulté était de savoir où l'on se réunirait.

On a vu que Paul Ier avait invité le roi à quiter Mittau. Louis XVIII s'était, avec l'autorisation de la Prusse, retiré à Varsovie ; mais en lui accordant cette hospitalité, la Prusse avait déclaré :

« Que cet asile avait un sens limité, qu'il ne pouvait être que pour abriter sa tête proscrite ; mais qu'en aucun cas Varsovie ne pouvait servir de chef-lieu à un projet de la maison de Bourbon, contre le gouvernement établi en France et reconnu par la Prusse. »

On fit demander au roi Gustave IV une ville où tenir ce congrès, et il accorda la ville de Calmar, petite ville épiscopale de Norvége.

Le roi Louis XVIII et le comte d'Artois s'y trouvèrent le 5 octobre 1804.

Ce fut à cette réunion que furent posées les premières bases de la Charte.

Fauche-Borel avait été l'intermédiaire entre le prince français et le roi de Suède.

Fauche-Borel, sujet prussien, avait été compromis dans l'affaire de Pichegru ; il était resté longtemps en prison et n'en était sorti que sur les vives instances du roi de Prusse.

Cette fois encore ce fut lui qui se fit fort de réunir à l'armée suédoise, le duc de Berry et le duc d'Orléans. Le roi Gustave lui donna tout pouvoir de traiter avec les deux jeunes princes.

Mais si vite qu'eût agi Fauche-Borel, la fortune de Napoléon avait marché plus vite encore que lui. La bataille d'Austerlitz avait amené la paix de Presbourg, et la paix de Presbourg l'anéantissement de la coalition.

L'auteur de la Vie anecdotique du roi Louis-Philippe nie que le prince ait accepté les offres de roi de Suède et ait consenti à se réunir à la coalition ; mais l'auteur de sa vie publique et privée l'affirme. Nous ne déciderons point entre eux et nous, nous nous contenterons de citer une lettre que le jeune prince écrivait„ le 5 novembre 1806, à M. le comte d'Entraigues, chargé par l'Angleterre d'une mission près de la Russie.

On y verra un passage sur la Pologne qui ne manque pas d'intérêt :

« J'ai bien du regret, mon cher comte, de me trouver engagé demain. Je serai libre dimanche et vous me feriez plaisir de venir dîner avec moi.

« Nous aurons le comte de Starhemberg, qui sait vous apprécier et qui désire vous revoir et cultiver votre connaissance. J'ai pensé que ce jour-là vous conviendrait mieux que tout autre, parce que dans ce pays-ci le dimanche est un jour mort pour les affaires et qu'il appartient de droit aux amis qu'on a.

« Si vous voulez venir avant le dîner, nous causerons à notre aise et puis nous causerons généralement pendant et après le dîner. Je pense comme vous que tout est très-mal ; mais que tout est loin d'être perdu. Avec de l'énergie et de la vigueur tout peut et doit être rétabli. Il faut que l'empereur de Russie ne souffre pas la paix de la Prusse ; il faut, si elle est faite, qu'il ne la reconnaisse pas. Il doit mettre en mouvement toutes les forces de son vaste empire, pour empêcher la résurrection révolutionnaire de la Pologne, et il le doit également, soit que la Prusse ait la lâcheté de s'y soumettre, soit qu'elle ait le courage de s'y opposer. Le sort de l'empire de Russie, comme celui de la Prusse, dépend de celui de la Pologne. Je ne crois point que *Buonaparte* essaie de forcer l'Oder cet hiver ; s'il le fait et qu'il y réussisse, je pense que ce mouvement peut et doit lui faire trouver son Pultawa[21] et que l'empereur Alexandre pourra venger Austerlitz et réparer Auerstadt[22]. Il ne faut que de la célérité, de la vigueur et surtout de la résolution. Nous causerons de tout cela à fond et si vous trouvez que mes idées en soient dignes, votre plume de feu les transmettra.

« Recevez, mon cher comte, l'assurance bien sincère de ma considération et de tous mes sentiments pour vous,

« L.-P. D'ORLÉANS. »

---

21. Victoire russe sur la Suède du 8 juillet 1709 qui marque la fin de cette dernière comme grande puissance militaire septentrionale.

22. Victoire française du maréchal Davout sur les Prussiens, le 14 août 1806.

CHAPITRE XXIV

Ce fut vers ce temps que mourut le pauvre duc de Montpensier, toujours souffrant depuis sa captivité à Marseille. Atteint d'une maladie de poitrine, il s'éteignit doucement et lentement à Saltill, près Windsor. Il fut enterré à Westminster, où nous avons salué sa tombe en allant déposer Louis-Philippe dans la sienne.

Le comte de Beaujolais ne lui survécut que bien peu de mois. Atteint de la même maladie qui venait de tuer son frère, on lui conseilla un climat plus doux ; les deux seuls endroits, les deux seuls ports d'une latitude tempérée que l'état de l'Europe laissât aux proscrits étaient Malte ou Madère ; le comte de Beaujolais choisit Malte ; car Malte c'était encore l'Angleterre. Le duc d'Orléans l'y accompagna ; mais à Malte la chaleur était si étouffante, qu'un médecin proposa Nicolosi, c'est-à-dire les régions moyennes de l'Etna. On écrivit au roi Ferdinand IV qui accorda la permission, mais quand cette permission arriva, le comte de Beaujolais était mort.

Le jeune prince fut enterré pendant les premiers jours de juin 1808, dans l'église Saint-Jean, avec les plus grands honneurs.

En 1829, le duc d'Orléans, pendant un voyage qu'il fit en Angleterre, fit élever dans l'église de Westminster, un monument au duc de Montpensier, et en 1843, il remplit le même devoir pieux envers le comte de Beaujolais.

Puis, singulière destinée de cet homme, il s'en retourna mourir à son tour en exil, comme y étaient morts ses deux frères.

Ce fut du rocher de Malte, ce fut au chevet de son frère mourant que, le 17 avril 1808, le prince Louis-Philippe écrivit cette lettre à Dumouriez :

Hélas ! c'est pour les hommes politiques surtout qu'a été fait le terrible proverbe *Scripta manent.*

« Ma position bizarre présente quelques avantages que je puis m'exagérer, mais dont il me semble qu'on pourrait tirer parti, ce qui est tout ce que je demande. Je suis prince français, et cependant je suis Anglais, d'abord par besoin, parce que nul ne sait mieux que moi que l'Angleterre est la seule puissance qui veuille et qui puisse me protéger ; je le suis par principe, par opinion et par toutes mes habitudes. Dans ma conversation avec la reine, nous allons beaucoup plus loin que je ne veux vous mener dans une lettre, et c'est après ces conversations que cette princesse me témoigne le regret que je ne puisse pas entreprendre d'exécuter ce dont je lui ai fait sentir la nécessité ; mais je lui dis que mon *curricle* (Dieu le bénisse !) m'attend sur la route d'Hamptoncourt, que je dois y être rassis au mois de juin ; et mon traitement et la protection de l'Angleterre, que je ne suis nullement disposé à abandonner... Vous pensez bien que si la guerre qui s'allume en Italie m'offre quelque chance de *m'y fourrer*, le *curricle* attendra. Ici il y a une armée anglaise, à laquelle cependant il pourrait ne pas être inutile que je fusse Napolitain ; mais pour que ma coopération lui soit bien utile, peut-être seulement pour qu'elle la veuille ou qu'elle la permette, il faut que le gouvernement s'explique, il faut au moins qu'il daigne m'approuver ou qu'on sache d'une manière catégorique si je leur conviens ou non.

« Vous me feriez un vrai plaisir, vous me rendriez un grand service, de faire sentir cela à M. Canning, de le mettre au fait de la position ou je me trouve, et de lui faire sentir que je peux probablement leur être bon à quelque chose, et que c'est le plus sincère comme le plus ardent de mes désirs. Il importe à l'Angleterre d'arracher les îles Ioniennes aux Français. On y trouvera plus de six mille hommes de garnison, dont deux mille Italiens et quinze cents Albanais et Épirotes, qui feront sur-le-champ de très-bons soldats pour sa cause contre les Français. Elle en aura alors la disposition, et l'Autriche accédera à tout, pourvu que les Français en soient exclus.

« Si elle me croit un personnage convenable pour ces îles, je suis tout prêt et j'en serai enchanté ; je vous réponds que j'y aurai bientôt un petit noyau de troupes avec lequel je ferai du tapage... Si l'Angleterre ne veut pas penser à moi, j'en suis tout consolé et je chercherai fortune ailleurs. — Mais je crois vraiment que cela pourrait aller ; ruminez cela dans votre bonne tête, et je suis sûr que votre amitié pour moi vous fera faire tout ce qui sera possible. »

CHAPITRE XXV.

Malheureusement, cette fois-là comme l'autre, la rapidité des victoires napoléoniennes empêcha la réponse d'arriver ; la paix de Tilsitt détruisit les projets de 1808, comme la paix de Presbourg avait détruit ceux de 1805. Au milieu de tout cela, et pendant un séjour assez long qu'il fit à Palerme, les préliminaires d'un mariage avaient été arrêtés entre le duc d'Orléans et Marie-Amélie, fille de Ferdinand de Naples et de Caroline d'Autriche, sœur de Marie-Antoinette, laquelle était loin de se douter, à cette époque, que deux ans plus tard, Napoléon, en épousant Marie-Louise, deviendrait son neveu et celui de Louis XVI.

Mais ce qui n'était plus un doute, c'était une guerre avec l'Espagne.

Napoléon, pour punir Jean VI de son alliance avec les Anglais, avait ordonné à Junot d'envahir la Péninsule avec vingt-quatre mille hommes.

Junot entra dans Lisbonne le 30 novembre 1807, et proclama la déchéance de la maison de Bragance.

Le 19 mars 1808, c'est-à-dire au moment où le duc d'Orléans et son frère étaient en route pour Malte, Charles IV était forcé d'abdiquer à Aranjuez, en faveur de son fils, qui, le même jour, à la grande joie du peuple espagnol, était proclamé roi d'Espagne et des Indes, sous le nom de Ferdinand VII.

Ce qui rendait le peuple espagnol si joyeux, c'est qu'il était délivré du gouvernement de don Manuel Godoï, et de la reine Maria-Luisa.

Cette abdication ne faisait pas tout à fait les affaires de Napoléon ; l'empereur des Français, roi d'Italie, avait sans doute déjà jeté les yeux sur l'Espagne, pour en faire la dotation de quelque prince de sa famille, comme il avait fait du trône de Naples et du royaume de Hollande. Or, un jeune prince porté au trône par un mouvement national était plus difficile à déposséder qu'un vieux roi imbécile et infirme.

Napoléon s'était donc interposé entre le père et le fils, et les appelant tous deux à Bayonne, il força Ferdinand VII de rendre à Charles IV la couronne qu'il lui avait enlevée le 19 mars, et que Charles IV lui avait cédée à lui, Napoléon, parle traité du 5 mai 1808.

Il y eut alors une mutation dans les couronnes, Murat passa roi de Naples, et Joseph roi d'Espagne.

Ce fut alors que Ferdinand, réfugié lui-même à Palerme, résolut d'envoyer son second fils, le prince Léopold, faire ses premières armes pour soutenir la nationalité espagnole.

Cette fois le duc d'Orléans résolut de faire tout ce qui lui serait possible pour prendre une part active à la guerre, et nous donnons entière et textuelle la lettre qu'il écrivit à sa future belle-mère, le 18 juillet 1808.

« Madame,

« Les bontés dont Votre Majesté vient de me combler et la franchise si noble et si digne d'elle avec laquelle elle a daigné me questionner sur un point relativement auquel il me tardait de pouvoir manifester mes sentiments, me font espérer qu'elle me pardonnera de l'importuner d'une lettre où je puisse les répéter et les constater de la manière la plus formelle, la plus positive et la plus solennelle. Plus j'éprouve de satisfaction à profiter de la permission que Votre Majesté a daigné m'accorder de la rendre dépositaire des sentiments qui m'animent, et dont j'ai fait profession depuis longtemps, et plus je désire le faire par *écrit,* et de manière à défier toutes les insinuations de l'envie et de la calomnie, quel que soit le succès de mes efforts, ou le sort que la Providence me destine. J'ose donc espérer que Votre Majesté me pardonnera de lui parler de moi, autant que je vais être obligé de le faire pour atteindre ce but.

« Je suis lié, Madame, au roi de France, mon aîné et mon maître, par tous les serments qui peuvent lier un homme, par tous les devoirs qui peuvent lier un prince, je ne le suis pas moins par le sentiment de ce que je me dois à moi-même, que par ma manière d'envisager ma position, mes intérêts, et par le genre d'ambition dont je suis animé.

« Je ne ferai point ici de vaines protestations : mon objet est pur, mes expressions seront simples. *Jamais je ne porterai de couronne, tant que le droit de ma naissance et l'ordre de succession ne m'y appelleront pas. Jamais je ne me souillerai en m'appropriant ce qui appartient légitimement à un autre prince. Je me croirais* AVILI, DÉGRADÉ *en m'abaissant à devenir le successeur de Buonaparte*, en me plaçant dans une situation que je méprise, que je ne pourrais atteindre que par *le parjure le plus scandaleux* et où je ne pourrais espérer de me maintenir quelque temps que par la SCÉLÉRATESSE ET LA PERFIDIE, dont il nous a donné tant d'exemples. Mon ambition est d'un autre genre : j'aspire à l'honneur de participer au renversement de son empire, à celui d'être un des instruments dont la Providence se servira pour en délivrer l'espèce humaine, pour rétablir sur le trône de nos ancêtres le roi, mon aîné et mon maître, et pour replacer sur leurs trônes tous les souverains qu'il a dépossédés.

« J'aspire peut-être plus encore à l'honneur d'être celui qui montre au monde que quand on est ce que je suis, *on dédaigne, on méprise l'usurpation*, et qu'il n'y a que des parvenus sans naissance et sans âme qui s'emparent de ce que les circonstances peuvent mettre à leur portée, mais que l'honneur leur défend de s'approprier. La carrière des armes est la seule qui convienne à ma naissance, à ma position et en un mot à mes goûts. Mon devoir s'accorde avec mon ambition, pour me rendre avide de la parcourir, et je n'ai point d'autre objet. Je serai doublement heureux d'y entrer, si elle m'est ouverte par les bontés de Votre Majesté et par celles du roi son époux, et si mes faibles services peuvent jamais être de quelque utilité à leur cause, j'ose dire à la nôtre et à celle de tous les souverains, de tous les princes et de toute l'humanité.

« Que Votre Majesté daigne agréer, etc. »

La lettre du duc d'Orléans arrivait dans un moment d'autant plus opportun que le conseil de régence d'Espagne, présidé par Castanos, venait de demander au roi de Naples qu'un prince de son auguste maison voulût bien commander une armée espagnole et fût accompagné du sérénissime duc d'Orléans, dont la participation aux affaires de la Péninsule ne pouvait manquer de fomenter une insurrection en France.

L'offre que le duc d'Orléans faisait de son épée fut donc agréée, et il s'apprêta à partir comme mentor de son futur beau-frère.

Mais comme il ne voulait rien faire que de l'agrément du chef de la famille, il envoya à Louis XVIII la lettre qu'il avait écrite à la reine Caroline, en l'accompagnant de la lettre suivante :

« Sire,

« Il m'est enfin permis de me livrer à l'espérance que j'aurai bientôt l'occasion de signaler mon zèle pour le service de Votre Majesté et mon dévouement à sa personne. Les derniers événements qui ont eu lieu en Espagne, la captivité des deux rois et des infants, et le soulèvement général de toute la nation espagnole contre la tyrannie et les usurpations de *Buonaparte*, viennent de décider le roi des Deux-Siciles à envoyer en Espagne son second fils, le prince Léopold, *pour y exercer l'autorité royale, en l'absence des princes, ses aînés.* Me trouvant en ce moment à la cour de Leurs Majestés Siciliennes, je me suis empressé de profiter de cette occasion inattendue, pour sortir de la pénible inaction à laquelle nous sommes réduits depuis si longtemps. J'ai *sollicité*, Sire, la permission d'accompagner en Espagne ce jeune prince que ses qualités personnelles et la noble ardeur dont il est animé rendent digne de la grande entreprise dont il va être chargé. J'ai demandé à être admis à l'honneur de servir dans les armées espagnoles centre Buonaparte et ses satellites, et Leurs Majesté ont daigné me l'accorder. Je sens que j'aurais dû préalablement solliciter l'agrément de Votre Majesté, mais j'ai pensé qu'il ne pouvait être douteux. Je me suis flatté que mon zèle serait mon éxcuse et que vous sentiriez, Sire, que je n'aurais pas pu l'attendre, sans laisser échapper une de ces occasions uniques, qu'en général on cherche inutilement à faire renaître quand on a eu le malheur de les manquer.

« Je suis comblé des bontés de Leurs Majestés Siciliennes, et les expressions me manquent pour exprimer la reconnaissance dont elles me pénètrent. On a cherché, Sire, à m'entraver et à paralyser mon zèle, en s'efforçant d'insinuer des soupçons injurieux à mon caractère dans l'esprit de Leurs Majestés ; la reine a daigné m'en instruire, avec la franchise la plus noble, et il ne m'a pas été difficile d'en effacer jusqu'à la moindre trace, car la grande âme de Sa Majesté sait triompher de ses préventions, quand elle s'aperçoit qu'elles sont sans fondement. Cependant en me rappelant que *verba volant et scripta manent*, j'ai voulu remettre entre les mains de la reine le témoignage écrit de ce que j'avais eu l'honneur de lui dire verbalement, et j'espère que Votre Majesté me pardonnera la liberté que je prends de lui envoyer une copie de cette lettre.

« Sire, puissé-je avoir bientôt le bonheur de combattre vos ennemis, puissé-je avoir le bonheur plus grand encore de participer à les faire rentrer sous le gouvernement paternel, sous la protection tutélaire de Votre Majesté ! Je sais, Sire, que le rétablissement de Votre Majesté est un des vœux les plus chers que forment Leurs Majestés Siciliennes, et le prince Léopold est animé des mêmes sentiments. Nous ne pouvons pas pénétrer les desseins de la Providence et connaître le sort qui nous attend en Espagne ; mais je ne vois qu'une alternative : ou l'Espagne succombera, ou son triomphe entraînera la chute de Buonaparte. Je ne serai qu'un militaire espagnol tant que les circonstances ne seront pas de nature à déployer avec avantage l'étendard de Votre Majesté ; mais nous ne manquerons pas l'occasion, et si, avant que j'aie pu recevoir ses ordres et ses instructions, nous pouvions déterminer l'armée de Murat, ou celle de Junot à tourner leurs armes contre l'usurpateur ; si nous pouvions franchir les Pyrénées et pénétrer en France, *ce ne sera jamais qu'au nom de Votre Majesté, proclamé à la face de l'univers et de maniéré à ce que, quel que soit notre sort, on puisse toujours graver sur nos tombes : Ils ont péri pour leur roi et pour délivrer l'Europe de toutes les usurpations dont elle est souillée.*

« Que Votre Majesté daigne agréer avec sa bonté ordinaire l'hommage de mon profond respect et de mon entier dévouement. Je suis, Sire, de Votre Majesté, le très-humble, très-obéissant et très-fidèle serviteur et sujet,

« L.-P, D'ORLÉANS.

« Palerme, 19 juillet 1808. »

Mais le ministère anglais en avait décidé tout autrement que n'en avaient fait les deux princes. En arrivant devant Gibraltar, ils trouvèrent lord Collingwood, commandant de la forteresse, muni d'un ordre qu'il leur signifia.

Cet ordre retenait le prince Léopold prisonnier, et commandait le retour immédiat en Angleterre du duc d'Orléans

Le prince ne fit que prendre pied à Londres ; il sollicita ardemment la permission d'aller rejoindre sa mère à Port-Mahon, mais la seule chose qu'il put obtenir, fut d'être transporté à Malte, sans toucher aucun point de l'Espagne.

Au moment de s'embarquer, le duc fut rejoint à Portsmouth par sa sœur : il y avait quinze ans que les deux pauvres exilés ne s'étaient vus : cette réunion fut une grande joie pour ces deux cœurs endoloris ; sans doute ce fut en ce moment qu'ils jurèrent de ne se plus quitter, serment qu'ils ont tenu si fidèlement dans ce monde et dans l'autre.

A Malte les attendait un pieux pèlerinage à la tombe de leur frère. Hélas ! c'est une chose étrange que la façon dont l'exil a semé par le monde la tombe des Bourbons ; Mesdames, sœurs de Louis XVI, à Rome et à Trieste, le comte de Beaujolais à Malte, le duc de Montpensier à Westminster ; le roi Charles à Goritz, le roi Louis-Philippe à Claremont !

Et qui sait dans quelle partie du monde s'endormiront du dernier sommeil les débris de cette grande race qui a régné huit siècles sur la France.

Le refus qu'avait fait l'Angleterre de laisser le prince accomplir sa mission en Espagne était un violent échec porté à son mariage avec la fille de Ferdinand. Louis-Philippe comprit que sa présence était urgente à Palerme ; il quitta Malte, laissant sa sœur aux soins de madame de Montjoie, puis comme il trouvait les dispositions mauvaises à la cour de Sicile, il écrivit à sa mère, sur laquelle il comptait pour vaincre les répugnances de la reine Caroline, de venir le rejoindre à Cagliari, où il allait l'attendre ; mais il l'attendit vainement, on n'avait pas plus permis à la mère d'aller rejoindre son fils, qu'on n'avait promis au fils de venir rejoindre sa mère ; force fut donc au prince de retourner à Palerme ; là il apprit par sa sœur, qui accourait de Malte, pour lui donner cette bonne nouvelle, que la défense du cabinet de Saint-James était levée : le duc d'Orléans et la princesse Adélaïde, s'embarquèrent aussitôt pour Mahon, mais de son côté la duchesse d'Orléans, désireuse de revoir le plus tôt possible ses enfants, s'embarquait pour la Sicile : les deux bâtiments se croisèrent, et en arrivant à Port-Mahon, le duc d'Orléans et sa sœur apprirent que leur mère était partie depuis trois jours pour Palerme.

Ils revinrent donc sur leurs pas, et après cette course à travers les mers, commencée en 1797, et toujours inutilement poursuivie pour se rejoindre, la mère et les enfants se trouvèrent réunis, le 15 octobre 1809, dans le palais de Santa-Crux, à un quart de lieue de Palerme.

Le duc d'Orléans avait deviné juste : la présence de sa mère aplanit tous les obstacles, et le 25 novembre suivant, Louis-Philippe et Marie-Amélie furent unis dans la charmante petite chapelle byzantine del Palazzo-Reale.

J'ai toujours eu une pieuse vénération pour la reine Marie-Amélie, quoique sa race ait été mortelle à la mienne, quoique son père Ferdinand et sa mère Caroline aient empoisonné mon père dans les cachots de Brendizi ; mais je ne suis pas de ceux qui font retomber sur les innocents les crimes des coupables, et je puis le dire, les vertus de la fille ont sauvé de sanglantes pages au Claude napolitain et à la Messaline viennoise ; peut-être un jour ma vengeance filiale évoquera-t-elle les deux ombres sanglantes, et les forcera-t-elle à poser, nues et hideuses devant la postérité ; peut-être un jour l'assassin de Caracciolo[23] et la maîtresse d'Acton[24] auront-ils à me rendre compte des carresses paternelles qu'ils m'ont enlevées à l'âge où l'on sait à peine ce que c'est qu'un père ; mais pour cette terrible exécution de deux cadavres, j'attendrai que la pieuse exilée soit couchée, pâle, froide et sourde près de l'époux qui lui a juré fidélité dans cette chapelle, qui vient d'éveiller en moi ce lugubre souvenir.

Or, voilà ce que je voulais dire à propos de cette chapelle.

J'étais à Palerme en 1835, et je la visitais avec ce religieux respect que j'ai pour les lieux saints ; il me sembla alors que ce serait une

23. Caracciolo (1752-1799), amiral qui se rallie à la République parthénopéenne. Arrêté au retour des Bourbons à Naples, Nelson exige qu'il soit pendu.

24. Né en France en 1736, ministre du royaume de Naples et amant de la reine Marie-Caroline, Acton combat sans pitié les jacobins lors de la réaction de 1799. Il meurt à Palerme en 1811.

joie pour cette reine sur le trône que d'avoir un souvenir de ses jours d'exil, et que, parmi les souvenirs de ces jours-là, le plus doux serait une image de cette chapelle où avaient été échangés des serments si chastement tenus. Je priai donc Jadin, mon compagnon de voyage, d'en faire un dessin dans lequel il fondrait tout ensemble et son talent et son cœur.

Jadin se mit à l'œuvre, et passa huit jours sous ces voûtes étincelantes de mosaïques qui passèrent sur son carton jusque dans leurs moindres détails.

Nous rapportâmes le dessin en France, et notre premier soin en arrivant à Paris, fut de l'envoyer à la reine, accompagné d'une lettre qui essayait de lui faire comprendre ce qu'il y avait de pieuse vénération dans l'envoi que nous nous permettions de lui adresser.

Huit jours après, je ne sais quel serviteur de la maison vint demander à Jadin combien on lui devait ; Jadin balbutia, il ne comprenait pas qu'on lui dût quelque chose.

Le surlendemain on lui envoya cent écus.

On était quitte avec le peintre.

Hélas ! pauvres princes de la terre, savez-vous ce qui vous précipite de si haut dans les révolutions ? c'est que vos cœurs secs, et lassés par la flatterie, n'ont jamais su battre à l'unisson des cœurs loyaux et généreux qui avaient pitié de votre grandeur, et qui essayaient de vous en consoler ; de sorte qu'au jour de la chute, ne vous étant attachés à rien, vous ne pouvez vous retenir à rien, et que vous roulez au fond du précipice, les mains déchirées par les ronces et les épines, qui seules avaient poussé autour de vous.

Ce mariage tant désiré par le duc d'Orléans sembla lui apporter la double réalisation de ses vœux : dans les premiers jours de mai 1810, une frégate espagnole vint, au nom de la régence de Cadix, supplier le duc d'Orléans, *de se mettre à la tête des armées victorieuses de l'Espagne, et en promettant la liberté à la France opprimée, de délivrer le trône de ses ancêtres, et de rétablir l'ordre en Europe, en proclamant le triomphe de la vertu sur la tyrannie et l'immoralité.*

Comme cette demande de la régence répondait aux plus ardents désirs du duc d'Orléans, il se hâta d'accepter, répondit le 7 mai par un manifeste dans lequel il rappelait les services que son aïeul, le régent, avait rendus au trône d'Espagne, et où il promettait de faire de son mieux pour suivre l'exemple donné un siècle auparavant.

En conséquence, le 22 mai, le prince s'embarqua sur la frégate la *Vengeance*, le nom du bâtiment promettait et s'accordait avec la situation.

Mais il était décidé dans les décrets de la Providence que Dieu, qui sans doute avait ses desseins sur lui, ne permettrait pas que le duc d'Orléans servît contre la France.

A son arrivée à Tarragone, le gouverneur lui déclara qu'il ne pouvait lui remettre le commandement. Pendant le voyage du prince, il avait reçu de nouveaux ordres, qui, s'ils étaient rigoureusement exécutés, forçaient le duc d'Orléans de retourner en Sicile, sans même toucher la terre d'Espagne.

Le prince, désespéré, se remit en mer, mais il ne voulut pas quitter la Péninsule sans tenter un dernier et suprême effort, il fit mettre le cap sur Cadix, où il arriva le 20 juin.

Le même jour il visita les membres de la régence, ceux-là même qui lui avaient écrit, et se mit à leur disposition.

Cette fois encore c'était l'Angleterre qui se mettait en travers des désirs du prince français ; son ambassadeur avait déclaré que si un commandement quelconque était donné au duc d'Orléans, les troupes anglaises évacueraient à l'instant même le territoire espagnol.

Louis-Philippe essaya d'en appeler aux cortès de cette décision ; le 30 novembre, il se présenta à la porte de la salle de leurs séances, qui se tenaient dans l'île de Léon, mais cette porte resta fermée devant lui.

Il n'y avait pas à lutter contre un mauvais vouloir si général, le duc d'Orléans se rembarqua pour la Sicile, et en arrivant à Palerme, il trouva sa femme accouchée d'un prince qui reçut sur les fonts de baptême, où le tinrent le roi de Sicile et la duchesse douairière d'Orléans, les noms de Ferdinand-Philippe-Louis-Charles-Henri-Joseph d'Orléans, duc de Chartres.

C'est le même dont, trente-deux ans plus tard, 13 juillet 1842, il recevait le dernier soupir.

Mort terrible, inattendue, pleine de larmes, mais providentielle s'il en fut ; mort qui supprimait le seul obstacle qui existât entre la monarchie et la république.

Quand le prince rentra à Palerme, il trouva la Sicile toute prête pour une révolution ; le despotisme de la reine Marie-Caroline, l'insouciance du roi Ferdinand avaient exaspéré les Siciliens ; de tous côtés des émeutes éclatèrent ; lord Bentinck[25] et ses vingt-cinq mille hommes intervinrent, Ferdinand abdiqua en faveur de son fils, et Marie-Caroline, poursuivie par la haine de ses anciens sujets, retourna en Autriche, où elle mourut près de Vienne, au château de Melzendorff, le 7 septembre 1814, empoisonnée, selon toute probabilité, dans une glace.

Pendant ce temps, les destins de Napoléon s'accomplissaient ; la main du Seigneur se retirait peu à peu de celui qu'elle avait si miraculeusement soutenu ; le froid apportait son aide à la coalition vaincue ; la trahison achevait l'œuvre du froid ; le bulletin de Leipzig avait porté l'épouvante jusqu'à Paris ; la campagne de 1814 avait brillé comme un dernier reflet du génie du vainqueur d'Arcole, des Pyramides et d'Austerlitz. Enfin, le 3 avril, un décret du sénat avait proclamé la déchéance, non-seulement de Napoléon mais de sa dynastie.

Le 3 mai, à six heures du soir, Napoléon débarquait à l'île d'Elbe, dont le traité de Fontainebleau lui garantissait la souveraineté avec un revenu de deux millions et une armée de quatre cents hommes.

Déjà depuis quelque temps le duc d'Orléans avait écrit cette lettre au roi Louis XVIII :

25. Bentinck, diplomate anglais (1774-1839). À la tête des troupes britanniques en Sicile pour la protéger de Napoléon, il impose une Constitution libérale aux Bourbons de Naples en exil. Il continue sa carrière comme gouverneur des Indes.

« Sire,

« Est-il possible qu'un meilleur avenir se prépare, que votre étoile se dégage enfin des nuages qui la couvrent, que celle du *monstre* qui accable la France pâlisse à son tour ! Que ce qui se passe maintenant est admirable, *que je suis heureux du succès de la coalition ! il est temps qu'on achève la ruine de la révolution et des révolutionnaires*. Mon vif regret est que le roi ne m'ait point *autorisé, selon mon désir, d'aller demander du service aux Souverains*. Je voudrais, *en retour de mes erreurs*, contribuer de ma personne à ouvrir au roi le chemin de Paris. Mes vœux, du moins, hâtent la chute de Bonaparte *que je hais* autant *que je le méprise*. Dieu veuille que sa chute soit prochaine ! je la demande chaque jour au ciel dans mes prières. »

Il est curieux de rapprocher cette lettre du duc d'Orléans, écrite en 1814, de ce décret avec lequel Louis-Philippe essayait, en 1840, de raviver sa popularité qui commençait à baisser.

Le 12 mai 1840, cette grande résolution fut annoncée en ces termes aux Chambres françaises ;

« Messieurs, le roi a ordonné à S. A. R. monseigneur le prince de Joinville de se rendre arec sa frégate à l'Ile Sainte-Hélène pour y recueillir les restes mortels de l'empereur Napoléon.

« La frégate chargée des restes mortels de Napoléon se présentera, au retour, à l'embouchure de la Seine ; un autre bâtiment les rapportera jusqu'à Paris. Ils seront déposés aux Invalides. Une cérémonie solennelle, une grande pompe religieuse et militaire, inaugurera le tombeau qui doit les garder à jamais.

« Il importe, en effet, à la majesté d'un tel souvenir, que cette sépulture auguste ne demeure pas exposée sur une place publique, au milieu d'une foule bruyante et distraite, il convient qu'elle soit placée dans un lieu silencieux et sacré, où puissent la visiter avec recueillement tous ceux qui respectent la gloire et le génie, la grandeur et l'infortune.

« Il fut empereur et roi ; il fut le souverain légitime de notre pays. A ce titre, il pourrait être inhumé à Saint-Denis ; mais il ne faut pas à Napoléon la sépulture ordinaire des rois. Il faut qu'il règne et commande encore dans l'enceinte où vont se reposer les soldats de la patrie, et où iront toujours s'inspirer ceux qui seront appelés à la défendre. Son épée sera déposée sur sa tombe.

« L'art élèvera sous le dôme, au milieu du temple consacré par la religion au Dieu des armées, un tombeau digne, s'il se peut, du nom qui doit y être gravé. Ce monument doit avoir une beauté simple, des formes grandes, et cet aspect de solidité inébranlable qui semble braver l'action du temps. Il faut à Napoléon un monument durable comme sa mémoire...

« Désormais la France, et la France seule, possédera tout ce qui reste de Napoléon ; son tombeau, comme sa renommée, n'appartiendra à personne qu'à son pays.

« La monarchie de mil huit cent trente est l'unique et légitime héritière de tous les souvenirs dont la France s'enorgueillit. Il lui appartenait sans doute à cette monarchie, qui, la première, a rallié toutes les forces et concilié tous les vœux de la Révolution française, d'élever et d'honorer sans crainte la statue et la tombe d'un héros populaire ; car il y a une chose, une seule, qui ne redoute pas la comparaison avec la gloire : c'est la liberté. »

CHAPITRE XXVI.

Louis XVIII, appelé au trône de France, quitta Hartwel le 18 avril, fit son entrée à Londres le 20, traversa le détroit dans un yacht royal, débarqua à Calais et se rendit directement à Saint-Ouen, où *il octroya* la Charte constitutionnelle.

Le 23 avril le duc d'Orléans, demeuré à Palerme au milieu des troubles qui venaient d'agiter la Sicile, ignorait encore l'abdication de l'empereur et l'avènement au trône de Louis XVIII, lorsque tout à coup on annonce l'entrée dans le port d'un bâtiment anglais porteur de nouvelles de France. Aussitôt le duc d'Orléans court à l'hôtel de la Marine où loge l'ambassadeur. Celui-ci tenait le *Moniteur* à la main, et, le présentant au prince :

— Recevez mes compliments, Monseigneur, lui dit-il, Napoléon est déchu et les Bourbons sont rétablis sur le trône de leurs pères.

Deux heures après tous les canons de Palerme tonnaient en l'honneur de cet événement.

Le capitaine du bâtiment anglais avait ordre, de la part de lord Williams Bentinck, de se mettre à la disposition du prince s'il voulait revenir en France.

Le prince accepta sans hésiter, et, dès le lendemain, c'est-à-dire le 24 avril, il quitta Palerme accompagné d'un seul valet de chambre ; et, arrivé à Paris dans les premiers jours de mai, il descendit incognito dans un hôtel de la rue Grange-Batelière, et, à l'instant même, sans prendre le temps de changer d'habit, tant est puissante l'attraction de la maison natale, il s'achemina vers le Palais-Royal par la rue de Richelieu, pénétra dans le jardin, le parcourut en tous sens, et, traversant la cour des Colonnes, se présenta à la porte du grand escalier.

Cette porte était ouverte.

Le duc d'Orléans se précipita sous le vestibule, et, malgré la résistance du suisse qui le prenait pour un fou, s'élança vers le grand escalier, mais arrivé là, il tomba à genoux et, tout sanglotant, il baisa la première marche.

Ce fut alors seulement que le suisse se douta que cet étranger était à la fois l'ancien et le nouveau maître.

Puis, comme il était important de prendre langue afin de savoir dans quel milieu on allait se retrouver, avant de se présenter au roi dont la bienveillance était douteuse et l'accueil incertain, le duc d'Orléans commença par visiter ses vieux amis Valence, Macdonald et Beurnonville.

Après eux vint le tour de madame de Genlis.

Il s'était informé et avait appris que madame de Genlis avait été logée à l'Arsenal par le gouvernement de l'empereur, lequel lui faisait une pension et lui accordait ce logement par-dessus le marché, en vertu de la complaisance qu'elle avait de correspondre directement avec lui.

Sur quoi roulait cette correspondance, c'est ce que nous ne saurions dire. Cette correspondance était *trop secrète*pour avoir jamais été publiée.

— Ah ! c'est vous ! s'écria madame de Genlis en apercevant son ancien élève, *j'espère qu'enfin vous ne pensez plus à être roi.*

Le duc répondit par un geste ambigu qui n'était ni une négation ni une affirmation.

Le duc d'Orléans resta près d'une heure avec celle qu'il avait si souvent appelée sa *vraie mère* et sa *seule amie*, mais à laquelle il gardait bien cependant quelque rancune de cette fameuse lettre écrite par elle en 1796.

Le lendemain le duc d'Orléans se rendit aux Tuileries. Louis XVIII ne croyait pas, au fond du cœur, à la sincérité de son cousin, mais ses principes politiques sur ce point étaient ceux de Fox [26] : — Refusez tout à vos amis, accordez tout à vos ennemis.

En conséquence, il reçut à merveille le duc d'Orléans.

— Il y a vingt-cinq ans, lui dit-il, vous étiez lieutenant général ; rien n'est changé, vous l'êtes toujours.

— Sire, répondit le duc, ce sera désormais avec cet uniforme que je me présenterai devant Votre Majesté.

En outre, le 15 mai suivant, le roi lui rendit le titre de colonel général des hussards qu'avait eu son père, lui conféra la croix de Saint-Louis dans tout le cérémonial de l'ordre, c'est-à-dire avec serment et accolade, et enfin, faveur bien autrement importante, lui rendit, outre ses apanages, les biens de son père, même ceux qui, ayant été aliénés par lui, étaient sortis de sa maison pour devenir domaines *de l'État*, lequel ayant payé ses dettes, en était devenu légitime propriétaire.

Ces premiers soins donnés à sa position politique qu'il s'agissait de, reconquérir, et à sa fortune qu'il fallait fonder à nouveau, occupèrent le prince, du mois de mai au mois de juillet, époque à laquelle il rembarqua avec MM. Athalin et de Saint-Aldegonde, pour aller chercher à Palerme sa famille qui l'y attendait avec impatience.

26. Fox, homme d'État anglais (1749-1806).

Le bâtiment la *Ville-de-Marseille* avait été mis à cet effet à sa disposition par le gouvernement.

Au mois de septembre il était de retour au Palais-Royal.

Si la libéralité de Louis XVIII avait rendu au duc d'Orléans ceux-là de ses biens même auxquels il n'avait pas droit, cette libéralité, on le comprend bien, ne fit aucune difficulté à faire rentrer la duchesse douairière dans l'immense fortune du duc de Penthièvre [27], son père, fortune qui avait été confisquée par le gouvernement révolutionnaire et qui montait à près de cent millions, tant en biens fonciers que palais, parcs et châteaux.

Le 25 octobre, la duchesse d'Orléans accoucha d'un second fils qui reçut sur les fonts de baptême les noms de Louis-Charles-Philippe-Raphaël d'Orléans, duc de Nemours,

Quoique bien jeune à cette époque, je me rappelle encore l'étonnement des populations au rappel successif de tous ces usages de l'ancien régime désappris depuis vingt-deux ans. Ce fut d'abord le drapeau blanc et la cocarde blanche, couleur inconnue à toute la génération de vingt à trente ans. Ce furent les dimanches, les jours de fête et de demi-fête fermant les boutiques et les magasins ; ce fut la cérémonie du Vœu de Louis XIII ; ce fut la messe expiatoire du 21 janvier ; ce fut, menaces plus graves que toutes celles qui avaient été faites, quelques mots imprudents dits à propos de la vente des biens des émigrés, dont on parlait de contester la validité. Ce fut enfin un malaise général répandu dans la société qui sentait toute communication sympathique rompue entre elle et cette cour gothique, qui n'avait de sourires, de places, de faveurs que pour ceux qui avaient servi contre la France ou concouru à son abaissement ; ce fut enfin, au bout de trois mois à peine, une division bien marquée entre les opinions qui se partagèrent en quatre camps : le camp ultra, le camp napoléonien, le camp constitutionnel et le camp républicain.

Le duc d'Orléans comprit à l'instant même le rôle qu'il avait à jouer, et se rangea parmi les constitutionnels.

27. Duc de Penthièvre ; grand-père maternel de Louis-Philippe.

« La manière dont M. le duc d'Orléans demanda de mes nouvelles à mon fils, qu'il avait vu aux États-Unis, dit La Fayette dans ses Mémoires, me fit un devoir d'aller chez lui ; il me témoigna sa sensibilité à cette démarche, faisant sans doute allusion à mes anciennes querelles avec sa branche ; il parla de nos temps de proscription, de la communauté de nos opinions, de sa considération pour moi, et ce fut en termes trop supérieurs aux préjugés de sa famille pour ne pas reconnaître en lui le seul Bourbon compatible avec une constitution libre. »

Qui sait si les paroles que le duc d'Orléans laissa tomber ce jour-là ne furent pas les premiers grains qui firent germer, en 1830, *la meilleure des républiques !*

CHAPITRE XXVII.

Cependant la Restauration poursuivait avec acharnement l'œuvre fatale de son propre suicide ; il n'était question de rien moins que d'une Saint-Barthélemy napoléonienne, dans laquelle devait disparaître toute l'opposition impériale ; y avait-il probabilité, y avait-il possibilité même à l'exécution d'un tel projet ? Eh ! mon Dieu ! la question n'est pas là ; il y a chez les nations des époques de mécontentement où l'on croit à tout ce qui peut augmenter encore ce mécontentement ; plus le bruit répandu est absurde, plus il s'accroît : plus il est impossible, plus il se popularise.

Le bruit de cette Saint-Barthélemy se popularisa donc, mais, commeon le comprend bien, cent cinquante mille vieux soldats, restés dans les cadres de la nouvelle armée, ou rentrés dans leurs foyers ne se laissent pas, même en paroles, égorger si facilement. Une contre-ligue s'organisa, et les officiers menacés, en rêve ou en réalité, commencèrent à se réunir et à se concerter.

Le gouvernement résolut de dissoudre ces réunions.

En conséquence il défendit à tous les officiers, depuis les lieutenants jusqu'aux généraux, de séjourner à Paris sans autorisation, et il ordonna à ceux qui n'étaient pas nés dans la capitale de retourner dans leur pays.

L'ordre était si étrange que chacun se regarda étourdi ; Paris, ce grand centre de civilisation, cette Thèbes aux cent portes ouvertes sur ses cent départements, Paris allait devenir une ville privilégiée, permise aux uns, défendue aux autres. Ce fut à partir de ce moment à qui enhardirait son voisin à la désobéissance, en s'y enhardissant lui-même. Des officiers placés entre l'obéissance à cet ordre et leur demi-solde qui était leur seule fortune, renoncèrent à leur demi-solde, et, mourant de faim mais libres, demeurèrent à Paris pour railler le gouvernement.

Un exemple fut résolu.

Une lettre écrite par le général Excelmans au roi de Naples pour le féliciter sur le maintien de son trône, tomba entre les mains de la police du maréchal Soult[28], vieux compagnon de Murat, dont il avait jalousé dix ans la haute fortune, mit le général Excelmans en non activité, et l'exila à soixante lieues de Paris. Excelmans s'appuya sur ces principes que le ministère de la guerre n'avait aucune prise sur les officiers en non activité, et demeura tranquille dans sa maison.

On vint pour l'arrêter ; le général déclara qu'il brûlerait la cervelle au premier qui porterait la main sur lui ; et cette menace proférée, il sortit la tête haute sans que personne ôsat s'opposer à sa sortie.

Ces événements se passaient dans le courant du mois de décembre 1814.

Une ordonnance royale, en date du 29 décembre, renvoya le général Excelmans devant le conseil de guerre de la 16e division militaire, siégeant à Lille, comme accusé :

1° D'avoir entretenu des correspondances avec l'ennemi Joachim Murat, n'étant pas reconnu roi de Naples par le gouvernement français ;

2° D'avoir commis un acte d'espionnage en écrivant à Naples ;

3° D'avoir écrit des choses offensantes pour la personne et la puissance du roi ;

4° D'avoir désobéi aux ordres donnés par le ministre de la guerre ;

---

28. Maréchal Soult ; militaire et homme d'État français (1769-1851), plusieurs fois président du Conseil sous la monarchie de Juillet.

5° Enfin d'avoir violé son serment chevalier de Saint-Louis.

Le 14 janvier 1815, le général Excelmans se constitua prisonnier à la citadelle de Lille.

Le 23 janvier suivant, le général Excelmans fut acquitté à l'unanimité des voix.

Cet acquittement fut un triomphe, et il arriva dans une mauvaise heure pour le gouvernement.

Le 15, c'est-à-dire huit jours auparavant, avait eu lieu cette espèce d'émeute, suscitée par le refus d'inhumation de mademoiselle Raucourt.

Le même jour le général Heudelet, commandant la 18e division militaire, avait publié l'ordre du jour suivant, qui résumait les instructions données par tout le royaume.

« MM. les évêques ont dû prendre des mesures pour faire offrir à Dieu, le 21 janvier, des prières solennelles, qui attestent combien tous les vrais Français ont conçu d'horreur pour le crime qui à pareil jour a couvert de deuil la France entière.

« L'armée, dans tous les temps, en a témoigné son indignation, et c'est avec empressement qu'elle se réunira à cet acte de piété nationale ! »

Ainsi l'on trouvait moyen :

Avec le doute jeté sur la vente des biens des émigrés, de-blesser les intérêts de tous les acquéreurs des biens nationaux ;

Avec la persécution des officiers, de blesser toute l'armée ;

Avec le refus de sépulture, de blesser tous les philosophes.

Avec les ordres du jour du 21 janvier, de blesser tous les républicains.

Puis le ridicule venait se joindre à l'odieux. Ce n'était certes pas la faute de Louis XVIII s'il était coiffé d'une perruque à ailes de pigeon et d'une queue en salsifis, s'il portait des épaulettes sur un habit bourgeois au lieu de les porter sur un frac militaire, s'il avait des jambes d'ippopotame, couvertes de guêtres noires, au lieu d'avoir un mollet bien fait dans une botte vernie, s'il se traînait dans un fauteuil au lieu de courir à cheval, s'il passait des revues du haut d'un balcon au lieu de les passer sur des champs de bataille ; mais la haine qu'il soulevait, lui comptait toutes ses infirmités pour des crimes ; on raillait jusqu'à son instruction : le commentateur d'Horace était tourné en ridicule ; sa gourmandise, devenue proverbiale, donnait naissance à des anecdotes, tantôt fines, tantôt grossières, toujours fatales en ce qu'elles font naître le rire là où devrait éclater l'enthousiasme ; enfin, hors les rares et impuissants soutiens de ce roi impuissant, pas un intérêt, pas une opinion ne se produisait qui ne fût hostile à la Restauration.

Si nous passons du roi à son frère, de son frère à ses enfants, des hommes aux femmes enfin, nous verrons que pas un seul personnage autour de Louis XVIII n'était propre à combattre le mauvais effet produit par le chef de la race.

En effet, après le roi venait le comte d'Artois, son frère.

Le comte d'Artois avait été jeune, avait été beau, avait même été spirituel, disait-on, mais il n'était plus rien de tout cela ; en échange il était devenu dévot, ce qui était plus qu'un crime à cette époque toute voltairienne, ce qui était un ridicule ; son regard hébété, sa lèvre pendante, sa marche dandinée, la stérilité de sa conversation toujours prête à tarir quand il n'était pas question de chevaux, de fusil ou de chasse, faisaient complètement oublier un certain côté chevaleresque qui rappelait, comme l'ombre rappelle le corps, qu'il était le successeur de François Ier, et le descendant de Henri IV ; en outre, aux yeux du peuple, il avait un fort impardonnable, il avait promis l'abolition des droits réunis, et avait tenu parole en y substituant les impôts indirects.

Après lui venait le duc d'Angoulême, cœur honnête, loyal et brave, mais intelligence infime, esprit niais, organisation maladive, pleine de tics, de manies, de maladresses qui égayaient les courtisans eux-mêmes, à plus forte raison ceux qui n'avaient aucun motif de poétiser cette pauvre matière, qui, sans le droit divin qui l'avait faite ce qu'elle était, eût été si peu de chose.

Le duc de Berry, tout au contraire de son frère, était une nature forte, exubérante, débordant de vie et de santé, pleine de bonnes qualités, mais pleine aussi de terribles défauts ; c'était un singulier mélange de la brutalité des camps avec la dissolution de la cour ; toujours mêlé aux officiers et aux soldats, il trouvait moyen à tout instant d'offenser les uns et d'irriter les autres ; chaque jour on racontait du prince quelque anecdote nouvelle, blessante pour l'armée ; tantôt c'était les épaulettes d'un colonel qu'il avait arrachées de sa propre main, tantôt c'était une croix refusée à un vieux soldat, avec des paroles outrageantes ; il est vrai que, soit que le retour vînt de lui, soit que l'ordre lui fût transmis de réparer sa faute, le lendemain, il rendait des épaulettes de général en place des épaulettes de colonel, qu'il avait arrachées ; donnait la croix refusée avec une gratification inattendue ; mais au cœur de l'offensé vivait l'offense, la réparation, quelle qu'elle fût, n'effaçait pas l'outrage.

Quant à la duchesse d'Angoulême, quant à cette martyre de 1793, qui avait passé sa vie dans le deuil, dans les cachots et dans l'exil, la calomnie la plus acharnée n'eut pas de prise sur sa conduite. C'était une sainte, mais une de ces saintes au visage sévère, à la voix rude, à la dévotion rigide, qui inspirent presque la terreur, tant on sent leur vertu au-dessus des faiblesses de la pauvre humanité.

Restaient les deux Condé : ces derniers rejetons d'une race d'aigles, qui s'éteignait en eux et avec eux, dont tous les souvenirs se reportaient à l'émigration, c'est-à-dire à l'époque où ils servaient contre la France ; qui passaient leur temps à essayer inutilement de reconnaître cette nuée de gentilshommes qui prétendaient avoir servi sous leurs ordres. Le père y mourut à la peine, on sait comment mourut le fils.

CHAPITRE XXVIII.

La position était admirable pour le duc d'Orléans ; jeune encore, à peine avait-il quarante et un ans, beau de visage, adroit à tous les exercices du corps, brave, spirituel, instruit, pouvant parler de tout avec les hommes spéciaux ; chaste dans sa vie conjugale, vivant au milieu de ses quatre ou cinq enfants, charmant nid d'espérance ;

ayant trouvé moyen, dès les premiers jours de son arrivée, de faire répandre par ses partisans que non-seulement il n'avait jamais servi contre la France, mais encore qu'il avait refusé toutes les offres qui lui avaient été faites à cet endroit ; sa popularité commençait à jeter ces puissantes racines qui firent de lui l'élu de 1830.

Il est vrai que ceux qui l'eussent examiné avec l'esprit de critique eussent trouvé dans son courage un sentiment plutôt physique que moral, dans son esprit une espèce d'inondation qui perdait en profondeur ce qu'elle gagnait en superficie ; dans son cœur un profond dédain de l'humanité, et dans son intelligence des partis pris d'avance contre lesquels ne pouvaient rien les enseignements de l'histoire dont il connaissait les dates et les faits, mais dont il ignorait complètement la philosophie.

Aussi était-ce surtout sur la classe bourgeoise qu'opérait le duc d'Orléans ; les financiers, les avocats, les spéculateurs, les négociants, les manufacturiers avaient une profonde admiration pour sa science en économie politique, pour ses connaissances industrielles, pour ses subtilités légales.

Les poètes, les historiens, les peintres, les statuaires, toutes les natures artistiques enfin, avaient au contraire pour lui une répulsion instinctive ; elles sentaient qu'en architecture cet homme qui devait tant remuer de pierres n'était qu'un maçon ; qu'en peinture, en statuaire et en poésie, le sentiment vulgaire l'emporterait constamment chez lui sur le sentiment élevé ; enfin les historiens ne l'aimaient pas, parce qu'il y avait en lui une foule de raisons pour qu'il n'aimât point les historiens.

Quoi qu'il en soit, l'adresse du duc d'Orléans, son langage plein de caresses, ses demi-mots sur la politique de la cour ; l'opinion exprimée sur lui par Alexandre dans les salons de madame de Staël ; sa fortune immense, ce grand aimant des âmes inférieures, tout faisait du duc d'Orléans, six mois à peine après sa rentrée en France, le chef de l'opposition et l'espérance de tous les mécontents.

Aussi, dès le mois de février, se formait-il une conjuration eu faveur du duc d'Orléans.

Cette conjuration avait pour chefs :

Le comte Drouet d'Erlon, commandant la division militaire de Lille ;

Le comte Lefebvre Desnouettes, commandant l'ancien régiment des chasseurs de la garde impériale.

Enfin les deux frères Lallemand, l'un général d'artillerie, l'autre commandant le département de l'Aisne.

Le duc d'Orléans était-il de cette conjuration, où s'était-elle organisée à son insu ? c'est ce que l'on eût su sans doute sans l'événement du 20 mars, mais ce que l'événement du 20, en absorbant l'attention de toute la France, rendit impossible à deviner.

Et d'ailleurs ce mouvement, eu se combinant par hasard avec le mouvement napoléonien, se fondit en lui.

Seulement Napoléon, à qui on essaya de faire prendre le change, n'en fut pas dupe.

En rentrant en France, dit-il, ce n'est pas Louis XVIII que j'ai détrôné, c'est le duc d'Orléans.

Voici de quelle façon la conjuration devait s'accomplir ; elle est naïve, presque enfantine, et c'est ce qui nous ferait croire que le duc d'Orléans n'en était pas.

Les conjurés qui, ainsi que nous l'avons dit, avaient tous un commandement militaire, devaient marcher sur Paris avec leurs troupes, s'emparer du roi Louis XVIII, lui imposer une constitution, et s'il refusait de l'accorder, le conduire hors du royaume et *forcer* le duc d'Orléans à monter sur le trône.

Outre cette conjuration, il y en avait deux autres :

Celle qui s'occupait du retour de Napoléon ;

Celle qui, au 1er mai, c'est-à-dire à la réouverture des Chambres, devait se manifester dans le corps législatif même, et qui avait pour but d'assurer la sécurité des intérêts matériels issus de la révolution, par une déclaration positive du roi ; et dans le cas d'un refus du roi, par la substitution de la branche cadette à la branche aînée.

On voit que deux de ces conjurations eussent facilement pu se fondre en une seule, si ce n'était la répugnance qu'ont toujours eue à conspirer ensemble les militaires et les avocats.

Il y avait un homme qui était de ces trois conjurations, c'était Fouché.

Ce fut dans la journée du 5 mars seulement que le roi apprit la nouvelle du débarquement de l'empereur ; le même soir, cette nouvelle commença de transpirer dans les salons de madame de Vaudémont-Lorraine, où se trouvait Fouché. — Fouché rentré chez lui, fit appeler un des deux frères Lallemand.

— Monsieur, lui dit-il, la cour a des soupçons, mais sans avoir encore de certitude ; il ne vous reste pas un instant à perdre avant de mettre votre projet à exécution ; partez sur l'heure et allez prévenir le général Drouet, votre frère, et Lefebvre Desnouettes de se mettre en route avec leurs hommes pour Paris.

Lallemand partit le 6 mars pour Lille.

Le 7 on lisait dans le *Moniteur* l'ordonnance suivante :

« ORDONNANCE

« Sur le rapport de notre amé et féal chevalier chancelier de France, le sieur Dambray, commandeur de nos ordres, nous avons ordonné et ordonnons, déclaré et déclarons ce qui suit :

« Article 1er. Napoléon Bonaparte est déclaré traître et rebelle pour s'être introduit à main armée dans le département du Var ; il est enjoint à tous les gouverneurs, commandants de la force armée, gardes nationales, autorités civiles et même simples citoyens, de lui courir sus, de l'arrêter et de le traduire incontinent devant un conseil de guerre qui, après avoir reconnu l'identité, prononcera contre lui l'application des peines portées par la loi.

« Art. 2. Seront punis des mêmes peines et comme coupables des mêmes crimes :

« Les militaires et employés de tout grade qui auront suivi ledit Bonaparte, à moins que dans le délai de huit jours ils ne viennent faire leur soumission.

« Art. 3. Seront pareillement poursuivis et punis comme fauteurs et complices de rébellion, tous les administrateurs civils et militaires, chefs ou employés, payeurs ou receveurs de deniers publics, même les simples citoyens qui prêteraient directement ou indirectement aide et assistance à Bonaparte.

« Art. 4. Seront punis des mêmes peines ceux qui, par des discours tenus dans des lieux ou des réunions publiques, par des placards affichés ou par des écrits imprimés, auraient pris part ou engagé les citoyens à prendre part à la révolte ou à s'abstenir de la repousser.

« Donné au château des Tuileries, le 6 mars 1815, et de notre règne le vingtième.

« Signé LOUIS. »

Précédait une proclamation qui annonçait la réunion des Chambres et suivait cette simple ligne qui seule proclamait la véritable situation des choses :

« Monsieur est parti ce matin pour se rendre à Lyon. »

Il est vrai que le journal de la cour ajoutait dans ce beau style qui a toujours fait sa réputation :

« Entraîné par sa *noire* destinée, Bonaparte s'est évadé de l'île d'Elbe, où l'inprudente magnanimité des souverains alliés lui avait donné une souveraineté pour prix de la désolation qu'il avait portée dans leurs États. Cet homme, qui, en abdiquant le pouvoir, n'a jamais abdiqué son ambition et ses fureurs ; cet homme tout couvert du sang des générations, vient, au bout d'un an, écoulé en apparence dans l'apathie, essayer de disputer, au nom de l'usurpation et des massacres, la légitime et douce autorité du roi de France. Quelques pratiques ténébreuses, quelques mouvements dans l'Italie, excités par son *aveugle* beau-frère, ont enflé l'orgueil du *lâche* guerrier de Fontainebleau ; il s'expose à mourir de la mort *des héros*, Dieu permettra peut-être qu'il meure de la mort *des traîtres ;* la terre de France le rejette, il y revient, la terre de France le dévorera. »

Quel malheur qu'un pareil article ne soit pas signé et qu'on ne puisse faire sa part de gloire à l'homme politique qui savait faire un si habile emploi de l'épithète et de l'antithèse !

Cette nouvelle du débarquement de l'empereur fut connue le 7 à Paris, fut connue le 8, le 9 et le 10 de toute la France et parvint le 11 à Vienne, où elle surprit le congrès valsant chez le prince de Metternich ; on comprend qu'à ces mots : Napoléon a quitté l'île d'Elbe et est débarqué à Cannes, la valse s'arrêta.

— Je vous avais annoncé que cela ne durerait pas, dit l'empereur Alexandre en s'approchant de M. de Talleyrand.

— Vous voyez, Sire, dit l'empereur d'Autriche, ce que c'est que d'avoir protégé vos jacobins de Paris !

— C'est vrai, répliqua le czar ; mais pour réparer mes torts, je mets sur-le-champ mes armées et ma personne à la disposition de Votre Majesté.

C'est ainsi que fut résolue la coalition de 1815.

Aux ordonnances de Louis XVIII, aux articles du journal des *Débats*, aux décisions du congrès de Vienne, Napoléon répondait par la proclamation suivante :

« A L'ARMÉE,

« Soldats ! nous n'avons pas été vaincus : deux hommes, sortis de nos rangs, ont trahi leurs lauriers, leur prince, leur bienfaiteur.

« Ceux que nous avons vus pendant vingt-cinq ans parcourir l'Europe pour nous susciter des ennemis, qui ont passé leur vie à combattre contre nous dans les rangs des armées étrangères en maudissant noire belle France prétendraient-ils commander et enchaîner nos aigles, eux qui n'ont jamais pu en soutenir les regards ? Souffrirons-nous qu'ils héritent du fruit de nos glorieux travaux ? qu'ils s'emparent de nos honneurs, de nos biens, qu'ils calomnient notre gloire ? Si leur règne durait, tout serait perdu, même le souvenir de nos immortelles journées. Avec quel acharnement ils les dénaturent ! ils cherchent à empoisonner ce que le monde admire, et s'il reste encore des défenseurs de notre gloire, c'est parmi ces mêmes ennemis que nous avons combattus sur le champ de bataille.

« Soldats ! dans mon exil, j'ai entendu votre voix, je suis arrivé à travers tous les obstacles et tous les périls.

« Votre général, appelé au trône par le vœu du peuple et élevé sur vos pavois, vous est rendu : venez le rejoindre.

« Arrachez ces couleurs que la nation a proscrites et qui pendant vingt-cinq ans servirent de ralliement à tous les ennemis de la France. Arborez cette cocarde tricolore que vous portiez dans nos grandes journées.

« Nous devons oublier que nous avons été les maîtres des nations, mais nous ne devons pas souffrir qu'aucune se mêle de nos affaires. Qui prétendrait être maître chez nous ? qui en aurait le pouvoir ? Reprenez ces aigles que vous aviez à Ulm, à Austerlitz, à Iéna, à Eyleau, à Friedland, à Tudéla, à Eckmulh, à Essling, à Wagram, à Smolensk, à la Moskowa, à Lutzen, à Wurtschen, à Montmirail. Pensez-vous que cette poignée de Français, aujourd'hui si arrogants, puissent en soutenir la vue ? ils retourneront d'où ils viennent, et là, s'ils le veulent, ils régneront comme ils prétendent l'avoir fait depuis dix-neuf ans.

« Vos rangs, vos biens, votre gloire, les biens, les rangs et la gloire de vos enfants n'ont pas de plus grands ennemis que ces princes que les étrangers vous ont imposé ; ils sont les ennemis de notre gloire, puisque le récit de tant d'actions héroïques, qui ont illustré le peuple français, combattant contre eux pour se soustraire à leur joug, est leur condamnation.

« Les vétérans des armées de Sambre-et-Meuse, du Rhin, d'Italie, d'Égypte, de l'Ouest, de la grande armée sont humiliés ; leurs honorables cicatrices sont flétries, leurs succès seraient des crimes, nos braves seraient des rebelles, si, comme le prétendent les ennemis du peuple, les souverains légitimes étaient au milieu de l'ennemi ; les honneurs, les récompenses, leur affection sont pour ceux qui les ont servis contre la patrie et contre nous.

« Soldats ! venez vous ranger sous les drapeaux de votre chef. Son existence ne se compose que de la vôtre ; ses droits ne sont que ceux du peuple et les vôtres ; son intérêt, son honneur et sa gloire ne sont autres que votre intérêt, votre honneur et votre gloire. La victoire marchera au pas de charge ; l'aigle, avec les couleurs nationales, volera de clocher en clocher, jusqu'aux tours de Notre-Dame ! alors, vous pourrez vous vanter de ce que vous aurez fait ; vous serez les libérateurs de la patrie.

« Dans votre vieillesse, entourés et considérés de vos concitoyens, ils vous entendront avec respect, raconter vos hauts faits ; vous pourrez dire avec orgueil : « Et moi aussi je faisais partie de cette grande armée qui est entrée deux fois dans les murs de Vienne, dans ceux de Berlin, de Madrid, de Moscou, et qui a délivré Paris de la souillure que la trahison et la présence de l'ennemi y ont empreinte. »

« Honneur à ces braves soldats, la gloire de la patrie ; et honte éternelle aux Français criminels, dans quelque rang que la fortune les ait fait naître, qui combattirent vingt-cinq ans avec l'étranger pour déchirer le sein de la patrie !

« NAPOLÉON. »

CHAPITRE XXIX.

Dans la soirée du 5, le duc d'Orléans, sur l'invitation du roi, s'était rendu aux Tuileries. Là, il reçut l'ordre d'accompagner le comte d'Artois à Lyon ; cependant il laissa partir Monsieur seul, passa encore la journée du 6 à Paris, retourna aux Tuileries dans la soirée, insista près du roi pour demeurer, comme chef de sa garde d'honneur, aux Tuileries, et partit seulement le lendemain sur l'ordre formel que lui donna Louis XVIII de rejoindre M. le comte d'Artois.

Mais avant de partir, il prépara toutes les voies à sa famille pour qu'elle pût gagner l'Angleterre, si les choses tournaient mal pour la cause royale.

On connaît, étape par étape, tous les détails de cette marche triomphale, qui ne trouva pas un seul obstacle sur son chemin. En avant de Vizille, Napoléon rencontra le 5e de ligne et le 2e du génie qui se réunirent à lui : entre Vizille et Grenoble, La Bédoyère et son régiment qui grossirent son escorte. A Grenoble où il ne fit que passer on lui apporta les portes de la ville dont on lui refusait les clés.

Le comte d'Artois, le duc d'Orléans, le duc de Tarente[29] étaient à Lyon et passaient en revue le corps d'armée que ce dernier venait de remettre entre leurs mains. Mais il était facile de voir, à l'esprit qui animait les troupes, le parti qu'elles prendraient lorsqu'elles se trouveraient en face de celui qu'on voulait inutilement leur faire envisager comme un ennemi.

Le 9 Napoléon quittait Grenoble ; le 10, il couchait à Bourgoin. Le même jour, à cinq heures du soir, il entrait à Lyon par le pont de la Guillotière, tandis que M. le duc d'Orléans fuyait par le pont opposé ; ce dernier était accompagné d'un seul gendarme resté fidèle.

Le lendemain, un officier de la maison du roi paraissait au balcon des Tuileries et annonçait, en agitant son chapeau, que Sa Majesté venait de recevoir la nouvelle officielle que M. le duc d'Orléans, à la tête de vingt mille hommes de la garde nationale de Lyon, avait attaqué Napoléon dans la direction de Bourgoin et l'avait complètement battu.

Dans la nuit le prince arrivait à Paris, et les journaux annonçaient son retour.

Le lendemain, le duc d'Orléans fit partir toute sa famille pour l'Angleterre.

Madame Adélaïde, seule, déclara qu'elle resterait avec son frère.

La duchesse d'Orléans douairière était décidée à ne pas quitter Paris.

Le 16, le duc d'Orléans, chargé du commandement supérieur des départements du Nord, partit pour Péronne, arriva le 17 à Cambrai, le 18 à Lille.

Le 19 à minuit, le roi quitta les Tuileries, emportant les diamants de la couronne.

Une heure après, le comte d'Artois et le duc de Berry prenaient à leur tour la route de Flandre.

---

29. Titre créé le 15 août 1809 pour le général français Macdonald (1765-1840).

Le 22 à midi, le roi arriva à Lille où l'attendait le duc d'Orléans. Le 23, il quitta la ville et son cousin, sans laisser à celui-ci aucune instruction.

— Qu'ordonne Votre Majesté ? avait demandé le duc d'Orléans.

— Faites ce que vous voudrez, avait répondu le roi.

Le même jour le prince écrivit au maréchal Mortier [30] :

« Lille, 23 mars 1845.

« Je viens, mon cher maréchal, vous remettre en entier le commandement que j'aurais été heureux d'exercer avec vous dans les départements du Nord. Je suis trop bon Français pour sacrifier les intérêts de la France, parce que de nouveaux malheurs me forcent de la quitter. Je pars pour m'ensevelir dans la retraite et l'oubli. Le roi n'étant plus en France, je ne puis vous transmettre d'ordres en son nom ; il ne me reste qu'à vous dégager de l'observation de tous les ordres que je vous avais transmis et à vous recommander de faire tout ce que votre excellent jugement et votre patriotisme si pur vous suggéreront de mieux pour les intérêts de la France et de plus conforme à tous les devoirs que vous aurez à remplir.

« Adieu, mon cher maréchal, mon cœur se serre en vous écrivant ce mot. Conservez-moi votre amitié, dans quelque lieu que la fortune me conduise, et comptez à jamais sur la mienne. Je n'oublierai jamais ce que j'ai vu de vous, pendant le temps trop court que nous avons passé ensemble. J'admire votre loyauté et votre beau caractère, autant que je vous estime et que je vous aime, et c'est de tout mon cœur, mon cher maréchal, que je vous souhaite toute la prospérité dont vous êtes digne et que j'espère encore pour vous.

« L.-P. D'ORLÉANS. »

En apprenant que la mère du duc d'Orléans était restée à Paris, l'empereur qui tenait encore à la main la lettre que nous venons de transcrire, l'empereur déclara qu'elle serait traitée avec tous les égards que

30. Maréchal Mortier ; général et homme d'État français (1768-1835), ambassadeur de France à Saint-Pétersbourg et président du Conseil sous la monarchie de Juillet.

méritaient son âge et son caractère. Puis, comme ses biens étaient confisqués de nouveau, il lui alloua une somme annuelle de trois cent mille francs sur le trésor public.

Le duc d'Orléans rejoignit sa famille en Angleterre et y attendit Waterloo dans sa retraite de Twickenham.

Mais tout exilé qu'il s'était fait une seconde fois, le duc d'Orléans avait ses représentants en France.

Le 22 juin, quatre jours après la bataille, le maréchal Soult faisait à Napoléon un rapport où on lisait ces lignes :

« Le nom d'Orléans est dans la bouche de la plupart des généraux et des chefs : cela m'a paru d'une trop grande importance pour différer d'en instruire Votre Majesté, et j'ai prié le général Dejean de venir directement lui en rendre compte, ainsi que des renseignements qu'il a lui-même recueillis. »

Trois jours après, quelque chose de pareil était révélé à la Chambre par M. Boulay de la Meurthe.

« Je vois, disait-il, que nous sommes entourés d'intrigants et de factieux qui veulent faire déclarer le trône vacant afin de réussir à y placer les Bourbons. Rien ne pourra me détourner de dire la vérité ; je veux mettre le doigt sur la plaie : il existe une faction d'Orléans. Oui, d'après des renseignements certains, je sais que cette faction est purement royaliste ; que son but secret est d'entretenir des intelligences même parmi les patriotes. Au reste, il est douteux que le duc d'Orléans voulût accepter la couronne ; s'il l'acceptait ce ne serait que pour la rendre à Louis XVIII. »

L'empereur, qui avait quitté le champ de bataille de Waterloo le 18 juin à huit heures du soir, prenait le 19, aux Quatre-Bras, la poste pour Laon, abdiquait au château des Tuileries le 21, et le 25, commençait, à la Malmaison, cette agonie de trois jours dans laquelle sa pire douleur dut être de douter pour la première fois de son génie.

C'est que Napoléon, à cette époque, était loin encore de comprendre lui-même cette mission à laquelle Dieu l'avait employé sans lui donner le mot de la Providence ; plus tard, à Sainte-Hélène, initié à une portion de ce grand secret par la solitude, le malheur et l'exil, il entrevit à l'horizon européen l'œuvre qu'il avait accomplie, et laissa échapper ces mots prophétiques : « Avant cinquante ans, l'Europe sera républicaine ou cosaque. »

Républicaine, Sire, la question est tranchée à cette heure, car, dans le cœur de la France, ce Prométhée des nations, vit le feu divin, inextinguible, éternel. Tandis que vous étiez cloué à votre rocher transatlantique, elle aussi avait l'occupation, ce triple vautour qui lui rongeait le foie. Seulement à cette nourriture généreuse, les peuples, – nos ennemis alors, aujourd'hui nos frères, – ont senti passer dans leur sang une ardeur inconnue : c'est qu'ils avaient sucé chez nous cette moelle de lion qu'on appelle la liberté. Voyez, Sire, aujourd'hui, de cet hôtel des Invalides où votre frère vous garde, voyez toute l'Europe en feu, la Sicile se faisant indépendante, Florence, Rome, Berlin, Vienne, proclamant la République, la Hongrie les bras en croix, criant vengeance aux peuples à son dernier soupir, et la Pologne elle-même, qui n'est plus qu'un fantôme sortant de son tombeau, spectre du passé. Oui, sans doute, la Sicile est retombée au pouvoir du petit-fils de Ferdinand et de Caroline. Oui, sans doute, Florence est rentrée au pouvoir du grand-duc et Rome en celui du pape. Oui, sans doute, Berlin a toujours un roi et Vienne a encore un empereur. Oui, sans doute, comme le Christ, la Hongrie, blessée aux pieds, blessée aux mains, blessée au côté, a incliné sur l'épaule droite, en mourant, sa tête couronnée d'épines. Oui, sans doute, l'ombre de la Pologne, comme celle du vieux roi de Danemark, a regagné l'humide couche du sépulcre sans être vengée. Mais le grand drame européen n'en est encore qu'à son second acte. Une fois que les peuples ont goûté, ne fût-ce que du bout des lèvres, l'âcre saveur de l'indépendance, ils en sont altérés à tout jamais, et la France est la source prédestinée à leur verser un jour à plein bord le breuvage pour lequel les peuples meurent si joyeusement, parce que c'est le breuvage qui fait vivre.

Louis-Philippe rentra à Paris le 29 juillet 1815.

CHAPITRE XXX.

Après tout ce qui s'était passé, après avoir vu son nom prononcé comme chef de parti, Louis-Philippe ne pouvait rien préjuger de l'accueil qui l'attendait aux Tuileries. Il s'y présenta hardiment et témoigna au roi toute son indignation des calomnies dont il était l'objet.

Louis XVIII le laissa dire, et quand il eut fini :

— Mon cousin, répliqua-t-il, comme vous êtes le plus rapproché du trône après Berry, je suis tranquille, car je crois autant à votre bon esprit qu'à votre bon cœur.

Puis il le confirma de nouveau dans la possession de son apanage, mais il continua de lui refuser le titre d'Altesse Royale, en disant :

— Il n'est que déjà trop près du trône !

Comme dédommagement, le prince, comme les autres membres de la famille royale, eut le droit de siéger à la chambre des pairs.

Était-ce une faveur, était-ce un piège ? il était difficile, dans les temps de fièvre où l'on se trouvait alors d'entrer dans la Chambre sans y prendre un parti ; l'occasion se présenta promptement pour le duc d'Orléans d'y arborer le drapeau sous lequel il comptait marcher. Dans son adresse au roi, la commission de la Chambre de 1815, de cette Chambre qui devait condamner le maréchal Ney, coupable, mais sauvegardé par la capitulation de Paris, avait introduit cette phrase :

« Sans ravir au trône les bienfaits de la clémence, nous oserons lui recommander les droits de la justice ; nous oserons solliciter humblement de son équité la rétribution nécessaire des récompenses et des peines, et l'épuration des administrations publiques. »

On comprend que, si réactionnaire que fût la majorité de la Chambre, un pareil paragraphe ne pouvait passer inaperçu ; la discussion fut vive, tout le parti modéré s'inscrivit et parla contre le paragraphe qui allait cependant passer à son tour ; tous les amendements proposés étaient repoussés, quand le duc d'Orléans demanda la parole.

Chacun se tut, car on comprit que c'était le prospectus de sa vie à venir que le duc d'Orléans allait lancer dans le public.

« Messieurs, dit-il, tout ce que je viens d'entendre me confirme dans l'opinion qu'il convient de proposer à la Chambre un parti plus décisif que les amendements qui lui sont soumis jusqu'à présent. Je propose donc la suppression totale du paragraphe ; laissons au roi le soin de prendre constitutionnellement les précautions nécessaires au maintien de l'ordre public, et ne formons pas des demandes dont la malveillance ferait peut-être des armes pour troubler la tranquillité de l'État ; notre qualité de juges éventuels de ceux envers lesquels on recommande plus de justice que de clémence, nous impose un silence absolu ; toute énonciation antérieure d'opinion me paraît une véritable prévarication dans l'exercice de nos fonctions judiciaires, en nous rendant à la fois accusateurs et juges ! »

Une longue rumeur accueillit cette profession de foi.

Il n'y avait pas à en douter, le duc d'Orléans était engagé parmi les constitutionnels.

La punition suivit rapidement la faute : le roi retira l'ordonnance qui autorisait les princes à siéger à la chambre des pairs, et le duc d'Orléans fut exilé à Londres, où il retrouva sa famille qu'il n'avait pas encore jugé à propos de rappeler en France, comme s'il eût prévu que son séjour n'y devait pas être de longue durée.

Cependant le prince ne voulait pas se brouiller irrévocablement avec le roi ; aussi, à peine arrivé à Londres, lança-t-il la protestation suivante :

« Français !

« On me force à rompre le silence que je m'étais imposé, et puisqu'on ose mêler mon nom à des vœux coupables et à de perfides insinuations, mon honneur me dicte, à la face de l'Europe entière, une protestation solennelle que me prescrivent mes devoirs.

« Français ! on vous trompe, on vous égare ; mais qu'ils se trompent surtout ceux d'entre vous qui s'arrogent le droit de se choisir *un maître*, et qui dans leur pensée outragent par de séditieuses espérances, un prince, *le plus fidèle sujet du roi de France, Louis XVIII !*

« Le principe *irrévocable* de la légitimité est aujourd'hui la seule garantie de la paix en France et en Europe, les révolutions n'en ont fait que mieux sentir la force et l'importance ; consacré par une ligue guerrière et par un congrès pacifique de tous les souverains, ce principe deviendra la règle invariable des règnes et des successions.

« Oui, Français ! je serais fier de vous gouverner, mais seulement *si j'étais assez malheureux pour que l'extinction d'une branche illustre eût marqué ma place au trône*. Ce serait seulement alors que je ferais connaître aussi des intentions peut-être éloignées de celles que l'on me suppose et que l'on voudrait me suggérer.

« Français ! je ne m'adresse qu'à quelques hommes égarés, revenez à vous-mêmes, et proclamez-vous fidèles sujets de Louis XVIII et de ses héritiers naturels, avec un de vos princes et de vos concitoyens,

« LOUIS-PHILIPPE, duc D'ORLÉANS. »

Malgré cette profession de foi, rendue par le prince exilé aussi explicite que possible, le prince ne revint en France qu'au commencement de 1817.

En son absence de graves événements s'étaient passés, suite naturelle de ceux qui s'étaient accomplis avant son exil.

Par ceux qui s'étaient accomplis avant son exil, nous entendons l'assassinat du maréchal Brune [31] à Avignon ; l'assassinat du général Ramel [32] à Toulouse ; l'exécution de La Bédoyère [33] à Paris ; la mort de Murat au Pizzo.

31. Brune, maréchal de France (1763-1815) proche des Jacobins, il se rallie à Napoléon pendant les Cent-Jours, et est assassiné par les royalistes avignonnais.

32. Ramel, général républicain puis d'Empire (1768-1815) assassiné par les Verdets, milice royaliste sévissant à Toulouse.

33. La Bédoyère, colonel d'Empire (1786-1815) exécuté après avoir été accusé d'avoir comploté contre Louis XVIII.

Par ceux qui s'accomplirent en son absence, nous entendons l'exécution du maréchal Ney et celle de Paul Didier.

Nous dirons un mot seulement de cette première exécution, mais nous nous étendrons longuement sur la seconde.

Le maréchal Ney, accusé de trahison et de lèse-majesté, fut déféré à là cour des Pairs.

Sa femme comprit dès le premier moment qu'il était perdu, et avant même qu'il fût condamné, elle songea à implorer sa grâce.

En conséquence, elle écrivit en Angleterre au duc d'Orléans, afin qu'il intéressât le régent à son sort. Le duc d'Orléans écrivit chaudement à l'altesse, mais la lettre fut inutile, et le 7 décembre à neuf heures du matin, Ney fut fusillé à quelques pas de l'Observatoire.

En même temps, Louis XVIII faisait pair de France le prince de Hohenlohe, et maréchal le duc de Wellington.

C'était, on en conviendra, pousser loin l'impudeur politique.

On se rappelle la conspiration orléaniste des généraux Drouet-d'Erlon, Lallemand et Lefèvre-Desnouettes ; elle avorta, comme nous l'avons raconté, et se fondit dans le grand événement du retour de l'île d'Elbe ; mais Napoléon tombé, mais la Restauration s'avançant de plus en plus dans la voie fatale des réactions, les partisans du duc d'Orléans reprirent courage et les complots recommencèrent.

[...]

CHAPITRE XXXIV.

Les conjurations se succédaient rapidement : on peut voir dans l'admirable ouvrage [34] de Louis Blanc, auquel on ne peut reprocher que d'être un peu systématique, l'histoire du carbonarisme [35] ; peut-être aurons-nous un jour occasion d'écrire, plus largement que nous ne pouvons le faire aujourd'hui, l'histoire de cette époque, et d'ajouter quelques documents nouveaux à ceux que nous donne le proscrit

34. *Histoire de dix ans 1830-1840* (1840), Louis Blanc.

35. Dumas utilise le terme italien *carboneria* en le francisant pour désigner la Charbonnerie.

du 15 mai et du 13 juin ; en attendant, nous nous contenterons d'indiquer ces conjurations.

Après la conjuration de Didier, vint celle de Pleignies, Tolleron et Carbonneau, puis celle de l'Épingle Noire, du Pétard, du colonel Caron, de Berton et des quatre sergents de La Rochelle [36], qui furent exécutés le jour même d'une fête aux Tuileries, sur les murs desquelles on pouvait lire le lendemain ce distique :

Pour donner à Louis deux fêtes en un jour,

On égorge à la Grève et l'on danse à la cour.

Puis vint la conspiration de Louvel [37] qui réussit parce qu'elle n'avait pas de complices.

On trouve, au sujet de cette conjuration, qui se rattache à notre histoire par le changement qu'opérait dans la fortune du duc d'Orléans la mort du duc de Berry, une étrange anecdote dans les *Mémoires historiques de la police*.

Deux ou trois jours avant l'assassinat de la place Louvois, Louis XVIII, selon l'archiviste Peuchet, aurait envoyé chercher M. Decazes, bien avant l'heure à laquelle il avait l'habitude de recevoir.

Arrivé au château et introduit à l'instant même devant le roi, Louis XVII, toujours selon les *Mémoires* que nous citons, lui donna l'ordre de descendre dans l'église souterraine de Sainte-Geneviève, et de lui apporter, quel qu'il fût, l'objet qu'il trouverait sur le tombeau du cardinal Caprara.

La commission était étrange, mais parfois Louis XVIII avait d'étranges caprices ; mieux que personne le favori connaissait l'humeur tant soit peu fantasque du roi ; il obéit et rapporta au roi un

36. Conspiration contre la monarchie de quatre jeunes sous-officiers, affiliés à la Charbonnerie. Guillotinés en place de Grève le 22 septembre 1822, ils sont aussitôt reconnus comme les martyrs de la liberté par les opposants à la Restauration.

37. Louvel, ouvrier sellier de sentiment bonapartiste (1783-1820) qui assassine le duc de Berry, dans la nuit du 13 au 14 février 1820.

fragment d'albâtre oriental ; c'était la seule chose qu'il eût trouvée sur le tombeau désigné.

A son grand étonnement, Louis XVIII parut satisfait.

— Maintenant, dit le roi, après avoir examiné le fragment avec la plus scrupuleuse attention, envoyez quelqu'un à la Bibliothèque, faites demander par la personne que vous enverrez les œuvres in-folio de saint Augustin, édition de 1669, et au tome VII, entre les pages 104 et 105, on trouvera une feuille de papier.

C'est de cette feuille de papier que j'ai besoin ; cependant, pour plus grande sécurité, faites apporter non pas la feuille de papier mais le volume. Le duc Decazes s'offrit d'exécuter cette seconde commission comme il avait fait de la première, mais Louis XVIII l'arrêta, en lui disant que les deux messages ne pouvaient être remplis par la même personne.

Le ministre se contenta donc d'envoyer un de ses secrétaires à la Bibliothèque royale ; un quart d'heure après le volume indiqué était entre les mains du roi, qui, entre les pages 104 et 105, trouvait en effet la feuille de papier promise.

Le roi remercia son ministre, et le congédia de la main.

M. Decazes sortit. Derrière lui le roi tira d'un portefeuille une autre feuille de papier chargée de caractères sans ordre, et appliquant sur cette dernière celle qu'il avait trouvée dans le livre, il parvint alors, à l'aide de certaines découpures pratiquées dans la feuille de papier superposée, à lire la phrase suivante :

« Roi, tu es trahi par ton ministre et par le p... p... de t... s... ; seul je peux te sauver.

« MARIANI. »

Le lendemain toute la police était inutilement aux trousses du susdit Mariani.

Le dimanche suivant, Louis XVIII trouva dans son livre de messe un billet ainsi conçu :

« On a surpris ce que j'écrivais, on est à ma recherche ; presse-toi de me voir si tu veux éviter de grands malheurs dans ta maison. Je saurai si tu veux me recevoir au moyen de trois pains à cacheter que tu colleras intérieurement sur les carreaux de la fenêtre de ta chambre à coucher. »

Le roi hésita : le signal ne fut pas donné, et le même soir éclata dans Paris cette terrible nouvelle : le duc de Berry est assassiné !

Il va sans dire que dans notre conviction profonde, et dans celle de tout cœur honnête, le duc d'Orléans fut complètement étranger à cette sanglante catastrophe : une amitié profonde, réelle, une amitié dont personnellement j'eus des preuves que je donnerai en temps et lieu, liait la duchesse d'Orléans à sa nièce, la duchesse de Berry.

Le duc d'Orléans était à l'Opéra le soir même où le duc de Berry fut assassiné, 13 février 1820 ; sa femme et sa sœur reconduisirent la duchesse de Berry chez elle ; le duc rentra au Palais-Royal écrasé de douleur.

Un mois après, les journaux annonçaient officiellement la grossesse de madame la duchesse de Berry.

Aujourd'hui que les passions qui agitaient cette époque sont calmées, il ne reste plus aucun doute, excepté dans les mauvais esprits, de la réalité de cette grossesse ; mais il n'en fut pas de même à cette époque, et nous avons entendu dire fort sérieusement à des hommes sérieux et désintéressés dans la question que le duc de Bordeaux, surnommé par Alexandre : l'Enfant de l'Europe, était un enfant substitué.

L'étrange maladresse des journaux officiels qui rapportèrent les détails de l'accouchement ne contribua pas peu à accréditer ce qu'une chanson, fort chantée à cette époque, parce qu'on l'attribuait faussement à Béranger [38], appelait *un Tour de Gobelet*.

On comprend que quelque douleur qu'eût éprouvée le duc d'Orléans en voyant presque devant lui s'accomplir l'assassinat du prince, son cousin, une fois le prince mort, le duc, dans le calme de sa

38. Béranger, célèbre chansonnier français (1780-1857) opposant à la Restauration.

conscience, dans l'innocence de son cœur, dut naturellement songer avec joie à la différence que cette catastrophe amenait dans sa position.

La couronne sur laquelle depuis deux cents ans les d'Orléans tenaient les yeux fixés, la couronne dont avait failli hériter le régent, ne pouvait plus échapper, sinon au duc d'Orléans qui, à tout prendre, pouvait mourir avant le duc d'Angoulême, mais tout au moins à l'un de ses trois fils.

La nouvelle de la grossesse de la duchesse de Berry le trouva donc irrité, et son accouchement incrédule.

Il nia la réalité de l'accouchement.

Qui eût dit alors au prince que, douze ans plus tard, il ferait, d'une façon si cruelle, constater à Blaye le troisième accouchement officiel de cette pauvre princesse.

Le duc d'Orléans, dépossédé de la couronne et dépossédé dans sa conviction par une supercherie, protesta dans le *Morning-Chronicle*, qui, en novembre 1820, inséra la pièce suivante, qui porte la date du 30 septembre de la même année ;

PROTESTATION DE S. A. S. MONSEIGNEUR LE DUC D'ORLÉANS CONTRE LA NAISSANCE DE M. LE DUC DE BORDEAUX.

« S. A. S. déclare par les présentes qu'il proteste formellement contre le procès-verbal daté du 29 septembre dernier, lequel acte prétend établir que l'enfant nommé Charles-Ferdinand-Dieudonué, est fils légitime de S. A. R. madame la duchesse de Berry.

« Le duc d'Orléans produira en temps et lieu les témoins qui peuvent faire connaître l'origine de l'enfant et de sa mère ; il produira toutes les pièces nécessaires pour rendre manifeste que la duchesse de Berry n'a jamais été enceinte depuis la mort infortunée de son époux, et il signalera les auteurs de la machination dont cette très-faible princesse a été l'instrument.

« En attendant qu'il arrive un moment favorable pour dévoiler toute cette intrigue, le duc d'Orléans ne peut s'empêcher d'appeler l'attention sur la scène fantastique qui d'après le susdit procès-verbal, a été jouée au pavillon Marsan.

« Le *Journal de Paris*, que tout le monde sait être un journal confidentiel, annonça, le 20 août dernier, le prochain accouchement dans les termes suivants :

« Des personnes qui ont l'honneur d'approcher la princesse nous assurent que l'accouchement de Son Altesse Royale n'aura lieu que du 20 au 28 septembre.

« Lorsque le 28 septembre arriva, que se passa-t-il dans les appartements de la duchesse ?

« Dans la nuit du 29, à deux heures du mutin, toute la maison était couchée et les lumières éteintes ; à deux heures et demie, la princesse appela, mais inutilement, la dame de Vathaire, sa première femme de chambre ; la dame Lemoine, sa garde, était absente, et le sieur Deneux l'accoucheur, était déshabillé.

« Alors la scène changea : la dame Bourgeois alluma une chandelle, et tontes les personnes qui arrivèrent dans la chambre de la duchesse virent un enfant qui n'était pas encore détaché du sein da sa mère.

« Mais comment cet entant était-il placé ?

« Le médecin Baron déclara qu'il vit l'enfant placé sur sa mère et non encore détaché d'elle.

« Le chirurgien Bougon déclara que cet enfant était placé sur sa mère et encore attaché par le cordon ombilical.

« Ces deux praticiens savent combien il est important de ne pas expliquer plus particulièrement comment l'enfant était placé sur sa mère.

« Madame la duchesse de Reggio fait la déclaration suivante :

« J'ai été informée sur-le-champ que Son Altesse Royale ressentait les douleurs de l'enfantement ; j'accourus auprès d'elle à l'instant même et en entrant dans la chambre, je vis l'enfant sur le lit et non encore détaché de sa mère.

« Ainsi l'enfant était sur le lit, la duchesse sur le lit, et le cordon ombilical introduit sous la couverture.

« Remarquez ce qu'observa le sieur Deneux, accoucheur, qui, à deux heures et demie, fut averti que la duchesse ressentait les douleurs de l'enfantement, qui accourut sur-le-champ auprès d'elle, sans prendre le temps de s'habiller entièrement, qui là trouva dans son lit et entendit l'enfant crier.

« Remarquez ce que dit madame de Goulard, qui, à deux heures et demie, fut informée que la duchesse ressentait les douleurs de l'enfantement, qui vint sur-le-champ et entendit l'enfant crier.

« Remarquez ce que vit le sieur Franque, garde du corps de Monsieur, qui était en faction à la porte de Son Altesse Royale et qui fut la première personne informée de l'événement par une dame qui le pria d'entrer.

« Remarquez ce que vit M. Lainé, garde national, qui était en faction à la porte du pavillon Marsan, qui fut invité par une dame à monter, monta, fut introduit dans la chambre de la duchesse, où il n'y avait que le sieur Deneux et une autre personne, et qui, au moment où il entra, observa que la pendule marquait deux heures trente cinq minutes.

« Remarquez ce que vit le médecin Baron, qui arriva à deux heures trente-cinq minutes et le chirurgien Bougon qui arriva quelques instants après.

« Remarquez ce que vit le maréchal Suchet, qui était logé, par ordre du roi, au pavillon de Flore, et qui, au premier avis que Son Altesse Royale ressentait les douleurs de l'enfantement, se rendit en toute hâte à son appartement, mais n'arriva qu'à deux heures quarante-cinq minutes, et qui fut appelé pour assister à la section du cordon ombilical quelques minutes après.

« Remarquez ce qui doit avoir été vu par le maréchal de Coigny, qui était logé aux Tuileries par ordre du roi, qui fut appelé lorsque Son Altesse Royale était délivrée, qui se rendit en hâte à son appartement, mais qui n'arriva qu'un moment après que la section du cordon avait eu lieu.

« Remarquez enfin ce qui fut vu par toutes les personnes qui furent introduites après deux heures et demie jusqu'au moment de la section du cordon ombilical, qui eut lieu quelques minutes après deux heures trois quarts. Mais où étaient donc les parents de la princesse pendant cette scène, qui dura au moins vingt minutes ? Pourquoi, durant un si long espace de temps affectèrent-ils de l'abandonner aux mains de personnes étrangères, de sentinelles et de militaires de tous les rangs ? Cet abandon affecté n'est-il pas précisément la preuve la plus complète d'une fraude grossière et manifeste ; n'est-il pas évident qu'après avoir arrangé la pièce, ils se retirèrent à deux heures et demie, et que, placés dans un appartement voisin, ils attendirent le moment d'entrer en scène et de jouer les rôles qu'ils s'étaient assignés ?

« Et en effet, vit-on jamais, lorsqu'une femme, de quelque classe que ce soit, était sur le point d'accoucher, que pendant la nuit les lumières fussent éteintes, que les femmes placées auprès d'elle fussent endormies, que celle qui était le plus spécialement chargée de la soigner s'éloignât, que son accoucheur fût déshabillé et que sa famille, habitant sous le même toit, demeurât plus de vingt minutes sans donner signe de vie ?

« S. A. R. le duc d'Orléans est convaincu que la nation française et tous les souverains de l'Europe sentiront les conséquences d'une fraude si audacieuse et si contraire aux principes de la monarchie héréditaire et légitime.

« Fait à Paris, le 30 septembre 1820. »

Cette protestation, comme on le comprend bien, eut son retentissement aux Tuileries ; le duc d'Orléans s'y présenta aussitôt, la démentit et protesta contre elle ; en 1830, non-seulement il l'avoua, mais encore la fit insérer dans les journaux officiels.

CHAPITRE XXXV.

Cependant l'Europe un instant distancée par la France dans la question du progrès universel, se mettait au pas et préparait ou faisait ces révolutions partielles qui devaient peu à peu substituer les gouvernements constitutionnels aux gouvernements absolus ; l'Espagne, le Portugal, la Sicile, le Piémont, l'Allemagne, étaient en ébullition ; de tous cotés les souverains sentaient trembler la terre et chanceler les trônes.

Tout à coup la Grèce se réveilla.

La France avait un si grand besoin de se passionner pour une insurrection quelconque qu'elle se passionna pour l'insurrection grecque.

Sur ces entrefaites, la campagne d'Espagne fut décidée, et le duc d'Angoulême prit le commandement de l'armée qui allait intervenir.

Au reste, au fur et à mesure quel a branche aînée se précipitait dans la réaction, le duc d'Orléans, profitant de la voie qu'on lui ouvrait, donnait des gages à l'opinion libérale ; il se liait de plus en plus avec Benjamin Constant [39], Manuel [40], Laffitte [41], Stanislas, Girardin [42], le duc d'Alberg et Foy, les soutiens du parti libéral.

Je dus moi-même mon entrée dans la maison du prince, entrée que je fis sous le patronage du général Foy, à mon titre de fils d'un général républicain.

Au reste, c'était l'époque où chacun jouait son rôle dans la fameuse comédie de quinze ans : on en était à la fin du deuxième acte, et les esprits sagaces pouvaient d'avance en prévoir le dénoûment.

— Quand je serai roi, je sais bien que c'est un rêve, disait un jour le duc d'Orléans à M. Laffitte, mais enfin quand je serai roi, que voulez-vous que je fasse pour vous ?

— Vous me nommerez votre fou, répondit M. Laffitte, le fou du roi, afin que je puisse vous dire des vérités.

— C'est charmant, ripostait Louis-Philippe.

Et les yeux fermés, il essayait de saisir les contours effacés de cette mystérieuse contrée dans laquelle il s'égarait en espérance, et qu'on appelle l'avenir.

---

39. Benjamin Constant, homme politique et écrivain français (1767-1830) à qui l'on doit le célèbre discours *De la liberté des Anciens comparée à celle des Modernes* (1819).

40. Manuel, avocat et homme politique libéral (1775-1827).

41. Laffitte, banquier et homme politique français (1767-1844), président du Conseil de novembre 1830 à mars 1831.

42. Girardin, homme politique et journaliste français (1806-1881), fondateur de *La Presse* en 1836, premier journal à gros tirage.

Un autre jour, à demi couché sur un canapé de l'hôtel Laffitte, et ayant près de lui le banquier confident :

— Si jamais je deviens roi, dit-il, et que vous veniez à supposer que l'ambition ou l'intérêt personnel m'a décidé, j'en aurai le plus profond regret. Mon bonheur serait que la France fût le pays du monde le plus libre ; les peuples, mon cher Laffitte, ne haïssent les rois que parce que les rois les ont trompés.

Puis se retournant vers Manuel :

— Cependant, ajoutait-il comme doutant de lui-même, et avec ce fin sourire qui n'appartenait qu'à lui, cependant si vous m'y portez, au trône, vous serez bien bêtes si vous ne prenez pas toutes vos précautions en me garrottant.

M. Laffitte faisait des recrues de tous côtés à la cause orléaniste ; un jour qu'il causait avec Royer Collard[43] et Benjamin Constant qui n'étaient pas encore ralliés :

— Vous avez beau dire, fit M. Laffitte, mais tout cela ne peut finir que par M. le duc d'Orléans.

— Le duc d'Orléans, dit Royer Collard, toujours sceptique et spirituel, peste ! vous n'êtes pas dégoûté !

— Le duc d'Orléans est Bourbon, ajouta Benjamin Constant avec défiance.

— Hélas oui ! murmura piteusement Laffitte, je le sais bien, mais leur ressemble-t-il, aux Bourbons : ce matin encore il me répétait là ce qu'il venait de dire à Louis XVIII. « Si vous voulez vous perdre je ne suis pas obligé de vous suivre ; et d'ailleurs, ajouta le banquier optimiste, s'il est Bourbon, ne peut-on le faire Valois ? Thiers dit que c'est possible.

Cette dernière proposition explique les placards des 4 et 5 août 1830, dans lesquels il était annoncé à la population parisienne que le duc d'Orléans était Valois et non Bourbon.

Étranges historiens qui préféraient Henri III à Louis XVI, Charles IX à Louis XV, François II à Louis XIV, Henri II à Louis XIII, et François Ier à Henri IV !

---

43. Royer Collard, homme politique et philosophe français (1763-1845).

Mais on croyait n'avoir rien conquis tant qu'on n'aurait pas conquis M. de Talleyrand, lequel, on l'a vu dans l'affaire Didier, était tout conquis depuis sa chute du ministère ; aussi M. Laffitte le rencontrant un jour au Palais-Royal, le prit-il à part et voulut-il en avoir le cœur net.

— Voyez, lui dit-il, ce qui existe s'en va ; si, à la place de ce qui s'en va nous avons la république, vous êtes perdu ; si nous avons l'empire vous êtes fusillé ; il n'y a que le duc d'Orléans qui vous sauvegarde. Voulez-vous causer de cette affaire-là ? Ni vous ni moi ne devons agir en sous-lieutenant : pour jouer la partie, je sais bien qu'il nous faut quinte et quatorze, eh bien ! nous les aurons : officiers, soldats, ouvriers, tout est prêt, vous, moi, lui. Si vous lui parlez l'affaire est faite.

— Comment cela, voyons ?

— Oh ! c'est bien simple : trois millions, deux régiments, douze mille ouvriers autour de la Chambre, *vive le duc d'Orléans !* vous à une tribune, moi à l'autre, et les aînés décampent.

Le prince, sans répondre, regardait Laffitte qui continua :

— Pas une goutte de sang, pas une arrestation, pas une boutique fermée ; demain on travaille et on se promène comme si de rien n'était : c'est une révolution à la fleur d'orange.

— Bien, je le verrai, dit le prince.

M. de Talleyrand vit en effet Louis-Philippe et causa avec lui, mais sous ce rapport M. de Talleyrand et Louis-Philippe n'avaient probablement plus rien à se dire depuis longtemps.

Rien ne fut fait pour le moment de ce que désirait M. Laffilte. M. Sarrans qui raconte l'anecdote, prétend que ce fut à cause des trois millions qu'il fallait débourser, nous croyons, nous, que les deux conspirateurs jugèrent que l'heure n'était pas venue encore.

Louis-Philippe dut la plus grande partie de sa force à ce qu'il *sut attendre*.

Sur ces entrefaites Louis XVIII mourut.

La veille de sa mort, assis dans ce grand fauteuil qu'il ne quittait déjà plus depuis si longtemps, entouré des princes de sa famille, des grands dignitaires de l'État, de ses familiers, pleurant et se détournant pour cacher leurs larmes, il se fit amener le petit duc de Bordeaux, frêle espérance de cette monarchie tant de fois ébranlée par de si terribles coups.

Alors s'adressant à son frère :

— Mon frère, lui dit-il, j'ai louvoyé entre les partis comme Henri IV, et j'ai par-dessus lui que je meurs dans mon lit, aux Tuileries ; agissez comme j'ai fait et vous arriverez à cette fin de paix et de tranquillité : je vous pardonne les chagrins que vous m'avez causés comme prince par l'espérance que fait naître dans mon esprit votre future conduite de roi.

Puis, avec un regard mélancolique, étendant la main sur la tête de son petit-neveu :

— Mon frère, ajouta-t-il, ménagez bien la couronne de cet enfant.

Le lendemain il était mort.

Louis XVIII avait dit vrai, son règne, comme le passage du Pilote, de Cooper, dans le Devil's Gripp, n'avait été qu'une navigation à travers les écueils.

Au reste, c'était le caractère qu'il fallait à la situation.

Cauteleux, dissimulé, impuissant, faussement instruit, sans cœur, implacable, Louis XVIII dans tout le cours de son règne n'eut pas une amitié réelle, pas un mouvement de sensibilité vraie, pas une sympathique erreur ; ses favoris, le duc Decazes, madame du Cayla, M. d'Avaray, furent les élus de son égoïsme et non de son affection ; proscrit pendant vingt-trois ans, son orgueil ne voulut pas accepter cette proscription dont il fit un règne *in partibus*. Napoléon qu'il niait en datant son règne du jour de la mort de Louis XVII, lui donna un terrible signe d'existence au 20 mars 1814 ; cette chute dans laquelle il avait pu voir cependant le peu de racine qu'avaient pris les Bourbons en France, ne fut pour lui qu'une demi-leçon ; s'il louvoya, comme il le dit dans ses dernières paroles à son frère, ce ne fut point par intelligence, mais parce qu'il aimait mieux la ligne courbe que la ligne droite, le chemin de traverse que le droit chemin ; chaque concession qu'il fit depuis le ministère Fouché jusqu'au ministère Chateaubriand, il la fit non pas à une appréciation, mais à une exigence. Un seul trait peindra à la fois l'homme et le roi ; dans sa fuite avec le duc d'Avaray, fuite parallèle à celle de Varennes, reçu par une pauvre veuve, hébergé par elle, elle risque sa tête et dépense son dernier louis pour lui donner à dîner ; quel souvenir croyez-vous qu'il garde de ce dévouement ?

— Le dîner était exécrable, dit-il.

Lorsque ce petit volume qui contient le récit de cette fuite parut, le sentiment de répulsion qu'il inspira fut unanime.

— S'il est du roi, dit un célèbre aristarque de l'époque, il est au-dessus de toute critique ; s'il n'est pas du roi, il est au-dessous.

Celui qui lui succédait avait reçu de la nature, nous ne dirons pas de l'éducation, car de l'éducation il n'avait rien reçu, un caractère tout opposé : il était généreux jusqu'à la prodigalité, religieux jusqu'au cagotisme, gentilhomme jusqu'à la chevalerie, entêté comme toutes les natures faibles qui persistent parce qu'ayant eu la peine de prendre une résolution, elles ne veulent pas avoir l'ennui d'en prendre une autre ; au reste bon prince, fidède ami, ayant le désir du bien, mais ne voyant pas le bien où il était, léger, futile, oublieux ; ce qui faisait d'autant mieux ressortir la seule mémoire qu'il eût, la mémoire du cœur.

Logique dans l'idée instinctive qu'il s'était faite de la monarchie, convaincu de la solidarité qui existe entre l'autel et le trône, dévot fervent comme la plupart des libertins vieillis. Charles X voulut combattre après soixante ans, l'œuvre de M. de Choiseul : non-seulement les jésuites, chassés par les Parlements, furent tolérés par les Chambres, mais, autant qu'il était au pouvoir de la royauté, l'éducation de la jeunesse leur fut remise ; partout on vit leurs établissements s'élever et fleurir : à Billon, à Montrouge, à Saint-Acheul, à Sainte-Anne d'Auray, à Bordeaux ; en outre, les missions furent répandues sur toutes les routes de France ; chaque village eut sa croix expiatoire s'élevant presque toujours à la place de quelque arbre de la liberté abattu ; enfin, le *Miserere*, vaste chant de douleur, s'éleva de la surface de la France, et monta lamentablement vers le ciel.

Les Français aiment à chanter : mais pas les vêpres ; le plain-chant leur paraît monotone, et ils préfèrent au *Dies iræ*, le *Dieu des bonnes gens*, et au *Kyrie eleison*, le *Vieux Soldat;* on fit une réputation à Béranger, et une popularité à Debreaux.

Le duc d'Orléans, avec son regard fin, son esprit sagace, comprenait que puisque ceux-là allaient se perdant, il fallait pour réussir faire le contraire de ce qu'ils faisaient.

Il envoya ses fils au collége Henri IV, et ne négligea pas une occasion de couvrir sinon de sa protection, du moins de sa sympathie, les persécutés du pouvoir.

Aussi les phamphlétaires de la Restauration lui payaient-ils argent comptant le prix de son opposition.

Écoutez Paul-Louis Courrier [44] :

« La jeunesse croît chez nous et voit croître avec elle les princes.

« Je dis avec elle et je m'entends. Nos fils, plus heureux que nous, vont connaître leurs princes élevés avec eux, et en seront connus. Déjà voilà le fils aîné du duc d'Orléans, je sais cela de bonne part et vous le garantis plus sûr que si toutes les gazettes vous le disaient, voilà le duc de Chartres au collége à paris, chose assez simple, direz-vous, s'il est en âge d'étudier ; simple sans doute, mais nouvelle pour les personnes de ce rang. On n'a pas encore vu de princes au collége ; celui-ci, depuis qu'il y a des colléges et des princes, est le premier qu'on ait élevé de la sorte, qui profite du bienfait de l'instruction publique et commune ; et de tant de nouveautés, écloses de nos jours, ce n'est pas celles qui doivent surprendre le moins : un prince étudier, aller en classe ; un prince avoir des camarades ! Les princes jusqu'ici avaient eu des serviteurs et jamais d'autre école que celle de l'adversité, dont les rudes leçons étaient perdues souvent. Isolés à tout âge, loin de toute vérité, ignorant les choses et les hommes, ils naissaient, ils mouraient dans les liens de l'étiquette et du cérémonial, n'ayant vu que le fard et les fausses couleurs étalés devant eux ; ils marchaient sur nos têtes, et ne nous apercevaient que quand par

44. Paul-Louis Courrier, écrivain français (1772-1825), opposant à la Restauration, auteur du célèbre pamphlet, *Pétition pour des paysans que l'on empêche de danser*, contre le curé d'Ars (1822).

hasard ils tombaient. Aujourd'hui, connaissant l'erreur qui les séparait des nations, comme si la clé d'une voûte, pour user de cette comparaison, pouvait en être hors et ne tenir à rien, ils veulent voir des hommes, savoir ce que l'on sait, et n'avoir plus besoin des malheurs pour s'instruire. Tardive résolution, qui, plus tôt prise, leur eût épargné combien de fautes et à nous combien de maux ! Le duc de Chartres au collége, élevé chrétiennement et monarchiquement, mais je pense aussi un peu constitutionnellement, aura bientôt appris ce qu'à notre grand dommage ignoraient ses aïeux ; et ce n'est pas le latin que je veux dire, mais ces simples notions de vérités communes que la cour tait aux princes, et qui les garderaient de faillir à nos dépens. Jamais de dragonnades ni de Saint-Barthélemy quand les rois, élevés au milieu de leurs peuples, parleront la même langue, s'entendront avec eux, sans truchement ni intermédiaire ; de jacquerie, non plus de lignes ni de barricades. L'exemple ainsi donné par le jeune duc de Chartres aux héritiers des trônes, ils en profiteront sans doute. Exemple heureux autant qu'il est nouveau ! Que de changements, de bouleversements dans le monde il a fallu pour amener là cet enfant ! Et que dirait le grand roi, le roi des honnêtes gens, Louis le Superbe, qui ne put souffrir confondus avec la noblesse du royaume ses bâtards mêmes, ses bâtards, tant il redoutait d'avilir la moindre partie de son sang ! Que dirait ce parangon de l'orgueil monarchique, s'il voyait aux écoles, avec tous les enfants de la race sujette, un de ses arrière-neveux, sans pages ni jésuites, suivre des exercices et disputer des prix, tantôt vainqueur, tantôt vaincu ? jamais, dit-on, favorisé ni flatté en aucune sorte, chose admirable au collège même, (car où n'entre pas cette peste de l'adulation !) croyable pourtant si l'on pense que la publicité des cours rend l'injustice difficile ; qu'entre eux les écoliers usent peu de complaisance, peu volontiers cèdent à l'honneur, non encore exercés aux feintes qu'ailleurs on nomme déférence, égards, ménagements, et qu'a produits l'horreur du vrai. Là, au contraire, tout se dit, toutes choses ont leur vrai nom, et le même nom pour tous ; là, tout est matière d'instruction, et les meilleures leçons ne sont pas celles des maîtres. Point d'abbé Dubois, point de Méniers, personne qui dise au prince : tout est à vous, vous pouvez tout ; il est l'heure que vous voulez. En un mot, c'est le bruit commun qu'on élève là le duc de Chartres comme tous les enfants de son âge ; nulle distinction, nulle différence, et les fils de banquiers, de juges, de négociants n'ont aucun avantage sur lui ; mais il en aura, lui, beaucoup, sorti de là, sur tous ceux qui n'auront pas reçu cette éducation : il n'est, vous le savez, meilleure éducation que celle des écoles publiques, ni pire que celle de la cour. »

Certes à cette époque un éloge pareil n'avait pas de prix, il le savait bien, l'habile élève de madame de Genlis, et c'était de pareilles pages à la main qu'il réfutait des détracteurs qui, sur tout autre que sur lui auraient eu une prise fatale.

Ce qui faisait surtout du tort à M. le duc d'Orléans, c'était son esprit processif, chicanier et parcimonieux.

Le duc d'Orléans s'était nommé un conseil parmi les meilleurs avocats de Paris, mais, en réalité, c'était lui qui conseillait son conseil.

Tous les mémoires signés Dupin [45] étaient inspirés, souvent même rédigés par le prince.

Au nombre des procès entamés par le prince, il y en avait un, engagé contre le duc de Bassano, qui eût dépopularisé en toute autre position la popularité elle-même. En 1815, Maret avait reçu de Napoléon, à titre de dépôts et de gages, un certain nombre d'actions de canaux provenant de l'apanage d'Orléans. Le moyen que Louis-Philippe fit valoir fut que le gouvernement impérial, n'étant qu'un gouvernement *de fait*, qu'un gouvernement illégitime, ce gouvernement n'avait pas eu le droit de disposer de ces actions.

Le duc d'Orléans gagna son procès devant les juges, mais le perdit dans l'opinion publique.

Un autre procès plus grave encore s'agitait vers le même temps. Nous disons plus grave, parce qu'il se plaidait à un tribunal plus élevé que les autres, nous voulons parler des prétentions de Maria Stella, dont nous avons dit quelques mots au commencement de cette histoire.

45. Homme politique français et avocat (1783-1865), Dupin devient célèbre pour avoir défendu le maréchal Ney, rapporteur de la Charte de 1830, président de la Chambre des députés de 1832 à 1839.

CHAPITRE XXXVI.

Vers 1825, Maria Stella était revenue à Paris avec un jugement du tribunal de Faenza, en date du 29 mai 1824, qui établissait en fait qu'elle n'était point fille du geôlier Chiappani, mais du comte de Joinville.

Cette accusation, toute fausse et absurde qu'elle était, inquiétait cependant le prince au point qu'il répondit par un mémoire aux mémoires de la baronne de Sternberg, *née Joinville*. Ce mémoire m'amena pour la première fois, comme employé du secrétariat, en face de M. le duc d'Orléans.

M. le duc d'Orléans, après m'avoir, en 1823, sur la recommandation de M. le général Foy, accordé une place de douze cents francs dans ses bureaux, ne s'était plus occupé de moi ; et c'était chose bien naturelle que de porter, un an après, ces appointements à quinze cents francs. Cependant, comme rien ne passait inaperçu devant cet esprit investigateur, il avait remarqué, parmi les rapports qui étaient envoyés à sa signature, des rapports tracés par une main nouvelle et inconnue. L'écriture lui en avait paru belle, facile à lire, correcte ; il avait demandé le nom du nouvel expéditionnaire, et on lui avait dit que c'était le protégé du général Foy, le fils du général Alexandre Dumas.

Plusieurs minutes étaient alors revenues à M. Oudard, chef de notre secrétariat, avec ces mots de la main du prince :

A faire expédier par Dumas.

Lorsque le duc d'Orléans s'occupa de réfuter les mémoires de la baronne de Sternberg, il désira dicter à quelqu'un *les notes ;* et, nous l'avons dit, ces notes étaient le véritable original ; il désira, dis-je, dicter à quelqu'un les notes dont M. Dupin devait faire la substance la plus ferme, la moelle la plus solide de son plaidoyer.

Il demanda un expéditionnaire pour écrire sous sa dictée.

Comme on connaissait sa prédilection pour mon écriture, on m'en voya à lui.

Je me trouvai donc pour la première fois en face du prince.

Dans ses relations de famille ou de maison, le duc d'Orléans n'avait rien d'imposant ; mais, en revanche, il était impossible d'être plus souriant, plus affable et de plus gracieuse humeur : on eût dit un banquier spirituel le jour où une grande spéculation a réussi. Je fus donc bien reçu par lui, encouragé de la voix et du geste ; et comme il s'aperçut que ma main tremblait un peu, il m'indiqua la table, et avant de m'employer à la chose sérieuse qui me valait l'honneur de ce contact princier, il m'indiqua une ou deux lettres à mettre au net et à cacheter.

Le duc d'Orléans avait en lui quelque chose du professeur : il aimait à démontrer ; c'était même, dans les petites choses, établir sa supériorité. Hâtons-nous d'ajouter qu'il démontrait bien, et qu'il joignait presque toujours l'exemple au précepte. Le duc d'Orléans savait sinon tout, du moins un peu de tout.

Ce jour-là, il me démontra la façon de plier les enveloppes et de faire les cachets.

Si le duc d'Orléans avait la prétention d'être un bon professeur, j'ai, moi, celle d'être un excellent écolier : assez maladroit le jour même où la leçon me fut donnée, je devins plus tard d'une force supérieure sur les enveloppes, soit carrées, soit anglaises, et surtout sur les cachets, chose plus difficile à faire qu'on ne le croit, et à laquelle le duc d'Orléans, homme d'ordre et de propreté, attachait une grande importance.

Aussi, je dois l'avouer dans toute l'humilité de mon âme, ce fut la seule chose qu'il regretta en moi quand, devenu roi, il reçut ma démission.

— Comment, il s'en va ! comment, il me quitte ! s'écria-t-il ; quel malheur ! il faisait si bien les cachets !..

Ce fut mon oraison funèbre. Ajoutons que, pendant plus d'un an, mon nom resta sur les états de la maison, et que toute facilité me fut donnée de revenir sur cette résolution.

Ce nom ne fut rayé qu'en 1833, à l'époque où je publiai *Gaule et France*.

Revenons au jour où je commençai mon apprentissage.

Le duc d'Orléans, parfaitement affable, comme il était toujours, commença donc de me dicter son mémoire.

C'était une réfutation complète et parfaitement logique, même au point de vue chicanier, de toutes les assertions de la baronne de Sternberg.

Comme on le comprend bien, je ne viens pas de raconter tout ceci pour apprendre purement et simplement au publie que j'ai eu l'honneur d'écrire sous la dictée du prince, mais pour raconter au lecteur un fait caractéristique.

Dans la réponse du duc au pamphlet de Maria Stella, il y avait, au milieu des preuves de légitimité données par lui, cette phrase :

« Et quand il n'y aurait que cette ressemblance frappante qui existe entre M. le duc d'Orléans et son auguste aïeul Louis XIV. »

J'étais beaucoup moins fort en histoire à cette époque que je ne le suis aujourd'hui ; de sorte que ce fait de M. le duc d'Orléans, réclamant Louis XIV pour son aïeul, me fit, malgré moi, relever vivement la tête.

Il s'aperçut de mon étonnement ; et avec un sourire, accompagné d'un léger froncement de sourcil :

— Oui, monsieur Dumas, me dit-il : *de son auguste aïeul Louis XIV.* Quand on ne descendrait de Louis XIV que par ses bâtards, c'est encore, *du moins à mes yeux*, un assez grand honneur pour que je m'en vante.

D'après cette réponse, il est permis de croire que le duc d'Orléans ignorât que M. Thiers et M. Laffitte voulussent le faire descendre des Valois.

Il en fut des prétentions de Maria Stella, moins la prison ce qu'il en avait été des prétentions de Mathurin Bruno. On en parla un instant, puis on cessa de s'en occuper, et on laissa la baronne de Sternberg donner en paix la pâtée à tous les moineaux francs des Tuileries, seuls courtisans de sa solitude, et qui, longtemps après sa mort, arrivée en 1845, peuplaient encore le balcon qui s'étendait, rue de Rivoli, devant les fenêtres de son appartement.

Revenons aux événements politiques dont nous a écarté un instant ce coup d'œil jeté sur la vie privée.

Louis XVIII mort, Charles X, prince chevalier, voulut être sacré selon les anciens usages de sa race ; à Louis XVIII, prince sceptique, il avait suffi de la consécration de cinq cent mille baïonnettes.

Ce fut au mois de mai 1825 que Charles X fut sacré, et qu'à cette occasion, je crois, le duc d'Orléans reçut le titre d'Altesse Royale, toujours ambitionné par lui, et si inutilement sollicité pendant tout le cours du règne de Louis XVIII.

Presqu'en même temps le duc d'Orléans rentra dans une somme de seize millions, qui lui fut allouée comme indemnité sur le milliard des émigrés.

On cria beaucoup au double emploi, le duc d'Orléans étant déjà rentré dans ses biens par la munificence de Louis XVIII, mais le duc d'Orléans laissa crier.

La popularité de Laffitte, de La Fayette, de Foy, de Manuel et de Paul-Louis Courrier sauvegardait sa popularité.

Le duc d'Orléans en effet professait une économie qui touchait à l'avarice : sans doute les habitudes que nous allons consigner ici étaient des habitudes prises dans les temps de malheur et dans les jours d'exil. Nous dirons plus : peut-être pour tout autre que pour un prince ayant six millions de revenu, peut-être même enfin pour ce prince chargé d'une nombreuse famille, cette économie était-elle une vertu ; mais, à tort ou à raison, nous nous rappelons quelle n'était point regardée comme telle, et que c'était un des défauts que lui reprochaient ses ennemis, sans que ces reproches, si acerbes qu'ils fussent, aient jamais pu l'en corriger.

Cher M. le duc d'Orléans, presque tous les marchés se faisaient à forfait ; il y avait un marché pour la table par exemple ; c'était un M. Uginet qui tenait ce marché ; on lui payait douze mille francs par mois, cent quarante-quatre mille francs par an, et sur ce marché on défalquait le gibier envoyé deux fois par semaine des nombreuses forêts de M. le duc d'Orléans, et dont le surplus était revendu à Chevet par le contrôleur de la bouche.

Tous ces comptes étaient revus, annotés, approuvés par M. le duc d'Orléans. Un jour en les remettant au net, je trouvai cette annotation de la main même du prince :

« Quatre sous de lait pour madame de Dolomieu. »

La duchesse suivait cet exemple. M. Oudart, son secrétaire, repassait après elle toutes ses additions ; beaucoup de ces additions étaient au bas de mémoires de blanchisseuses écrits de la main même de Marie-Amélie, et comme la duchesse d'Orléans avait à cette époque des enfants fort jeunes, les détails de ces mémoires de blanchisseuses prouvaient victorieusement que pour être princes, les Altesses Royales de six mois n'en sont pas moins soumises à toutes les petites misères de l'humanité.

Pendant que madame la duchesse d'Orléans faisait le compte des couches de M. de Montpensier et des langes de la princesse Clémentine, le roi réglait la dépense de ses aînés.

Qu'on nous permette de mettre sous les yeux de nos lecteurs un petit travail de M. le duc d'Orléans, tombé entre nos mains le 24 février 1848, au moment où, pour la seconde fois, le front incliné et pensif, nous visitions les Tuileries, envahies par le peuple.

La première fois, c'était le 29 juillet 1830.

Parmi des papiers déchirés, souillés, jetés à terre, gisait ce chiffon ; je reconnus l'écriture du roi, je le ramassai, et c'est sur ce chiffon que je copie les lignes suivantes :

Mars 1828. — Nouveau Tarif de l'entreprise pour la Table des Princes. Le même pour celle des Enfants.

c.

Jeunes princes et instituteurs Six soucoupes à 90 c 5 40

Jeunes princes et instituteurs. Sept pains à 20 c 4 40

Princesses Louise et Marie et madame de Mallet. Un potage à deux soucoupes. 1 80

Princesses Louise et Marie et madame de Mallet. Deux pains 1 40

Princesse Clémentine et madame Angelet Un potage 1 50

Princesse Clémentine et madame Angelet Une soucoupe 1 90

A reporter 11 40

Report 11 40

Duc de Nemours et M. de Larnac qui emportent au collège, plus du sucre payé à part Deux pains » 40

Duc de Nemours et M. de Larnac qui emportent au collège, plus du sucre payé à part Viande froide 4 50

Duc de Nemours et M. de Larnac qui emportent au collège, plus du sucre payé à part Entremets 3 »

Duc de Nemours et M. de Larnac qui emportent au collège, plus du sucre payé à part Deux soucoupes 4 80

Duc de Nemours et M. de Larnac qui emportent au collège, plus du sucre payé à part Deux pains » 40

Total par jour 48 50

Sans le café payé à part.

Plus 40 centimes par soucoupe 4 40

Total général 49 60

Ainsi le déjeuner des deux jeunes princes et de leurs instituteurs ;

Des princesses Louise et Marie, et de madame de Mallet ;

De la princesse Clémentine et de madame Angelet ;

Du duc de Nemours et de M. de Larnac, c'est-à-dire de onze personnes ; était coté vingt francs dans le budget princier de M. le duc d'Orléans.

Peut-être pense-t-on que les malheureux enfants, obligés de rester sur leur appétit au déjeuner, se rattrapaient au dîner.

Nous allons bien voir :

DINER OU SOUPER.

v. c.

Potages 2 50

Entrées 4 50

Rôt ou flan 6 »

Entremet 2 50

Assiette de dessert 4 50

Total 47 »

Pain, café et thé comme ci-dessus.

Au reste comme on aurait peut-être peine à croire ce que nous rapportons ici, nous inviterons nos éditeurs à donner un *fac-simile* des trois notes qui sont entre nos mains.

A côté de cela, hâtons-nous de le dire, le duc d'Orléans faisait sans ostentation d'excellentes choses : il y avait au Palais-Royal trois bureaux de secours, un dirigé par M. de Broval, et dont le duc faisait les frais, un second dirigé par M. Oudart, et qui puisait au coffre de la reine, enfin un troisième remis aux mains de M. Lamy, et qu'ordonnançait Madame Adélaïde.

Ces trois bureaux distribuaient de cinq cents francs à sept cents francs par jour.

J'ai longtemps été chargé de faire les listes qui devaient être présentées au duc d'Orléans, et de mettre sous les yeux ses demandes de secours ; eh bien ! il y a une chose que je dirai hautement, c'est que j'ai toujours obtenu en faveur des pauvres tout ce que j'ai pu demander sans intermédiaire au duc d'Orléans ; jamais les diminutions de chiffres ne venaient de lui, elles venaient de son entourage ; on le savait parcimonieux, et on lui faisait sa cour en flattant une faiblesse ; il y a plus : une fois roi, une fois ma démission donnée, j'ai plus d'une fois encore, quoiqu'il me gardât rancune de mon départ, eu recours à lui pour qu'il vînt au secours de profondes infortunes ; jamais il n'a repoussé la demande que je lui faisais, et presque aussitôt la demande parvenue à lui, la personne était secourue.

Un jour je lui écrivis à propos d'une de nos femmes poètes les plus distinguées :

« Sire,

« Madame*** est dans la plus profonde misère, et me charge d'être son intermédiaire auprès de Votre Majesté ; hâtez-vous de la secourir, Sire, vous ne trouverez pas tous les jours sur votre chemin pareille muse demandant l'aumône. »

Poste pour poste je reçus mille francs.

Un autre jour ce fut près de la reine ; il s'agissait d'une de nos pianistes les plus distinguées dont on allait vendre les meubles.

Elle s'adressa à moi ; j'envoyai sa lettre à la reine, en écrivant au-dessous de l'exposé de ses malheurs les quatre vers suivants, qui ne valent que par l'intention :

Lisez avec le cœur la demande touchante
Qu'en humble ambassadeur je mets à vos genoux.
Toute chose ici-bas, Madame, suit sa pente.
L'aiguille tourne au pôle et le malheur à vous.

Le lendemain je reçus cinq cents francs.

J'étais d'autant plus hardi à faire ces sortes de demandes que jamais je n'avais rien demandé ni pour moi, ni pour personne des miens.

En outre la duc d'Orléans, soit calcul, soit sympathie, faisait beaucoup pour les arts ; il avait recueilli et placé à sa bibliothèque Casimir Delavigne [46], renvoyé de son bureau ; il achetait le cuirassier et le hussard de Géricault ; il commandait à Vernet [47] non-seulement les batailles de Jemmapes et de Valmy, mais encore celles de Champaubert et de Montmirail ; il souscrivait aux monuments d'Abatucci et de Kléber ; il faisait mettre à ses frais, dans la nef de Saint-Roch,

46. Casimir Delavigne, poète et dramaturge français (1793-1843), bibliothécaire du Palais-Royal.
47. Le peintre Horace Vernet (1789-1863) très apprécié de Louis-Philippe.

une table de marbre au-dessus de la tombe du vieux Corneille, enfin de temps en temps il remettait à MM. les comédiens français les quarante-cinq mille francs qu'ils étaient censés lui payer pour le loyer de sa salle.

On voit à quel degré j'essaie d'être impartial, et avec quel empressement j'oppose le bon au mauvais ; c'est que si au point de vue historique, j'ai une opinion arrêtée sur le roi, je n'ai aucun parti pris sur l'homme, et qu'en conséquence, sous ce rapport, j'écris pour raconter et non pour prouver, *ad narrandum, non ad probandum.*

CHAPITRE XXXVII.

L'histoire des cinq années qui séparent l'avènement au trône de Charles X de sa chute n'est rien autre chose que l'enregistrement des fautes du roi et de l'habileté du duc d'Orléans.

Et quand nous disons les *fautes du roi,* nous disons cela au point de vue des événements, mais notre conviction personnelle est que quand une catastrophe prévue de longue main est nécessaire aux vues de la Providence, *les fautes des rois* rentrent dans les catégories des choses absolues, et que *ces fautes* doivent fatalement être commises.

Charles X débuta par une mesure libérale, l'abolition de la censure ; qui lui avait donné ce bon conseil, et à quel propos cette abolition de la censure comme premier acte de son règne, si ce n'était une pierre jetée d'avance sur la route sur laquelle devait verser, le 29 juillet 1830, la voiture du sacre, portant la royauté du droit divin ?

La seconde mesure adoptée fut le milliard d'indemnité.

Cet acte qui, au lieu d'être anti-libéral, avait l'avantage d'être à la fois équitable et progressif, en ce qu'il consacrait la vente des biens nationaux et leur donnait une valeur égale à celle des autres biens, fut vivement attaqué par toute l'opposition et commença cette lutte acharnée qui eut pour dernier résultat la chute de la branche aînée.

Chose étrange, la distribution de ce milliard enrichissait plus encore peut-être les libéraux que les royalistes. Le duc d'Orléans touchait seize millions, le duc de Liancourt touchait un million quatre cent mille francs, le duc de Choiseul, un million cent mille francs. M. de La Fayette, quatre cent cinquante mille six cent quatre-vingt-deux francs, M. Gaëtan de La Rochefoucauld, quatre cent vingt-huit mille deux cent six francs, M. de Thiars, trois cent cinquante-sept mille huit cent cinquante francs, enfin M. Charles Lameth deux cent un mille six cent quatre-vingt-seize francs.

De là vint la longanimité dont le parti libéral usait en cette occasion à l'égard du duc d'Orléans.

Au reste, une occasion fut bientôt donnée à la France de se prononcer : le général Foy mourut, tué par ces luttes de tribune qui sept ans plus tard devaient tuer Lamarque, et deux ans après Lamarque [48], Casimir Périer [49].

Le convoi du général Foy fut magnifique : cent mille hommes suivaient le cercueil ; on détela les chevaux, on traîna le cadavre.

M. le duc d'Orléans envoya sa voiture.

Une voiture vide, six chevaux et trois laquais sont, aux yeux de la philosophie, un bien mesquin hommage offert par un prince à un grand citoyen, mais il n'en fut pas ainsi aux yeux de l'opinion publique, c'était un gage donné par le duc d'Orléans à la nation.

Ce fut ainsi qu'on le prit à la cour ; à sa première entrevue avec le roi, le duc d'Orléans fut vivement interpellé par lui à ce sujet.

Le prince s'inclina, puis d'un ton plus ferme peut-être qu'il n'avait parlé jusqu'alors :

— Sire, dit-il, ma voiture n'a été remarquée que parce qu'elle était la seule.

Le général Foy était pauvre, Laffitte, son ami, mit en train une souscription nationale, en faveur du général tribun, et s'inscrivit en tête pour cinquante mille francs.

Elle produisit un million.

---

48. Lamarque, officier des guerres révolutionnaires et napoléoniennes (1770-1832). Ses funérailles donnent lieu à une insurrection des républicains et des bonapartistes parisiens, le 5 juin 1832.

49. Banquier et homme politique français (1777-1832). Homme fort de la Résistance, Casimir Perier devient président du Conseil le 13 mars 1831. Après avoir contracté le choléra, il meurt le 16 mai 1832.

Malgré l'admonestation royale, le duc d'Orléans s'inscrivit pour dix mille francs.

C'était juste autant que Casimir Périer, et quatre fois moins que Laffitte, mais la valeur de l'action était non pas dans le chiffre de la somme donnée, mais dans le fait de l'action elle-même.

Aussi, à partir de ce moment, les écrivains libéraux n'hésitent plus, ils font du duc d'Orléans, non-seulement leur espérance, mais encore leur drapeau.

Cauchois Lemaire publie une brochure intitulée : *Lettre à M. le duc d'Orléans.*

« Allons, prince, lui dit-il, un peu de courage ; échangez vos armoiries ducales contre la couronne civique, *il reste dans notre monarchie une belle place à prendre, celle qu'occuperait La Fayette dans une république*, celle du premier citoyen de France ; votre principauté n'est qu'un chétif canonicat près de cette royauté morale : le peuple français est un grand enfant qui ne demande pas mieux que d'avoir un tuteur. Soyez-le pour qu'il ne tombe pas eu de méchantes mains, afin que le char si mal conduit ne verse pas ; nous avons fait de notre côté tous nos efforts, essayez du vôtre, et saisissons ensemble la roue sur le penchant du précipice. »

Quant à Paul-Louis Courier, il avait fait mieux : dès 1823, il écrivait, en réponse à un prétendu correspondant anonyme qui, disait-il, l'accusait d'une haine systématique contre les princes :

« Je ne sais et ne devine pas davantage ce qui a pu vous faire croire que je n'aimais ni le duc d'Orléans ni aucun prince : assurément, rien n'est plus loin de la vérité, j'aime au contraire tous les princes et tout le monde en général, et le duc d'Orléans particulièrement (voyez comme vous vous trompiez) ; parce qu'étant né prince, il daigne être homme ; du moins n'entends-je pas dire qu'il attrape les gens ; nous n'avons, il est vrai, aucune affaire ensemble, ni pacte, ni contrat ; il ne m'a rien promis, rien juré devant Dieu ; mais le cas avenant, je me fierais à lui, quoiqu'il m'en ait mal pris avec d'autres déjà. Si faut-il néanmoins se fier à quelqu'un, lui et moi, nous n'aurions, m'est avis, nulle peine à nous accommoder, et l'accord fait, je pense qu'il le tiendrait sans fraude, sans chicane, sans noise, sans en délibérer avec de vieux voisins, gentilshommes et autres, qui ne me veulent pas de bien, ni en consulter les jésuites. Voici ce qui me donne de lui cette opinion : il est de notre temps, de ce siècle-ci, non de l'autre, ayant peu vu, je crois, ce qu'on nomme ancien régime ; il a fait la guerre avec nous : d'où vient, dit-on, qu'il n'a pas peur des sous-officiers, et depuis, émigré malgré lui, jamais ne la fit contre nous, sachant trop ce qu'il devait à la terre natale et qu'on ne peut avoir raison contre son pays. Il sait cela et d'autres choses, qui ne s'apprennent guère dans le rang où il est ; son bonheur a voulu qu'il en ait pu descendre, et jeune, vivre comme nous : de prince il s'est fait homme. En France, il combattait nos communs ennemis ; hors de France, les sciences occupaient son loisir ; de lui n'a pu se dire le mot, *Rien oublié ni rien appris*. Les étrangers l'ont vu s'instruire et non mendier. Il n'a pas prié Pitt, ni supplié Cobourg de ravager nos champs, de brûler nos villages pour venger les châteaux ; de retour, n'a point fondé des messes, des seminaires pour doter des couvents à nos dépens ; mais, sage dans sa vie, dans ses mœurs, donne un exemple qui prêche mieux que les missionnaires ; bref, c'est un homme de bien. Je voudrais, quant à moi, que tous les princes lui ressemblassent, aucun d'eux n'y perdrait et nous y gagnerions ; ou, je voudrais qu'il fût maire de la commune, j'entends s'il se pouvait (hypothèse toute pure) sans déplacer personne ; je hais les destitutions. Il ajusterait bien des choses, non-seulement par cette sagesse que Dieu a mise en lui, mais par une vertu non moins considérable et trop peu célébrée : c'est son économie, qualité, si l'on veut, bourgeoise, que la cour abhorre dans un prince et qui n'est pas matière d'éloges académiques ni d'oraison funèbre, mais pour nous si précieuse, pour nous administrés, si belle dans un maire, si... comment dirai-je ?... devinez, qu'avec celle-là je le tiendrais quitte quasi de toutes les autres.

« Lorsque j'en parle ainsi, ce n'est pas que je la connaisse plus que vous, ni peut-être autant, ne l'ayant même jamais vu. Je ne sais que ce qui se dit : mais le public n'est pas sot, et peut juger les princes, car ils vivent en public. Ce n'est pas non plus que je veuille être son garde champêtre, au cas qu'il devienne maire. Je ne vaux rien pour cet emploi, ni pour quelque autre que ce soit : capable tout au plus, de cultiver ma vigne, quand je ne suis pas en prison. J'y serais, je crois, moins souvent ; mais cela même n'étant pas sûr, je puis dire que tout changement dans la mairie et les adjoints, pour mon compte, m'est indifférent ; au reste, ce qu'on pense de lui généralement, vous l'avez pu voir ou savoir ces jours-ci, lorsqu'il parut au théâtre avec sa famille. On ne l'attendait pas, l'assemblée n'était point composée, préparée comme il se pratique pour les grands... c'était bien là le public ! et il n'y avait rien que l'on pût soupçonner d'être arrangé d'avance. La police n'eut point de part aux marques d'affection qui lui furent données en cette occasion ; ou si, de fait, elle était là, comme on peut le croire aisément, partout inévitable et présente, ce n'était pas pour accueillir le duc d'Orléans. Il entra, on le vit, et les mains et les voix applaudirent de toutes parts. On ne m'a point mis, que je sache, le parterre en jugement, ni traduit l'assemblée de la salle Saint-Martin. Aussi, ne crois-je pas, moi qui l'ai loué moins haut de ce qu'il a fait de louable, que ce soit pour cela qu'on me réemprisonne ; mais vous pouvez être là-dessus beaucoup moins instruit.

« Ainsi, contre votre opinion, Monsieur, j'aime le duc d'Orléans, mais son ami je ne le suis pas comme ces gens le croient, dites-vous : à moi tant d'honneur n'appartient ; et sans vouloir examiner ce dont on a douté quelquefois, si les princes ont des amis, ou si lui, monts prince qu'un autre, ne pourrait pas faire exception. Je vous dirai que j'ai toujours ri de Jean-Jacques Rousseau, philosophe, qui ne put souffrir ses égaux, ni s'en faire supporter : et en toute sa vie, crut n'avoir eu d'ami, que le prince de Conti.

« Bien moins suis-je son partisan, car il n'a point de parti, premièrement. Le temps n'est plus où chaque prince avait le sien ; et jamais je ne serai du parti de personne. Je ne suivrai pas un homme ; ne cherchant pas fortune dans les révolutions, contre-révolutions qui se font au profit de quelques-uns. Hé ! d'abord, dans le peuple, j'y suis resté par choix. Il n'a tenu qu'à moi d'en sortir comme tant d'autres, qui pensant s'anoblir de fait, ont dégénéré. Quand il faudra opter, suivant la loi de Solon, je serai du parti du peuple, des paysans comme moi. »

Tout cela était, on le voit, une préparation plus qu'indirecte de la candidature du duc d'Orléans au trône de France.

Sur ces entrefaites, apparurent les lois de M. de Peyronnet, sur les substitutions et le droit d'aînesse ; et la loi sur la liberté de la presse, l'une rejetée, l'autre repoussée par la chambre des pairs. Ainsi, tout manquait à Charles X, tout, jusqu'à cette institution aristocratique créée pour soutenir le trône, et qui, au lieu de le soutenir, l'ébranlait, en manquant sous la main du roi au moment où sa main allait s'appuyer sur lui.

Au reste, tout le monde s'acharnait sur cette monarchie, dont le tocsin de juillet allait sonner l'hallali : Béranger avec ses chansons, Paul-Louis Courier avec ses pamphlets ; Cauchois Lemaire, avec ses lettres ; Méry et Barthélemy, avec leurs poèmes. Il est vrai que, de temps en temps, la monarchie tenait aux chiens, et d'un coup de boutoir envoyait Béranger à Sainte-Pélagie, ou Magallon à Poissy. Mais alors, c'était de toutes parts, dans les journaux, dans les cafés, dans les rues, dans les théâtres, dans les cours publics, un concert de railleries, de reproches, de menaces, qui s'élevait en vapeur d'opposition contre les persécuteurs, et retombait en pluie de popularité autour des persécutés.

On attendait les élections avec impatience, les deux partis sentaient que là étaient la lutte réelle et la victoire véritable.

La fortune fut aux libéraux.

La joie de la bourgeoisie fut bruyante, la colère de la royauté, contenue avec peine, ne demandait qu'une occasion pour éclater ; les illuminations de la rue Saint-Denis lui fournirent un prétexte : le jeune Lallemand périt dans cette *dragonnade*. Paris tout entier sembla porter le deuil d'un jeune homme inconnu, et cria vengeance sur sa tombe.

La majorité était connue d'avance ; elle était constitutionnelle. MM. de Villèle, de Corbière et de Peyronnet se retirèrent devant cette majorité.

Tous trois furent nommés pairs de France.

Le ministère Martignac [50] succéda au ministère Villèle.

Le premier mot que Charles X dit à son nouveau ministre fut celui-ci :

« Le système de M. de Villèle est le mien. »

C'était un ordre donné à M. de Martignac de marcher dans la même voie que son prédécesseur.

Sans doute promit-il obéissance aux désirs du roi. Mais à peine fut-il au pouvoir que M. de Martignac essaya de tout concilier en faisant des concessions à l'esprit libéral.

Ces concessions furent : une loi sur la presse périodique, l'exclusion du ministère du parti congréganiste dans la personne de M. de Frayssinous et son remplacement par l'abbé Feutrier, la substitution du monopole financier au monopole politique.

La popularité de M. de Martignac allait si bon train, qu'elle effraya Charles X ; il trouva que son ministre avait assez fait pour le pouvoir législatif et il exigea qu'il fît quelque chose pour le pouvoir exécutif.

M. de Martignac présente deux projets de loi : l'un sur l'organisation communale, l'autre sur l'organisation départementale ; ces deux projets éclatent dans la main du ministre et le renversent.

C'était ce que désirait le roi ; il était donc libre enfin de faire un ministère selon son cœur ; n'avait-il pas d'ailleurs un vieux dévouement à récompenser dans le prince de Polignac.

Un cri de réprobation salua les trois noms de MM. Polignac, La Bourdonnaie et Bourmont [51].

Le journal des *Débats* attaqua ce ministère avec une véhémence qui n'était pas dans ses habitudes, aussi crut-on deviner de quel côté venait l'attaque.

---

50. Martignac, avocat et homme politique français (1778-1832), président du Conseil du 5 janvier 1828 au 8 août 1829.

51. Polignac, La Bourdonnaie et Bourmont, figures de proue des légitimistes, respectivement dernier président du Conseil de Charles X, du 8 août 1829 au 30 juillet 1830, son ministre de l'Intérieur et son ministre de la Guerre, à l'origine de la prise d'Alger.

« Coblentz, Waterloo, 1815 ! s'écria-t-il, voilà les trois principes, voilà les trois personnages du ministère ! pressez-le, tordez-le, et il ne dégoutte qu'humiliations, malheurs et dangers ! »

CHAPITRE XXXVIII.

Dans l'intervalle qui séparait la création de ce ministère de l'ouverture des Chambres, un remaniement ministériel s'opéra par suite de quelques dissidences à propos de la présidence du conseil : M. de La Bourdonnaie donna sa démission, et fut remplacé au ministère de l'Intérieur par M. de Montbel, tandis que M. Guernon de Ranville entrait à l'Instruction publique.

La Chambre s'ouvrit le 2 mars 1830.

Le roi se présenta à l'Assemblée décidé à un coup d'État.

Au moment où il mettait le pied sur la première marche du trône, ce pied s'embarrassa dans le tapis de velours qui la couvrait, le roi fit un faux pas et faillit tomber.

Sa toque roula à terre.

Le duc d'Orléans se précipita pour la ramasser et la rendit au roi.

J'assistais à cette séance. Je me tournai vers mon voisin, M. de B...
— Avant un an, mon cher, lui dis-je, il en arrivera autant de la couronne ; seulement, au lieu de la rendre à Charles X, le duc d'Orléans la gardera.

On se rappelle la fameuse adresse des *Deux Cent Vingt et Un* [52], dans laquelle on lisait ce paragraphe :

« La Charte a fait, du concours permanent des vues politiques de votre gouvernement avec les vœux de votre peuple, la condition indispensable de la marche régulière des affaires publiques. — Sire,

52. Le 18 mars 1830, 221 députés écrivent une *Adresse* de défiance, largement inspirée par Royer-Collard, envers le ministre Jules de Polignac jugé favorable à un retour à l'Ancien Régime. Cette *Adresse* est à l'origine de la dissolution de la Chambre, le 16 mai.

notre loyauté, notre dévouement nous condamnent à vous dire que ce concours n'existe pas. »

C'était une déclaration de guerre dans toutes les règles.

— Je ne souffrirai pas qu'on trempe ma couronne dans la boue, s'écria Charles X en lisant l'adresse.

Et la Chambre fut dissoute.

On allait donc pouvoir appliquer ce fameux article 14[53], que Louis XVIII avait glissé dans la Charte comme un poignard de miséricorde, mais dont il n'avait jamais voulu se servir.

C'était dans cet article 14 que reposait toute l'espérance du roi et de M. de Polignac.

Aussi, lorsqu'on appela M. de Peyronnet au ministère :

— Songez, lui dit M. de Polignac, que nous voulons appliquer l'article 14.

— C'est aussi mon opinion, dit M. de Peyronnet.

Tout allait bien, puisqu'on était si merveilleusement d'accord.

En effet, en apparence tout était pour le mieux : le roi venait de faire un voyage en Alsace ; et, à part cette circonstance que, pour changer de chevaux, le roi s'était arrêté à Varennes juste au même endroit où avait été si fatalement interrompu le voyage de Louis XVI, tout s'était parfaitement passé.

Il est vrai aussi qu'à Nancy, au moment où la famille royale avait paru sur le balcon de la Préfecture pour saluer le peuple, plusieurs coups de sifflet s'étaient fait entendre ; mais, comme fait un auteur le jour d'une première représentation, le roi n'avait pas pris cela pour lui.

La Dauphine, moins aveugle, avait refermé sa fenêtre avec violence, et était rentrée tout éplorée dans ses appartements.

Mais l'intérieur n'inquiétait pas le roi, qui croyait marcher dans le vœu de la majorité de la France, et n'être en contradiction qu'avec

53. « [...] Le Roi fait les règlements et ordonnances nécessaires pour l'exécution des lois et la sûreté de l'État. »

quelques factieux bruyants, mais sans pouvoir : or, tout allait à merveille à l'extérieur.

Un grand changement se préparait, qui allait rendre à Charles X toute la popularité perdue par Louis XVIII, à propos du traité du 2 septembre.

Nous allions reprendre nos frontières du Rhin.

Charles X, au milieu de toutes ses fautes, avait eu l'intelligence de comprendre que notre véritable ennemie, c'était l'Angleterre ; que notre alliée naturelle, c'était la Russie.

Aussi les cabinets des Tuileries et de Saint-Pétersbourg venaient-ils de signer un traité d'alliance spécialement dirigé contre l'Angleterre.

Nous permettions à la Russie de s'établir à Constantinople, et la Russie nous rendait les provinces Rhénanes.

Restaient à dédommager la Prusse et la Hollande.

Rien de plus facile.

Du Hanovre, enlevé à l'Angleterre, on faisait deux parts : avec l'une de ces deux parts on désintéressait la Prusse, avec l'autre la Hollande.

En outre, on mordait, au profit des provinces prussiennes de la Silésie, une bouchée sur la Saxe, qu'on dédommageait de son côté aux dépens de la Pologne.

Quant à l'Autriche, elle se taisait, grâce à une partie de la Dalmatie non possédée par elle, dont on pétrissait un gâteau, et qu'on lui jetait comme à Cerbère, pour l'empêcher de mordre et même d'aboyer.

D'un autre côté, Charles X préparait l'expédition d'Alger.

Le même homme abolissant la puissance barbaresque, effroi éternel de la Méditerranée, et rendant à la France ses provinces Rhénanes, c'est-à-dire accomplissant un exploit où avait échoué Charles-Quint, et reconquérant par la négociation ce que Napoléon avait perdu par les armes, c'était à la fois un grand homme de guerre et un grand homme politique.

Eh bien ! cette gloire était assurée à Charles X ; et l'année 1830 allait voir s'accomplir ces deux grandes entreprises.

L'Angleterre voulait bien un peu s'opposer ; mais voulez-vous savoir comment nous répondions à l'Angleterre sous les Bourbons de la branche aînée ?

Lord Stuart demandait une explication avec cet air rogue qui n'appartient qu'aux diplomates anglais.

— Si vous désirez une réponse diplomatique, lui répondit M. d'Haussez, M. le président du Conseil vous la fera ; si vous désirez ma réponse, à moi, ministre de la marine, elle sera courte et précise : je vous dirai que nous nous f... de vous.

Lord Stuart en référa à son gouvernement, qui tint la raison pour bonne, puisqu'il nous laissa faire.

Au milieu de toutes ces préoccupations, un événement assez grave ramena tous les regards sur le duc d'Orléans.

Le roi et la reine de Naples avaient quitté leur royaume, et étaient venus faire une visite à leur sœur et à leur beau-frère, la duchesse et le duc d'Orléans.

Le roi de Naples était cet ignoble François qui, choisi par les libéraux en 1820 pour les représenter, avait trahi les libéraux ; qui, donné pour tuteur à la révolution, avait étouffé la révolution. Quoique les voyageurs couronnés eussent été parfaitement accueillis à la cour du roi Charles X, le préfet de la Seine et la ville de Paris n'avaient point osé, tant le sentiment de répulsion était grand, leur donner une fête.

Soutenu par sa popularité toujours croissante, et par l'excuse de sa parenté, le duc d'Orléans osa ce que n'avait point osé le préfet de la Seine.

Nous laissons de côté les questions d'étiquette qui hérissèrent de difficultés le court chemin qui sépare les Tuileries du Palais-Royal. Le roi dérogeait à toutes les règles de l'étiquette en acceptant un bal chez un prince du sang. Il y avait bien un précédent à cette dérogation : une centaine d'années auparavant, Louis XV avait passé trois jours chez le prince de Condé, *mais c'était à la campagne*. Il est vrai qu'en allant chez le duc d'Orléans, on allait un peu aussi chez la duchesse, et que la duchesse était fille de roi, *et des vrais Bourbons*, elle, comme dit madame la duchesse d'Angoulême ; enfin, le duc d'Orléans insista si respectueusement, le roi de Naples pria avec tant d'instances, que Charles X promit d'aller au bal chez son cousin, à la condition qu'une compagnie de ses gardes occuperait le Palais-Royal une heure avant son arrivée.

Toutes ces questions-là étaient bien misérables comparées à la question qui se débattait à cette heure-là entre le peuple et la royauté.

Le 31 mai, à neuf heures du soir, le duc d'Orléans et sa famille recevaient le roi Charles X à la porte du grand vestibule.

Arrivés aux appartements, le roi qui donnait le bras à madame la duchesse d'Orléans, le Dauphin qui donnait le bras à madame Adélaïde, le duc d'Orléans qui donnait le bras à la Dauphine, et le duc de Chartres à la duchesse de Berry, virent venir au-devant d'eux le roi et la reine de Naples.

Aussitôt la fête commença.

M. de Salvandy [54] a raconté, à propos de cette fête, toute sa conversation avec Louis-Philippe, venue à la suite du mot qui valut à l'auteur d'*Alonzo* sa fortune politique :

— Monseigneur, c'est une vraie fête napolitaine, nous dansons sur un volcan.

En effet, le volcan, qui grondait depuis longtemps ne tarda point à jeter ses premières flammes.

Elles partirent du Palais-Royal, cratère que l'on croyait éteint et qui n'était qu'endormi.

Le jardin du Palais-Royal était resté ouvert au delà de l'heure habituelle ; le duc d'Orléans avait voulu que le peuple, lui aussi, eût sa part de fête ; mais déjà le peuple commençait à se lasser de ne voir que d'en bas l'intérieur des palais et les fêtes des grands. Tout à coup une grande rumeur se fit entendre dans le jardin ; une flamme ardente fit pâtir celle des dix mille bougies qui éclairaient le bal ; des mains inconnues avaient placé des lampions remplis de graisse sous un amas de chaises ; les chaises brûlaient, le volcan jetait ses flammes.

---

54. Homme et écrivain politique (1795-1856), M. de Salvandy fut deux fois ministre de l'Instruction publique sous la monarchie de Juillet.

Il y eut un instant de tumulte et de crainte dans les salons du Palais-Royal ; quelques secondes, le roi Charles X crut être tombé dans un guet-apens, et fut près de dire, comme disent les rois du Théâtre-Français : Holà ! gardes, à moi ! Mais au bout d'un instant, tout s'expliqua, on força la foule d'évacuer le jardin. La fête continua sans interruption et sans assombrissement jusqu'au matin, et la monarchie en fut quitte, cette nuit-là, pour un *gaminage*.

Ce fut le terme sous lequel on dénonça l'incident au public.

Bientôt cent coups de canon retentirent pour une grande nouvelle ; ils annonçaient à Paris, à la France et à l'Europe la prise d'Alger.

Aussitôt cette grande nouvelle reçue, le baron d'Haussez courut chez le roi.

Charles X, en entendant annoncer son ministre de la marine, s'avança vers lui les bras étendus. M. d'Haussez voulut lui baiser la main, mais Charles X l'attira sur sa poitrine :

— Non, Monsieur, non, lui dit-il avec cette grâce qui lui était particulière, non, aujourd'hui tout le monde s'embrasse.

Et le roi et le ministre s'embrassèrent.

Cette nouvelle faveur de la fortune augmenta encore, s'il était possible, la confiance du roi et de M. de Polignac, car on verra bientôt, à propos de la signature des ordonnances, que tous les ministres ne partageaient pas cette sécurité.

Et cependant, les regards clairvoyants, ceux qui voient à travers les vapeurs de l'effervescence populaire, ceux-là s'inquiétaient.

M. de Villèle, qui voyait peut-être mieux parce qu'il voyait de loin, vint à Paris et manifesta inutilement ses craintes au roi.

M. Beugnot s'écria, pareil à un pilote effrayé :

— Prenez garde ! la monarchie va sombrer sous voile comme un vaisseau tout armé.

M. de Metternich dit à M. de Reyneval, notre ambassadeur à Vienne :

— Je serais beaucoup moins inquiet si le prince de Polignac l'était davantage.

En effet, comment craindre, quand M. Clapin, un des chefs de l'opposition, disait pendant les discussions de l'adresse :

« La base fondamentale de l'adresse est un profond respect pour la personne du roi ; elle exprime au plus haut degré de la vénération pour cette race antique des Bourbons ; elle représente *la légitimité*, non-seulement comme une vérité légale, mais comme une nécessité sociale qui est aujourd'hui dans tous les bons esprits le résultat de l'expérience et de la conviction. »

Comment craindre quand la société *Aide-toi et le ciel t'aidera*, réunie dans un banquet aux Vendanges de Bourgogne, décide que le roi est le premier pouvoir de l'État, et boit à la santé de Charles X ?

Comment craindre quand M. Odilon Barrot [55], dans un banquet donné par six cents électeurs et décoré des deux cent vingt et une couronnes symboliques, confond dans un même toast le roi et la loi ?

Oh ! hommes d'État, fossoyeurs des monarchies ! quand donc vous estimera-t-on à votre juste valeur ; quand donc, vous appellera-t-on de vos véritables noms !

Le 24 juillet, les ministres tinrent conseil.

— Tous, dit M. de Polignac, furent d'avis unanime sur la nécessité des ordonnances et sur le droit de les rendre. M. de Ranville seul désirait qu'on en ajournât l'exécution de quelques semaines ; ce n'était qu'une question de temps.

Ce fut dans ce conseil du 24, que la signature des ordonnances fut décidée.

Et cependant, au moment du départ, M. de Bourmont avait bien recommandé à M. de Polignac d'attendre son retour.

M. d'Haussez rappela au prince cette sage recommandation.

— Bah ! répondit le prince, nous n'avons pas besoin de lui, ne suis-je pas le ministre de la guerre par intérim ?

---

55. Homme politique (1791-1873) à la tête des monarchistes de gauche sous la monarchie de Juillet, conservateur sous la IIe République, Odilon Barrot est écarté du pouvoir sous le Second Empire, finissant sa carrière au début de la IIIe République comme conseiller d'État.

— Sur combien d'hommes vous est-il permis de compter en cas de résistance ? en avez-vous au moins vingt-huit ou trente mille ?

— Mieux que cela, répondit le prince, j'en ai quarante-deux mille.

Et il jeta d'un côté à l'autre de la table un papier roulé au ministre de la marine.

M. d'Haussez examina le papier, le tourna et le retourna, puis regardant le prince avec étonnement :

— Mais, dit-il, je ne vois que treize mille hommes sur le papier ; treize mille hommes sur le papier, c'est à peine sept à huit mille en effectif, et, les vingt-neuf mille autres, où sont-ils ?

— Autour de Paris.

Et il fallut que le ministre de la marine se contentât de cette assurance.

Ce fut le 25 juillet que la signature eut lieu.

Un spéculateur paya cinquante mille francs le travail préparatoire des ordonnances, et joua à la baisse.

Dans la nuit du 25 au 26, M. de Rostchild, qui jouait à la hausse, reçut ce simple petit mot de M. de Talleyrand.

« J'ai été aujourd'hui à Saint-Cloud ; jouez à la baisse. »

Au reste, cet arrêt de mort de la monarchie ne fut pas rendu sans une espèce de solennité.

Les ministres étaient rangés autour de la table, qui faillit devenir, trois mois plus tard, la planche de leur échafaud.

Le roi avait le Dauphin à sa droite, le prince de Polignac à sa gauche.

Le Dauphin s'était d'abord prononcé contre les ordonnances, mais sa conviction s'était, au premier mot du roi, inclinée devant la volonté de son père.

Le roi interrogea chaque ministre l'un après l'autre.

Lorsque ce fut le tour de M. d'Haussez à répondre, le ministre de la marine s'inclina.

— Sire, dit-il, mon opinion est aujourd'hui ce qu'elle était hier. Je crois qu'il serait sage d'attendre.

— Refusez-vous de signer ? dit Charles X.

— Sire, qu'il me soit permis d'adresser une question au roi.

— Faites, Monsieur.

— Votre Majesté persisterait-elle, au cas où les ministres se retireraient ?

— Oui, Monsieur, dit Charles X, je suis décidé.

M. d'Haussez prit la plume et signa.

Puis, comme il regardait autour de lui avec préoccupation :

— Que cherchez-vous ? demanda Charles X.

— Sire, répondit M. d'Haussez, je cherche s'il n'y aurait point par hasard ici quelque portrait de Straffort ; et il sortit.

Le 26 au matin, les ordonnances parurent.

J'avais pris mon passe-port pour Alger et devais partir le même soir.

Je fus réveillé par Achille Comte[56]. Il entra dans ma chambre un journal à la main.

— Lisez, me dit-il.

Je lus.

— Ah ! diable ! fis-je, je ne pars plus, cher ami.

— Et pourquoi cela ?

— Parce que ce qui va se passer à Paris sera plus curieux que ce qui se passe à Alger.

CHAPITRE XXXIX.

La journée du 26 fut assez calme, on se le rappelle. — Je crus d'abord m'être trompé et être resté gratis à Paris.

56. Achille Comte , médecin et zoologue français (1802-1866).

Les journalistes, que la mesure frappait tout particulièrement, coururent chez M. Dupin aîné ; ils voulaient savoir jusqu'à quel point ils pouvaient légalement lutter contre les ordonnances :

Demander en un pareil moment une consultation à M. Dupin, c'était mal prendre son temps. Aussi l'illustre défenseur du maréchal Ney, au lieu de rendre la consultation demandée, se tuait-il à répondre : — Messieurs, la Chambre est dissoute ; Messieurs, je ne suis plus député.

Ce fut à peu près tout ce qu'en purent tirer les consultants.

M. de Talleyrand avait bien renseigné M. de Rostchild en l'invitant à jouer à la baisse. Le trois pour cent tomba de 78 à 72.

Il y avait ce jour-là grande séance à l'Institut ; M. Arago y prononçait l'éloge de Fresnel. Au moment où il allait entrer dans la salle, un homme pâle, haletant, effaré, l'arrêta dans les corridors.

C'était le duc de Raguse.

— Ah ! mon cher, s'écria-t-il, savez-vous ce qui se passe ?

— Oui, les ordonnances ont paru.

— Oh ! les malheureux, les malheureux ! continua le duc, dans quelle horrible situation ils me placent !

— Vous ! et comment cela ?

— Mais comprenez donc, peut-être faudra-t-il que je tire l'épée pour soutenir des mesures que je déteste.

M. Arago réfléchit un instant.

— En effet, dit-il, c'est grave ; et j'ai grande envie, vu la circonstance, de remettre mon discours à un autre jour.

Mais Cuvier intervint : ce grand génie chez lequel le cerveau s'était développé aux dépens du cœur, ne fut point de l'avis d'Arago. Arago céda mais trouva moyen d'introduire dans son discours deux autres allusions, que l'auditoire accueillit par de sombres applaudissements.

J'avais couru chez Carrel[57], comme à un centre de nouvelles of-

57. Carrel, journaliste et historien français (1800-1836) de sentiments républicains, fondateur avec Thiers et Mignet du *National*, quotidien jouissant d'une grande influence sous la monarchie de Juillet.

ficielles. Le *National*, on se le rappelle, avait été fondé par Thiers, Armand Carrel et l'abbé Louis, au château de Rochecotte, c'est-à-dire chez madame de Dino et M. de Talleyrand.

C'était le duc d'Orléans qui avait fourni l'argent, et payé, pour ainsi dire, les mois de nourrice de ce géant, qui, quinze ans plus tard, devait le prendre corps à corps et le renverser.

Je trouvai Carrel déjeunant le plus tranquillement du monde. Il ne croyait à rien absolument. Sur mes instances, il se décida à sortir, mit dans ses goussets une paire de petits pistolets de poche, et descendit avec moi du côté de la Bourse.

Sans doute refroidi par son affaire de Béfort et de la Bidassoa, Carrel hésitait à se mettre en avant, lui qui avait vu tant de gens rester en arrière.

Nous nous promenâmes jusqu'à cinq heures du soir, de la place de la Bourse à la place des Victoires, de la place des Victoires à la pointe Saint-Eustache, de la pointe Saint-Eustache au Palais-Royal.

La journée fut sinon calme, du moins inoffensive, et la nuit s'écoula sans trouble apparent.

On sait la progression que suivit l'émeute pour se faire révolution. La protestation des journalistes, le renvoi des ouvriers imprimeurs, la résistance de M. Baude défendant les portes du journal le *Temps*, un Code à la main, des jeunes gens courant par les rues en agitant leurs chapeaux et en criant : *Vive la Charte !* la désignation du duc de Raguse comme commandant des troupes royales, des pierres lancées par des enfants contre les gendarmes sur la place du Palais-Royal, un homme tué dans la rue du Lycée, trois autres frappés mortellement dans la rue Saint-Honoré, une barricade commencée et interrompue près du Théâtre-Français, Charras soulevant l'École polytechnique, un corps de garde incendié rue de la Bourse, tel est le bulletin de cette première journée du 27, où s'essaya l'insurrection.

Cependant, si peu caractérisée que fût cette insurrection, elle suffisait pour effrayer ceux-là même qui, la veille, étaient les plus fermes à accepter le combat.

— Ce n'est pas une révolution que nous avons voulu faire, disait M. de Rémusat [58] dans les bureaux du *Globe* [59], il s'agissait uniquement d'une résistance légale.

En 1848, M. Odilon Barrot, lui aussi, avait voulu faire une résistance légale, et il s'aperçut, comme M. de Rémusat, que le but était dépassé quand les cris de *Vive la République!* succédant aux cris de *Vive la Réforme!* lui apprirent où on allait.

La nuit se passa, de la part de la cour, à régulariser l'attaque, de la part de l'opposition à organiser la résistance.

Et quand nous disons l'opposition, nous n'entendons pas cette opposition de la comédie de quinze ans qui, une fois la révolution faite, profita de la révolution. Nous n'entendons pas les La Fayette, les Casimir Périer, les Laffitte, les Benjamin Constant, les Guizot, les Sébastiani, les Choiseul, les Odilon Barrot ; non, ceux-là se tenaient chez eux, hermétiquement clos, soigneusement enfermés. Charras et Lothon se présentèrent chez La Fayette, et on leur dit qu'il était absent. Moi-même, je me présentai avec Étienne Arago et une vingtaine de jeunes gens chez M. Casimir Périer, et peu s'en fallut qu'on ne nous reçût comme Georges Dandin était reçu par sa femme. D'autres se présentèrent chez Laffitte et ne furent pas plus heureux. Partout il n'était question que de résistance légale ; on voulait protester, et encore fallait-il peser les termes de la protestation.

Non.

Par l'opposition qui se créa dans la nuit du 27 au 28, j'entends l'opposition qui se compose de cette jeunesse ardente du prolétariat héroïque, qui allume l'incendie, c'est vrai, mais qui éteint l'incendie avec son sang ; qu'on écarte quand l'œuvre est faite ; qui voit de la rue les convives parasites admis à leur place au festin du pouvoir, qui promet bien que la première fois il n'en sera pas ainsi, et qui, à la première fois, toujours insoucieuse et désintéressée, après avoir vaincu d'abord en héros, combat et meurt en martyrs. Ceux qui

58. Rémusat, homme et écrivain politique (1797-1873).

59. Journal fondé en 1824 qui devient en 1828 l'organe des saint-simoniens lorsque Pierre Leroux en devient le directeur.

firent la révolution de 1830 furent les mêmes hommes qui, pour la même cause, deux ans plus tard, se firent tuer à Saint-Méry[60]

Seulement, cette fois, ils avaient changé de nom, justement parce qu'ils n'avaient pas changé de principes. On les appelait des rebelles.

Il n'y a que les renégats de tous les pouvoirs qui ne soient jamais rebelles à aucun.

Je me rappelle qu'après avoir été frapper inutilement à la porte de Casimir Périer, j'entrai, mon fusil en bandoulière, au n° 216 de la rue Saint-Honoré. C'était là qu'étaient nos bureaux dont je ne faisais plus partie depuis Henri III ; depuis Henri III j'étais devenu bibliothécaire.

Les bureaux étaient vides, ou à peu près ; je ne rencontrai que M. Oudard, chef de la division du secrétariat et secrétaire particulier de madame la duchesse d'Orléans.

Il recula épouvanté en m'apercevant.

— Que diable faites-vous ici ? me dit-il.

— Je cherche le duc d'Orléans.

— Pourquoi faire ?

— Pour l'appeler Votre Majesté.

Bien certainement si la garde n'eût pas été occupée à autre chose, Oudard l'eût appelée et m'eût remis entre ses mains.

Je reçus une injonction positive de quitter le n° 216, et me hâtai de me rendre à cette injonction.

Quant aux journaux, la *Gazette*, la *Quotidienne* et l'*Universel* avaient paru et s'étaient soumis aux ordonnances par conviction. Le *Constitutionnel* et les *Débats* avaient paru de leur coté, et s'étaient soumis aux ordonnances par peur. Enfin le *Temps*, le *National* et le *Globe*, protestant, avaient paru, affrontant les nouvelles lois dont ils étaient menacés, et appelaient hautement la population à la résistance.

60. Massacre du cloître de Saint-Merri (ou Méry), dernière place forte des insurgés républicains lors de l'insurrection de juin 1832 consécutive aux obsèques du général Lamarque.

Ce fut quelque chose d'étrange et de magnifique à voir que cette journée du 28. On effaçait le mot royal des enseignes des fournisseurs ; on grattait les fleurs de lis, partout où on en trouvait ; ou élevait des barricades de tous les côtés.

C'était l'épilogue de Waterloo.

C'est sur une barricade, et la pince à la main, que je fis, au coin de la rue du Bac et de l'Université, la connaissance de Bixio [61].

Vers le soir, aux derniers rayons du soleil couchant, un homme parut sur le quai de l'École, tenant un drapeau tricolore.

Il est impossible de dire l'impression que produisit cette vue : c'était un cas prévu par Béranger ; on se rappelle sa chanson du *Vieux drapeau ;* mais ce que personne ne pouvait prévoir, ce fut l'effet produit par la vue de ces trois couleurs enveloppées des rayons d'or et de pourpre d'un magnifique soleil couchant. On s'embrassait, on jurait de se faire tuer plutôt que de renoncer à cet étendard national, qui est chez nous non-seulement un drapeau, mais un emblème, on pleurait surtout.

Cet homme qui portait ce drapeau, on l'eût fait général s'il eût voulu.

C'eût été d'autant plus facile que les généraux, si nombreux et si tranchants le surlendemain 30 et les jours suivants, étaient fort rares le 28 juillet 1830, à sept heures du soir.

Le soir, on recueillit tous les bruits de la journée.

L'opposition aristocratique n'avait pas fait un grand pas et se trouvait distancée par l'insurrection populaire.

Dans l'assemblée des électeurs, où se trouvait M. Thiers, il avait été question d'organiser le soulèvement des masses. Un des membres de la réunion s'était écrié :

« Il faut mettre tous nos ennemis hors la loi, roi et gendarmes. »

---

61. Bixio, patriote italien (1821-1875), bras droit de Garibaldi lors de l'expédition des Mille.

Mais M. Thiers était intervenu, et de toute sa force, avait insisté pour qu'on demeurât dans la résistance légale, et surtout pour qu'on ne mêlât pas le nom du roi à toutes ces discussions, trop brûlantes pour qu'on demeurât dans la mesure du respect dû à la royauté.

Et cependant l'assemblée des électeurs avait été audacieuse, comparée à l'assemblée des députés. M. Sébastiani bornait toute son opposition à une lettre respectueuse au roi. M. Dupin avait soutenu que puisqu'il n'y avait plus de députés, ce que les ex-députés avaient de mieux à faire, c'était de ne pas donner signe d'existence. M. Casimir Périer, livide de terreur, conseillait la prudence, et se plaignait amèrement de toutes ces députations de jeunes gens qui le compromettaient.

Inutilement l'assemblée des électeurs leur envoya-t-elle MM. Mérilhou et Boulay (de la Meurthe) pour les pousser à une résolution quelconque, rien ne put tirer ni une action, ni une parole généreuses du cœur de tous ces hommes ; rien, pas même les cris des jeunes gens qui frappaient inutilement à la porte, et que la gendarmerie sabrait dans la rue.

En même temps, ce jour-là, les élèves de l'École polytechnique avaient été frapper à la porte de l'hôtel Laffitte, qui était resté fermé comme celui de son collègue Casimir Périer, mais qui, du moins, devait s'ouvrir le lendemain.

Au reste, la mairie des Petits-Pères avait été prise et appartenait au peuple. Les ouvriers imprimeurs s'étaient réunis et enrégimentés au passage Dauphine. M. Audry de Puyraveau avait distribué publiquement des fusils. Le Vaudeville avait livré ses armes, et des uniformes militaires, venant du *Sergent Mathieu*, pièce qu'on avait représentée quelques mois auparavant. L'armée royale était concentrée autour des Tuileries, mèche allumée, baïonnette au fusil, et Paris était en état de siége.

On parlait d'une discussion très-vive qui aurait eu lieu aux bureaux du *Globe*, entre M. Cousin[62] et Pierre Leroux[63], sur l'allure ré-

62. Philosophe français (1792-1867), fondateur de la doctrine de l'éclectisme. Cousin occupe une position éminente dans le monde intellectuel et académique après 1830, au point d'être considéré comme le philosophe officiel de la monarchie de Juillet.

63. Écrivain, philosophe et homme politique français (1797-1871) Pierre Leroux est considéré comme l'un des meilleurs représentants du saint-simonisme de gauche et du socialisme républicain.

volutionnaire que M. Pierre Leroux voulait imprimer au journal. M. Cousin, dans son enthousiasme royaliste, s'était écrié : « qu'il n'y avait qu'un drapeau que la nation française pût reconnaître, et que c'était le drapeau blanc. »

M. Thiers, assurait-on, trouvant que *l'horizon s'obscurcissait* (style parlementaire), avait quitté Paris et s'était réfugié à Montmorency, chez madame de Courchant.

Heureusement ! le peuple n'avait pas trop compté sur ces messieurs et ne crut pas sa cause perdue en écoutant l'opinion de l'un, et en apprenant la fuite de l'autre.

On s'était fort battu du côté de la Grève : l'Hôtel-de-Ville, disait-on, avait été pris et repris trois fois. Presque pendant toute la journée, le tocsin avait sonné à Saint-Séverin et à Notre-Dame.

CHAPITRE XL.

Je commençais à ne pas me repentir d'être resté. Comme je l'avais prévu, ce que je voyais à Paris était plus curieux que ce que j'eusse vu à Alger.

Puis, on racontait une foule d'actions héroïques ou de mots charmants, qui avaient été faits ou inventés, ce qui, en pareille circonstance, revient absolument au même.

Mais du duc d'Orléans, au milieu de tout cela, pas un mot, pas une action : il n'avait ni parlé, ni agi.

Au reste, si l'on veut savoir où en était l'opposition aristocratique dans la journée du 28, rien n'établira mieux le point où elle en était arrivée que *ce projet de protestation* par M. Guizot [64].

« Les soussignés, régulièrement élus à la députation par les collèges d'arrondissement et de département, ci-dessous nommés, en vertu de l'ordonnance royale du... et conformément à la Charte constitutionnelle, et aux lois sur les élections des... et se trouvant actuellement à Paris, se regardent comme absolument obligés, par leur

64. Guizot, homme politique français (1787-1874) le plus influent de la monarchie de Juillet.

devoir envers le roi et la France, de protester contre les mesures que les conseillers de la couronne, trompant les intentions du monarque, ont fait naguère prévaloir pour le renversement du système légal des élections et la liberté de la presse. Les-dites mesures, contenues dans les ordonnances des..... sont, aux yeux des soussignés, directement contraires à la Charte constitutionnelle, aux droits constitutionnels de la chambre des pairs, au droit public des Français, aux attributions et aux arrêts des tribunaux, et propres à jeter l'État dans une confusion qui compromet également la paix du présent et la sécurité de l'avenir ; en conséquence, les soussignés, inviolablement fidèles à leur serment au roi et à la Charte constitutionnelle, protestent non-seulement contre lesdites mesures, mais contre tous les actes qui en pourraient être la conséquence ; et, attendu, d'une part, que la chambre des députés, n'ayant pas été constituée, n'a pu être légalement dissoute ; d'autre part, que la tentative de former une autre chambre des députés d'après un mode nouveau et arbitraire est en contradiction formelle avec la Charte constitutionnelle et les droits acquis des électeurs, les soussignés déclarent qu'ils se considèrent toujours comme légalement élus à la députation par les collèges d'arrondissement et de département dont ils ont obtenu les suffrages, et comme ne pouvant être remplacés qu'en vertu d'élections faites selon les principes et les formes voulues par les lois ; et si les soussignés n'exercent pas effectivement les droits et ne s'acquittent pas de tous les devoirs qu'ils tiennent de leur élection légale, c'est qu'ils en sont empêchés par une violence matérielle contre laquelle ils ne cesseront de protester. »

Au moment où le futur ministre de Louis-Philippe lisait cet acte, un jeune homme s'élançait sur le pont de la Grève en criant : « Si je suis tué, amis ! souvenez-vous que je m'appelle d'Arcole ! » Et l'on distribuait des imprimés sur lesquels on lisait ces mots : « La patrie tient un bâton de maréchal à la disposition du premier colonel qui passera du côté du peuple. »

La démarche la plus hardie qui eût été faite dans la journée avait été celle que firent MM. Casimir Périer, Lobau, Mauguin, Gérard et Laffitte, près du maréchal Marmont.

Ils venaient conjurer le maréchal d'arrêter l'effusion du sang.

Ils trouvèrent dans l'antichambre un lancier blessé que l'on pansait ; on avait cru d'abord qu'il avait été frappé avec du petit plomb, mais l'on venait de s'apercevoir que c'était avec des caractères d'imprimerie.

Tout ce que ces messieurs avaient pu obtenir du maréchal, c'est qu'il écrirait au roi.

Quant au prince de Polignac, il refusa obstinément de les voir.

Marmont écrivit en effet au roi : cette lettre était la troisième qu'il écrivait à Charles X depuis la veille.

Les députés réunis chez M. Audry de Puyraveau avaient beaucoup crié, beaucoup discuté sans rien conclure : M. Laffitte avait dit qu'il était prêt à se jeter, *corps et biens*, dans le mouvement : pour les banquiers, c'est comme s'ils disaient *corps et âme ;* mais M. Guizot était resté silencieux et immobile. M. de Laborde s'était écrié qu'il fallait arborer le drapeau tricolore ; mais M. Sébastiani avait répondu que le seul drapeau national était le drapeau blanc. M. Audry de Puyraveau avait dit : il est temps d'agir ; montrons-nous au peuple, et en armes ; mais M. Méchin avait pris le bras de M. Sébastiani et s'était sauvé avec lui.

Quant à La Fayette, il avait demandé qu'on lui assignât une place quelconque, déclarant qu'il était prêt à s'y rendre et à seconder l'insurrection de tout son pouvoir.

On s'était séparé en ajournant toute discussion au lendemain matin, six heures.

La nuit s'écoula sombre, agitée, terrible ! Je demeurais à cette époque, au coin de la rue du Bac et de la rue de l'Université, ce qui fit que je passai une partie de la nuit sur le quai. De temps en temps, on voyait au ciel des lueurs comme des météores ; puis tout à coup, pour dix minutes, du côté de la Grève ou du marché des Innocents, pétillait la fusillade. Le tocsin seul procédait avec quelque continuité, il tinta une partie de la nuit.

Vers trois heures du matin je rentrai, mais à sept heures j'étais debout. La fusillade avait commencé ; et de temps on temps, dominant son pétillement, grondait le canon ; mais déjà la démoralisation commençait à se mettre parmi les troupes : un soldat de la garde royale avec lequel je me trouvai face à face en sortant, se laissa désarmer sans résistance. Sa giberne passa au cou et son fusil aux mains d'un patriote désarmé, qui s'élança aussitôt du côté de la rue des Saints-Pères, et du pont des Arts où l'on se battait.

L'insurrection avait pris une croissance et une vigueur nouvelles.

On avait vu un général à la tête des patriotes.

Ce général était le général Dubourg ; il avait pris un habit brodé chez un fripier, et avait reçu des mains de l'acteur Perlet une paire d'épaulettes qui, sans doute, lui avaient servi dans quelqu'un de ses rôles du Gymnase.

Dix mille voix criaient : Vive le général Dubourg ! qu'on ne connaissait pas le matin.

On était maître de l'Hôtel-de-Ville.

Le général Dubourg et M. Baude organisèrent, à l'instant même, une espèce de gouvernement insurrectionnel. On visita la caisse, on trouva un peu plus de cinq millions.

On s'occupa, à l'instant même, de l'approvisionnement de Paris en convoquant les syndics des boulangers et des bouchers.

A onze heures, le drapeau tricolore se déploya sur Notre-Dame.

A midi MM. de Semonville et d'Argout se rendirent à leur tour à l'état-major : c'était tenter par la chambre des pairs la même demande qui, la veille, avait été tentée par M. Laffitte et les quatre commissaires, au nom de la chambre des députés. Mais vingt-quatre heures s'étaient écoulées entre les deux ambassades, et pendant ces vingt-quatre heures, bien des événements qui portaient avec eux la mort de la monarchie s'étaient écoulés.

Ils trouvèrent le duc de Raguse plus qu'inquiet, désespéré : il commençait avoir la situation sous son véritable jour ; il poussa lui même les deux mandataires de la chambre haute à se rendre à Saint-Cloud.

Ils arrivèrent au château royal au moment où venait de les y précéder la nouvelle que Versailles était en pleine insurrection.

Le roi ne savait qui envoyer à cet autre volcan qui faisait éruption et qui prenait Saint-Cloud entre deux cratères. Le général Vincent s'offrit ; le Dauphin accepta, et il partit pour Versailles à la tête de deux compagnies de gardes du corps, soutenues par trois cents gendarmes.

Mais en arrivant à Versailles, les gendarmes se rangèrent du côté du peuple. Le général, deux heures après être parti de Saint-Cloud, y rentrait donc avec une troupe diminuée des deux tiers, et sans avoir rien pu tenter contre la ville rebelle.

MM. de Semonville et d'Argout trouvèrent M. de Polignac à la porte du roi : le président du Conseil les avait précédés à Saint-Cloud.

— Ah ! dit M. de Polignac, vous venez pour demander ma tête !

— Entrez, Messieurs, entrez.

Le roi était parfaitement calme ; malgré les avis qu'il recevait de tous côtés, il ne pouvait croire à une longue et sérieuse résistance de la part du peuple : Les deux pairs eurent beau lui dire que, depuis le matin, la résistance s'était changée en agression, le roi secoua la tête.

— Messieurs, dit-il, vous vous trompez : toutes les mesures sont prises pour étouffer l'insurrection, et la révolte cessera d'elle-même.

M. de Semonville ne comprenait rien à cette sécurité qui avait véritablement un caractère fatal ; il n'y put tenir plus longtemps :

— Eh bien ! Sire, s'écria-t-il, il faut tout vous dire : si dans une heure les ordonnances ne sont pas rapportées, plus de roi, plus de royauté.

— Oh ! vous me donnerez bien deux heures, dit Charles X en se retirant.

M. de Semonville tomba à genoux et le prit par son habit ; mais le roi recula pour lui échapper.

— Sire, cria M. de Semonville, au nom de la Dauphine, au nom de votre petit-fils !...

Tout fut inutile, Charles X se retira sans avoir fait une seule concession.

Sur ces entrefaites, M. de Vitrolles arriva. Lui aussi était pour le retrait des ordonnances et la constitution d'un nouveau ministère, qui se grouperait autour du duc de Mortemart et du maréchal Gérard.

Étrange chose ! redite presque banale du destin ! dix-huit ans plus tard, dans des circonstances pareilles, on apportait aussi deux autres noms au roi Louis-Philippe, les noms de MM. Thiers et Odilon Barrot.

Et cet autre ministère, comme le ministère Mortemart et Gérard, ne devait aussi avoir à son tour que quelques heures d'existence.

Pendant ce temps, le peuple, conduit par deux élèves de l'École polytechnique, prenait le Louvre et les Tuileries.

Nous raconterons ailleurs, avec tous les détails pittoresques qui se passèrent sous nos yeux, cet autre dix août, moins sanglant, mais plus décisif que le premier, et qui devait être, dix-huit ans plus tard, suivi d'une troisième journée pareille et plus décisive encore.

Chez nous, les Tuileries prises, la royauté semble morte ; les Tuileries prises, on crut tout fini ; on s'embrassa, on dansa, on chanta, on étendit un élève de l'École polytechnique sur le trône, et l'on se coucha dans le lit du roi.

Les troupes royales se retiraient par le jardin des Tuileries et par la rue de Rivoli. Le dernier coup de canon tiré le fut d'une des allées latérales qui côtoient la grande allée, la plus rapprochée de la terrasse des Feuillants ; le boulet alla mordre une des colonnes cannelées qui ornent la façade du palais des Tuileries et emporta le morceau.

A cette canonnade expirante, au bruit des soldats fuyant ou rendant leurs armes, aux cris des vainqueurs les poursuivant, une fenêtre de l'hôtel de M. de Talleyrand s'ouvrit, au coin de la rue de Rivoli et de la rue Saint-Florentin, c'était l'intendant du prince qui, curieux de voir ce qui ce passait, commettait cette imprudence.

Aussi une voix calme et craintive commença-t-elle à le gourmander.

— Monsieur Kaiser, disait cette voix, monsieur Kaiser, êtes-vous fou ? mais vous allez faire piller l'hôtel ! mais vous allez nous faire égorger !

— Oh ! ne craignez rien, Monseigneur, répondit la voix, les troupes fuient et le peuple ne songe qu'à les poursuivre.

— Vraiment ?

— Voyez plutôt vous-même, Monseigneur.

Le prince avança timidement la tête derrière la jalousie, jeta un regard dans la rue, s'assura de l'état des choses, puis se retournant vers la pendule :

— Monsieur Kaiser, dit-il, mettez en note que le 29 juillet 1830, à une heure, la branche aînée des Bourbons a cessé de régner sur la France.

Dix-huit ans plus tard, la main d'un homme du peuple arrêtait le mouvement de la pendule des Tuileries à une heure vingt minutes.

Cette fois c'était la branche cadette qui avait cessé de régner à son tour.

Les derniers coups de fusil tirés dans cette journée mémorable le furent sur des hommes que l'on fusillait comme voleurs.

Comme ces derniers coups de fusil s'éteignaient, M. Laffitte qui avait passé toute la journée en conférence dans son hôtel, entouré de députés tremblants, s'approche en boitant de M. Oudard : M. Laffitte s'était foulé le pied.

— Monsieur, lui dit-il, hier je vous ai prié de vous rendre à Neuilly et de prévenir le duc d'Orléans de la situation des affaires. A cet avertissement, il s'est contenté de répondre : « Je vous remercie. » Veuillez retourner auprès de lui, et lui dire que je le prie de choisir entre une couronne et un passe-port ; si je réussis, je ne lui ferai pas payer ma commission ; si j'échoue, il me désavouera.

M. Oudard partit, se gardant bien de répondre à M. Laffitte ce qu'il m'avait répondu deux jours auparavant.

En quarante-huit heures, les choses avaient grandement changé de face.

Aussi le lendemain, 30 juillet, à onze heures du soir, à pied, vêtu en bourgeois et accompagné de trois personnes seulement, le duc d'Orléans entrait à Paris ; et après avoir répondu au *qui vive* des sentinelles par le mot d'ordre ; *liberté, égalité, fraternité*, il entrait au Palais-Royal, par la porte de ses bureaux, c'est-à-dire par la rue Saint-Honoré, portant le numéro 216.

Jetons un coup d'œil rétrospectif sur ce qui s'était passé à Neuilly et à Saint-Cloud pendant la nuit du 29 et pendant la journée du 30.

CHAPITRE XLI.

Charles X, comme nous l'avons vu, avait accepté, à son grand regret, le ministère Mortemart.

M. de Mortemart était un de ces grands seigneurs, comme la première révolution nous en a montré beaucoup : moitié aristocrate, moitié libéral. Aussi était-il assez peu aimé de Charles X qui, ne comprenant aucune concession, ne croyait qu'à celles de la force et non à celles de la conscience.

Aussi, nous l'avons vu, avait-il, aussi longtemps que la chose avait été possible, refusé d'en faire aucune.

— Je n'ai point oublié, disait-il, comment les choses se sont passées de 1789 à 1793 ; je ne veux pas, comme mon frère, monter en charrette, je veux monter à cheval.

Aussi M. de Mortemart était-il, depuis vingt-quatre heures déjà, à Saint-Cloud, quand Charles X le fit venir et lui annonça qu'il l'avait nommé premier ministre.

M. de Mortemart, fort étonné de l'honneur qu'on lui faisait, se défendit de tout son pouvoir ; il déclara que dans une situation pareille, il confessait son incapacité ; il n'avait, disait-il, aucune aptitude aux affaires ; mais au contraire un grand désir de repos qu'augmentait encore une fièvre gagnée par lui sur les bords du Danube.

Le roi, impatient de cette résistance, s'écria :

— Alors, Monsieur, vous refusez de sauver ma vie et celle de mes ministres ?

— Oh ! répondit vivement M. de Mortemart, si c'est cela que Votre Majesté demande...

— Oui, Monsieur, c'est cela même.

Puis se laissant aller à sa pensée secrète, sans songer à ce qu'elle avait d'offensant pour M. de Mortemart :

— Heureux encore, dit-il, s'ils ne m'imposent que vous !

Alors se retournant aussitôt vers M. de Polignac :

— Introduisez ces Messieurs, fit le roi.

Le prince de Polignac introduisit alors M. de Semonville, M. de Vitrolles et M. d'Argout, qui étaient revenus à la charge et qui attendaient dans la pièce voisine.

— Messieurs, dit Charles X, je fais ce que vous désirez ; allez dire aux Parisiens que le roi révoque les ordonnances, mais, je vous le déclare, je crois ceci fatal aux intérêts de la monarchie.

Il n'y avait pas de temps à perdre ; on remonta en voiture et l'on reprit au galop la route de Paris.

Tout le long de la route, M. de Semonville criait :

— Mes amis, nous venons de Saint-Cloud ; mes amis les ministres sont à bas.

Arrivés à l'Hôtel-de-Ville, les trois négociateurs se firent introduire près de M. de La Fayette, qui trônait sinon roi de France, du moins roi de l'insurrection.

M. de La Fayette les introduisit dans la salle où siégeait la commission municipale.

Une discussion assez vive s'engagea ; peut-être allait-elle tourner au profit de la royauté, lorsque M. de Schonen s'écria :

— Il est trop tard, Messieurs, le trône de Charles X s'est écroulé dans le sang.

M. de Semonville voulut insister, mais M. Audry de Puyraveau, allant à la fenêtre :

— Ne parlez plus d'arrangements, Messieurs, dit-il, ou je fais monter le peuple.

Cette menace brisait la dernière espérance de la royauté du droit divin.

Les ambassadeurs se retirèrent donc, mais Casimir Périer les suivit, leur donna un laissez-passer pour M. Laffitte, en les invitant à tenter un dernier effort près de lui.

La demande fut inutile ; M. Laffitte eût-il voulu le maintien de la branche aînée, et hâtons-nous de dire qu'il ne le voulait pas, il eût été trop tard pour changer d'avis. Son hôtel était envahi par les hommes du peuple ; et pendant la négociation l'un deux, ouvrant la porte, parut sur le seuil, et frappant le parquet de la crosse de son fusil :

— Qui donc, dit-il, ose ici parler de négocier avec Charles X ?

M. d'Argout comprit que tout était fini, et reprit la route de Saint-Cloud.

Charles X croyant tout apaisé par la concession qu'il avait faite, s'y tenait parfaitement tranquille. Il faisait une partie de whist avec M. de Duras, M. de Luxembourg et madame la duchesse de Berry, lorsqu'un officier des gardes rentra d'une patrouille commandée par M. de Luxembourg, et lui apprit qu'il avait remarqué un grand mouvement au château de Neuilly.

— Et que pensez-vous de ce mouvement ? demanda M. de Luxembourg.

— Je pense que si j'y eusse été autorisé, j'aurais enlevé M. le duc d'Orléans qui serait à cette heure où il doit être, c'est-à-dire ici.

Le roi se retourna vivement, il avait entendu.

— Si vous aviez fait une pareille chose, Monsieur, dit-il sévèrement, je vous eusse hautement désavoué.

M. de Mortemart, impatient, ne comprenait pas que l'on perdît ainsi des instants précieux ; il sollicitait du Dauphin la permission d'aller à Paris afin de tenter quelque chose. Il sentait qu'on était presque coupable en restant oisif dans ce grand naufrage et que chacun devait se mettre à l'œuvre, selon son génie ou sa force, pour sauver le bâtiment.

Mais une consigne avait été donnée de ne laisser passer personne de Saint-Cloud à Paris, et le Dauphin ne voulut pas prendre sur lui de lever cette consigne.

Alors M. de Mortemart s'adressa au roi ; mais ce fut inutile.

— Pas encore, répondit Charles X, nous avons le temps ; et chaque fois que M. de Mortemart revint à la charge avec la même demande, il reçut la même réponse.

A minuit, MM. d'Argout et de Vitrolles arrivèrent à Saint-Cloud. Ils trouvèrent M. de Mortemart debout, mais le roi s'était couché.

— Eh bien ! mais que faites-vous donc ici ? dirent-ils à M. de Mortemart ; votre place est à Paris.

— Sans doute, répondit M. de Mortemart, mais je n'ai pu obtenir du roi aucun pouvoir écrit ; voulez-vous que je me présente comme un aventurier ?

— Faisons donc la besogne de ceux qui ne veulent pas la faire, dit M. d'Argout.

Et tous trois, s'asseyant à une table, rédigèrent une ordonnance qui annulait celles du 25, rétablissait la garde nationale, en remettait le commandement au maréchal Maison, nommait M. de Mortemart aux affaires étrangères, M. Casimir Périer aux finances et le général Gérard à la guerre.

L'ordonnance rédigée, le plus difficile restait à faire, c'était de pénétrer jusqu'au roi : il fallait d'abord forcer la consigne des gardes qui avaient ordre de ne laisser pénétrer personne chez le roi, puis combattre la résistance du valet de chambre, que l'on rendit responsable des conséquences de son refus, et qui, alors seulement, consentit à ouvrir la porte de la chambre à coucher. M. de Mortemart entra seul.

Le roi était au lit et dormait.

On le réveilla.

Charles X se souleva lentement comme un homme fatigué, et reconnaissant M. de Mortemart :

— Ah ! c'est vous, lui dit-il, eh bien ! que voulez-vous ?

M. de Mortemart lui présenta les ordonnances.

— Attendons encore, dit Charles X.

— Mais, Sire, insista le duc, Votre Majesté ignore dans quel état est Paris ; M. d'Argout est là et va vous le dire.

— Je ne veux pas voir M. d'Argout, dit le roi avec impatience.

Le baron de Vitrolles est avec lui, Sire ; voulez-vous qu'on introduise le baron de Vitrolles ?

— Le baron de Vitrolles, oui.

Le baron de Vitrolles fut introduit et s'approcha aussitôt du lit du roi.

Le roi fit alors signe à M. de Mortemart de se retirer.

Il venait de blesser mortellement deux personnes en deux coups ; M. d'Argout en ne le recevant pas, M. de Mortemart en l'éloignant après l'avoir reçu.

C'était un habile tireur que Charles X.

— Ah ! murmura M. de Mortemart en sortant de la chambre, s'il ne s'agissait pas de sauver la tête du roi !...

Les premières paroles de Charles X à M. de Vitrolles furent un reproche.

— Comment, lui dit-il, c'est vous, Vitrolles, vous qui m'engagez à traiter avec des sujets rebelles ?

— Oui, Sire, car vous ne pouvez plus rentrer en roi dans Paris révolté.

—Tout, s'écria Charles X, plutôt que ce soufflet donné à la monarchie.

— Soit, dit M. de Vitrolles ; voulez-vous essayer de la Vendée ? pouvez-vous compter sur la Vendée ? j'y suivrai Votre Majesté, je suis prêt à me dévouer jusqu'au bout.

— La Vendée, murmura Charles X, c'est bien difficile !...

Puis, répondant à lui-même :

— Oui, bien difficile !

Enfin, paraissant prendre tout à coup son parti :

— Allons, allons, dit-il, donnez-moi une plume.

Et il signa.

La monarchie venait de rendre son épée ; et cette fois, comme le roi Jean à Poitiers, comme François Ier à Pavie, elle n'avait pas même sauvé l'honneur.

M. de Mortemart et M. d'Argout partirent en calèche ; mais au bois de Boulogne, en vertu de la consigne donnée la veille, on refusa de les laisser passer ; il fallut tourner le bois de Boulogne, ce qui n'était possible qu'à pied, ou abandonner la calèche ; on gagna le Point-du-Jour, on traversa le pont de Grenelle et l'on rentra dans Paris par la brèche d'un mur destinée probablement à faciliter quelque opération de contrebande.

A huit heures du matin, le chapeau et la cravate à la main, l'habit sur le bras, M. de Mortemart atteignait la place Louis XV.

La ville était silencieuse : les fenêtres étaient fermées, et les rues désertes n'étaient peuplées que par ces hommes inconnus qui dans les jours de révolution élèvent et gardent les barricades.

Vers la même heure M. Laffitte, après avoir expédié M. Oudard à Neuilly, rédigeait avec MM. Thiers, Mignet [65] et Larreguy, une proclamation orléaniste qui devait être publiée à la fois par le *National*, le *Courrier français* et le *Commerce*.

Mais, il faut le dire, cette proclamation fut mal reçue : lorsqu'en sortant des bureaux du *National*, où l'on venait de la composer, MM. Thiers, Mignet et Larreguy la distribuèrent toute fraîche aux combattants de la veille, campés sur la place de la Bourse, ce ne fut qu'un cri de colère et de menace.

— S'il en est ainsi, disait-on de toutes parts, c'est à recommencer, et nous allons refondre des balles.

M. Pierre Leroux était là ; il prit un de ces imprimés orléanistes et, tout courant, se rendit à l'Hôtel-de-Ville où il le remit à M. de La Fayette.

65. Mignet, historien français (1796-1884), directeur des archives du ministère des Affaires étrangères sous Louis-Philippe.

Le coup fut rude. La Fayette ne croyait pas que les orléanistes feraient pareille diligence ; il s'affaissa dans son fauteuil, et à peine pensait-il à répondre à M. de Boismelon qui venait lui annoncer que M. le duc de Chartres, arrêté par le maire de Montrouge, M. Leullier, demandait un laissez-passer pour rejoindre son régiment à Joigny.

M. de La Fayette allait, emporté par ce mouvement généreux qui se manifestait toujours de prime abord chez lui, signer le laissez-passer, quand M. Pierre Leroux insista au contraire pour que l'ordre fût donné à M. Leullier de maintenir l'arrestation ; toujours faible et irrésolu, M. La Fayette allait signer, mais à contre-cœur, ce second ordre, lorsque Odilon Barrot entra en uniforme de simple garde national, prit M. de La Fayette à part, l'entraîna dans une chambre à côté et lui fit signer l'ordre de remettre le duc d'Orléans en liberté.

Cet ordre fut donné à M. Comte qui partit aussitôt pour l'exécuter.

Cependant le bruit de cette arrestation s'était répandu, et une espèce d'émeute avait lieu place de la Bourse ; des hommes commandés par Étienne Arago criaient tout haut : « C'est un prince, c'est un Bourbon ! il faut le fusiller ! » Et comme à ce moment les résolutions étaient rapides, ils s'apprêtaient à mettre celle-là à exécution.

Étienne Arago se mit à leur tête, mais en faisant prévenir M. de La Fayette de ce qui se passait et en lui répondant que, grâce à la route qu'il allait faire prendre à ses hommes, il ne serait pas à Montrouge avant deux heures.

C'était trois fois plus de temps qu'il n'en fallait pour prévenir le prince.

M. de La Fayette profita de l'avis ; et M. le duc d'Orléans, muni de son laissez-passer et prévenu à temps, prenait des chevaux de poste à la Croix de Berny au moment où ceux qui venaient pour le fusiller entraient à Montrouge.

Cependant les murs de Paris se couvraient de cette proclamation :

« Charles X ne peut plus rentrer dans Paris ; il a fait couler le sang du peuple.

« La République nous exposerait à d'affreuses divisions : elle nous brouillerait avec l'Europe.

« La prince d'Orléans est un prince dévoué à la cause de la révolution.

« Le duc d'Orléans ne s'est jamais battu contre nous.

« Le duc d'Orléans était à Jemmapes.

« Le duc d'Orléans est un roi citoyen.

« Le duc d'Orléans a porté au feu les couleurs tricolores ; le duc d'Orléans peut seul les porter encore ; nous n'en voulons point d'autre.

« Le duc d'Orléans ne se prononce pas, il attend notre vœu ; proclamons ce vœu, et il acceptera la Charte comme nous l'avons toujours entendue et voulue. C'est du peuple français qu'il tiendra la couronne. »

Cette proclamation fut lue à l'Hôtel-de-Ville et généralement approuvée.

Néanmoins quelques voix s'élevèrent :

— Mais encore, dirent-elles, faudrait-il savoir si le duc d'Orléans acceptera.

Alors on fit passer de mains en mains cette note envoyée par M. Laffitte, et qui avait été écrite au château de Neuilly, à trois heures un quart du matin.

M. Laffitte ne l'avait reçue qu'à onze heures.

« Le duc d'Orléans est à Neuilly avec toute sa famille ; près de lui, à Puteaux, sont les troupes royales, et il suffirait d'un ordre de la cour pour l'enlever à la nation qui trouverait en lui un gage puissant de sa sécurité future.

« On propose de se rendre chez lui au nom des autorités constituées, convenablement accompagné, et de lui offrir la couronne. S'il apportait des scrupules de famille et de délicatesse, on lui dira que son séjour à Paris importe à la tranquillité de la capitale et de la France, et que l'on est obligé de l'y mettre en sûreté. On peut compter sur l'infaillibilité de cette mesure ; on peut être certain en outre que le duc d'Orléans ne tardera pas à s'associer pleinement aux vœux de la nation. »

CHAPITRE XLII.

De son côté M. Thiers, après avoir échoué sur le peuple dans la mission de ses proclamations ; après avoir vu au contraire le bon effet qu'elles avaient produit à l'Hôtel-de-Ville, était revenu chez M. Laffitte, tout juste pour accepter, avec Scheffer[66], la mission décisive d'aller offrir la couronne au duc d'Orléans.

Scheffer était l'ami de la famille, autant qu'un artiste peut être ami des princes.

Tous deux partirent.

Le duc d'Orléans n'était point à Neuilly.

Les deux ambassadeurs demandèrent à voir la duchesse.

La duchesse les reçut.

Sans doute se doutait-elle de la cause qui les amenait, car son visage était encore plus sévère qu'inquiet.

M. Thiers portait la parole.

Au fur et à mesure qu'il avançait dans son discours, l'austère visage de la duchesse allait s'assombrissant.

Puis quand M. Thiers eut fini de parler, au lieu de lui répondre à lui, se tournant vers Scheffer qui s'était tu :

— Oh ! Monsieur, lui dit-elle, comment avez-vous pu vous charger d'une pareille mission ? que Monsieur, ajouta-t-elle, en désignant M. Thiers, que Monsieur l'ait osé, je le conçois, il ne nous connaît

66. Scheffer, peintre d'origine hollandaise (1795-1858) considéré comme l'un des principaux représentants du romantisme, professeur de dessin de Marie d'Orléans, la fille cadette de Louis-Philippe.

pas ; mais vous qui avez été admis près de nous, qui avez pu nous apprécier, ah ! nous ne vous pardonnerons jamais cela.

Les deux envoyés saluèrent et allaient se retirer, lorsque madame Adélaïde parut accompagnée de madame de Montjoie.

Une seule chose inquiétait madame Adélaïde : c'est qu'à la fin de leur vie son frère et elle fussent forcés de recommencer l'exil de leur jeunesse.

Aussi, sans accepter ni repousser la proposition qui était faite à M. le duc d'Orléans :

— Qu'on fasse de mon frère un président, un garde national, tout ce qu'on voudra, dit-elle, pourvu qu'on n'en fasse pas un proscrit.

Alors les deux négociateurs reprirent courage, ils insistèrent près de madame Adélaïde qui, abandonnant à l'instant même la question des susceptibilités de famille, aborda la question bien autrement grave, selon elle, des susceptibilités politiques.

C'était l'affaire de M. Thiers de la convaincre : il n'y eut pas grand'peine.

La princesse ne demandait pas mieux que d'être convaincue.

Puis, comme la reine risquait de nouvelles objections :

— Oh ! moi, dit-elle, je ne suis pas une princesse étrangère, je suis une enfant de Paris, et si ces Messieurs le jugent utile à la cause de mon frère, je suis prête à me rendre au milieu des Parisiens.

Les deux ambassadeurs ne jugèrent point la démarche nécessaire, et il fut convenu que M. le duc d'Orléans serait averti, le plus tôt possible, de l'état des esprits dans la capitale et de l'offre qui lui était faite.

M. de Montesquiou partit pour lui porter cet avis dans sa retraite connue des seuls familiers du château.

Que faisaient, pendant ce temps, M. de Mortemart d'un côté, et les républicains de l'autre ?

Comme les uns et les autres devaient se rencontrer vers midi à l'Hôtel-de-Ville, au moment même où les députés, sous la présidence de M. Laffitte, se réunissaient au Palais-Bourbon, voyons ce qui se passait à l'Hôtel-de-Ville.

Nous avons dit la rumeur produite par la proclamation sortie des bureaux du *National*.

Les chefs du parti républicain, prévenus de ce qui se passait, s'étaient réunis en armes chez Lointier.

Au milieu d'eux s'étaient glissés, pour les deviner, quelques émissaires du parti orléaniste qui, ostensiblement, appartenaient à l'opinion républicaine.

Ces envoyés se présentaient aux républicains forts de l'adhésion de Béranger.

En effet, Béranger, dont nous prononçons le nom pour la première fois, était peut-être celui qui avait fait le plus pour M. le duc d'Orléans.

Béranger, c'était l'âme de M. Laffitte.

M. Laffitte, homme spirituel, plein de grâce et de courtoisie quand son intérêt ou celui de sa popularité était d'être gracieux ou courtois, M. Laffitte abandonné à lui-même, était faible, incertain, médiocrement instruit des choses historiques, sans la connaissance desquelles on peut faire la politique du cœur, mais non celle du raisonnement.

Mais tout ce qu'avait M. Laffitte, Béranger l'avait, lui, et à cela il joignait tout ce que M. Laffitte n'avait pas.

Béranger avait donc compris, quoique républicain au fond du cœur, qu'avant d'arriver à la république il y avait une dernière forme de gouvernement à épuiser ; que de la monarchie de droit divin à la magistrature populaire, ce n'était pas une pente que l'on pût descendre, mais un abîme dans lequel on pouvait tomber. Désintéressé pour lui-même comme il l'avait toujours été, défiant envers le duc d'Orléans, mais plus défiant encore envers ceux qui représentaient le parti démocratique, et qui, presque tous hommes de conviction et de conscience, pêchaient par l'éducation gouvernementale, il avait apporté au duc d'Orléans l'appui de sa popularité, de son esprit et de son intégrité poussée, on l'a vu depuis, jusqu'à l'entêtement.

M. Laffitte avait toute confiance en Béranger, et M. Laffitte avait raison, car une partie de sa popularité, la meilleure, M. Laffitte la devait à l'influence que Béranger avait prise sur lui

Mais si puissant que fût le nom de Béranger, il avait ses différents degrés de puissance, et cette puissance était moindre dans les salons de M. Lointier que dans ceux de M. Laffitte ; aussi l'orateur orléaniste qui parlait au nom de M. Laffitte et qui invoquait l'adhésion de Béranger fut-il couché en joue par un membre de l'assemblée qui, voyant là une trahison, trouvait tout simple d'en finir avec le traître.

On releva le fusil, et, au milieu d'une grande rumeur, on rédigea cette adresse, destinée au gouvernement provisoire de l'Hôtel-de-Ville.

« Le peuple, hier, a reconquis ses droits sacrés au prix de son sang ; le plus précieux de ses droits est de choisir librement son gouvernement ; il faut empêcher qu'aucune proclamation ne soit faite qui désigne un chef quand la forme même du gouvernement ne peut être déterminée.

Il existe une représentation provisoire de la nation ; qu'elle reste en permanence jusqu'à ce que le vœu de la majorité des Français puisse être connu. »

Il fallait un homme sûr pour porter l'adresse à l'Hôtel-de-Ville. On choisit Hubert : le même que nous avons vu jouer un si grand rôle dans l'envahissement de la Chambre au 15 mai.

Hubert s'achemina vers l'Hôtel-de-Ville : il était vêtu en garde national ; mais pour plus grande sécurité encore, six membres de la réunion l'accompagnèrent.

Ces six gardes du drapeau républicain, que se chargeait de déployer et de soutenir Hubert avec son courage si connu, étaient Bastide, Hingray, Teste, Guinard, Trélat et Poubelle.

La députation fut admise devant le général La Fayette.

Hubert portait l'adresse au bout de la baïonnette de son fusil ; il l'ouvrit et la lut à haute voix, puis, lorsque la lecture fut finie, montrant la trace des balles qui trouaient le plafond :

— Au nom du sang répandu, général, je vous adjure, dit-il, de ne pas nous laisser enlever le prix de la victoire.

Le général La Fayette était fort embarrassé ; il avait déjà des engagements pris : il répondit au discours concis d'Hubert par un discours prolixe où il noya pêle-mêle ses souvenirs d'Amérique et de France. Il se débattait au milieu de ce lac de tiède éloquence sur lequel surnageaient quelques idées plutôt constitutionnelles que républicaines, lorsque le général Carbonnel s'approche de lui et lui annonce la visite d'un pair de France, qui ne voulait, disait-il, parler qu'à lui seul.

C'était un coup de fortune dans un pareil moment que cette interruption qui lui permettait de ne pas faire une réponse positive.

Il voulait se lever, mais les jeunes gens l'arrêtèrent.

Ils sentaient que leur La Fayette leur échappait.

Carbonnel insistait.

— Faites entrer, dit La Fayette.

— Mais le pair de France ne veut parler qu'à vous.

— Alors, dit le général, il ne me parlera pas, car je suis au milieu d'amis pour lesquels je n'ai rien de caché.

Et il saluait gracieusement les jeunes républicains.

Il y avait dans le vieux défenseur des libertés de 89 un reste de formes aristocratiques qui prenait influence sur les plus rudes esprits.

Les jeunes gens battirent des mains, et le pair de France fut introduit.

C'était M. de Sussy.

Il venait de la chambre des députés où l'on avait refusé de le recevoir.

Il était porteur de l'ordonnance de Charles X, rédigée pendant la nuit par MM. d'Argout et de Vitrolles. Cette ordonnance, il la tenait de M. de Mortemart, qui avait remis les intérêts de la monarchie entre ses mains.

Il s'était d'abord adressé à la Chambre, mais il était venu frapper à la porte de MM. les députés juste au moment où MM. de Sébastiani et Benjamin Constant venaient de rédiger la déclaration suivante qui, lue à la tribune, avait été couverte d'applaudissements.

« La réunion des députés actuellement à Paris a pensé qu'il était urgent de prier S. A. R. M. le duc d'Orléans de se rendre dans la capitale pour y exercer les fonctions de lieutenant général du royaume, et de lui exprimer le vœu de conserver la cocarde tricolore. Elle a de plus senti la nécessité de s'occuper sans relâche d'assurer à la France, dans la prochaine session des Chambres, toutes les garanties indispensables pour la pleine et entière exécution de la Charte. »

A la suite de cette lecture, les conclusions du rapport adoptées, une commission de douze membres avait été nommée pour porter au duc d'Orléans les vœux de la Chambre.

Voilà ce qui avait déterminé M. de Sussy à s'adresser au général La Fayette.

M. de Sussy avait du malheur, le moment était encore plus mal choisi pour parler de Charles X à l'Hôtel-de-Ville qu'à la Chambre.

En effet, à peine le général eut-il vu ce dont il s'agissait, qu'il passa la nouvelle ordonnance à la députation républicaine.

C'était le moyen le plus sûr de détourner les esprits de la candidature du duc d'Orléans.

Un seul cri retentit, poussé en chœur par la députation :

— Plus de Bourbons ! plus de Bourbons !

L'un d'eux porta même la main sur M. de Sussy.

Trélat l'arrêta.

— Que veux-tu ? lui demanda-t-il.

— Ce que je veux ? le f..... par la fenêtre, donc.

— Y penses-tu ! un négociateur !

— Monsieur, dit La Fayette, vous voyez la disposition des esprits.

Tout ce que je puis faire pour vous, c'est de vous introduire près de la commission municipale.

Le comte de Lobau était là ; il s'offrit pour conduire le comte. M. de Sussy accepta, tout en priant La Fayette de lui faire pour M. de Mortemart une lettre qui prouvât qu'il s'était instamment occupé de sa mission.

Pendant qu'on introduisait M. de Sussy près de la commission municipale, M. de La Fayette écrivait la lettre suivante.

« Monsieur le duc,

J'ai reçu la lettre que vous m'avez fait l'honneur de m'écrire, avec tous les sentiments que votre caractère personnel m'inspire depuis longtemps. M. le comte de Sussy vous rendra compte de la visite qu'il a bien voulu me faire : j'ai rempli vos intentions en lisant ce que vous m'adressiez à beaucoup de personnes qui m'entouraient ; j'ai engagé M. de Sussy à passer à la commission, alors peu nombreuse, qui se trouvait à l'Hôtel-de-Ville. Il a vu M. Laffitte, qui était alors avec plusieurs de ses collègues ; et je remettrai au général Gérard les papiers dont il m'a chargé. Mais les devoirs qui me retiennent ici rendent impossible pour moi d'aller vous chercher. Si vous veniez à l'Hôtel-de-Ville, j'aurais l'honneur de vous y recevoir, mais sans utilité pour l'objet de celte conversation, puisque vos communications ont été faites à mes collègues. »

M. de La Fayette montra cette lettre à la députation républicaine, qui se retira en grommelant.

— Allez, allez, leur dit M. Odilon Barrot, croyez-moi, le duc d'Orléans est la meilleure des républiques.

Mais, comme ils allaient sortir, Audry de Puyraveau glissa dans la main d'Hubert un paquet.

— Tenez, dit-il tout bas, regardez cette proclamation.

C'était celle qui d'abord avait été rédigée par la commission municipale. La voici :

« La France est libre. Elle veut une Constitution. Elle n'accorde au Gouvernement provisoire que le droit de la consulter. En attendant qu'elle ait exprimé sa volonté par de nouvelles élections, respect aux principes suivants : Plus de royauté ; Le gouvernement exercé par les seuls mandataires élus de la nation ; Le pouvoir exécutif confié à un président temporaire ; Le concours médiat ou immédiat de tous les citoyens à l'élection des députés ; La liberté des cultes ; plus de culte de l'État. Les emplois de l'armée de terre et de mer garantis contre toute destitution arbitraire ; Établissement des gardes nationales sur tous les points de la France. La garde de la Constitution leur est confiée. Les principes sur lesquels nous venons d'exposer notre vie, nous les soutiendrons au besoin par l'insurrection légale. »

Cette proclamation, qui fut lue par Hubert à la foule assemblée sur la place de l'Hôtel-de-Ville, est l'expression la plus avancée des opinions républicaines de 1830.

On voit que 1848 a laissé, du premier coup, 1830 bien en arrière.

Pendant que le républicanisme était aux prises avec la royauté, pendant qu'Hubert lisait sa proclamation au dehors, et que M. de Mortemart essayait inutilement de faire reconnaître ses ordonnances au dedans, voyons un peu ce qu'était devenu le futur roi de France.

Louis-Philippe passait, comme on sait, tous les étés à Neuilly avec sa famille. C'est donc à Neuilly que le surprirent les ordonnances et que lui arrivèrent les premiers bruits de l'insurrection. Son anxiété fut grande : le moment attendu depuis si longtemps était arrivé. Tant que le fantôme s'était tenu à l'horizon, il avait marché assez hardiment au fantôme. Mais le fantôme, Un matin, s'était fait réalité ; la réalité était venue à lui : cette réalité s'appelait *usurpation.* Le mot était effrayant à prononcer ; la chose était terrible à accomplir.

M. le duc d'Orléans avait le courage, mais l'audace lui manquait.

A chemin égal de Paris ou de Saint-Cloud, il craignait presque autant les insurgés que les gardes du corps : les uns pouvaient le réclamer pour chef, les autres pouvaient le prendre pour otage.

Louis-Philippe se cacha dans un des petits pavillons de son parc, dans celui qui portait le nom de *la Laiterie.*

Il resta dans ce pavillon pendant toute la journée du 28 et du 29.

Mais le 29, après avoir reçu le message de Laffitte, son inquiétude fut si grande que, si bien caché qu'il fût dans son pavillon, il ne s'y crut pas en sûreté, et partit pour le Raincy avec M. Oudard.

Il portait un habit marron, un pantalon blanc, un chapeau gris avec une cocarde tricolore faite par sa sœur.

Le 29, à trois heures, il apprit la prise des Tuileries, et la victoire du peuple.

La situation était extrême : il s'agissait pour lui ou du trône ou de la proscription.

Du trône, c'est-à-dire de l'ambition éternelle de sa race :

De l'exil, c'est-à-dire de la terreur constante de sa vie.

Le 30 au matin, ce fut bien pis : il reçut le message de M. Laffitte qui lui donnait le choix entre une couronne et un passe-port.

Néanmoins, pendant toute la journée du 30, le duc d'Orléans demeura dans sa retraite du Raincy sans donner signe d'existence.

Pendant ce temps, son fils le duc de Chartres, nous l'avons vu, manquait d'être fusillé à Montrouge.

Pendant ce temps, la commission de la Chambre allait au Luxembourg demander la lieutenance générale du royaume pour le duc d'Orléans.

Pendant ce temps, les républicains éprouvaient leurs premières déceptions.

Pendant ce temps, la royauté essuyait ses derniers refus.

La députation de la Chambre se présenta au Palais-Royal ; le duc n'y était pas.

Elle se présenta à Neuilly, le duc n'y était pas davantage.

La déclaration fut remise à madame Adélaïde.

Il n'y avait pas moyen de reculer plus longtemps.

Le soir, le duc d'Orléans, prévenu de tout ce qui s'était passé, rentra à Neuilly.

La déclaration fut lue dans le parc, par le duc d'Orléans, entouré de sa famille, avec une espèce de solennité qui se traduisit plus tard par une espèce de monument du goût de M. Fontaine, qui fut élevé à la place même où cette déclaration avait été lue.

Puis, après avoir embrassé sa femme, sa sœur et ses enfants, il partit pour Paris avec MM. Berthois, Heymès et Oudard.

Nous l'y avons vu entrer, franchir les barricades et pénétrer dans le Palais-Royal par la porte de la maison de la rue Saint-Honoré portant le numéro 216.

Son premier soin fut d'envoyer avertir Laffitte de son arrivée, et complimenter La Fayette de l'influence qu'il avait déjà prise sur la tranquillité publique.

Puis, en même temps, sachant, que M. de Mortemart était à Paris et dans quel but il y était ; il l'envoya prier de passer à l'instant même au Palais-Royal.

M. de Mortemart allait retourner à Saint-Cloud lorsqu'il reçut ce message ; mais il jugea la chose assez importante pour ajourner son départ. Il suivit l'aide-de-camp qui lui était envoyé, arriva au Palais-Royal vers dix heures et demie, et fut introduit près du prince par M. Oudard.

Le prince était dans un petit cabinet complètement séparé des appartements habités par lui et par sa famille, et comme la chaleur était étouffante, il se tenait couché, à demi vêtu, sur un matelas jeté à terre. Une sueur abondante, qu'il ne fallait pas attribuer tout entière à la chaleur et dans laquelle les angoisses de son âme et les agitations de son esprit avaient leur bonne part, coulait sur son front ; son regard était fiévreux, sa parole brève et entrecoupée.

Certes, Charles X à Saint-Cloud sur le point de perdre sa couronne était moins agité que Louis-Philippe à Paris sur le point de la lui enlever. Aussitôt qu'il aperçut M. de Mortemart, le prince se souleva sur son lit.

— Ah ! venez, monsieur le duc, lui dit-il, venez, que je vous dise, afin que vous puissiez transmettre mes paroles au roi, combien je suis douloureusement affecté de tout ce qui arrive. — Vous allez revoir Sa Majesté à Saint-Cloud, n'est-ce pas ?

— Oui, Monseigneur ;

— Eh bien, continua le duc avec volubilité, dites-lui qu'ils m'ont amené de force à Paris. Hier au soir, une foule d'hommes ont envahi Neuilly, ils m'ont demandé au nom de la réunion des députés, et lorsqu'ils ont appris que j'étais absent, ces hommes ont déclaré à la duchesse qu'elle allait être conduite à Paris avec tous ses enfants et qu'elle resterait leur prisonnière jusqu'à ce que le duc d'Orléans eût reparu. C'est alors seulement que, toute tremblante, la duchesse d'Orléans m'écrivit un billet pour me presser de revenir. A la lecture de cette lettre, mon amour pour ma femme et mes enfants l'a emporté sur tout autre sentiment.

Je suis arrivé pour délivrer ma famille, et ils m'ont amené ici fort avant dans la soirée.

On sait ce qu'il y avait de vrai dans le récit fiévreux que le prince venait de faire à M. de Mortemart de son odyssée.

Malheureusement, juste en ce moment, les cris de *Vive le duc d'Orléans !* retentirent dans la rue et jusque dans la cour du Palais-Royal.

— Vous entendez, Monseigneur, dit M. de Mortemart.

— Oui, oui, j'entends, répondit le prince ; mais dites bien au roi que je me ferai tuer plutôt que d'accepter la couronne.

Et sur ce, comme sa simple parole pouvait ne point paraître suffisante au roi, le duc d'Orléans se leva, alla à une table, traça à la hâte quelques lignes à l'adresse de Charles X.

C'était une protestation contre les destinées que lui réservaient la chambre des députés et la chambre des pairs.

M. de Mortemart plia la lettre, la cacha dans les plis de sa cravate, salua le prince et sortit.

Ce dut être une rude nuit pour le duc d'Orléans, que cette nuit du 30 au 31, et dont le duc d'Orléans seul pourrait raconter toutes les angoisses !

Au reste, nous avons raconté tout ce qui en transpira ; sans doute à cette entrevue entre le prince et M. de Mortemart succéda une entrevue entre le futur roi de France et M. Laffitte ; mais les détails en sont ignorés.

CHAPITRE XLIII.

Pendant ce temps, à part Charles X qui, au milieu des terreurs croissantes de ses serviteurs et de sa famille, conservait le calme de l'erreur ou de l'entêtement, Saint-Cloud était le théâtre des scènes qui, par leur côté tantôt violent, tantôt inattendu, complétaient les péripéties du grand drame qui se jouait à cette heure entre le peuple et le roi.

Raguse, l'homme fatal, le bouc émissaire choisi par la destinée pour porter dans ce monde et dans l'autre le poids de deux empires croulants sur lui, Raguse, après avoir disputé le terrain pied à pied, Raguse pleurant sa défaite moins amèrement peut-être qu'il n'eût pleuré sa victoire, Raguse avait rejoint la famille royale à Saint-Cloud.

Charles X avait encore, auprès de lui, à l'arrivée du duc de Raguse, cinq à six mille hommes dont il pouvait disposer, et qui, réunis aux débris de la troupe qui venait de quitter Paris, pouvaient former un corps d'une dizaine de mille hommes.

Le Dauphin voulait réunir les dix mille hommes et marcher sur Paris. Il était poussé et soutenu dans sa résolution par M. de Champagny, homme de cœur et de résolution, entièrement dévoué au prince, et qui se serait fait tuer sur un mot de lui.

M. de Champagny avait établi un plan de résistance qu'il était prêt à mettre à exécution et pour l'initiative duquel il ne lui manquait que le consentement du roi.

Le Dauphin demanda une entrevue au roi, et, dans cette entrevue, M. de Champagny exposa à Charles X le projet suivant :

Le roi se rendrait immédiatement à Orléans où toutes les troupes seraient concentrées ; le maréchal Oudinot et le général Coctlosquet seraient chargés du commandement des camps de Lunéville et de Saint-Omer, que l'on supposait en marche sur Paris ; on s'emparait à Toulon du trésor du dey d'Alger qui venait d'y arriver, et qui ne montait pas à moins de cinquante millions. Le maréchal Bourmont, rappelé d'Afrique, revenait en France avec toutes les troupes dont il croyait pouvoir disposer ; il rejoignait, à travers les provinces royalistes du Midi, les provinces royalistes de la Vendée, et la guerre civile était établie en France sur des bases plus solides qu'elle ne l'avait jamais été.

Mais le roi écouta tout ce plan d'un air distrait et languissant. En voyant les événements s'amasser comme des nuages poussés au ciel par le souffle du vent, il avait douté de sa fortune, et par conséquent de celle de la monarchie. Les jours de règne étaient-ils finis pour la maison de Bourbon, et n'était-ce pas un sacrilége quand Dieu lui-même semblait lui dire : Assez ! que de vouloir poursuivre son œuvre de résistance à une volonté qui n'était plus celle des hommes mais celle de Dieu.

— Parlez de tout cela au Dauphin, répondit-il.

C'était fort inutile de parler de tout cela au Dauphin, puisque c'était le Dauphin qui poussait M. de Champagny dans la chambre du roi. Alors le Dauphin entra.

— Sire, dit-il, si c'est mon approbation à ce plan que Votre Majesté désire, qu'elle sache que je fais plus que l'approuver, je le recommande.

— Eh bien ! alors, demanda Charles X, que désirez-vous ?

— L'autorisation formelle de le mettre à exécution.

Le roi réfléchit un instant puis secouant la tête :

— Non, dit-il, non, non !

Il était atteint d'une de ces grandes défaillances de cœur qui prennent les rois au moment de leur chute : la même qui avait pris Napoléon en 1814 à Fontainebleau, et en 1815 à l'Élysée ; la même qui devait prendre Louis-Philippe en 1848 aux Tuileries.

Le Dauphin se retira furieux dans son appartement, jeta son épée sur le parquet et se roula en sanglotant sur un fauteuil.

M. de Champagny l'avait accompagné ; il laissa cette première explosion de colère suivre son cours, puis il proposa au Dauphin d'agir comme s'il avait l'autorisation du roi.

Le Dauphin était dans un de ces moments d'exaltation où les conseils extrêmes sont ceux qui flattent le mieux la douleur. Il accepta cette demi-révolte contre son père, et M. de Champagny et lui commencèrent à rédiger une proclamation aux troupes.

La proclamation était rédigée et allait être lue lorsqu'on annonça au Dauphin que le général Talon demandait à être introduit près de lui.

— Le général Talon ! demanda le Dauphin, n'est-ce pas celui qui s'est si bien battu avant-hier à l'Hôtel-de-Ville ?

— Lui-même, Monseigneur, répondit l'aide-de-camp.

— Faites entrer, dit le prince.

Le général Talon parut sur le seuil, le sourcil froncé, l'œil sombre.

— Monseigneur, dit-il, je suis prêt à mourir pour votre auguste famille, et je n'insisterai pas sur un dévouement qui peut être apprécié, puisqu'il repose sur des preuves ; mais ce dévouement a des bornes et n'affronte pas le déshonneur.

— Le déshonneur ! s'écria le Dauphin, que voulez-vous dire, général ?

— Je veux dire, répondit le général Talon, qu'on vient de lire aux troupes une proclamation qui leur apprend comme une heureuse nouvelle le retrait des ordonnances.

— De qui est signée cette proclamation ? ce n'est pas du roi, je l'espère ! s'écria le Dauphin.

— Non, Monseigneur, c'est du duc de Raguse.

Le Dauphin jeta un cri de rage, courut comme un insensé chez le roi, demandant partout sur son chemin où était le maréchal, puis, comme en sortant de chez son père auquel il venait de raconter ce qui se passait, on lui dit que le maréchal était dans la salle de billard, il entra brusquement dans cette salle.

Le duc de Raguse y était en effet : le Dauphin lui ordonna de le suivre dans une pièce voisine.

Cette salle de billard était pleine de monde.

L'ordre était si brusque, la voix avec laquelle cet ordre était donné vibrait si fiévreuse et si agitée, que chacun demeura haletant, suivant des yeux avec anxiété le maréchal qui suivait le Dauphin dans sa chambre où celui-ci l'avait précédé.

La porte se referma sur eux.

Comment fut *attaquée*, comme on dit en termes de théâtre, la scène qui se passa alors entre le maréchal et le prince, c'est ce que personne ne peut dire, puisqu'ils étaient seuls ; mais bientôt on entendit de grands éclats de voix : la porte se rouvrit violemment ; le maréchal apparut tête nue et marchant à reculons, suivi du Dauphin qui l'insultait et le menaçait à la fois ; enfin, sur une réponse du maréchal à toutes ses insultes et à toutes ses menaces :

— Vous êtes un traître, Monsieur, s'écria le Dauphin, et vous nous avez trahis, comme vous avez trahi l'autre. Votre épée ! votre épée !

Et, s'élançant sur le maréchal, il essaya de lui arracher son épée, qu'il tira à moitié du fourreau.

D'un geste rapide le maréchal repoussa son épée, et la lame, en glissant entre les mains du Dauphin, lui coupa les doigts : le sang jaillit.

A la vue de son sang, le prince perdit la tête.

La salle était pleine de gardes.

— A moi ! Messieurs, à moi, cria-t-il en montrant sa main ensanglantée.

Les gardes obéirent et entourèrent le maréchal, peut-être autant, il est vrai, pour le garantir de la colère du prince que pour l'arrêter.

Cependant l'ordre était formel : on conduisit le maréchal dans une chambre où il fut retenu prisonnier.

Cette scène avait à peine eu lieu que le bruit terrible qu'elle avait fait avait retenti jusqu'au roi ; elle tira le noble vieillard de son apathie. Il avait une grande injustice à réparer, une cuisante blessure à adoucir.

— Dites au maréchal que ses arrêts sont levés, cria-t-il par sa porte entr'ouverte, et que je le prie de venir me voir à l'instant même.

Un instant après, le maréchal apparut sur le seuil.

Charles X fit trois pas au-devant du duc de Raguse.

— Monsieur le maréchal ; lui dit-il, j'apprends ce qui vient de se passer ; recevez mes excuses, en attendant que le Dauphin vous fasse les siennes.

Il y avait une telle expression de douleur dans ce vieillard qui, au moment où il perdait un trône, trouvait le temps de consoler un orgueil offensé, que cet orgueil fléchit ; une larme roula dans les yeux du maréchal, et, d'une voix étouffée, il remercia le roi de ses hontes.

Le roi profite de ce moment pour prier le maréchal d'aller trouver le Dauphin.

— Pourquoi faire ? demanda le duc de Raguse.

— Pour lui offrir vos excuses, mon cher maréchal, répondit le roi, mais surtout pour recevoir les siennes.

Le duc s'inclina en signe d'obéissance et alla trouver le Dauphin ; mais quand le Dauphin tendit la main au maréchal, celui-ci fit un pas en arrière, salua et sortit.

Sa main avait refusé de toucher la main du prince.

Après la proclamation du duc de Raguse, après cette scène survenue entre le prince et lui, il n'y a plus moyen de mettre à exécution le plan de résistance présenté par M. de Champagny.

D'ailleurs, toute l'énergie du Dauphin s'était usée dans cette lutte ; chacun se retira dans son appartement où, selon sa force ou sa faiblesse, chacun essaya de réagir contre la destinée, ou courba sous la main du Seigneur.

Vers minuit, c'est-à-dire comme le duc de Mortemart quittait le Palais-Royal emportant la lettre du duc d'Orléans qui protestait de sa fidélité au roi, la duchesse de Berry, prise d'une terreur soudaine, d'une terreur irrésistible, d'une terreur maternelle, la duchesse de Berry se leva, courut chez le Dauphin et le supplia de ne pas s'obstiner à rester plus longtemps à Saint-Cloud *qui était menacé.*

On ne songea point à demander qui menaçait Saint-Cloud ; le mot : *Saint-Cloud est menacé* se répandit à l'instant même dans les corridors et dans les chambres du palais : en un instant tout le monde fut sur pied ; on réveilla le roi, on lui dit que Saint-Cloud était menacé, et l'on demanda ses ordres.

Deux heures après, le roi, la duchesse de Berry et les deux enfants royaux se mettaient en route pour Trianon sous l'escorte de cent gardes du corps.

Le Dauphin resta le dernier, pour diriger le mouvement de retraite des troupes.

Le lendemain paraissait cette proclamation, signée de M. le duc d'Orléans, et qui annonçait aux Parisiens son acceptation.

« Habitants de Paris !

« Les députés de la France, en ce moment réunis à Paris, ont exprimé le désir que je me rendisse dans cette capitale pour y exercer les fonctions de lieutenant général du royaume.

« Je n'ai point balancé à venir partager vos dangers, à me placer au milieu de cette héroïque population, et à faire tous mes efforts pour vous préserver de la guerre civile et de l'anarchie. En rentrant dans la ville de Paris, je portais avec orgueil ces couleurs glorieuses que vous avez reprises, et que j'avais moi-même longtemps portées.

« Les Chambres vont se réunir : elles aviseront aux moyens d'amener le règne des lois et le maintien de l'ordre.

« *Une* Charte sera désormais une vérité. L.-P. D'ORLÉANS. »

Mais avant de rédiger cette proclamation, avant de contracter cet engagement, le duc d'Orléans, comme ces anciens qui ne faisaient rien d'important sans consulter l'oracle de Delphes ou de Dodone, le duc d'Orléans avait consulté le Calchas de la rue Saint-Florentin.

C'était M. de Sébastiani qui avait été chargé par le prince d'aller recueillir la voix mourante qui disposait encore des couronnes. Il avait été introduit chez M. de Talleyrand au moment où celui-ci faisait sa toilette du matin, et lui avait remis la lettre que le prince lui adressait en forme de consultation.

— Qu'il accepte, avait répondu M. de Talleyrand.

Et le prince avait accepté.

Par cette acceptation, une grande révolution locale était accomplie : la monarchie bourgeoise était substituée à la monarchie aristocratique.

CHAPITRE XLIV.

La proclamation du duc d'Orléans fut lue à la Chambre et accueillie avec enthousiasme. Alors il y eut un instant de halte où chacun regardait devant soi et derrière soi ; et tous désirèrent savoir où l'on en était arrivé.

Benjamin Constant, M. Guizot, M. Bérard et M. Villemain furent chargés de mettre un peu d'ordre sur cet échiquier où tant de pions venaient d'être renversés et où un roi, descendant de tant de rois, venait d'être fait échec et mat.

Voici quel fut le travail de ces messieurs :

« Français ! la France est libre. Le pouvoir absolu levait son drapeau ; l'héroïque population de Paris l'a abattu. Paris, attaqué, a fait triompher par les armes la cause sacrée qui venait de triompher en vain dans les élections. Un pouvoir usurpateur de nos droits, perturbateur de notre repos, menaçait à la fois la liberté et l'ordre : nous rentrons en possession de l'ordre et de la liberté. Plus de crainte pour les droits acquis ; plus de barrières entre nous et les droits qui nous manquent encore.

« Un gouvernement qui, sans délai, nous garantisse ces biens est aujourd'hui le premier besoin de la patrie. Français, ceux de vos députés qui se trouvent déjà à Paris, se sont réunis, et, en attendant l'intervention régulière des Chambres, ils ont invité un Français, qui n'a jamais combattu que pour la France, M. le duc d'Orléans, à exercer les fonctions de lieutenant général du royaume. C'est, à leurs yeux, le moyen d'accomplir promptement par la paix le succès de la plus légitime défense.

« Le duc d'Orléans est dévoué à la cause nationale et constitutionnelle ; il en a toujours défendu les intérêts et professé les principes. Il respectera nos droits, car il tiendra de nous les siens. Nous nous assurerons par des lois toutes les garanties nécessaires pour rendre la liberté forte et durable :

« Le rétablissement de la garde nationale, avec l'intervention des gardes nationaux dans le choix des officiers ;

« L'intervention des citoyens dans la formation des administrations municipales et départementales ;

« Le jury pour les délits de la presse ;

« La responsabilité légalement organisée des ministres et des agents secondaires de l'administration ;

« L'état des militaires légalement assuré ;

« La réélection des députés promus à des fonctions publiques.

« Nous donnerons à nos institutions, de concert avec le chef de l'État, les développements dont elles ont besoin.

« Français ! le duc d'Orléans lui-même a déjà parlé, et son langage est celui qui convient à un pays libre. « Les Chambres vont se réunir, vous dit-il ; elles aviseront aux moyens d'amener le règne des lois et le maintien des droits de la nation.

La Charte sera désormais une vérité. »

C'était bien cela, à part un petit changement fait dans la dernière ligne.

Ce changement paraissait peu, mais signifiait beaucoup. Au lieu de : *une* Charte sera désormais une vérité, ces messieurs avaient mis :

« *La* Charte sera désormais une vérité. »

Cet *erratum* dispensait de faire une Charte nouvelle, et faisait que le gouvernement des barricades, utilisant l'ancienne Charte, ne s'engageait à donner au peuple que la somme de liberté promise par le gouvernement déchu.

Une députation de la Chambre fut adressée au duc d'Orléans : elle devait le féliciter d'abord, puis l'accompagner à l'Hôtel-de-Ville.

Le duc d'Orléans avait pour lui la chambre des pairs et la chambre des députés ; il lui restait à conquérir l'Hôlel-de-Ville.

L'Hôtel-de-Ville, c'est-à-dire la forteresse où, depuis neuf cents ans, se réfugie, à chaque émeute, cette grande déesse populaire qu'on appelle la Révolution.

Cette fois encore la Révolution était là, et quand le pouvoir venait à lui, il fallait, pour que ce pouvoir fût consacré, que le duc d'Orléans allât à elle.

On se mit en route.

Le duc d'Orléans était à cheval, inquiet au fond du cœur, mais calme en apparence.

M. Laffitte le suivait ; et comme il ne pouvait marcher à cause d'une foulure qu'il s'était faite à la jambe, comme il ne pouvait aller en voiture à cause du dépavement des rues, il se faisait porter en chaise par des Savoyards.

Tout alla bien du Palais-Royal au quai : on était encore dans le quartier de la bourgeoisie ; et la bourgeoisie acclamait son élu. Mais le Pont-Neuf dépassé, on commença d'entrer dans la sphère du peuple, et les marques d'enthousiasme s'éteignirent peu à peu pour faire place à un silence glacé.

Arrivé sur la place de Grève, on était en pleine révolution ; et à la vue des homme aux bras nus, du campement sur la paille, des traces du combat, que l'on conservait avec soin, au lieu de les écarter et de les faire disparaître comme on avait fait ailleurs, on était loin de se douter que tout était fini dans un autre quartier, et que pour la chambre des pairs, pour la chambre des députés et pour le Palais-Royal, le peuple avait donné sa démission.

Non, le peuple semblait s'être réfugié à l'Hôtel-de-Ville, sombre, inquiet, vigilant.

Le duc d'Orléans descendit de cheval ; la voûte sombre de l'Hôtel-de-Ville s'ouvrait devant lui comme la gueule d'un gouffre : il monta, très-pâle, les escaliers, et disparut avec son faible cortége dans l'intérieur de l'Hôtel-de-Ville.

On comprenait que ce n'était qu'une bouchée pour le monstre de pierre qui venait de le dévorer.

M. de La Fayette attendait son royal visiteur sur le palier de l'Hôtel-de-Ville.

Le hasard me fit assister à cette réception du duc d'Orléans ; j'arrivais de Soissons, où, sur un ordre du général La Fayette, j'étais allé chercher six mille livres de poudre.

La situation était grave et solennelle ; cette démarche que faisait le duc d'Orléans en venant demander la sanction du peuple dans le palais du peuple, c'était une rupture entière, complète, éternelle avec la monarchie du droit divin ; c'était le couronnement de quinze ans de conspiration, c'était le sacre de la révolte dans la personne d'un prince du sang.

Et cependant les détails de cette réception sont mesquins, eu égard à la grandeur de l'acte ; c'était le propre de La Fayette d'éparpiller la grandeur et la solennité des circonstances où il se trouvait, en s'appesantissant sur les détails.

On lut la déclaration de la Chambre.

Lorsque le lecteur en arriva à ces mots : *Le jury pour les délits de la presse*, l'homme qui devait faire les fumeuses lois de septembre se pencha vers Là Fayette et dit :

— C'était un article bien inutile, mon cher général, car il n'y aura plus, je l'espère bien, de délits de la presse.

Puis la lecture achevée, il mit la main sur son cœur et répondit ;

— Comme Français, je déplore le mal fait au pays et le sang qui a été versé ; comme prince je suis heureux de contribuer au bonheur de la nation.

En ce moment, un homme, en costume de général, fendit la foule et vint se poser en face du prince.

C'était le général Dubourg, cet homme qui devait aider d'une façon si puissante à faire la révolution, dont personne n'avait parlé auparavant, dont personne ne devait parler après.

— Vous venez de prendre un engagement sacré, Monseigneur, dit le général au prince, faites en sorte de le tenir ; car... il étendit la main vers la place toute pleine d'un peuple frémissant ; car si vous l'oubliez jamais, le peuple qui est là sur la Grève saura bien vous le rappeler.

Le prince tressaillit, la colère lui monta au front, et d'une voix émue :

— Monsieur, répondit-il, vous ne me connaissez pas ; je suis un honnête homme, et quand il s'agit d'un devoir à remplir, je ne me laisse ni gagner par la prière, ni intimider par la menace.

Puis se retournant vers La Fayette, le prince lui dit à demi-voix quelques mots que purent entendre seuls ceux qui les entouraient.

Mais presque au même instant et pour faire diversion à cette scène qui avait revêtu quelque grandeur, La Fayette entraîna le duc d'Orléans vers la fenêtre, lui mit un drapeau tricolore à la main et le montra au peuple abrité par le voile sacré des couleurs nationales.

Le peuple éclata en applaudissements.

C'était la même scène qu'il avait jouée, dans des circonstances à peu près semblables, quarante ans auparavant avec Louis XVI.

Seulement, pure de tout excès, cette révolution-là ne devait avoir ni ses Flesselles, ni ses Foulon, ni ses Berthier ; et tandis que la première, en quatre ans à peine, avait conduit Louis XVI de l'ovation à l'échafaud, la seconde devait mettre dix-huit ans à conduire Louis-Philippe du triomphe à l'exil.

Le duc d'Orléans rentra au Palais-Royal, accompagné de nombreuses acclamations ; rien ne lui manquait plus, il avait reçu le triple sacre de la chambre des pairs, de la chambre des députés et de l'Hôtel-de-Ville ; de M. de Semonville, de M. Laffitte et de M. de La Fayette.

Le soir une de ces voitures publiques qu'on appelle *les Carolines*, ramena de Neuilly au Palais-Royal, la sœur, la femme et les enfants du lieutenant général.

Mais restait pour le duc d'Orléans une lutte plus vive à soutenir au Palais-Royal, que celle soutenue à l'Hôtel-de-Ville, tandis qu'il croyait sa journée finie et qu'il embrassait sœur, femme et enfants, M. Thiers pénétra jusqu'à lui, chose facile du reste à cette époque, et lui annonça *ses* républicains.

Les républicains de M. Thiers, c'était toute cette généreuse jeunesse du *National* que nous avons vue depuis arriver aux affaires et qui malheureusement n'y apporta pas une science égale à son intégrité.

Quelques-uns, martyrs en 1850 de cette cause qu'ils défendaient en 1830, sont aujourd'hui en prison.

C'étaient enfin MM. Boinvilliers, Godefroy Cavaignac, Guinard, Thomas, Bastide et Chevallon.

Le prince paraissait fort étonné : il n'était pas prévenu de cette visite et par conséquent n'avait pas eu le temps de s'y préparer.

On s'expliqua de part et d'autre par quelques paroles vagues, moitié d'attaque, moitié de politesse ; c'était l'escarmouche qui précédait la bataille.

Ce fut M. Boinvilliers qui porta la parole :

— Demain, prince, lui dit-il, vous serez roi.

Le duc d'Orléans fit un mouvement.

— Roi ! Monsieur, qui dit cela ?

— La marche que vos partisans suivent, la pression qu'ils exercent sur les choses, les placards dont ils couvrent les murailles, l'argent qu'ils répandent dans les rues.

— Je ne sais point ce que font mes partisans, répondit le duc, mais ce que je sais, c'est que je n'ai point aspiré à la couronne et que je ne la désire pas, quoique beaucoup de gens me pressent de l'accepter.

— Enfin, reprit M. Boinvilliers, la question n'est point là ; supposons que vous deveniez roi, quelle est votre opinion sur les traités de 1815 ; ce n'est point une révolution *libérale*, songez-y bien, que celle qui s'est faite dans la rue, c'est une révolution nationale ; la vue du drapeau tricolore, voilà ce qui a soulevé le peuple, et il serait certainement plus facile encore de pousser Paris sur le Rhin que sur Saint-Cloud.

— Messieurs, répondit le duc, je suis trop bon Français, je suis trop patriote surtout pour être partisan des traités de 1815 ; mais il importe de garder beaucoup de mesure vis-à-vis des puissances étrangères, et il y a des sentiments qu'il ne faut pas exprimer trop haut.

— Passons donc à la pairie.

— A la pairie ? répéta le prince, du ton d'un homme qui dit : mais c'est donc un interrogatoire qu'on me fait subir ?

— La pairie, vous en conviendrez, dit M. Boinvilliers, n'a plus de racines dans la société ; le Code, en abolissant le droit d'aînesse et en divisant les héritages, a étouffé l'aristocratie dans son germe, et le principe de l'hérédité nobiliaire a fait son temps.

— Je crois, Messieurs, que vous vous trompez, dit le duc, sur cette question d'hérédité : elle est, à mon avis, une grande sécurité pour les idées que vous défendez, puisque la pairie devenant dans certaine famille un droit que le fils reçoit de son père, au lieu d'une faveur reçue de son roi, le principe d'indépendance, facile à étouffer dans une Chambre élue, est plus vivace dans une Chambre héréditaire. Au reste, ajouta le prince, c'est une question à examiner, et si la pairie héréditaire ne peut exister, *ce n'est pas moi qui l'édifierai à mes frais*.

— Monseigneur, dit alors Bastide, je crois que dans l'intérêt même de la couronne, vous devriez réunir les assemblées primaires.

Le duc tressaillit comme si un serpent l'eût mordu.

— Les assemblées primaires ! oui, dit-il, je sais, Messieurs, que je parle à des républicains.

Les députés s'inclinèrent : ils acceptaient la dénomination au lieu de la repousser.

— Croyez-vous donc la République possible en France, Messieurs, s'écria le duc, et 93 ne vous a-t-il pas donné une assez rude leçon ?

— *Monsieur*, dit Cavaignac, 93 était une révolution et non une république. D'ailleurs, autant que je puis me le rappeler, république ou révolution, les événements qui s'écoulèrent de 89 à 93 obtinrent votre entière adhésion. Vous étiez de la société des Jacobins.

— Oui, mais par bonheur, s'écria vivement le duc, je n'étais pas de la Convention.

— Non, mais votre père et le mien en étaient, Monsieur, et tous deux ont voté la mort du roi.

— C'est justement pour cela, monsieur Cavaignac, que je dis ce que je dis ; il est permis au fils de Philippe Égalité, d'exprimer son opinion sur les régicides. Au reste, Monsieur, mon père a été fort calomnié, c'était un des hommes les plus respectables que j'eusse connus.

— Monseigneur, reprit M. Boinvilliers interrompant le duc d'Orléans dans l'énumération des qualités de son père et dans celles des calomnies dont il avait été l'objet, il nous reste encore une autre crainte.

— Laquelle ?

— Nous craignons, et nous avons des raisons pour cela, nous craignons de voir les royalistes et les prêtres encombrer les avenues du nouveau trône.

— Oh ! quant à ceux-là, soyez tranquilles, ils ont porté de trop rudes coups à ma maison ; une partie des calomnies dont je parlais tout à l'heure viennent d'eux, une barrière éternelle nous sépare ; c'était bon pour la branche aînée cela.

Et il prononça ces derniers mots avec un tel sentiment d'animosité, que les républicains étonnés le regardèrent à leur tour.

— Eh bien, Messieurs, dit-il, est-ce que j'avance là une vérité inconnue, en révélant cette division de principes et d'intérêts qui ont toujours séparé la branche cadette de la branche aînée, la maison d'Orléans de la maison régnante ? Oh ! notre haine ne date pas d'hier, Messieurs, elle remonte à Philippe, frère de Louis XIV. C'est comme le régent, qui donc l'a calomnié ? les prêtres et les royalistes, car un jour, Messieurs, quand vous aurez mieux approfondi les questions historiques, mieux fouillé jusqu'aux racines de l'arbre que vous voulez abattre, vous saurez ce que c'était que le régent ; les services immenses qu'il a rendus à la France en décentralisant Versailles et en faisant passer par son système des finances l'argent et l'or de la France jusque dans les dernières artères de la société. Ah ! je ne demande qu'une chose, c'est, si Dieu m'appelle à régner sur la France, comme vous le disiez tout à l'heure, c'est qu'il me soit accordé une portion de son génie.

Puis il s'étendit longuement sur le changement que la politique du régent avait amené dans la situation diplomatique de l'Europe ; dit quelques mots de son alliance avec l'Angleterre, lesquels indiquaient qu'il chercherait le même point d'appui que son aïeul.

Toute cette digression écartait les républicains du véritable motif de leur visite ; d'ailleurs sur le sujet qui les avait amenés, ils savaient tout ce qu'ils avaient désiré savoir, ils s'inclinèrent en signe qu'ils désiraient se retirer.

Ce que voyant le duc d'Orléans, il les salua à son tour.

Puis en les saluant :

— Allons, Messieurs, leur dit-il, vous reviendrez à moi, vous verrez, vous verrez.

— Jamais ! répondit un de ces messieurs.

— Jamais ! c'est un mot trop absolu, et nous avons un vieux proverbe qui prétend qu'il ne faut pas dire : fontaine...

Ces messieurs étaient sortis, ou lui avaient tourné le dos avant qu'il eût même achevé jusqu'au bout le proverbe auquel il faisait allusion, et qui peignait merveilleusement au reste son mépris pour le sentiment intime que les hommes appellent une conviction.

Le lendemain, le général La Fayette, en tête de la commission municipale, rendait au duc d'Orléans la visite qu'il en avait reçue la veille à l'Hôtel-de-Ville.

La commission municipale, outre le but de rendre la visite reçue, avait encore celui de se démettre de ses fonctions entre les mains du lieutenant général.

Voici, copiée textuellement, la démission de ce pouvoir populaire improvisé le 30 au soir et qui, après avoir gardé le pouvoir deux jours, s'en démettait le 1er août.

Elle était écrite d'avance et était datée de l'Hôtel-de-Ville.

« Monseigneur, les membres de la commission municipale de Paris ont l'honneur d'exposer à Votre Altesse Royale, que les circonstances graves qui avaient nécessité la création de ce pouvoir temporaire n'existant plus depuis votre avénement à la lieutenance générale du royaume, ils attendent les instructions de Votre Altesse pour remettre entre les mains qu'elle voudra bien désigner, les fonctions qui leur ont été confiées.

« Nous sommes avec respect,

« De Votre Altesse Royale,

« Les très-humbles et très-obéissants serviteurs,

« DE SCHONEN, LOBAU, AUDRY DE PUYRAVEAU. »

Le duc d'Orléans répondit en acceptant la démission de la commission municipale, mais en la priant de conserver celles de ses fonctions qui se rapportaient à l'état inférieur, à la sûreté et aux intérêts municipaux de la ville de Paris. Quant aux autres travaux, il la priait de les renvoyer aux différents ministères compétents.

La commission avait prévu le cas et dressé d'avance la liste ministérielle qui fut soumise à l'approbation du lieutenant général.

Les futurs ministres cependant ne devaient être reconnus que sous le nom de commissaires provisoires.

C'étaient : MM. Dupont (de l'Eure) à la justice ; Le baron Louis aux finances ; Le général Gérard à la guerre ; Casimir Périer à l'intérieur ; De Rigny à la marine ; Bignon aux affaires étrangères ; Guizot à l'instruction publique.

Pierre de La Gorce

Louis-Philippe (1830-1848)

Notice

Pierre de La Gorce (1846-1934). Après des études de droit, il devient substitut exerçant sa charge dans le nord de la France. Sa conscience de catholique convaincu lui interdisant d'appliquer les décrets-lois de Jules Ferry sur les congrégations, il démissionne de sa charge de magistrat. Il peut dès lors se consacrer à sa passion pour l'histoire contemporaine. Ses nombreux ouvrages sur la Révolution française, la Restauration, la monarchie de Juillet et le Second Empire lui valent la reconnaissance de ses pairs. Il est élu à l'Académie des sciences morales et politiques en 1907 et à l'Académie française en 1914.

Nous avons choisi de publier la fin de l'essai qu'il consacre en 1931 à Louis-Philippe et la monarchie de Juillet, essai divisé en sept livres, dont le dernier a pour titre « L'impuissance à fonder ». Avec minutie, mais sans se perdre dans les détails inutiles, et toujours guidé par le souci de proposer une interprétation des événements, Pierre de La Gorce y décrit la chute du régime. Si cette catastrophe semble soudaine et inattendue, il montre que l'édifice institutionnel et politique du régime issu des Trois Glorieuses se révèle en réalité fragile car il est bâti sur « une double défiance, celle des plus grands et celle des plus petits ».

Toutefois, aux yeux de l'auteur de Louis-Philippe 1830-1848, *cette faiblesse structurelle de la monarchie de Juillet ne doit pas faire oublier les bienfaits de cette période. Alors que la France du premier lustre des années 1930 vit une grave crise politique et morale, Pierre de La Gorce manifeste une certaine nostalgie pour l'époque de Louis-Philippe, témoignant de la persistance de la culture politique de l'orléanisme en France, bien mise en évidence par René Rémond dans son livre* La Droite en France de 1815 à nos jours *(1954), durant tout le dix-neuvième siècle et le vingtième siècle.*

V

Décidément, on ne désarmerait pas ceux qui étaient en haut. Conquerrait-on ceux qui étaient en bas ?

Je ne parle ici ni des violents qui avaient combattu sur les barricades en 1830 et s'indignaient de la Révolution confisquée, ni des fanatiques sombres qui s'étaient enrôlés dans les sociétés secrètes et ne rêvaient que bouleversements. Ma pensée se fixe sur l'ensemble de la classe ouvrière : travailleurs des bras, gens de métier, ouvriers d'art. Beaucoup sont rangés, de bonnes mœurs, d'intègre probité ; parmi ceux qui sont employés dans les industries de luxe : ébénistes, ciseleurs, graveurs, on pourrait noter un remarquable affinement de l'esprit, le goût du fini, et cette belle conscience professionnelle qui était l'un des traits distinctifs de l'ouvrier français. La plupart sont empressés à s'entr'aider et accessibles aux idées généreuses. Seulement voici ce qui vicie tout : depuis quinze ans, tout leur désapprend le respect.

Ils le désapprennent par la Presse. Ce n'est pas que les feuilles à tendances nettement radicales soient très prospères ; *la Tribune* d'Armand Marrast [1] a succombé dès 1835 : le journal *le Bon Sens* n'a eu qu'une brève existence ; *la Réforme*, fondée en 1843, n'a elle-même que peu d'abonnés. Mais il y a les petits journaux, il y a les caricatures, tantôt simplement railleuses ou cyniques, tantôt perfides jusqu'à devenir meurtrières. Puis les feuilles publiques, même rassurantes par leurs doctrines, sont destructrices par leur feuilleton, et le feuilleton est ce qu'on lit le plus.

Une influence néfaste fut celle des procès politiques. Quand, devant un jury souvent débonnaire ou amusé, les prévenus avaient étalé leurs délits, les avocats commençaient leurs plaidoiries. Celles-ci, destinées an public plus encore qu'à l'enceinte judiciaire, n'étaient

1. Armand Marrast, journaliste et homme politique républicain (1801-1852), qui devient le directeur du *National* à la mort de Carrel.

que perpétuel grossissement de toutes choses, et déclamations qui aujourd'hui font sourire ou stupéfient. Quiconque avait le sens des proportions se gardait de prendre au pied de la lettre ces violences verbales. Bien autres étaient les hommes d'esprit fruste, mal prémunis contre les exagérations ou les sophismes. Qu'on se les figure à l'audience, entendant tonner Michel de Bourges [2], et ils ne douteront pas que la France soit asservie, la révolution jugulée, la royauté digne de mépris.

Cette époque offrit le singulier exemple d'un peuple à tempérament sain, mais incessamment corrodé par une littérature malsaine. Le romantisme à ses débuts avait paru retour poétique au moyen âge, presque renaissance chrétienne. Combien n'a-t-il pas dévié ! Il n'est guère de Parisien, même de la condition la plus modeste, que le théâtre n'attire. Or, pour l'homme du peuple, pour l'artisan illettré ou juste assez lettré pour être dupe, quelle n'est pas la leçon quand, assis au parterre ou juché aux troisièmes galeries, il entend, dans *Marion de Lorme*, *Le roi s'amuse*, *Ruy Blas*, associer avec une obstination systématique la grandeur morale à la bassesse du rang. En cette fin du règne, le public cultivé s'est un peu désabusé du théâtre de Victor Hugo, et, par un retour marqué vers la littérature classique, applaudit à outrance Mlle Rachel [3] dans les plus beaux rôles de Corneille ou de Racine. Mais l'homme du peuple, tout d'une pièce, n'a pas de ces retours ; et une pensée grossière et simpliste le hante, celle d'une entière rénovation sociale qui mettra en haut ce qui est en bas, en bas ce qui est en haut.

Ce qui achève de déséquilibrer les esprits et d'altérer les proportions des choses, c'est l'abondance des systèmes qui sollicitent en ce temps-là les travailleurs manuels et, après leur avoir tracé une peinture très colorée de leurs maux, leur offrent des remèdes si variés qu'il semble qu'ils n'aient qu'à les saisir pour être parfaitement heureux.

Le premier ou du moins le plus notable de ces théoriciens a été Saint-Simon. Il est mort dès 1825. Enfantin, qui a été, avec Bazard,

2. Louis Michel, dit Michel de Bourges (1797-1853), avocat rendu célèbre pour avoir plaidé avec succès la séparation de George Sand avec son mari Casimir Dudevant.

3. Élisabeth Rachel Felix (1821-1858), grande tragédienne française qui fut le modèle de Sarah Bernhardt.

l'un de ses principaux disciples, s'est appliqué à préciser la doctrine. Deux forces doivent actionner toute la société nouvelle : la science qui fournit les idées, l'industrie qui, en fécondant les idées, produit la richesse. Abolition de la concurrence qui n'aboutit qu'à l'exploitation de l'homme par l'homme ; dévolution presque universelle à l'État distribuant les tâches entre toute une hiérarchie d'agents ; dédain profond de toutes les chimères libérales, telles sont les pensées directrices. La révolution de Juillet, en échauffant tous les cerveaux, a fait naître l'espoir de traduire en applications pratiques ce qui jusque-là n'a été que théorie : de là une secte, et une secte organisée à la façon d'une église, ayant ses prédications, ses rites, ses cérémonies, presque son clergé, puis à la tête de ce clergé une manière de pape qu'on appellera le *Père Suprême* et qui ne sera autre qu'Enfantin lui-même. Chose étrange ! Des hommes de l'esprit le plus distingué se laissent séduire : polytechniciens, ingénieurs, lettrés, économistes, industriels. L'enseignement se distribue rue Taitbout, puis rue Monsigny. Toutes choses dégénérant, l'on proclame l'amour libre et la réhabilitation de la chair. Cependant, moitié scandale, moitié désillusion et surtout crainte du ridicule, les défections sont bientôt aussi nombreuses qu'ont été promptes les adhésions. Ce qui reste de la secte se réfugie en 1832 à Ménilmontant. Un procès pour immoralité achève la déconfiture. Les initiés se dispersent, mais plusieurs n'abandonnent l'association que pour commencer une nouvelle vie : on les verra se mêler aux plus grandes affaires industrielles ; ils y porteront leurs réelles capacités, leur audace d'entreprise, bien que parfois avec d'inquiétantes déviations d'esprit où l'on reconnaîtra la marque de l'ancien saint-simonien.

Le saint-simonisme ne jeta point de racines profondes dans le peuple. Mais il convenait de le mentionner, car il fournit un fonds commun pour tous les systèmes qui suivirent.

Je note deux prétendus réformateurs, ayant appartenu au saint-simonisme : Pierre Leroux, Buchez. – Pierre Leroux, publiciste presque inintelligible, mais laborieux, honnête, dédaigneux de tout profit matériel, s'était persuadé que l'entière harmonie sociale résulterait, de l'association des savants, des artistes, des industriels qui représentaient les premiers la connaissance, les seconds le sentiment, les troisièmes la sensation. A cette association, il avait donné le nom de *Triade* et prétendait, par ce groupement, réaliser la véritable égalité, compromise par la bourgeoisie capitaliste aussi bien que jadis par les privilèges nobiliaires. – Quant à Buchez, c'était par la fraternité, une fraternité universelle, qu'il prétendait arriver à l'universel bonheur. Cette fraternité se réaliserait en des associations qui seraient volontaires. Les salaires y seraient égaux, et le gérant ne serait que le serviteur de tous. Pour remplir ce programme, Buchez faisait appel – à la différence des autres réformateurs – aux maximes de l'Évangile, et le journal *l'Atelier* qui propageait sa doctrine était empreint d'une remarquable teinte religieuse. Mystique, Buchez l'était, mais non moins exalté dans la politique, car parmi les crimes de la révolution, il n'en était guère que cet homme de douceur n'amnistiât.

Au temps même où Saint-Simon s'efforçait de coordonner ses vues, un autre novateur, Fourier, s'évertuait à la recherche d'une société transformée. Le fondement de son système était aussi l'association, association des capitaux et des familles elles-mêmes. Celles-ci se rassembleraient, en un nombre déterminé, pour l'exploitation d'une industrie ou d'un domaine rural, et habiteraient en un confortable édifice commun, que l'on décorerait du nom de *phalanstère*. Du même coup plus de concurrence, de salariat, de misère. Dans le *phalanstère*, chacun travaillerait suivant son attraction et, comme les attractions étaient suivant Fourier, infiniment variées, il n'y aurait point d'emploi, même le plus vulgaire ou le plus rebutant, qui ne fût rempli. La même attraction, qui fixait le travail, prévaudrait aussi dans l'ordre moral, en sorte que, si la famille n'était point proscrite, l'amour libre deviendrait bientôt la règle. Telle était l'organisation sociale imaginée par Fourier et longuement élaborée par lui, car il l'avait méditée tonte sa vie. Cependant quand, en 1832, en un journal qu'on appela *le Phalanstère*, il entreprit de vulgariser ses vues, l'échec fut complet et lui-même mourut en 1837, Il laissait un disciple, un polytechnicien, Victor Considérant. Celui-ci reprit la thèse du maître, mais en la dépouillant de ses aspects les plus choquants, en se bornant à proposer dans un journal, qu'on appela *la Démocratie pacifique*, des améliorations successives. C'était encore le socialisme, mais édulcoré, et s'insinuant au lieu de s'imposer.

Tantôt sous la forme de la fiction, presque du roman, le socialisme essaie de séduire les imaginations, tantôt il se revêt de violence. – Le romancier est Cabet, un avocat qui a été un instant magistrat : le roman, publié en 1840, se passe en Icarie, une sorte de terre promise où l'État, unique possesseur de toutes choses, se charge, moyennant un travail facile et court, de loger, habiller, nourrir les citoyens et de réaliser en outre, parmi eux, la plus touchante concorde. – A côté de la rêverie dangereusement sentimentale, voici maintenant le vibrant appel aux passions. Celui qui pousse le cri de révolte est Louis Blanc, petit de taille, grand d'ambition, aigri par les misères d'une jeunesse difficile, de style ample et imagé à la manière de Rousseau, éloquent toujours quoique avec un arrière-goût de rhéteur. Bien que très jeune encore, déjà il a été rédacteur en chef du *Bon Sens*. Il a dirigé la *Revue du Progrès*. Il a publié en 1840 l'*Histoire de dix ans*. Et maintenant, par un livre sur l'*Organisation du travail*, il tente de se porter au premier rang des novateurs. En termes enflammés, il peint le sort de l'ouvrier qui ne peut ni cueillir les fruits du sol puisqu'un propriétaire les détient, ni mendier puisque la mendicité est interdite, ni trouver toujours du travail tant est ardente la concurrence ! Et alors tout un système s'échafaude, éloquemment développé autant que fécond en inconséquences et en lacunes, et qui se résume en quelques traits : Guerre à la féodalité industrielle et à la maxime hypocrite et mensongère de la liberté économique ; devoir pour l'autorité publique d'assurer du travail à qui en manque ; toute-puissance conférée à cette même autorité pour l'émancipation du prolétariat ; création d'ateliers nationaux où les salaires seront réglés, non d'après les capacités mais d'après les besoins. Cependant l'État bourgeois est jugé incapable de se prêter à une telle transformation : de là un dessein clairement insinué, celui d'une révolution politique qui devra précéder et rendre possible la révolution sociale.

Naturellement les livres obscurs où sont développées ces élucubrations ne se répandent pas dans les milieux populaires. Le mal s'opère pourtant. Il s'opère par quelques petites feuilles qui monnayent la doctrine des livres et sont lues par quelques initiés. Ceux-ci à leur tour, dans les usines, les ateliers, les chambres où travaillent les ouvriers d'art, redisent – en interprètes plus ou moins fidèles – ce qu'ils ont compris. De là une propagande à petit bruit, inaperçue mais continue, qui se poursuit sournoisement et dépose dans les âmes par couches successives les semences de colère ou de révolte. Que les salaires soient raisonnables, que les corps et les âmes soient à l'état bien sain, qu'aucun fléau ne s'abatte sur le foyer, et les mauvais germes demeureront à l'état latent sans aucun risque d'éclosion. Mais que vienne le chômage, la maladie ou bien encore quelque dureté de celui qui commande, et alors toutes les formules de révolte reviendront en mémoire, comme reviennent au souvenir d'un écolier les phrases d'une anthologie. Et combien n'est-elle pas riche, l'anthologie du socialisme ! On y proclame que tous les maux viennent de la concurrence. On y flétrit l'exploitation de l'homme par l'homme. On y vante avec Fourier les beautés du travail attrayant ; on y affirme, avec Louis Blanc, que les salaires doivent être proportionnés aux besoins. Puis à toutes ces excitations s'ajoute, à l'usage des plus violents, les appels sauvages à la révolte. *Dieu, c'est le mal; la propriété, c'est le vol* ; ainsi parle Proudhon que je n'ai point cité parmi les novateurs, car il s'est contenté de détruire sans aucun souci de réédifier. Cependant, il y a les naïfs que captive l'image de l'heureuse Icarie [4], une sorte de Salente dépouillée de sa poésie et découronnée de ses dieux.

Les dangers les plus redoutables sont ceux qu'on ne voit point. Qu'on se rappelle que ces masses populaires ne votaient pas, que toute entente concertée entre travailleurs s'appelait délit de coalition, que la seule presse qui comptât était aux mains de ceux qui représentaient le pays légal, et l'on comprendra que le gouvernement, ne percevant aucun bruit de révolte, n'ait rien deviné de ce qui couvait silencieusement. Seuls, les observateurs très attentifs notent quelques signes qui décèlent l'état des âmes. Un jour, aux funérailles d'un médecin radical, le langage est tellement violent que *le National* en est scandalisé. Un autre jour, Henri Heine, un Prussien établi à Paris et très averti des affaires françaises, reproduit avec effroi les propos exaspérés qu'il a recueillis dans les ateliers. De la préfecture de police arrivent aussi quelques avis inquiétants. Un instant on écoute ; puis l'attention est attirée ailleurs. – Cependant le principal péril des prédications socialistes réside dans la portion de vérité

4. Nom donné à la cité idéale sans argent ni propriété privée conçue par Étienne Cabet dans son ouvrage *Voyage en Icarie* (1840).

qui s'y glisse. En exaltant des passions mauvaises, elles appuyaient, comme on ferait pour une plaie sensible, sur des points justement douloureux. Il serait excessif de dire que le gouvernement de Juillet ait été indifférent au sort des masses. Il a multiplié les écoles, créé les crèches, organisé les caisses d'épargne ; en outre, par une administration très sage, il a développé à un degré extrême la prospérité générale ; ce qui, en accroissant les ressources des riches, a permis à ceux-ci, s'ils remplissent leurs obligations, d'accroître à leur tour les gains des salariés. Mais, cela fait, on s'est, dans les sphères officielles, jugé quitte ; et après un examen de soi-même un peu trop rapide, on s'est reposé un peu vite en une pleine sécurité de conscience. En quoi l'on n'a point assez songé à ceux qui étaient en bas et qui s'imprégnaient d'autant plus de sophismes que les mauvaises doctrines, tout en faussant leur esprit, exaspéraient en eux tout un monde de regrets : non seulement regret de n'être rien au point de vue politique en face de la société censitaire qui était tout, mais encore et surtout aspiration vers des lois d'assistance qui ôteraient à l'ouvrier guetté par le chômage ou la maladie l'impression d'un entier délaissement. En compulsant les documents législatifs, on souhaiterait une bienfaisance plus active, une vue un peu moins exclusive de la seule politique, une compréhension plus complète des devoirs qu'imposent l'autorité et la richesse. Cette belle compassion humaine, cette recherche ardente et fraternelle de toutes les misères, on l'a montrée dans cet admirable groupe catholique que nous avons décrit. On peut regretter que quelque chose de ce souffle généreux n'ait pas animé ceux qui gouvernaient alors et qu'ils aient laissé à d'autres le soin d'exploiter le beau mot de fraternité. C'est que les meilleurs demeuraient plus ou moins les esclaves des préjugés passés. De l'insuffisance du sens religieux dériva pour eux – si sages et si bien intentionnés qu'ils fussent – une insuffisante notion du devoir social. Tout entiers à leurs malaises politiques, ils ne songèrent point à la maladie bien plus grave qui les rongeait. Ils ne craignirent pas assez le socialisme qui sourdement les minait et se méfièrent trop du christianisme qui peut-être les eût sauvés.

VI

Quand un être aux apparences robustes nous échappe subitement, on ne peut se persuader qu'une destruction si soudaine n'ait été dès longtemps préparée et, en une vision rétrospective, souvent minutieuse jusqu'à la puérilité, on note tous les symptômes qui semblent après coup avoir été les avertissements de la mort. Ainsi en fut-il du régime de Juillet. Quand, à l'égale stupéfaction de ses amis et de ses ennemis, il se fut effondré, l'on énuméra en les grossissant tous les signes qui eussent pu faire douter de sa solidité, et ceux même qui n'avaient rien deviné feignirent d'avoir été les plus clairvoyants.

La vérité, c'est qu'après les élections très rassurantes de 1846 et au milieu même d'une paix inaltérée, on vit se multiplier les événements fâcheux, les uns dus à la nature, les autres aux passions des hommes, comme si, du règne vieilli, le bonheur se fût retiré.

Pendant l'automne de 1846, des inondations très graves ravagèrent la vallée de la Loire. Puis des rapports fort alarmants arrivèrent sur l'état de la récolte. Le prix de l'hectolitre de froment qui était de 29 francs en janvier 1847 monta en avril à 36 francs et sur certains marchés dépassa notablement 40 francs. La misère exaspérant les esprits, il y eut des émeutes en divers départements, notamment dans l'Indre à Buzançais. La crise sur les subsistances survenait en un moment de spéculation intense, en particulier sur les valeurs de chemins de fer ; les capitalistes prirent peur, et plusieurs compagnies en détresse durent recourir à l'intervention de l'État.

Contre le gouvernement, des bruits de corruption circulaient. Le plus actif à les propager était le rédacteur en chef de *la Presse*, M. de Girardin, l'un des ennemis les plus acharnés du ministère. L'accusation était, de façon générale, calomnieuse ; tout au plus quelques pratiques incorrectes autorisées par un long usage, et quelques malversations dans l'administration de la marine. Sur ces entrefaites, une rumeur plus grave s'accrédita. M. Teste, ancien ministre des Travaux publics et maintenant président à la Cour de cassation, avait, de complicité avec le lieutenant général Cubières, reçu, disait-on, pendant son ministère un pot-de-vin de 100 000 francs pour favoriser une compagnie minière, celle de Gounehans. Le rang des accusés, la juridiction qui était celle de la Cour des pairs, les excitations de la presse, tout accrut l'émoi. M. Teste fut condamné à trois années d'emprisonnement, le général Cubières à dix mille francs d'amende. A distance on serait plutôt tenté de s'étonner qu'en dix-sept ans, dans la fièvre de tant d'affaires naissantes, sous le contrôle d'une opinion publique très en éveil et d'une justice très intègre, nul autre acte d'improbité n'ait été découvert. Mais l'opposition n'eut d'autre souci que d'étaler le scandale. Elle ne travailla point en vain. Le 5 juillet 1847, comme le duc de Montpensier donnait une fête au polygone de Vincennes, les gens du faubourg Saint-Antoine s'attroupèrent en poussant des clameurs autour des voitures qui revenaient de la cérémonie. Ce n'était pas la révolte, c'était, pis que cela ; c'était l'explosion méprisante du peuple, persuadé qu'il n'était pas un homme en place qui ne s'appelât Teste ou Cubières.

Un mois plus tard, un autre événement remplit d'une malsaine joie ceux qui se plaisaient à abaisser. Le 18 août 1847, la duchesse de Praslin fut assassinée. L'assassin était son mari, doublement grand par son rang et par sa dignité de pair de France, A cette nouvelle on assista dans le parti radical à un effort désespéré pour transformer en dépravation de toute une caste ce qui n'était que l'attentat d'un individu. Le meurtrier avait avalé du poison. Le 24 août, il mourut. A cette nouvelle, ce fut dans les bas-fonds un rugissement de colère. Quel n'eût pas été l'attrait de voir, non plus comme dans les pièces de Victor Hugo, mais dans un drame réel et vécu, un grand seigneur, membre de la Haute-Chambre et familier des Tuileries, traîné en justice et de là à l'échafaud.

En cette même année, trois historiens, Louis Blanc. Michelet, Lamartine, entreprirent de raconter, en forme d'apologie, la Révolution française. Je ne crois pas que les deux premiers exercèrent une influence sensible ; car leur œuvre, à peine amorcée, ne s'acheva que bien plus tard. Tout autre fut Lamartine avec l'*Histoire des Girondins* dont les volumes parurent coup sur coup, livre à la fois sincère et mensonger, décevant et magnifique, livre rêvé et, par instants, prodigieux de vérité ; car cet homme, si peu soucieux de la matérialité des faits, possédait à un degré incroyable le don de l'intuition. « La France s'ennuie, » avait dit un jour Lamartine à la tribune. Le livre venait à point pour la secouer, et, jusqu'à lui souffler le goût de nouvelles agitations.

Tandis que Lamartine traçait ces pages brûlantes, l'opposition s'ingéniait à grouper ses forces. La *réforme électorale et parlementaire* serait la pièce maîtresse dans sa lutte contre le gouvernement.

Nul n'ignore la signification de ces mots : par *réforme électorale*, on entendait l'extension du droit de suffrage, réservé jusqu'ici aux citoyens payant 200 francs d'impôts : quant à la *réforme parlementaire*, elle consistait en une exclusion totale ou partielle des fonctionnaires publics qui, dès 1840, siégeaient au nombre de 150 environ à la Chambre des députés et étaient, disait-on, suspects de complaisance envers qui pouvait les promouvoir ou les briser.

Dès 1842, la question avait été l'objet d'un solennel débat. : deux motions, la motion Ganneron et la motion Ducos, ainsi nommées toutes deux du nom de leur auteur, avaient réclamé, la première, l'exclusion de la plupart des fonctionnaires, la seconde, le droit de vote au profit de tous ceux qui étaient inscrits sur la liste du jury. Guizot avait affecté de ne voir dans les deux motions qu'une simple manœuvre contre le ministère, et la Chambre l'avait suivi, car la prise en considération du projet Ducos avait été écartée par 234 voix contre 193 ; la proposition Ganneron avait eu le même sort, mais n'avait été repoussée que par 198 contre 190.

Dès lors *la Réforme* – ainsi la nommait-on sans la désigner autrement – n'avait cessé d'être débattue dans le public et dans la presse. Une idée s'était formulée qui ne laissait pas que de rencontrer faveur : elle consistait à ajouter au corps électoral – quelle qu'en fût d'ailleurs la composition – les hommes pourvus de certains diplômes ou de certains emplois. C'est ce qu'on appela l'*adjonction des capacités*. En outre, la même vigilance jalouse qui s'appliquait à écarter les fonctionnaires, se mit à réclamer une exclusion pareille à l'encontre des députés qui, à titre d'aide de camp ou sous tout autre nom, touchaient un traitement sur la liste civile.

Le 6 mars 1847, le nouveau projet fut déposé. On demandait l'abaissement du cens à 100 francs et l'adjonction des capacités. Le 23 mars, les débats s'ouvrirent. M. Thiers se tenait à l'écart ; mais toute la gauche dynastique, conduite par Odilon Barrot, se disposait à livrer bataille. J'ai peu de goût pour l'histoire conjecturale recomposée après coup. Mais n'était-ce pas l'occasion pour le gouvernement de répondre à la hardiesse de l'opposition par une hardiesse plus grande. Très bruyants de langage, assez timides au fond, Odilon Barrot et ses amis ne réclamaient qu'une extension de privilège. Ils proposaient d'entre-bâiller la porte, jusque-là ouverte seulement à un certain nombre de bourgeois, et de faire passer par cette porte, comme on ferait à un guichet, d'autres bourgeois moins fortunés. Le reste demeurerait au dehors. Le vrai dessein d'homme d'État eût été de ressaisir le projet et de l'absorber dans un plan d'ensemble, de façon qu'il y disparût comme chose partielle et de peu de prix : chaque citoyen aurait sa part de capacité électorale, cette capacité variant d'ailleurs suivant les conditions de famille, d'instruction, de fortune. Quelle n'eût pas été, en face d'une telle initiative, la surprise de l'opposition, à la fois déroutée et dépassée ! Et cette politique qui eût été la hardiesse eût été en même temps la justice. Soit que cette vue des choses lui échappât ou que l'entreprise lui parût trop vaste, soit qu'il craignît les résistances du roi ou celles de la majorité elle-même, Guizot, étroit de pensées presque autant que magnifique de langage, se contenta d'opposer à ses adversaires le plus intransigeant des refus. La réforme électorale fut repoussée par 252 voix contre 154 ; la réforme parlementaire fut écartée par une majorité de 49 voix. C'était le succès apparent, non la vraie victoire. Le gouvernement se figeait au lieu de se renouveler.

Le public n'accueillerait-il pas les revendications repoussées par la Chambre ? De cette pensée un dessein naquit, celui de porter l'agitation au dehors et, comme on disait, d'*ouvrir les fenêtres*. Il sembla que le moyen le plus efficace, le plus pacifique aussi – car on se piquait alors d'être très pacifique – serait une succession de banquets où, sous l'ardeur des discours, l'on s'enhardirait mutuellement, en sorte que les assistants, chauffés à point, referaient à leur tour dans les cercles, les cafés et jusque dans leur famille, les harangues qu'ils auraient entendues. Un premier banquet aurait lieu au *Château-Rouge*. Tout fut prévu pour maintenir à la manifestation l'aspect le plus rassurant : les électeurs seraient seuls admis ; les toasts seraient arrêtés d'avance. Cependant aux membres de la gauche dynastique s'étaient associés, sauf Ledru-Rollin, les radicaux ; et dans le comité d'organisation figuraient Pagnerre et Recurt, très connus pour leurs sentiments républicains. Le 9 juillet, les convives se rassemblèrent. Odilon Barrot enfla sa voix ; les radicaux assourdirent la leur : de là une harmonie apparente, mais apparente seulement. « Ces Messieurs savent-ils bien où ils vont, disait en ce temps-là Pagnerre à Garnier-Pagès. » Il ajoutait avec un espoir joyeux : « Après tout, ce n'est pas à nous à leur ouvrir les yeux. »

Rien ne serait fait si de Paris l'agitation ne s'étendait aux départements. Mais là-bas régnait un calme obstiné. Ce qui refroidissait encore les ardeurs, c'était l'abstention des personnages qui, dans la politique, occupaient alors les premiers rôles. Thiers, quoique favorable au fond, refusait de se compromettre. Dufaure, Billault, Rémusat, se tenaient pareillement à l'écart. Entre tous les chefs d'emploi, un seul, Odilon Barrot, se donnait tout entier. Que s'il promettait sa présence, la perspective de l'entendre stimulait les adhésions, Il arrivait, col engoncé, haute cravate, habit bleu à boutons dorés, pantalon clair. Il arrivait naïf, débonnaire et sonore et en des accès d'une indignation à la fois véhémente et candide, prêchait les maximes de l'évangile réformiste. Avant lui ou à sa suite, les plus diserts des assistants dépliaient leur papier. Au milieu du choc des verres et des applaudissements, on saisissait les mots de « corruption », d'« égoïsme repu », de « France abaissée », de « gouvernement représentatif faussé », de « ministres frappés d'aveuglement ».

Tel fut le spectacle qu'offrirent beaucoup de villes, petites ou grandes : Colmar, Strasbourg, Soissons, Saint-Quentin, Et ces prédications ne furent point vaines, car le public, d'abord très froid, finit par s'émouvoir, en sorte que les meneurs purent s'autoriser à leur tour du mouvement d'opinion qu'ils avaient créé. Mais, ayant atteint leur but, ne seraient-ils pas aussitôt dépassés ? Ledru-Rollin s'était abstenu d'abord ; quand il sentit l'heure propice, il se démasqua et, à Lille, annonça en déguisant à peine son langage, la révolution prochaine. Les dynastiques qui s'étaient flattés de submerger le ministère ne seraient-ils pas eux-mêmes submergés sous la poussée radicale ?

« La maison est à moi, c'est à vous d'en sortir, » dit Tartufe à Orgon.

VII

Au milieu de cette agitation, un changement, plus considérable en apparence qu'en réalité, s'était opéré dans les hautes sphères gouvernementales. Le maréchal Soult, en abdiquant le ministère de la Guerre, avait conservé la présidence du Conseil. Alléguant son âge, il manifesta le désir d'une retraite complète. Par ordonnance du 19 septembre 1847, Guizot, depuis longtemps le vrai chef du cabinet, fut investi officiellement du titre que maréchal avait porté. Ainsi l'heure où ses ennemis faisaient le plus d'efforts pour l'abattre était aussi celle où les dignités s'accumulaient le plus sur lui.

Était-il inquiet ? Sa nature optimiste l'inclinait à se dissimuler plutôt qu'à grossir les périls. Puis il était ministre des Affaires étrangères, et à ce titre sa sollicitude s'était portée jusque-là sur l'état de l'Europe plus encore que sur notre condition intérieure.

Au point de vue diplomatique, l'année 1846 avait été marquée par deux faits notables : les *mariages espagnols, l'incorporation de Cracovie à l'Autriche*. En 1847, notre vigilance fut attirée par des événements plus graves, en Suisse et en Italie.

Les traités de 1815 avaient organisé en confédération les cantons suisses et, en garantissant à ce pays son intégrité territoriale, lui avaient assuré le bénéfice d'une neutralité perpétuelle. Mais un parti s'était formé, très radical de tendances, qui aspirait à une centralisation plus complète et, en attendant, ne laissait pas que d'être inquiétant pour l'ordre européen, car sous ses auspices, il n'était pas un révolutionnaire cosmopolite qui ne trouvât en territoire helvétique refuge et assistance. Ces radicaux étaient surtout animés de violentes haines religieuses. Leur tactique était de se porter par incursions dans les cantons réfractaires, d'y provoquer des révolutions locales et d'y installer une administration conforme à leurs vues. Pour prévenir le péril, les cantons menacés, c'est-à-dire les cantons catholiques, s'étaient, dès 1845, unis au nombre de sept en une confédération particulière, promettant de se porter secours si l'un d'eux était attaqué. Cette ligue était connue sous le nom de *Sunderbund*. Les radicaux avaient temporisé d'abord, puis quand ils se sentirent en majorité dans le grand conseil fédéral, ils déclarèrent illégale l'association, sommèrent les cantons d'y renoncer et en outre, s'ils avaient des Jésuites sur leur territoire, de les expulser. – Tel était le conflit qui, au mois de septembre 1847, menaçait de dégénérer en guerre civile et appelait toute la sollicitude des puissances signataires de l'acte de Vienne. Entre toutes les puissances, nulle n'était plus intéressée que la France au maintien d'un ordre régulier en Suisse. Mais ici l'embarras était grand. Lier partie avec l'Autriche, c'était s'engager peut-être jusqu'à une ingérence armée. Quant à une médiation concertée avec l'Angleterre, elle était malaisée ; car le chef du *Foreign office*, lord Palmerston, très irrité des mariages espagnols, était disposé à éluder ou à ajourner toute action commune avec nous. Cependant les plus avisés ne doutaient guère que les événements n'allassent plus vite que la diplomatie elle-même. Et en effet, le 4 novembre 1847, sur le refus des cantons catholiques d'obéir aux injonctions de la diète, l'exécution fédérale fut votée.

L'état de l'Italie éveillait aussi, au moins pour l'avenir, de sérieuses appréhensions. Le 1er juin 1846, Grégoire XVI était mort. L'élu du conclave avait été le cardinal Mastaï qui avait pris le nom de Pie IX. C'était un pontife, jeune encore, de grande piété, très ignorant de la politique, mais d'âme tendre, gardant secrètement un souvenir un peu attristé de certaines réactions dont il avait été témoin, et ne souhaitant qu'une chose, inspirer confiance à son peuple et se confier à lui. Son premier acte avait été une amnistie, non pas tempérée par des restrictions ou faussée par des ambiguïtés, mais mesurée d'après la bonté de son cœur. Puis il s'était fait réformateur, et avec une véhémence de zèle qui se portait à la fois sur toutes choses : instruction publique, agriculture, émancipation administrative, institution d'une garde civique, tolérance dans le régime de la presse. De là une popularité bruyante comme l'ivresse, mais passagère aussi comme l'ivresse elle-même. Bientôt les étrangers qui résidaient à Rome et spécialement les diplomates se montrèrent un peu soucieux ; ils n'observaient pas sans inquiétude des initiatives téméraires suivies d'hésitations ou de reculs, des projets amorcés dans toutes les directions et qui témoignaient d'une bonne volonté à la fois entreprenante et novice. En même temps, dans le peuple romain, on put remarquer, dès l'année 1847, un notable changement. On acclamait encore le pape, mais en des acclamations impérieuses, qui, après chaque réforme accomplie, réclamaient avec une familiarité déjà menaçante la réforme qui suivrait.

Avec une sollicitude un peu anxieuse, notre ministre des Affaires étrangères lisait, méditait, commentait les informations venues de Rome. La généreuse entreprise du Saint-Père lui paraissait sujette à deux déviations : ou elle serait confisquée par les radicaux, et alors ce serait la révolution maîtresse, ou elle se perdrait dans un grand mouvement national et unitaire, et alors ce serait, sous la conduite du Piémont, la guerre pour l'indépendance. C'est à prévenir ce double péril, c'est à garder à l'évolution libérale son caractère de modération que M. Guizot s'applique. Il ne lui convient ni de verser dans la réaction à la façon des Autrichiens qui se préparent à occuper Ferrare, ni d'imiter lord Palmerston qui, dans l'espoir de dépasser en popularité la France, s'apprête à envoyer clans la péninsule lord Minto pour y prodiguer aux novateurs les plus imprudents des encouragements, Il se pique, lui, d'être l'ami sincère, désintéressé de l'Italie. Deux fois, il développe son programme, d'abord le 3 août 1847, en un discours à la Chambre des pairs, puis, le 17 septembre, en une circulaire à ses agents. Ce qu'il souhaite en Italie, c'est la paix intérieure, le *statu quo* territorial, puis dans les différents États, des réformes accomplies progressivement, de concert entre les gouvernements et les peuples.

Ces sages et émollients avis étaient de ceux que les nations n'écoutent guère quand elles sont en travail de transformation. C'est à la seconde partie du dix-neuvième siècle qu'appartient l'histoire de la révolution mémorable, qui, tantôt cheminant sans bruit, tantôt se précipitant, amènera l'Italie jusqu'à l'entière unité. Aussi bien, dès la fin de 1847, M. Guizot, jusque-là fort en éveil, ne parcourt plus qu'avec une attention un peu distraite les dépêches arrivées d'Italie. C'est que, malgré sa hautaine assurance, sa sollicitude se porte tout entière sur son pays.

VIII

La série des banquets s'était prolongée bien avant dans l'hiver. Nul scrupule chez les radicaux, nulle lumière chez les dynastiques. Dans le pays, tranquille naguère jusqu'à la torpeur, une conviction s'affermit, celle que la corruption est universelle, qu'un changement est urgent. Du même coup, tous les ressorts de l'autorité s'affaiblissent, tant est rapide la décadence du respect.

Dans le monde officiel, nul ne prévoit une catastrophe, mais tous ou presque tous sont troublés. La vraie sagesse serait moins de changer les hommes que de travailler avec une audace réfléchie aux besognes à la fois reconstituantes et populaires qui assureront l'avenir. On ne s'élève guère jusqu'à ces hautes pensées. Mais parmi les gens de cour et jusqu'aux Tuileries, des propos s'échangent, à voix basse d'abord, puis en un accent plus raffermi, sur la nécessité de donner, par le renvoi de Guizot, un gage à l'opinion publique. Ainsi parle le comte Molé qui garde le souvenir de la coalition ; le chancelier Pasquier à qui une longue expérience de la politique a appris la souplesse ; Dupin d'âme vulgaire mais de coup d'œil sûr et d'intelligence lucide ; Montalivet qui, en sa qualité de colonel de la garde nationale, a recueilli beaucoup de confidences et que ses fonctions d'intendant de la liste civile mettent en relations presque journalières avec le roi. D'autres, comme le maréchal Gérard ou comme Sébastiani, confient leurs craintes à Madame Adélaïde qui, depuis le commencement du règne, a été la plus intime confidente du souverain, mais qui touche elle-même à ses derniers jours. Jusque dans la famille royale, le trouble règne : la reine est ébranlée : de La Spezzia, le prince de Joinville, en une lettre intime à son frère, le duc de Nemours, lui confie ses anxiétés. Dans le ministère même, ne saisirait-on point quelques traces d'hésitation ? M. Duchâtel, personnage considérable par le rang, la fortune, l'expérience des affaires, a manifesté plusieurs fois des velléités de retraite, et s'il y donnait suite, ne serait-ce pas la dislocation du cabinet ?

C'était au roi qu'appartenait la décision. Au cours de son long règne, il a eu ses heures de découragement. Il comprend que si la monarchie subsiste, le sens monarchique s'est oblitéré : de là des doutes sur l'hérédité de son pouvoir. Son grand malheur n'est pas d'être combattu, mais de sentir qu'en cas de péril, il ne sera pas soutenu. Ces réflexions ne laissent pas que d'assombrir fort le monarque. Cependant, par une évolution singulière, l'âge qui d'ordinaire rend craintifs les vieillards a diminué les appréhensions du prince, en sorte qu'après avoir observé longtemps une cauteleuse prudence, il serait exposé maintenant à tomber dans l'infatuation. C'est qu'il se remémore les années de son règne : les émeutes vaincues, les partis désarmés ; nulle loi d'exception, une observation scrupuleuse de la Charte ; la paix menacée deux fois, en 1831, en 1840, et maintenant raffermie ; l'Angleterre moins favorable depuis les mariages espagnols, mais les puissances continentales se rapprochant de nous ; l'Algérie, longtemps objet de doutes et maintenant conquête pleine de promesses. L'examen se poursuit, attestant les féconds résultats d'un sage gouvernement : tous les revenus publics accrus, la propriété foncière triplée de valeur, Paris embelli, Versailles restauré, les élections de 1846 grossissant d'une trentaine de voix la majorité gouvernentale, un recensement récent constatant en quatre années un accroissement de quinze cent mille âmes dans la population. – Maintenant la récognition est achevée, tournant de plus en plus à l'apologie. Pourquoi le prince changerait-il son ministère quand ce ministère a la majorité dans le Parlement, quand l'agitation n'est sans doute qu'une agitation de surface, quand aucune vague de fond n'atteste l'intensité d'un vœu populaire ? Et c'est ainsi que le roi s'encourage à garder Guizot. Jadis il ne l'aimait pas ; il lui a gardé rancune pour son rôle dans la coalition ; il n'a signé qu'à regret, en 1840, sa nomination comme ambassadeur à Londres. Maintenant il est habitué à lui. Cet homme à l'apparence hautaine sait s'assouplir à l'occasion ; il est d'âme droite et sans s'abaisser jamais, respectueux toujours ; il est admirable orateur, et même lorsque la politique se traîne en des régions subalternes, il excelle à la revêtir d'ampleur et de majesté. Puis par qui le remplacer ? Le nom de Molé vient aux lèvres, mais après Molé, Thiers ; car au fond, dans la Chambre, il n'y a que deux hommes : Guizot et Thiers, et à tel point que les débats parlementaires ne semblent qu'un combat singulier entre eux. Or, Thiers, le roi n'en veut pas. Il l'a fort, goûté autrefois et peut-être le goûterait-il encore. Mais il le redoute : il l'a eu deux fois pour ministre, en 1836, en 1840, et n'a réussi qu'avec peine à contenir ses entraînements belliqueux, Et quelle ne serait point l'imprudence de le reprendre à l'heure où l'état de l'Italie, de plus en plus confus, peut offrir à tout esprit téméraire, impulsif ou étourdi, une occasion d'aventure !

Et c'est ainsi que le roi, s'affirmant à lui-même que tout va bien, finit par se le persuader. Plus encore que Guizot, il est réfractaire à l'idée hardie de se rajeunir en se renouvelant. Il pourrait, comme on l'a dit, dérouter l'opposition par un projet d'ensemble sur le droit de suffrage. Il pourrait, par des lois d'assistance, se rapprocher des masses populaires. Il pourrait, par la liberté d'enseignement depuis si longtemps promise, donner satisfaction aux catholiques et par contrecoup à cette fraction des légitimistes liée au parti religieux. Mais il ne semble pas que ces pensées aient hanté son esprit. Maintenir ce qui existe, telle est toute sa politique. Dans cette disposition il exagère encore son optimisme. Il reçoit le général de Castellane et étale devant lui une si complète satisfaction que le général en demeure stupéfait. Il se refuse à écouter Montalivet. La reine a été inquiète : il la calme avec cet air d'assurance qui rend la confiance et ce tutoiement affectueux qui est le signe des bons ménages. Guizot, en un entretien avec lui, lui offre de se retirer : le roi repousse la suggestion.

Y aura-t-il des troubles ? Le monarque ne peut l'imaginer. Pour la sécurité publique, il se repose sur la garde nationale : il l'a vue en 1831, 1832, 1834, empressée à se rassembler, courageuse et fidèle. C'est, à sa façon, sa garde royale à lui, flattée, choyée, caressée, ayant le premier rang dans toutes les revues, garde dont il se plaît à décorer les officiers et à recevoir familièrement les chefs aux Tuileries. Se pourrait-il qu'elle fût jamais gagnée d'indiscipline ? En tout cas, si contre toute apparence quelque péril surgissait, le roi compte sur lui-même. Il ne peut se persuader ni que ses forces soient diminuées, ni que l'âge ait énervé sa volonté. Il se sent toujours la même énergie qui a vaincu les émeutes, la même sagesse qui a sauvegardé la paix ; il compte enfin sur le même bonheur qui l'a protégé au cours de sa longue vie, et c'est dans cette confiance qu'il atteint la session.

IX

Elle s'ouvrit le 28 décembre. Toutes les pompes officielles, mais une impression un peu triste. On note avec une crainte superstitieuse les incidents de l'année qui finit : le procès Teste ; la duchesse de

Praslin ; tout récemment le tragique suicide de M. Bresson, l'un des diplomates les plus en vue ; Madame Adélaïde, cette habituelle conseillère du roi, sur le point de mourir. Puis les pensées se portent, toutes soucieuses, au delà de nos frontières, vers l'Italie qui risque d'agiter le monde autant qu'elle s'agite elle-même, vers la Suisse où les radicaux, étant entrés dans Fribourg, dans Lucerne après une facile victoire, ont dissous le *Sunderbund*, et se répandent en laides et cruelles violences sur des paysans, des moines, des religieuses.

Entre toutes les paroles du discours royal, les plus curieusement attendues étaient le jugement sur les agitations réformistes. Ceux qui souhaitaient la clarté, une clarté sans voiles, furent servis à souhait. Le roi s'exprimait en ces termes : « Au milieu de l'agitation que fomentent les *passions ennemies ou aveugles*, une pensée m'anime et me soutient, c'est que nous possédons dans la monarchie constitutionnelle, dans l'union des grands pouvoirs de l'État, les moyens les plus assurés de satisfaire tous les intérêts moraux et matériels de notre chère patrie. Maintenons fermement, selon la Charte, l'ordre social et toutes ses conditions. Nous remettrons intact aux générations qui viendront après nous le dépôt qui nous est confié, et elles nous béniront d'avoir fondé et défendu l'édifice à l'abri duquel elles vivront heureuses et libres. »

Il était impossible d'être plus précis. *Hostiles ou aveugles*, tels étaient bien les députés réformistes. Seulement ces paroles, dans leur véridique et cruelle âpreté, résonnaient comme un défi. En piquant au jeu les amours-propres, elles rejetaient les *dynastiques* sur les radicaux et cimentaient leur ligue loin de la désagréger, Plusieurs se rappelèrent que Charles X en 1830 n'avait point parlé autrement. Lui aussi, il avait, en éveillant une sorte de point d'honneur, creusé le conflit entre lui et son peuple comme aujourd'hui Louis-Philippe entre lui et l'opposition.

Entre les discours de la session, deux surtout méritent d'être rappelés, tant ils résonnèrent à la manière de cris d'alarme :

Le premier fut celui de Montalembert dans la Haute Chambre le 14 janvier 1848. Il s'agissait des affaires de Suisse. Là-bas il y avait eu une défaite : celle du *Sunderbund* qui figurait la liberté ; une victoire, celle des radicaux qui figuraient l'oppression révolutionnaire.

Sur ce terrain, Montalembert se sentait comme soulevé, la révolution étant ce qu'il détestait le plus, la liberté, et en particulier la liberté religieuse, étant ce qu'il se piquait surtout de servir. D'un coup d'aile, il porta le débat à de telles hauteurs que jamais, dans l'enceinte du Luxembourg, de tels accents n'avaient résonné. Pendant deux heures, avec toute l'ardeur d'une passion vengeresse, il flétrit les iniquités, les violences, tantôt brutales, tantôt voilées d'hypocrisie, des radicaux suisses. Enivrant prestige de l'éloquence, fierté d'un tel orateur, indignation contre l'injustice, tout subjugua la noble assemblée qui se mit à applaudir comme elle ne l'avait fait jamais. Mais était-ce à la Suisse seule que Montalembert songeait ? « Je ne viens pas, avait-il dit en commençant, parler pour des vaincus, mais à des vaincus, – vaincu moi-même à des vaincus, – c'est-à-dire aux représentants de l'ordre social, de l'ordre régulier qui vient d'être vaincu en Suisse et qui est menacé dans toute l'Europe. » Ainsi tout s'agrandissait, le cadre qui n'était plus la Suisse mais l'Europe, la cause qui n'était plus seulement celle des cantons catholiques, mais celle de la civilisation, le crime dénoncé qui était celui de la démagogie cosmopolite niveleuse, oppressive et impie. Ce fut ce tressaillement intime de l'âme, cette vue presque prophétique d'un péril peut-être prochain, ce magnifique et angoissant appel à l'union qui remua jusqu'à l'électriser le plus froid des auditoires. Et c'est pourquoi, au milieu de l'oubli où tombent le plus souvent les discours, celui-là a mérité de survivre.

L'autre discours fut, le 27 janvier 1848, celui de Tocqueville à la Chambre des députés. Ici nul éclat de parole, nul frémissement de l'auditoire, une attention qui ne se soutient qu'à demi, tant la voix est voilée, tant l'assemblée a peine à s'élever au-dessus des réalités immédiates, tant l'unique enjeu semble être le ministère à perdre ou à sauver. Cependant qui ne rapprocherait des paroles enflammées de Montalembert les graves avertissements de Tocqueville : « Pour la première fois depuis quinze ans, dit-il, j'éprouve une certaine crainte pour l'avenir. On dit qu'il n'y a point de péril parce qu'il n'y a point d'émeute... Sans doute le désordre n'est point dans les faits, mais il est entré profondément dans les esprits. » Et l'orateur montre les classes ouvrières agitées par les passions sociales bien plus redoutables encore que les passions politiques, travaillées, en un mot, par des opinions qui ne tendent pas seulement à renverser telle loi, tel ministère, tel gouvernement, mais le monde lui-même. « Et ne croyez-vous pas, poursuit Tocqueville, que quand de telles opinions prennent racine, quand elles descendent profondément dans les masses, elles amènent tôt ou tard, je ne sais quand ni comment, les révolutions les plus terribles ? »

Le 7 février, on arriva, dans la discussion de l'Adresse, au passage relatif à la réforme électorale. La commission, copiant presque mot pour mot le langage royal, s'était bornée a une brève flétrissure des *passions ennemies ou des entraînements aveugles*. La majorité, jusque-là, s'était montrée très fidèle. Cependant un petit groupe de conservateurs progressistes s'était formé qui ne cachait pas ses préférences pour une formule plus adoucie. En outre, quelques hommes, comme M. de Morny, sans abandonner le ministère, souhaitaient fort une certaine détente. De là divers amendements : en particulier, celui de M. Desmousseaux de Givré qui supprimait les mots d'*aveuglement* et d'*hostilité*, et celui de M. Sallandrouze qui se bornait à exprimer un vœu pour « des réformes sages et modérées ». Ces amendements furent repoussés, mais non sans que M. Guizot ait manifesté quelque velléité d'humeur plus transigeante. C'est ainsi qu'à propos de l'amendement Sallandrouze, il déclara que la réforme électorale et parlementaire devrait être discutée à fond au cours de la législature.

X

La discussion de l'Adresse s'acheva le 12 février. Nous touchons au coup de surprise qui, douze jours plus tard, renversa la dynastie.

Coup de surprise, tel est bien le mot où se résument tous les événements qui vont suivre. Il y a eu des paroles angoissées, tels les discours de Montalembert et de Tocqueville. Mais si beaucoup sont inquiets, nul n'a la vue de ce qui pourra lui survenir à lui-même ou de ce que les autres pourront tenter. – Surpris, M. Guizot, précipité tout à coup de son immobilité hautaine. – Non moins surpris, M. Thiers le rival de Guizot qui, le 2 février 1847, à propos des affaires d'Italie, s'est proclamé avec une pétulance étourdie l'homme de la révolution et qu'on verra un mois plus tard, apeuré jusqu'à l'affolement, dire à M. Cousin : « Il ne nous reste plus qu'à nous jeter aux pieds des évêques. » – Surpris plus que tous les autres, les députés dynastiques, ingénument destructeurs et qui semblent ignorer qu'aux enfants seuls, il est permis de faire le mal et de dire ensuite : « Je ne l'ai point fait exprès. » – Surpris aussi le roi lui-même, sage longtemps, sage au point de passer pour la sagesse même, mais à qui cette renommée de sagesse devient funeste, car elle fait naître en lui l'infatuation. – Surpris enfin ceux qui demain triompheront : chez eux nulle prévision de l'avenir prochain, et peut-être, s'ils l'eussent connu, plus de crainte que de joie, en sorte qu'on n'échappera à la monarchie que pour tomber dans une improvisation de république qui ne sera ni mal intentionnée, ni sanguinaire ni perverse, mais tout de même accumulera plus de fautes en trois mois que la royauté en dix-huit ans.

Le conflit commença petitement, à la manière d'un litige entre gens de loi, très désireux de ne point se battre. Les banquets avaient réussi. Dynastiques et radicaux, moutons et loups mêlés, résolurent de continuer. Cependant le gouvernement se jugeait fondé à interdire ces agapes qui, si fraternelles qu'elles fussent, n'étaient qu'à demi rassurantes. Ainsi s'exprimait, avec une courtoisie bienveillante le ministre de l'Intérieur, M. Duchâtel, et en termes plus âpres, le garde des Sceaux, M. Hébert. Un arrangement fut conclu, à la façon d'une transaction entre procéduriers. Au jour fixé pour le prochain banquet, c'est-à-dire le 22 février, les souscripteurs se rendraient à la réunion qui aurait lieu, non dans un quartier populaire, mais dans le quartier alors assez solitaire des Champs-Élysées. Au moment où les convives prendraient place, un commissaire de police paraîtrait et inviterait l'assemblée à se dissoudre. Odilon Barrot, ce naïf impénitent, protesterait, et naturellement en un discours. Le commissaire de police dresserait procès-verbal. On ne doutait pas que les assistants ne se séparassent docilement. Le litige serait soumis au juge de paix ; puis le point de droit serait tranché par la Cour de cassation. Sur l'heure, l'arrangement parut tout à fait à souhait. L'opposition s'y rallia, le ministère pareillement, et du tout, comme on eût fait en une étude de notaire, on dressa le 19 février procès-verbal.

La sécurité fut courte. Le 21 février, *le National*, *la Réforme*, *la Démocratie pacifique*, publièrent un avis qui ajoutait à la déclaration de l'avant-veille un post-scriptum fort inquiétant. On ne changeait rien au programme du banquet. Seulement on s'y rendrait en un tel appareil que, selon toute apparence, on commettrait, chemin faisant, les délits que le Pouvoir s'ingéniait à prévenir. Rendez-vous était donné à dix heures, place de la Madeleine, aux souscripteurs et aux invités. De là on se dirigerait vers le lieu de la réunion : en tête du cortège figureraient les officiers supérieurs de la garde nationale, puis s'avanceraient, rangés en colonnes, les gardes nationaux, sans armes mais en uniforme, et groupés par numéros de légion. Entre les files de gardes nationaux s'intercaleraient les jeunes gens des écoles, sous la conduite de leurs commissaires.

En cet appel des journaux, deux lois se trouvaient violées : la loi qui prohibait les attroupements ; puis celle qui défendait tout rassemblement de la garde nationale sans convocation régulière. Le gouvernement résolut de se montrer énergique. Il défendit le banquet. Une proclamation du préfet de police interdit le cortège. Des précautions militaires furent prises. Cependant, si le gouvernement était soucieux, ses adversaires ne l'étaient pas moins. Qu'une émeute éclatât, et le peuple serait écrasé : ainsi pensaient, non seulement Odilon Barrot et ses amis, mais encore les radicaux rassemblés aux bureaux de *la Réforme*. Sous l'empire de ces craintes, l'opposition renonça à la manifestation. Dès les premières heures de la nuit, on connut dans les ministères et aux Tuileries ces dispositions redevenues pacifiques. Les mesures de défense furent contremandées, et l'on se reposa dans l'espoir que le calme ne serait point troublé.

XI

Le public ne connaissait pas le recul de l'opposition. Le 22 février dès le matin, on vit, soit par les boulevards, soit par les quais, des bandes se diriger vers la Madeleine, rendez-vous fixé la veille par *le National* et *la Réforme*. Dans ces bandes, beaucoup d'ouvriers, et parmi eux quelques professionnels de l'émeute ; puis de simples curieux, et aussi de petits bourgeois que le mot de réforme avait conquis. Nulle direction, nul chef au moins apparent, peu d'animation encore, rien que des cris : « *A bas Guizot !* » Jusqu'ici nulle autre force sur pied que les sergents de ville et les gardes municipaux. Cependant la foule s'était répandue sur la place de la Concorde ; et quelques-uns des manifestants parvinrent à s'introduire jusque dans le Palais-Bourbon à ce moment désert. A cette nouvelle, un détachement de dragons, requis en toute hâte, déboucha de la caserne du quai d'Orsay et, venant au secours de la police, dégagea le palais.

L'heure de la séance parlementaire approchait. Les députés commençaient à arriver. Les opposants, un peu honteux d'avoir renoncé au banquet, tinrent à se racheter par un acte d'énergie. Ils déposèrent contre le cabinet une demande de mise en accusation. La motion surprit ; car les ministres, quel que fût le jugement sur leur politique, n'avaient ni violé aucune loi, ni gouverné en dehors de la majorité. Cinquante-deux députés seulement donnèrent leur signature. Dans le même temps, au dehors, quelques barricades s'ébauchaient rue Duphot, rue Saint-Florentin. Sur ces indices, le gouvernement déploya d'importantes forces militaires. Mais avec la nuit tout sembla rentrer dans le calme. Les troupes regagnèrent leurs casernes ; et dans les régions officielles, on se flatta qu'à la manière, d'un feu de paille, la sédition était apaisée.

Elle ne l'était pas, et on le vit bien quand, dès le matin du lendemain 23 février, les émeutiers se fortifièrent dans le quartier du Temple et le quartier Saint-Merry. Même en se prolongeant de la sorte, l'émeute semblait vouée à la défaite. Mais le vrai, le terrible danger se révéla bientôt : il résiderait dans l'attitude de ceux qui avaient charge de défendre l'ordre menacé.

La garde nationale avait, au début du règne, contribué, avec autant de patriotisme que de courage, à maintenir la paix publique. A la faveur d'une longue tranquillité, elle s'était un peu amollie, et jugeant le gouvernement solide au point d'être inébranlable, elle s'était pénétrée d'humeur frondeuse. Les articles des journaux, les harangues des banquets avaient achevé de troubler les cerveaux. Cette altération de l'esprit primitif n'avait point échappé ; et un mois auparavant, au Luxembourg, l'un des pairs, M. de Béthizy, avait osé dire : « Je défie qu'on convoque la garde nationale, car on ne pourrait la réunir sans avoir à craindre une manifestation », La sagesse eût été, en cette occurrence, de confier aux troupes seules et à la police le soin de la répression. Les forces militaires disponibles s'élevaient à 30 000 hommes environ, chiffre suffisant pour réduire même la plus redoutable des insurrections. On craignit d'indisposer, par une injurieuse méfiance, ceux qui, en d'autres temps, avaient été les meilleurs soutiens du trône. On les avait déjà convoqués la veille ; on les convoqua de nouveau. L'illusion sur eux ne fut pas longue : on vit les uns proposer une pétition pour la mise en accusation du ministère, les autres s'interposer entre les gardes municipaux et les émeutiers ; les plus modérés criaient à tue-tête : « *Vive la Réforme !* » De là un double péril : encouragement pour les insurgés qui devinaient en face d'eux des complaisants, presque des complices ; contagion d'indiscipline pour les troupes régulières, fidèles jusque-là, mais un peu lassées par les longues attentes, les surprises des guerres de rues, et qu'accueillait déjà, comme un appel à la défection, ce cri habituel de toutes les émeutes ; « *A bas les gardes municipaux. Vive la ligne !* »

La déception fut profonde, nulle part plus ressentie qu'aux Tuileries. La garde nationale était, aux yeux du roi, l'une des institutions fondamentales du règne. Quand il la vit infidèle, le trouble pour la première fois l'envahit. Lui si ferme, lui optimiste au point de paraître infatué, il se prit, à douter de sa fortune. Et alors commença la série des erreurs, des hésitations, des inconséquences qui, vingt-quatre heures plus tard, le précipiteraient vers l'exil.

XII

J'ai raconté autrefois cette chute lamentable. Je ne me sens pas le courage de répéter ce que j'ai déjà écrit. Quelques pages suffiront pour dépeindre les vainqueurs et les vaincus, les uns aussi abasourdis de leur victoire que les autres demeurent éperdus sous leur effondrement.

Guizot avait à la cour beaucoup d'ennemis. « Qu'on le sacrifie, disait-on, et le calme renaîtra. » Le roi, jusque-là inébranlable, prêta cette fois l'oreille. M. Duchâtel étant venu aux Tuileries, il lui insinua, non sans quelque embarras, l'idée d'un changement ministériel, M. Duchâtel comprit, et pareillement Guizot, qui, averti par son collègue, arriva peu après. La démission offerte fut incontinent acceptée, bien qu'avec toutes sortes de témoignages de regret. Vers trois heures, au Palais-Bourbon, en des paroles qui seraient les dernières qu'il prononcerait à la tribune, le président du Conseil annonça la grande nouvelle ; et les députés de l'opposition, si dynastiques qu'ils fussent, se réjouirent bruyamment, comme si la tempête qui grossissait ne devait pas les balayer le lendemain.

Les concessions sont souvent opportunes pour prévenir les crises, ou nécessaires quand les crises sont passées. En pleine bataille, il est rare qu'elles sauvent. Si l'on se décidait à céder, la sagesse commandait de céder assez pour désarmer, à défaut des ennemis acharnés, les adversaires les moins irréductibles. Soit espoir de tout ressaisir, soit crainte d'être débordé, le roi se contenta d'opérer un léger glissement au lieu de se résigner à une évolution. Celui qu'il appela fut le comte Molé, peu connu des masses, et qui, au point de vue des idées, ne différait guère de Guizot que par une moindre éloquence et des formes plus adoucies. Comme il eût fait en des temps paisibles, Molé se mit en quête de collègues. Quant au roi, sa résolution prise, il se prend à la regretter : « Quand je pense, dira-t-il un peu plus tard, que tout cela s'est décidé en un quart d'heure. » Puis il calcule sur quelle pente il risque d'être entraîné : avec Molé, Thiers, sans doute aussi Barrot, et non seulement la réforme électorale, mais peut-être la dissolution de la Chambre. Tandis qu'il réfléchit de la sorte, les nouvelles se succèdent, confirmant les complicités de la garde nationale, annonçant l'impuissance du nom de Molé, vainement jeté à la foule. Cependant plusieurs des plus illustres soldats d'Afrique sont à Paris : Bedeau, Lamoricière et, au-dessus de tous, Bugeaud. Pour le commandement général des forces militaires, on a déjà songé au maréchal ; lui-même s'est offert, et il attend, non sans impatience, sentant la rébellion croître, qu'on mette à profit son expérience. Le roi songe à l'appeler, puis hésite, et, si mortels que soient les ajournements, on comprend la perplexité. C'est que Bugeaud signifie répression ; Molé concession, surtout s'il s'associe à Thiers ; or, dans les conjonctures où l'on se trouve, on peut encore opter entre les deux conduites, mais point pratiquer à la fois l'une et l'autre sous peine de les stériliser toutes deux.

Ces heures que la royauté laisse se consumer sont, pour les chefs radicaux, pour les républicains, pleines de joyeux étonnements. Le 21, ils ont découragé toute prise d'armes. Le 22, ils se sont terrés dans l'attente. Maintenant, en cet après-midi du 23, ils notent tous les signes réconfortants : les rassemblement qui prennent consistance, les barricades qui se consolident, les forces de police exténuées, les troupes déjà ébranlées, la garde nationale niaisement complice. Sur ces entrefaites, une collision funeste, due au hasard, vint changer en confiance ce qui n'était encore qu'espoir.

Ce fut sur le boulevard, vers neuf heures et demie du soir, que le choc se produisit. Depuis la tombée du jour, des bandes s'y succédaient, portant des torches et faisant de force illuminer les maisons. L'une de ces bandes, plus forte que toutes les autres, arrivant de la Bastille et se grossissant en chemin, vint se heurter à un bataillon du 14e de ligne qui gardait, sur le boulevard des Capucines, le ministère des Affaires étrangères et barrait la chaussée. Un détachement de garde nationale, placé en avant du bataillon, devait, à la manière d'un corps amortissant, prévenir le contact direct entre la troupe et la foule. Mais il venait d'être déplacé pour protéger sur la place Vendôme la chancellerie, en sorte que bientôt soldats et manifestants se touchèrent. Ceux-ci pouvaient d'autant moins reculer que la queue de la colonne, faisant pression, les poussait en avant. Le seul passage laissé libre était la rue Basse-du-Rempart, et ce fut ce passage que le lieutenant-colonel Courant, commandant le bataillon et très désireux d'éviter tout conflit, indiqua aux chefs de l'attroupement. Clameurs, puis menaces s'échangèrent. Soudain un coup de feu partit, tiré, dit-on, par un sergent qui, ayant vu insulter son lieutenant-colonel, n'avait pas résisté à le venger. Puis une décharge générale éclata, couchant sur le sol une cinquantaine d'hommes, les uns blessés, les autres atteints à mort. Une double terreur suivit, celle de la foule, celle des soldats eux-mêmes éperdus de ce qu'ils avaient fait. Quand les manifestants furent un peu revenus de leur consternation, une indicible colère s'empara d'eux. Non loin de là, ayant rencontré un fourgon, ils s'en saisirent, y placèrent les cadavres ; et pendant une partie de la nuit, la lugubre procession parcourut la ville, appelant le peuple à la vengeance.

Vers dix heures, on connut aux Tuileries la terrible collision. Un peu plus tard, survint le comte Molé, confessant son impuissance. Le roi se résigne à subir Thiers, peut-être même Barrot. Cependant il revient à l'idée qui, depuis le matin, le hante, celle de se pourvoir à deux fuis, d'avoir à la fois sous la main un soldat pour combattre, des ministres pour négocier. Les ministres démissionnaires n'ont pas encore été officiellement remplacés. Ce sont eux qui contresignent l'ordonnance confiant à Bugeaud le commandement général des forces militaires.

Au milieu de la nuit, Bugeaud arrive. Il se rend, rue de Rivoli, à l'état-major et s'applique à relever les courages. Il prescrit la formation de quatre colonnes qui, dès l'aube, se mettront en marche : la première, sous les ordres du général Tiburce Sébastiani, sera dirigée vers l'hôtel de ville ; la seconde, confiée au général Bedeau, passera par les boulevards, aura pour objectif la place de la Bastille ; la troisième manœuvrera derrière les deux autres pour empêcher les barricades abattues de se relever ; la quatrième se portera vers le Panthéon.

Il semble que ce soit la lutte, et jusqu'à la victoire. Qui croire cependant ? Tandis que Bugeaud achève à l'état-major ses dispositions pour la bataille, Thiers arrive aux Tuileries. Il réclame comme collègue Odilon Barrot, cite d'autres noms non moins désagréables au roi, demande, outre la réforme électorale, la dissolution. Le roi, courbant la tête, accepte tout, sauf la dissolution. Mais quelle n'est, pas l'inconséquence ! Quel système prévaut, répression avec le maréchal, concession avec Thiers et Barrot ? Ou bien caresse-t-on l'espoir de ramener en même temps par sacrifices et de réduire par rigueur ? La suprême et imminente catastrophe ne sera que la résultante de cette dualité de conduite ; le nom du maréchal paralysera les ministres conciliateurs et, d'un autre côté, l'esprit de conciliation, gagnant jusqu'à l'état-major, paralysera l'action militaire aux mains du maréchel et de ses lieutenants.

Entre les colonnes formées par le maréchal, celle qui avait le plus de chemin à franchir, les quartiers les plus hostiles à traverser, c'était celle du général Bedeau, forte de 2 000 hommes environ ; à l'angle de la rue Saint-Denis, une barricade se dressait, un peu plus imposante que les autres. A ce moment, des gardes nationaux, des gens du quartier survinrent, suppliant le général de s'arrêter, jusqu'à ce que la nouvelle ait pu se répandre de la constitution du ministère Thiers-Barrot. Bedeau était le plus courageux, mais aussi le plus humain des hommes. Il hésite, puis le cœur tout torturé par cet appareil de guerre civile, il consent à surseoir jusqu'à ce qu'il ait reçu de nouveaux ordres du maréchal. Un négociant du quartier porte le message. Le plus étrange, c'est l'accueil de Bugeaud. Lui aussi, à l'état-major, il est assailli de bourgeois, d'officiers de la garde nationale, tous conciliateurs, tous médiateurs, et conjurant qu'on évite l'effusion du sang. Longtemps il a résisté ; maintenant il subit ces influences dissolvantes qui, dans les luttes civiles, énervent les plus résolus. Il donne l'ordre de cesser le feu, de se replier, d'annoncer partout que Thiers et Barrot sont ministres.

Et c'est ainsi que le soldat s'efface pour laisser la place libre aux messagers de paix. Mais voici le plus grand malheur : le nom du soldat réduit à son tour à l'impuissance les ouvriers de pacification.

Les nouveaux ministres : Thiers, Barrot, Duvergier de Hauranne[5], Rémusat, et avec eux Lamoricière, désigné pour le ministère de la Guerre, se rassemblent le 24 février, vers huit heures du matin, aux Tuileries. On décide que deux d'entre eux se répandront dans les groupes pour y prêcher la conciliation. On désigne, non Thiers déjà dépassé, mais Barrot qui se croit encore populaire, et Lamoricière l'homme à la parole communicative qui peut-être entraînera les masses, comme il a entraîné tant de fois ses zouaves africains. L'espoir s'évanouit bien vite. Dans le centre de la ville, Barrot ne rencontre que sombres visages : « On vous trompe, lui disent les émeutiers » ; que s'il proteste, on lui lance le nom de l'impopulaire Bugeaud, de Bugeaud qui signifie répression à outrance. Et le chef de la gauche dynastique, désabusé de tout, même de sa propre éloquence, rentre chez lui, mélancolique et inglorieux. Quant à Lamoricière[6], il court un autre risque, mais plus grand. Il a si fière tour-

5. Duvergnier de Hauranne, penseur et homme politique français (1798-1881) favorable à la monarchie parlementaire, à qui l'on prête la célèbre maxime : « Le roi règne mais ne gouverne pas. »

6. Christophe Louis Léon Juchault de Lamoricière (1806-1865) est un général français qui participe à la conquête de l'Algérie. Ministre de la Guerre après les journées de juin 1848, il s'exile après le coup d'État du 2 décembre 1851. En 1860, il prend la tête du corps des zouaves pontificaux et combat l'armée du nouveau royaume d'Italie.

nure, un langage si entraînant, que les groupes le pressent, cherchent à l'embaucher, ne sont pas éloignés de l'acclamer comme chef. En hâte, piquant des deux, il échappe aux tentateurs et rentre aux Tuileries.

Conciliation, répression, tout s'abîme en même temps. Sur les boulevards, Bedeau, d'après l'ordre général de repli parti de l'état-major, a opéré sa retraite. Mais quelle retraite ! Les gardes nationaux mêlés aux émeutiers ; les émeutiers eux-mêmes, frôlant les soldats et fouillant familièrement dans les gibernes ; tous marchant en un fraternel désordre ; les officiers feignant de ne pas voir ; des cris étourdissants ; les boulevards traversés en cet appareil au milieu d'une foule moitié gouailleuse, moitié menaçante ; enfin l'arrivée sur la place de la Concorde où Bedeau, homme de devoir et de vertu fourvoyé dans les luttes civiles, contemple d'un œil désespéré cette masse confuse qui n'a plus rien d'une armée.

Sur les traces des troupes qui se replient, les émeutiers s'avancent. Postes de police, casernes, édifices publics, tout, tombe entre leurs mains. Ils ont occupé l'hôtel de ville. Les voici qui se portent vers les Tuileries.

Dans le palais, les messagers se précipitent, tous répandant l'effroi. Cependant l'effarement est plus grand encore que le péril. Autour du château et sur la place du Carrousel, il y a quatre ou cinq mille hommes non gâtés par le contact populaire ; parmi les gardes nationaux eux-mêmes, il en est qui appartiennent au parti de l'ordre et dont le sentiment du danger a réveillé la clairvoyance. Qu'un appel chaleureux du souverain stimule leur dévouement, et tout peut être sauvé. Louis-Philippe, secouant son abattement, revêt son uniforme de lieutenant général et descend sur cette même place du Carrousel où Louis XVI, au matin du 10 Août, a passé en revue, lui aussi, ses bataillons. De la 1re et de la 10e légion partent des cris de « *Vive le roi !* » Mais dans la 4e légion, les seuls cris qui se perçoivent sont ceux de « *Vive la réforme ! A bas Guizot ! A bas le système !* » et aux clameurs se joignent des gestes menaçants. Le roi se trouble, tourne court, et sans songer aux troupes de ligne qui attendent sous les armes un appel à leur fidélité, il rentre précipitamment aux Tuileries.

C'est le dernier espoir qui s'évanouit. Nulle résistance, si ce n'est au poste du Château-d'Eau, près du Palais-Royal, où un détachement du 14e de ligne, fidèle à la discipline, demeure sourd aux caresses comme aux sommations. Un avis s'ouvre *in extremis*, celui de substituer au maréchal Bugeaud le vieux maréchal Gérard, de remplacer pour la présidence du Conseil Thiers, décidément suspect, par Odilon Barrot qui est déjà dépassé. Mais quelle voix pourrait se faire entendre au milieu de l'universelle confusion ! Cependant, aux Tuileries, un mot se prononce, d'abord tout bas comme on ferait dans la chambre d'un malade, puis plus haut, et enfin avec un accent presque impérieux, celui d'abdication. Ainsi parle – car le palais semble ouvert à tout venant – ainsi parle, avec une extraordinaire véhémence, Émile de Girardin. A ce mot, la reine se redresse, toute révoltée de l'humiliation ; mais plusieurs, même parmi les meilleurs amis de la royauté, gardent un silence consterné. Le roi hésite ; puis lentement et comme persuadé de l'inutilité du sacrifice, il trace ces mots : « J'abdique cette couronne que la volonté nationale m'avait appelé à porter, en faveur de mon petit-fils le comte de Paris. » L'acte est confié au maréchal Gérard, afin qu'il puisse le montrer comme un gage d'apaisement ; le papier lui-même s'égare et n'a pu être retrouvé.

L'abdication, c'est la fuite. Aussi bien la fusillade se rapproche des Tuileries. Un peu passif jusque-là, mais irréprochable de droiture, et de cœur intrépide, le duc de Nemours veille au salut des siens. Il a préparé des berlines de voyage, puis, à défaut de celles-ci, trois petites voitures, de celles qui sont destinées en temps ordinaire au service des officiers d'ordonnance et les a envoyées au pont Tournant. Le roi, accompagné de la reine, du duc de Montpensier, de quelques fidèles, traverse sans encombre le jardin des Tuileries, alors presque désert ; car c'est autour du Carrousel que gronde la révolution triomphante. Et à l'extrémité du jardin, tous s'entassent dans les pauvres équipages qui partent au galop pour Saint-Cloud en attendant l'exil.

Après Louis-Philippe un enfant restait, le comte de Paris, comme après Charles X le duc de Bordeaux. « Oter la couronne au roi, ce n'est pas la donner à mon fils, » avait dit tristement la duchesse d'Orléans qui avait montré en toute cette crise un courage au-dessus de sa fortune. Elle avait raison, car, à la Chambre des députés, la ruine allait se consommer. On connaît cette séance suprême du 24 février : le duc de Nemours, régent d'après la loi, s'effaçant devant sa belle-sœur : la duchesse se rendant au Palais-Bourbon et saluée d'abord d'acclamations : Marie, puis Crémieux réclamant un gouvernement provisoire : Odilon Barrot longtemps attendu, arrivant enfin et, de cœur droit autant que de médiocre clairvoyance, faisant noblement appel à l'assemblée en faveur de la veuve et de l'enfant : mais l'enceinte se remplissant de gens suspects ; le mot de république volant de bouche en bouche ; Lamartine désertant la cause de la régence ; les troupes nombreuses encore mais immobilisées et impuissantes au milieu d'un général effarement ; les députés débordés par les flots du peuple ; un gouvernement provisoire ébauché tumultuairement au Palais-Bourbon, puis s'établissant au milieu d'une confusion non moindre à l'hôtel de ville ; la duchesse d'Orléans réduite enfin à fuir. Mais déjà c'est un autre régime qui commence et ici s'arrête l'*Histoire de la monarchie de Juillet*.

Jamais catastrophe ne fut plus soudaine ni plus inattendue. Nulle loi violée, nul grand intérêt menacé ; nul péril au dedans ou au dehors ; et l'on ne sait ce qui stupéfie le plus : ou le peuple qui, sans aucune cause profonde, s'exalte tout à coup en un élan d'incroyable griserie, ou le pouvoir qui, sage jusque-là, semble subitement comme paralysé et, perdant tout sang-froid, s'abandonne sans aucune réaction d'énergie.

A travers ce qui semble coup de surprise, ne pourrait-on pas cependant discerner une certaine faiblesse initiale, et pour ainsi dire constitutionnelle, qui laissa sans défense contre cette surprise même, et transforma une simple crise en un mal mortel ?

On peut se représenter un architecte qui, en construisant une habitation, la pare avec un soin jaloux de tout ce qui peut servir à l'agrément et aux aises de la vie ; mais, soit négligence, soit nécessité de bâtir vite, ne prend qu'un médiocre souci d'assurer la solidité des fondations ou celle de la toiture, en sorte qu'un ouragan, même de violence moyenne, pourra tout balayer. En cette demeure à la fois confortable et fragile, on retrouverait l'image de la monarchie de Juillet. A mi-hauteur, le plus ingénieux assemblage de toutes les commodités qui peuvent embellir l'existence, et l'accumulation de toutes les ressources qui permettent aux facultés de l'esprit de se développer jusqu'à plein rendement. Là se sont pelotonnés, – très satisfaits et ayant toute raison de l'être, – les privilégiés du régime, ces électeurs censitaires, non seulement favorisés mais comblés. En leur logis bien clos, et défendus jusqu'à l'excès contre toute intrusion, ils travaillent avec zèle et administrent toutes choses en gens ménagers autant qu'avisés. Cependant, plusieurs d'entre eux, qui se proclament et se croient *dynastiques*, cèdent à un penchant très commun parmi les hommes, la lassitude de leur propre repos et, sous prétexte d'améliorer, ne résistent pas à la tentation de pratiquer quelques coups de sape dans les murs de cette demeure solide en apparence, en réalité tout artificielle, tant elle a été aménagée pour ainsi dire en l'air en une double défiance, celle des plus grands, celle des plus petits ! On est sans scrupule tant on croit le régime fort, en sorte qu'on poursuit la petite désagrégation avec cette sereine étourderie des hommes graves qui est la pire de toutes. Le vacarme des paroles ne permet pas d'entendre les premiers craquements. Comme on a bâti sur des fondations peu solides et souvent à côté des fondations anciennes, l'édifice, bien que récent, se creuse d'inquiétantes lézardes, s'ébranle et tout à coup s'écroule. Il s'écroule sans qu'aucun obstacle arrête la chute. Qui viendrait au secours ? Point ceux d'en haut qu'en 1830 en a supplantés ; moins encore ceux d'en bas qu'on a trop négligés et qui finissent par devenir ennemis. Et voici par terre tous les privilégiés du régime, meurtris d'ailleurs plutôt qu'ensanglantés et plus apeurés qu'en péril ; car le temps des grandes tragédies est passé.

La fin lamentable ne doit pas faire oublier les bienfaits du règne, l'un des meilleurs que la France ait connus. La Révolution de 1830 avait introduit dans la longue chaîne héréditaire une brisure qui jamais ne se ressoudra tout à fait : de là un grand amoindrissement du respect. Malgré tout, à distance, on ne peut se défendre d'un regret mêlé d'envie en songeant à ces temps heureux où le budget ne dépassait pas un milliard ; où les seuls malversateurs qu'on pût découvrir s'appelaient Teste et Cubières ; où des lois, généralement sages et en petit nombre, étaient votées sans irréflexion par des députés qui ne coûtaient rien ; où tous les conflits extérieurs s'apaisèrent, à la façon de nuages que traversent presque aussitôt de rassurants arcs-en-ciel ; où, à certaines heures, gens de tribune ou diplomates n'eurent pour alimenter leurs discours ou leurs dépêches que l'indemnité Pritchard ou les mariages espagnols.

Achevé d'imprimer en France
par Maury Imprimeur
45330 Malesherbes